日本クレジット総論

知られざる巨大市場のすべて

安田 秩敏
Kiyotoshi Yasuda

Pan Rolling

はじめに

　現在出版されているクレジットに関する書物は、大別して社債・CDSである。ここで注意してほしいのは、国内債券発行残高全体のおおよそ3割を占める国債以外の債券部分が抜け落ちているということだ。

　本書は、Japan Creditの世界すべてを対象としている。債券種で抜けている部分とクレジットのデリバティブであるCDS（Credit Default Swap）市場に関して解説した。

　さらに「すべて」ということで、クレジットの理論・起源・歴史に関しても、知っておいてほしい事柄を私の20年近い経験とともに書き記している。日本で20年クレジットを見続けてきている人間はいない。使命感にも似た感覚を感じつつ書き上げた。本書が、私の考えるJapan Creditのすべてである。

　第1章ではクレジットの理論・起源・歴史について、第2章では市場規模・発行制度・決済制度関係について述べた。第3章では債券種を「政府保証債」「財投機関債」「MBS」「特殊法人債」「地方債」「利金債・銀行社債」「銀行劣後債」「生保基金債」「社債」「投資法人債」「サムライ債・ユーロ円債」「ハイイールド」の12種類に分けて、そのリスクプロファイル・特性・歴史の解説をした。第4章では債券計算関係、第5章ではCDSの解説をした。また、第6章ではタイムリーな情報を得るのに有効な情報ベンダーを紹介した。

基本精神は変わらない…

「クレジットプライシングは芸術である！」
「金利・スプレッドバランスは美しくあるべき!!」
「バランスがすべてを制する!!!」

　理解の難しいクレジット市場だが、すべてが相互に影響し合い金利やスプレッドのバランスを保っている。基本的には、このバランスを理解することで、考えているよりも簡単に理解できるということだ。理解の第1ポイントはこのバランスである。常にこれを意識することが大切。この本を読み終えるころには、私の精神が理解できるだろう。
　本書作成にあたり河合祐子さん、波多野紳一さんをはじめ、多くの友人から有益なコメントを頂いた。厚くお礼申し上げたい。

2007年5月

安田　秩敏

CONTENTS

はじめに —————————————————————— 1

第1章　クレジットの理論・起源・歴史

1　クレジットスプレッドの考え方 —————————— 18
　1.1.　クレジットスプレッドとは …… 19
　1.2.　クレジットスプレッドの構成要因 …… 21
　　1.2.1.　市場の違いによる要因
　　1.2.2.　信用力による要因
　　1.2.3.　流動性による要因
　　1.2.4.　投資家動向等の需給による要因
　　1.2.5.　発行団体（銘柄）・業種による要因
　　1.2.6.　単価による要因（カレントプレミアム）
　　1.2.7.　償還・クーポン等　債券の仕組みによる要因
　1.3.　序列 …… 36
　1.4.　時代ごとの構成要因影響度の変化 …… 37
　1.5.　スプレッドサイクル …… 40
　　1.5.1.　景気回復期
　　1.5.2.　景気後退期

2　日本クレジット市場の起源 ————————————— 44
　2.1.　「スプレッド」ってどこの言葉？ …… 44
　2.2.　「流動性市場拡大」…… 46
　2.3.　「複利利回り登場」と「スプレッドという概念の確率」…… 47
　2.4.　「流動性による銘柄間格差細分化」と「神話」…… 47
　2.5.　「神話崩壊」と「クレジットリスクの認識」…… 48
　2.6.　NCBショックから始まったクレジットリスク …… 49

目次

3 景気とクレジットスプレッド ——— 52
- 3.1. 教科書的クレジットスプレッドの常識 …… 52
- 3.2. 株価とクレジットスプレッドの相関関係 …… 53
- 3.3. クレジットイベントとスプレッド …… 58

4 景気・クレジットのトライアングル ——— 61
- 4.1. 理論的な考え方 …… 61
- 4.2. 実際のトライアングル …… 64
  - 4.2.1. 85年3月から96年6月
  - 4.2.2. 96年6月から06年12月
- 4.3. 理論的トライアングルの修正 …… 69

5 スプレッド比率 ——— 71
- 5.1. スプレッド比率とは …… 71
- 5.2. スプレッド比率の推移 …… 72
- 5.3. 景況感・金利変動によるスプレッド比率の変化 …… 73
- 5.4. 注意すべき独特の動き …… 75

第2章 市場規模・発行制度・決済制度

1 発行残高と売買 ——— 78
- 1.1. 発行残高 …… 78
  - 1.1.1. Cash Credit全体
  - 1.1.2. 政府系機関の発行する債券
  - 1.1.3. 地方自治体の発行する債券（地方債）
  - 1.1.4. 特別な法律に基づく債券（金融債）
  - 1.1.5. 一般事業法人の発行する債券（社債）
  - 1.1.6. 非居住者の発行する債券（円建外債・サムライ債）

1.2. 売買高 ······ 96
   1.2.1. 国債売買高（利付債）
   1.2.2. Cash Credit売買高（利付債）
   1.2.3. 全体売買高に占めるCash Creditシェア

2 発行の仕組み・形態と状況 ─────────── 103
  2.1. 発行市場の概要 ······ 103
  2.2. 発行の形態 ······ 103
    2.2.1. 公募と非公募
    2.2.2. 募集発行と売出発行
    2.2.3. 直接募集
    2.2.4. 間接募集
  2.3. 発行市場の構成 ······ 108
    2.3.1. 構成
    2.3.2. 参加者
  2.4. 償還の種類 ······ 111
    2.4.1. 定時償還・均等償還
    2.4.2. 抽選償還
    2.4.3. 任意償還（繰上償還）
    2.4.4. 買入消却
  2.5. 各銘柄の発行 ······ 114
    2.5.1. 政府保証債
    2.5.2. 地方債
    2.5.3. 利金債
    2.5.4. 社債
    2.5.5. 円建外債

3 振替決済制度 ─────────────────── 124
  3.1. 目的 ······ 124
  3.2. 対象債券 ······ 125

目次

- 3.3. 構造 …… 126
  - 3.3.1. 多段階の階層構造
  - 3.3.2. 残高管理に基づく振替制度
  - 3.3.3. 発行から償還まで
- 3.4. 定時・均等・抽選償還 …… 129
  - 3.4.1. ファクター管理方式
  - 3.4.2. 実質記番号管理方式
- 3.5. 利金の取り扱い …… 130
  - 3.5.1. 元利金支払の方法
  - 3.5.2. 利金の算出方法
  - 3.5.3. 端数処理と差額の取り扱い
  - 3.5.4. 既発債を振替債へ移行する場合の取り扱い
- 3.6. 社債登録制度との相違点 …… 133

4　公社債税制 ──────────────── 134

- 4.1. 国内法人 …… 134
  - 4.1.1. 国内一般法人
  - 4.1.2. 国内非課税法人
- 4.2. 国外法人 …… 135
  - 4.2.1. 非居住者または外国法人に対する課税制度
  - 4.2.2. 源泉徴収の対象となる国内源泉所得と源泉徴収税額
  - 4.2.3. 租税条約による課税の特例
  - 4.2.4. 租税条約に基づく軽減または免除を受けるための手続き
  - 4.2.5. 源泉徴収の対象となる国内源泉所得の範囲
  - 4.2.6. 租税条約により定められている税率

5　会社更生法と民事再生法 ──────────── 148

- 5.1. 倒産を規定する法律（倒産5法）…… 148
- 5.2. 会社更生法 …… 149
- 5.3. 民事再生法 …… 152

第3章　各種債券のリスクプロファイル・特性・歴史

1　政府保証債 ───────────────── 156
1.1.　発行体と債券種 …… 156
1.2.　リスクプロファイル …… 156
1.3.　銘柄間格差 …… 157
1.4.　スプレッドヒストリー …… 159
1.4.1.　決算対策による動き
1.4.2.　スプレッドの推移

2　財投機関債 ───────────────── 162
2.1.　発行体と債券種 …… 162
2.2.　リスクプロファイルと銘柄間格差 …… 163
2.3.　スプレッドヒストリー …… 165
2.3.1.　スプレッドの推移
2.3.2.　政治リスクプレミアム
2.3.3.　特殊債とのスプレッド格差

3　財投機関債　住宅金融支援機構RMBS ───────── 170
3.1.　RMBSとは …… 170
3.2.　RMBSの仕組み …… 170
3.2.1.　一般的な民間金融機関のRMBS
3.2.2.　住宅金融支援機構のRMBS
3.3.　支援機構債の概要と特徴 …… 174
3.3.1.　超過担保の設定
3.3.2.　裏付資産である住宅ローン債権の均一化と差し替え
3.3.3.　期限前償還率を示すCPRとSMM
3.3.4.　発行
3.3.5.　償還

目次

3.4. リスクプロファイル …… 180
- 3.4.1. クレジットリスク
- 3.4.2. 裏付資産のリスク
- 3.4.3. 流動性リスク
- 3.4.4. CPR変動リスク

3.5. 価格変動特性 …… 184

3.6. CPR変動特性 …… 188
- 3.6.1. 経過日数と期限前償還率の関係
- 3.6.2. 市場金利と期限前償還率
- 3.6.3. 全銘柄平均償還率

3.7. 標準期限前償還（PSJ）モデル …… 191
- 3.7.1. 目的
- 3.7.2. 定義
- 3.7.3. 問題点

3.8. 各種計算 …… 195
- 3.8.1. ファクター
- 3.8.2. 期限前償還率
- 3.8.3. キャッシュフロー
- 3.8.4. 予想CPRに合わせたキャッシュフローの計算

3.9. 売買の実務 …… 200

3.10. スプレッドヒストリー …… 200
- 3.10.1. スプレッドの推移

4 特殊法人債 ──────── 203
4.1. 発行体と債券種 …… 203
4.2. リスクプロファイル …… 203
4.3. 銘柄間格差 …… 204
4.4. スプレッドヒストリー …… 206
- 4.4.1. スプレッドの推移
- 4.4.2. 石油公団・関西空港公団・本州四国連絡橋公団

CONTENTS

5 地方債 ——————————————— 211
- 5.1. 発行体と債券種 …… 211
- 5.2. リスクプロファイル …… 211
- 5.3. 銘柄間格差 …… 214
- 5.4. 償還の種類 …… 217
  - 5.4.1. 定時定額・均等償還
- 5.5. 定時・均等償還の売買 …… 219
  - 5.5.1. 平均残存年限のスワップスプレッドでの売買
  - 5.5.2. アセットスワップでの売買
  - 5.5.3. 記番号分解での売買
  - 5.5.4. 売買上の問題点
- 5.6. 抽選償還 …… 223
- 5.7. 地方財政とその見方 …… 225
  - 5.7.1. 財源
  - 5.7.2. 財務状態を示す指標
  - 5.7.3. 用語集
- 5.8. スプレッドヒストリー …… 232
  - 5.8.1. スプレッドの推移
  - 5.8.2. スプレッド格差
  - 5.8.3. 公募・非公募　スプレッド格差

6 利付金融債・銀行社債 ——————————————— 239
- 6.1. 発行体と債券種 …… 239
  - 6.1.1. 利金債
  - 6.1.2. 銀行社債
- 6.2. 銘柄間格差 …… 240
- 6.3. 利金債の生い立ち(日本クレジット市場の成長過程) …… 242
  - 6.3.1. 「幼児期」
  - 6.3.2. 「少年への変革期」
  - 6.3.3. 「少年期1」

目次

    6.3.4. 「少年期2」
    6.3.5. 「青年期」
  6.4. スプレッドヒストリー …… 246
    6.4.1 スプレッドの推移
    6.4.2 スプレッド格差

7 銀行劣後債 ———————————————— 252
  7.1. リスクプロファイル …… 252
  7.2. 銀行の自己資本比率 …… 253
    7.2.1. BIS基準
    7.2.2. 自己資本比率の算出
  7.3. 発行体と債券種 …… 257
    7.3.1. 期限付劣後債（Lower Tier 2）
    7.3.2. 短期劣後債（Tier 3）
    7.3.3. 永久劣後債（Upper Tier 2）
    7.3.4. 優先出資証券（Tier 1）
  7.4. 過去の劣後債デフォルト危機 …… 261
  7.5. 格付 …… 262
  7.6. スプレッドヒストリー …… 263
    7.6.1. スプレッドの推移
    7.6.2. シニア・劣後スプレッド倍率
    7.6.3. 国内公募とユーロ円私募
    7.6.4. ユーロ円MTN　期限付と永久
    7.6.5. 社債とのスプレッド格差

8 生命保険会社の発行する債券 ———————————— 272
  8.1. 発行体と債券種 …… 272
  8.2. 基金債 …… 272
    8.2.1. 基金の性質
    8.2.2. 基金の利払いと償却の財源

CONTENTS

  8.2.3. 破綻時等の処理
 8.3. リスクプロファイル …… 274
 8.4. スプレッドヒストリー …… 275
  8.4.1. スプレッドの推移
  8.4.2. 生保基金と銀行劣後

9 社債 ——————————————— 277
 9.1. 発行体と債券種 …… 277
 9.2. スプレッドヒストリー …… 277
  9.2.1. スプレッドの推移
 9.3. 財務諸表分析 …… 279

10 投資法人債（J-REIT）——————————— 282
 10.1. 不動産投資信託 …… 282
 10.2. 不動産投資信託の種類 …… 282
  10.2.1. 会社型投信
  10.2.2. 契約型投信
 10.3. 投資法人 …… 283
  10.3.1. 性質
  10.3.2. 法人の種類と投資方針
  10.3.3. 地域別・運用資産別分類
 10.4. 米国のREIT市場 …… 286
  10.4.1. REIT
  10.4.2. 市場規模
  10.4.3. REITとJ-REITの違い
 10.5. 不動産鑑定評価 …… 289
  10.5.1. 不動産鑑定評価方法
 10.6. 地震PML …… 294
  10.6.1. 定義
  10.6.2. 地震PML決定要因

目次

　　10.6.3.　保有資産全体の地震PML管理
- **10.7.　発行体と債券種** …… 297
- **10.8.　スプレッドヒストリー** …… 297
  - 10.8.1.　スプレッドの推移

11　円建外債（サムライ債）・ユーロ円債 ──────── 300
- **11.1.　発行体と債券種** …… 300
  - 11.1.1.　円建外債（サムライ債）
  - 11.1.2.　ユーロ円債
- **11.2.　売買上の注意点** …… 301
  - 11.2.1.　利子税制
  - 11.2.2.　決済方法
- **11.3.　リスクプロファイル** …… 303
- **11.4.　スプレッドヒストリー** …… 304
  - 11.4.1.　スプレッドの推移

12　ハイイールドボンド ──────── 306
- **12.1.　ハイイールドボンド市場（投機的等級市場）** …… 306
- **12.2.　クレジットイベント後のスプレッドの動き** …… 307
- **12.3.　実例** …… 309
  - 12.3.1.　ケース１：雪印乳業社債
  - 12.3.2.　ケース２：日本ハム社債
  - 12.3.3.　ケース３：武富士社債
  - 12.3.4.　ケース４：アイワ社債
  - 12.3.5.　ケース５：マイカル社債
  - 12.3.6.　ケース６：いすゞ自動車社債

CONTENTS

第4章　公社債計算マニュアル

1　公社債計算マニュアル ——————————————— 338
- 1.1. 公社債計算の前提 …… 338
  - 1.1.1. 期間の考え方
  - 1.1.2. 経過利息の計算
  - 1.1.3. 初期、終期利金の求め方
  - 1.1.4. 売買上の注意点
  - 1.1.5. 各計算における端数処理一覧
- 1.2. 利付債券の計算 …… 352
  - 1.2.1. 直利（直接利回り）
  - 1.2.2. 単利（最終利回り）
  - 1.2.3. 所有期間利回り
- 1.3. 割引債券の計算 …… 353
  - 1.3.1. 源泉税率
  - 1.3.2. 割引金融債
- 1.4. 平均年限利回り …… 359
- 1.5. 現先取引 …… 361
  - 1.5.1. 割債方式
  - 1.5.2. 利付債方式
  - 1.5.3. 現先計算方式まとめ

第5章　クレジット・デフォルト・スワップ

1　クレジット・デフォルト・スワップ（CDS） ——————— 372
- 1.1. クレジットデリバティブ …… 372
- 1.2. CDSの特徴 …… 372
  - 1.2.1. リスク分解
  - 1.2.2. 流動性・正当性

目次

- 1.2.3. カスタマイズ機能
- 1.2.4. 無記名・匿名
- **1.3. 定義** …… 375
- **1.4. クレジットイベント** …… 377
  - 1.4.1. バンクラプシー（Bankruptcy）
  - 1.4.2. 支払不履行（Failure to Pay）
  - 1.4.3. リストラクチャリング（Restructuring）
  - 1.4.4. 履行拒否・支払猶予（Repudiation / Moratorium）
  - 1.4.5. オブリゲーション・デフォルト（Obligation Default）と
    オブリゲーション・アクセレレーション（Obligation Acceleration）
- **1.5. 契約期間** …… 380
  - 1.5.1. 猶予期間延長（Grace Period Extension）
  - 1.5.2. 履行拒否・支払猶予延長（Repudiation / Moratorium Extension）
- **1.6. イベント発生時の決済方法** …… 382
  - 1.6.1. 決済方法
  - 1.6.2. クレジットイベント通知（Credit Event Notice）
- **1.7. プロテクションの売買** …… 384
- **1.8. 契約書** …… 385
  - 1.8.1. 世界標準化
  - 1.8.2. 契約書・雛形・定義集
- **1.9. 債券との違い** …… 388
  - 1.9.1. 内在するリスク
  - 1.9.2. 損益
  - 1.9.3. 利払い
  - 1.9.4. スプレッド格差決定要因
- **1.10. スプレッドヒストリー** …… 392
- **1.11. さまざまなCDS商品** …… 393
  - 1.11.1. クレジットリンク債（Credit Link Note）

CONTENTS

  1.11.2. デジタル・デフォルト・スワップ
     （Digital Default Swap＝DDS）
  1.11.3. リカバリー・スワップ
  1.11.4. コンスタント・マチュリティCDS
     （Constant Maturity CDS＝CMCDS）
  1.11.5. クレジット・スプレッド・スワップ
     （Credit Spread Swap＝CSS）
  1.11.6. CDSオプション
  1.11.7. インデックス
  1.11.8. ファースト・トゥ・デフォルト（FTD）
  1.11.9. シンセティックCDO
     （Collateralized Swap Obligation＝CSO）
  1.11.10. トランチド・インデックス

第6章 情報プロバイダー

1 ブルムバーグ ————— 405
 1.1. 初の金融情報マルチメディアとして ······ 405
 1.2. 世界をリードし、金融情報産業を変える
   ブルームバーグ プロフェッショナル® サービス ······ 405
 1.3. Bloomberg.co.jp ······ 406

2 トムソンDealWatch ————— 420
 2.1. 国内資本市場ニュースのパイオニア ······ 420
 2.2. 特色 ······ 421
 2.3. 情報内容 ······ 423
 2.4. DealWatch Awardsについて ······ 429
 2.5. トムソンについて ······ 430

索引 ————— 432

第1章
クレジットの理論・起源・歴史

1　クレジットスプレッドの考え方

　すべての債券には大きく分けて金利リスクとクレジットリスク（信用リスク）が内包され、それぞれがバランスを保って動いている。クレジットリスクが同じであれば、残存の短い債券よりも長い債券の利回りが高く、同じ残存であればクレジットリスクが低い債券よりも高い債券の利回りが高い。

　このようなバランスをしっかりつかむことで、すべての債券のレベルをつかむことができる。このバランス感覚を持つことができれば市場の歪みも今後の動きもある程度予想することができる。ここでは、主にクレジットリスクに関して考えていく。

　実際の市場では、この章で述べるスプレッド構成要因によってすべてがバランスよく売買されているわけではない。さまざまな思惑が錯綜しバランスが崩れた状態での売買も数多く存在する。そんな市場だからこそ、どこがフェアーであるかを見極めるバランス感覚を身につけなければならない。

　すべての始まりは、バランスからである。そのうえで、市場で売買されているスプレッドを組み合わせてフェアーなレベルを見つけていくということを理解しておかなければならない。

1.1. クレジットスプレッドとは

　国債（JGB＝Japan Government Bond）にイールドカーブが存在するように、国債以外の債券全般（Non-JGB, Cash Credit）にもイールドカーブが存在する。銘柄が10あれば10通り、100あれば100通り、1銘柄ごとにイールドカーブがある。実際には数千の銘柄があり、それぞれがバランスを保っている。非常に複雑怪奇なものになってくる。

　理解を進めるため、利回りを分解し、どの銘柄でも不変で共通するリスクを排除し、発行団体独自のリスクだけを取り出して考える。

利回り
＝ 金利リスクプレミアム ＋ 発行団体独特のリスクプレミアム

　利回りは上記のように分解できる。ここで出てくる発行団体独自のリスクプレミアムは、**クレジットリスクプレミアム**と呼ばれ、さまざまなリスクプレミアムの集合体で構成されている。

クレジットリスクプレミアム＝発行団体独自のリスクプレミアム

　Cash Credit利回りからJGB利回りを差し引けば、金利などのJGBに付随するリスクを排除した発行団体独自のリスクを取り出すことができる。これをJGBスプレッドという（**図表1-1**）。

　また、スワップ金利を差し引けば、スワップ金利に付随するリスクを排除した発行団体独自のリスクを取り出すことができる。これをスワップスプレッドという。

JGBスプレッド　　＝　利回り － JGB金利
スワップスプレッド　＝　利回り － スワップ金利

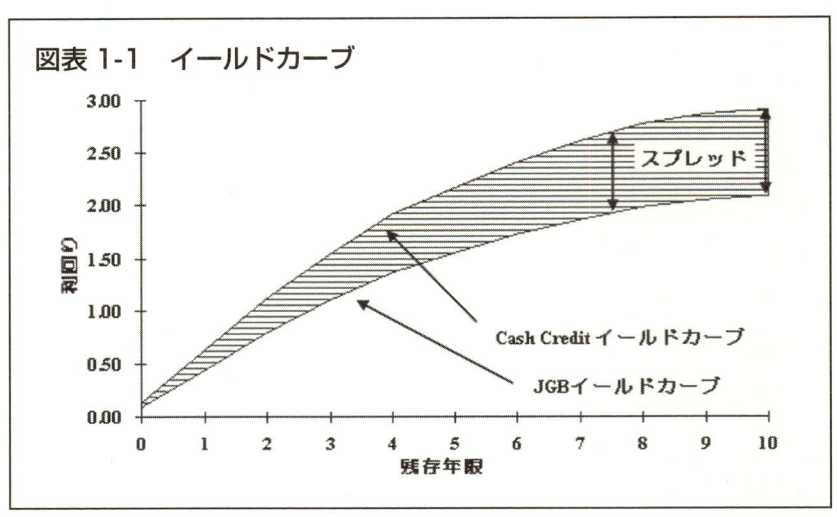

図表1-1　イールドカーブ

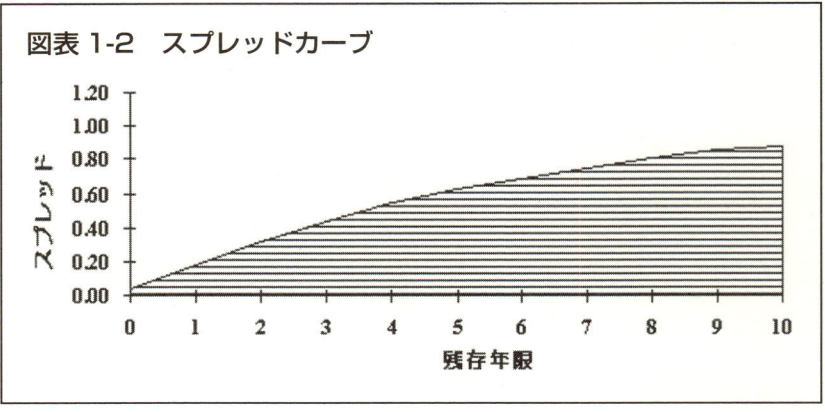

図表1-2　スプレッドカーブ

　これら金利などのリスクを取り除いたスプレッドのことを一般的にクレジットスプレッドと呼ぶ。

スプレッドカーブ（図表1-2参照）
= Cash Creditイールドカーブ － JGBイールドカーブ

1.2. クレジットスプレッドの構成要因

　クレジットスプレッドは前述のように、発行団体独自のリスクプレミアムを示し、さまざまなリスクプレミアムの集合体である。また、クレジットスプレッドは他の発行体のそれと、常にバランスを保つ方向に動き、歪みは必ず修正される特質を持っている。**クレジットスプレッドを構成する要素を理解すれば、すべての銘柄のフェアーなクレジットスプレッドを導き出すことが可能となる。**

　主な構成要因を挙げた。

① 市場の違い
② 信用力
③ 流動性
④ 投資家動向等の需給
⑤ 発行団体（銘柄）・業種
⑥ 単価（カレントプレミアム）
⑦ 償還・クーポン等　債券の仕組み

　どの要因が強く、どの順番でどの程度影響するかは、その時代によって違う。**ただし、スプレッドの構成要因の主成分は「市場の違い」「信用力」「流動性」「需給」**であり、おおよそその順番で影響力が強い。これらでスプレッド水準が決まり、⑤以降の要因で微調整されるという形である。また⑤以降は①〜④までの縛りを出ることはできない。

1.2.1. 市場の違いによる要因

　クレジットスプレッドは売買されている市場によって違ったものとなる。債券の値段は、発行、流通、そしてその参加者によって形成さ

れるため、**何処で誰によって発行され流通しているかがスプレッドに多大な影響を与える**。スプレッド構成要因の中でも重要度が高く、その縛りを脱することはできない。

円建債券の流通市場は大きく3つに分類できる。

● 国内円債市場
　国内の発行体が円貨建で国内にて発行し国内で流通する

● ユーロ市場
　国内外の発行体が円貨建でユーロ市場にて発行し、ユーロ市場で流通する（国内でも流通可）

● サムライ債市場
　国外の発行体が円貨建で発行し国内外で流通する

1）国内円債市場

　現在発行され流通している円建債券のほとんどが属している。国債を始め、政府保証債、地方債、財投機関債、そして一般社債まで幅が広い。国内のほとんどすべての投資家が参加しており、最大の市場となっている。いわゆるホームマーケットである。

　税制の問題で海外の投資家が参加することが難しいため、国外の影響を受けづらく、日本独自の市場となっている。従って、世界の他の市場との比較というよりも日本国内での比較を基に成り立っているといっても過言ではない。**すべての円建債券はこの市場が基準となる**。

　日本の投資家にとって、最大の市場であり海外の影響を受けにくいため、独特のバランスで成り立っている。国内円債市場で流通する国内発行体のスプレッドが、海外の市場で流通するそれよりも優良で高業績の海外企業のスプレッドを下回っていることも珍しくない。

2）ユーロ市場

　国内外の発行体が円貨建で債券を発行し、ユーロ市場で流通している市場である。参加者は国内外ではあるが、市場規模は国内円債市場と比べると格段に小さい。

　日本の投資家にとって、国内外の税制の違いによって課税になる場合があることや、スプレッドの動きが海外の影響を受けやすいことで参加者が減り、流動性が低下、その結果規模も小さくなっている。

　流動性が低いため、同じ国内発行体が国内円債市場とユーロ市場で債券を発行したとしても、その売買スプレッドは違ってくる。国内円債市場のほうが、格段に市場規模が上であることから、ユーロ市場はそれに順ずるものとなる。流動性リスクプレミアムや市場差リスクプレミアムがついてくる。

3）サムライ債市場

　国外の発行体が円建で債券を発行し、国内円債市場とユーロ市場で流通している。発行体が国外ということで、債券は国外の市場に左右されやすい。また、発行体自体の諸事情が国内企業と比べてつかみにくいことや、日本時間にすべてが動く国内円債と違い、何か重要な事態が生じたとしても時間差があることで、行動が遅れるなど不利な点が多い。

　市場規模もユーロ円市場よりもさらに小さいものになっている。このような特徴によって、同じ格付の債券でも国内円債よりもリスクプレミアムがついた状態にある。

1.2.2. 信用力による要因

　クレジットスプレッドは発行団体の信用力に大きく左右される。債券を発行しその元利払能力が高ければ高いほど、タイトであってしか

るべきである。

　各発行団体の信用力を判断することは、専門的知識が必要であり数も多く困難であるため、信用力調査とその評価を行っている格付機関の付与する格付を参考にするとよい。

1）格付機関
　市場参加者が多く参考にしている格付会社は、日系2社と外資系2社の4社となっている。

- 格付投資情報センター（R&I）
- 日本格付研究所（JCR）
- Moody's Investors Service（Moody's）
- Standard & Poor's（S&P）

　各社ともAAA・AA・A・BBB・BB・B・CCC・CC・Cなどの記号を用いて、個々の会社の信用力を評価している（Moody'sはAaa・Aa・A・Baaなど）。AAAが最上格、Cが最下格、その下は破綻となる。
　AA格からCCC格については、上位格に近いものにプラス（＋）、下位格に近いものにマイナス（－）表示をつける場合がある。格付機関によって多少違うが、おおよそ21〜24段階で評価されている。
　AAAからBBB-までの10段階（10ノッチ）は投資適格とされ、BB+以下が投機的等級と位置づけられている。多くの日本の投資家は、債券の投資対象を投資適格に限定している（**図表1-3**）。
　格付格差は信用力の差を意味し、信用力が高ければ低いものよりもスプレッドはタイトとなる。AA-格はAAA格よりも値段が安くスプレッドはワイドであり、A-格はBBB+格よりも値段が高くスプレッドはタイトという形にならなければならない。
　どの格付機関がどの程度日本の債券発行団体の格付を行っているか

図表 1-3　R&I の格付定義

AAA	信用力は最も高く、多くの優れた要素がある。
AA	信用力は極めて高く、優れた要素がある。
A	信用力は高く、部分的に優れた要素がある。
BBB	信用力は十分であるが、将来環境が大きく変化する場合、注意すべき要素がある。
BB	信用力は当面問題ないが、将来環境が変化する場合、十分注意すべき要素がある。
B	信用力に問題があり、絶えず注意すべき要素がある。
CCC	債務不履行に陥っているか、またはその懸念が強い。債務不履行に陥った債権は回収が十分には見込めない可能性がある。
CC	債務不履行に陥っているか、またはその懸念が極めて強い。債務不履行に陥った債権は回収がある程度しか見込めない。
C	債務不履行に陥っており、債権の回収もほとんど見込めない。

図表 1-4　各格付会社の格付数

	R&I	JCR	S&P		MDY
AAA	13	25	4	Aaa	14
AA+	37	28	1	Aa1	4
AA	52	32	1	Aa2	11
AA-	33	32	29	Aa3	10
A+	41	38	11	A1	29
A	54	41	22	A2	22
A-	55	29	22	A3	34
BBB+	24	26	18	Baa1	33
BBB	26	16	22	Baa2	19
BBB-	9	13	15	Baa3	21
BB+	4	0	9	Ba1	3
BB	3	0	5	Ba2	6
BB-	1	1	1	Ba3	4
B+	0	0	2	B1	0
B	0	0	0	B2	0
B-	1	0	1	B3	0
CCC+	0	0	0	Caa1	0
CCC	0	0	0	Caa2	0
CCC-	0	0	0	Caa3	0
CC	0	0	0	Ca	0
C	0	0	0	C	0
合計	353	281	163		210

出所：日本証券業協会、ブルームバーグ　2006年12月末時点

調べる。日本証券業協会の公社債店頭売買参考統計値に価格が提供されている431の発行団体に対し付与されている格付数は、**図表1-4**のようになっている。

　日本の債券発行団体に対してはR&Iが最も多く353団体の格付を行っており、日系格付機関が格付を付与している発行団体数が外資系のそれと比較すると多いことが分かる。また、R&Iが格付を付与していない団体に対してはJCRが付与しているケースが多く、この2機関でほとんどの団体をカバーしている。格付を付与している数の多い順に格付機関を並べると、R&I、JCR、Moody's、S&Pとなる。

　日本の多くの投資家の参照している格付機関は、格付対象団体が最も多いR&Iである。R&I格付が付与されていない場合、JCRを参照する。外資系格付機関は、日系格付機関の付与する格付の補助という意味合いが大きい。

2）格付機関の特色

　債券を格付で比較する場合、すべての債券に同じ格付機関が格付を付与していることは珍しく、ほとんどの場合なにかしら抜けているケースが多い。そのため単純に比較することが難しくなる。抜けている穴を埋めひとつのラインに立たせるためには、それぞれの格付機関の特徴を理解しておく必要がある。

　まず日本の格付機関R&IとJCRを検証する。**図表1-5**は、06年12月末時点での格付を、横R&I格付、縦JCR格付でマトリックスをつくり、格付対象団体数を示した表である。同じ発行体について同じ格付を付与している場合はラインで囲んだところにくる。

　しかし、よく見るとラインで囲んだところよりも上に多くの格付がされている（影のついているのは、格付対象が多いレンジ）。これが、R&IとJCRの信用リスクの見方の違いから生じる格付の差となる。

　R&I格付はJCR格付よりも2ノッチ高い場合から、3ノッチ低い場

図表 1-5　R&I － JCR 格付マトリックス

		R&I											
		AAA	AA+	AA	AA-	A+	A	A-	BBB+	BBB	BBB-	BB+	BB	BB-
JCR	AAA	5	19	6	0	0	0	0	0	0	0	0	0	0
	AA+	1	9	22	0	0	0	0	0	0	0	0	0	0
	AA	0	3	14	20	5	0	0	0	0	0	0	0	0
	AA-	0	0	3	12	24	4	1	0	0	0	0	0	0
	A+	0	0	0	0	13	32	11	1	0	0	0	0	0
	A	0	0	0	0	2	21	33	7	2	0	0	0	0
	A-	0	0	0	0	0	1	25	16	7	0	0	0	0
	BBB+	0	0	0	0	0	1	0	16	15	5	2	0	1
	BBB	0	0	0	0	0	0	1	3	30	17	8	2	1
	BBB-	0	0	0	0	0	1	0	2	4	17	9	3	3
	BB+	0	0	0	0	0	0	0	0	0	1	4	2	1
	BB	0	0	0	0	0	0	0	0	0	0	2	1	2
	BB-	0	0	0	0	0	0	0	0	0	0	0	0	0

出所：日本証券業協会、ブルームバーグ　2006年12月末時点

図表 1-6　R&I － Moody's 格付マトリックス

		R&I											
		AAA	AA+	AA	AA-	A+	A	A-	BBB+	BBB	BBB-	BB+	BB	BB-
MDY	Aaa	9	1	2	0	0	0	0	0	0	0	0	0	0
	Aa1	2	3	0	0	0	0	0	0	0	0	0	0	0
	Aa2	0	7	4	1	0	1	0	0	0	0	0	0	0
	Aa3	0	5	6	1	0	0	0	0	0	0	0	0	0
	A1	0	8	16	10	12	3	0	2	0	0	0	0	0
	A2	1	0	2	14	13	7	0	0	0	0	0	0	0
	A3	0	0	0	9	20	16	13	0	0	0	0	0	0
	Baa1	0	0	0	0	7	15	12	3	0	1	0	0	0
	Baa2	0	0	0	0	3	5	8	8	1	1	0	0	0
	Baa3	0	0	0	0	0	2	9	3	8	3	0	0	0
	Ba1	0	0	0	0	0	0	1	2	1	1	1	0	0
	Ba2	0	0	0	0	0	0	1	0	4	2	4	1	1
	Ba3	0	0	0	0	0	0	0	0	0	0	1	2	1

出所：日本証券業協会、ブルームバーグ　2006年12月末時点

合があることが分かる。しかし、多くは同じか2ノッチ低く格付けされるという特色があることが分かる。平均的には1ノッチ程度低いといえる。

　次に、外資系格付機関と比較してみる。横にR&I、縦に外資系格付機関という形でマトリックスを作成する（**図表1-6**）。

図表 1-7　R&I − S&P 格付マトリックス

		R&I											
		AAA	AA+	AA	AA-	A+	A	A-	BBB+	BBB	BBB-	BB+	BB	BB-
S&P	AAA	2	0	0	0	0	0	0	0	0	0	0	0	0
	AA+	1	0	0	0	0	0	0	0	0	0	0	0	0
	AA	1	1	0	0	0	0	0	0	0	0	0	0	0
	AA-	4	20	7	1	0	0	0	0	0	0	0	0	0
	A+	0	3	11	1	2	0	0	0	0	0	0	0	0
	A	0	0	5	10	20	4	2	0	0	0	0	0	0
	A-	0	0	0	14	16	9	4	0	0	0	0	0	0
	BBB+	0	0	0	2	5	11	6	1	0	0	0	0	0
	BBB	0	0	0	5	4	11	6	2	2	0	0	0	0
	BBB-	0	0	0	0	0	5	6	4	1	0	1	0	1
	BB+	0	0	0	0	0	1	1	1	2	4	0	0	0
	BB	0	0	0	0	0	0	0	2	4	1	0	0	0
	BB-	0	0	0	0	0	0	0	0	1	0	1	0	1

出所：日本証券業協会、ブルームバーグ　2006年12月末時点

格付数がラインで囲まれたところから大きく下にずれている。R&I格付はMoody's格付よりも2ノッチ低い場合から5ノッチ高い場合があり、多くは1〜3ノッチ高く格付けされる特色がある。平均的では2ノッチ高く格付けされているといえる。

R&IとS&Pの関係は、R&I格付はS&P格付よりも平均で2.5ノッチ高く格付けされているといえる（**図表1-7**）。

これらの特徴を加味すれば、違う格付機関が付与する格付を同じラインに立たせて比較することが可能となる。例えば、R&IだけがA格を付与している企業と、JCRだけがA+格を付与している企業を比較する場合、平均でR&IはJCRよりも1ノッチ下であるので、企業の信用力は同程度と考えることも可能である。あるいは、日本の格付機関が格付を付与していなくMoody'sだけがA3を付与しているなら、R&Iに置きなおすとA+格とAA格の間と見ることができるだろう。

ここで気をつけなくてはいけないのは、この見方はあくまで統計上の結果から導かれるものであって正解ではないということだ。また、その時代ごとによって格付会社の格付ポリシーが変化し、特徴も変化

していくことに気をつけなくてはならない。

1.2.3. 流動性による要因

　流動性によってもクレジットスプレッドが変化する。流動性とは、市場でどの程度売買されているかを示す。日本の債券市場で最も流動性の高いのはJGBとなる。
　流動性に絡むリスクは、ポジションメークとアンワインドリスクである。新しくポジションを組む、もしくは保有ポジションを解消しなければならない状況に置かれた場合、すぐに行動に移すことが可能かどうかである。
　流動性が高ければ、あらかじめ考えたストラテジーに従い、ベストなタイミングでアプローチすることができる。しかし、流動性が低い場合、売買に時間がかかりタイミングを逃したり、売り買いの値段に開きがあったりして無駄なコストが発生したりする。そのため、流動性の高いほうが好まれ、低いほうのクレジットスプレッドはワイドとなる。
　流動性は、セクターおよび発行団体の発行残高や売買参加者の増減にある程度比例している。定期的に債券を発行し発行残高が高く、多くの投資家が保有しているような銘柄は必然的に流動性が高くなっていく。発行残高が低く、一部の投資家しか保有していないような銘柄は極端に流動性が低下することとなる。
　90年前半までの債券発行団体に破綻がなかった時代は、信用力よりも流動性が重要視される時代であった。格付の低い団体であっても、流動性が高いのであれば、格付の高い団体よりも高い値段で売買されていた。格付が高くとも売りたいときに売れないのでは意味がないということだ。大型破綻を経験後の現代では、信用力の縛りのほうが強く、その下に流動性がくることが多くなった。

1.2.4. 投資家動向等の需給による要因

　債券の流通市場は、需給によってその流れが決められる。**需給を決定するのは、債券供給サイドの発行団体と需要サイドの投資家である**。実際の市場では、需要サイドのニーズを基本に供給がなされているため、投資家動向が重要となってくる。**ほとんどこれによってカーブの形状が作られているといってよいほど強いものである。**

　投資家の業種によって、運用している資金の性質が違っているため、投資年限、投資対象、ターゲット利回り等さまざまな投資条件に差が出てくる。これが、クレジットスプレッドや相場の流れに影響を与えることになる。

　例えば、世の中のお金が多く生命保険契約などに流れるのであれば、資金の性質上長い債券のニーズが高まり、スプレッドカーブはフラット（平坦）になる。00年前半のようにペイオフ解禁によって企業や個人の余資が預金から債券市場に流れた時などは、預金の代替物としての投資であるため短い債券のニーズが高まりスプレッドカーブはスティープ（急勾配）しやすかった。

　つまり、現在ある金利体系は、これらさまざまな市場のニーズが交わって出てきた結果となっている。環境や情勢が変わったのであればそれに向かって形を変えていく。いわば、世の中を映し出す鏡のようなものである。

1.2.5. 発行団体（銘柄）・業種による要因

　銘柄や業種によってクレジットスプレッドに差が出てくる。多くは以下の点によるものである。

- 銘柄や業種別の発行残高
- 発行残高増減
- 景況感

　買い手となる投資家、特に機関投資家は、分散投資という観点から偏ったリスクを減らすため投資対象のバランスを考えている。円債投資であれば、国債、政府保証債、地方債、社債……等々のセクターをバランスよく。格付では、高格付から低格付までバランスよくとなる。さらに、社債内ではさまざまな業種を満遍なくバランスよく、同じ業種内では格付や発行団体を満遍なくバランスよく配分するように考える。

　しかし、債券はすべてのセクター、業種、発行団体が同額発行しているわけではなく発行残高に大きな差がある。そのため、発行残高が多いものと少ないものの間にはニーズの強さに差が出てくる。これが、クレジットスプレッドの差を生むことになる。

　ここで注意したいのは、投資対象は債券だけでなく、株式、CB、ローン、CDSなど複数あるため、一概に債券の発行残高が高いのでニーズが弱いとは言い切れない。ただ、ひとつの目安にはなるだろう。

　また、債券需要サイドからクレジットスプレッドに影響を与えるものとは逆に、債券供給サイドから影響を与えるものもある。発行残高の変化である。急速に発行残高が増加すれば、供給過多となり今まで残高が少ないことでタイトに売買されていたものでもワイドに売買される。残高が減少すればその逆となる。

　発行残高増減によってクレジットスプレッドに大きな影響がでた代表的な例は、消費者金融や財投機関債である。これらは、債券発行を許可されてから数年で急激に発行残高を増やしたため、市場が吸収できず、同格の他業種の銘柄と大きくスプレッドに差がついたことがあった。

景況感によっても投資ニーズの差が生まれる。現状そして今後の景況感を考えたときに、選考されやすい業種・銘柄とそうでないものがあるということだ。ニーズの差はスプレッドに影響を与える。

　例えば、デフレ不況で不動産価格が暴落し回復の期待が持ちにくいのであれば、現時点で同じ信用力であっても不動産業界よりも他の業種の銘柄が選考されやすいであろうし、個人消費が冷え込み、デパート業界が不景気であれば、同様に避けられるだろう。

　図表1-8に、業種別・格付別の発行残高を示した。業種別では金融債を含む金融業界が最も多く全体の43％を占める、次に公益事業20％、電鉄５％と続く。医薬品が最も少ない。金融と公益事業で63％を占めている。

　格付別では金融・電力の発行残高が大きいため、AA格台の残高が高い。一般事業債ではA格台が最も多い状態となっている。

1.2.6. 単価による要因（カレントプレミアム）

　売買単価によってクレジットスプレッドに影響が出てくる。購入しやすく管理しやすいものが好まれ、その結果スプレッドに差が生まれる。

　多くの日本の投資家は「Buy & Hold」を投資の基本形としている。Buy & Holdとは新規資金が入ると新発債を購入し償還するまで保有し、その債券が償還したら新たに購入するという繰り返しの投資方法のこと。極端な金利変動や発行団体の信用が著しく棄損するような事態にならない限り、買ったら買いっぱなしとなる。

　この手法は現代でも多く用いられており、これ以外の手法を用いない投資家も多い。こういった事情が、新発債や100円前後の債券にニーズを集中させている。

　投資手法以外にも、額面と購入代金が同じである、償還差損益が発

図表1-8 業種別・格付別 発行残高状況

	業種	発行残高	比率
1	金融（金融債含む）	32,769,191	42.9%
2	公益事業（電力・ガス等）	15,436,000	20.2%
3	電鉄	3,637,000	4.8%
4	エレクトロニクス	3,272,000	4.3%
5	テレコム	2,752,500	3.6%
6	商社	2,326,500	3.0%
7	自動車	2,178,000	2.9%
8	リース・ローン	1,528,000	2.0%
9	鉄鋼	1,265,000	1.7%
10	消費者金融	1,084,500	1.4%
11	食品	1,057,000	1.4%
12	航空・海運	1,050,000	1.4%
13	化学	1,043,000	1.4%
14	不動産	1,002,000	1.3%
15	その他サービス	989,000	1.3%
16	機械	853,000	1.1%
17	非鉄金属	599,000	0.8%
18	自動車部品	507,000	0.7%
19	建設	408,000	0.5%
20	紙・パルプ	385,000	0.5%
21	小売	352,000	0.5%
22	カード	350,000	0.5%
23	石油・セメント	330,000	0.4%
24	繊維	295,000	0.4%
25	ゴム	295,000	0.4%
26	不動産投資	220,000	0.3%
27	ガラス・ファイバー等	195,000	0.3%
28	陸運	138,000	0.2%
	合計	76,346,700	100.0%

格付	発行残高	比率
AAA	686,000	0.9%
AA+	18,074,000	23.7%
AA	11,243,000	14.7%
AA-	3,864,500	5.1%
A+	8,394,200	11.0%
A	8,027,000	10.5%
A-	11,578,500	15.2%
BBB+	2,184,500	2.9%
BBB	2,136,500	2.8%
BBB-	971,500	1.3%
BB+	141,000	0.2%
BB	255,000	0.3%
BB-	0	0.0%
B+	0	0.0%
B	0	0.0%
B-	0	0.0%
NoRating	8,791,000	11.5%
合計		100.0%

※国内格付

出所：2006年6月公社債便覧、R&I、JCR　単位：百万円

生じない、評価が簡単であるなどさまざまな利点がある。これらの理由からカレント物はそうでないものに比べプレミアムがつきタイトなスプレッドで売買されやすい。

「**カレントプレミアム**」という言葉は、このことを指している。このプレミアムの水準は、金利体系や絶対金利の居所によって変化していくが、平均的には2～5bp（ベーシスポイント）カレント以外のものよりもタイトになるのが自然である。これ以上つくと、プレミアムがつきすぎているか、逆にカレント以外が安すぎるということになる。

02年には、珍しい現象が起こった。新発債がカレント以外よりもワイドとなるマイナスカレントプレミアムが見受けられた。

この年は翌年4月からペイオフ全面解禁を控え、自治体、その外郭団体、事業法人そして個人等の資金が債券投資に動いた。それまで彼らの資金を受け入れていた機関投資家は資金流出で投資を抑制する一方、彼らは債券購入を急いでいた。この行動がマイナスカレントプレミアムを生んだ。

テクニカルな問題で起こるべくして起こったものであった。通常新発債の発行は、需要予測を数日前に行い、条件を決め即日に売り切る形をとっている。当時も同じ手順で需要予測をしたが、無数の一般投資家にするわけにもいかず、それまで同様機関投資家中心にすることになった。機関投資家は資金流出中で買い意欲が減退していたため弱く、その結果、カレントがカレント以外よりもワイドになる現象が起こった。

1.2.7. 償還・クーポン等　債券の仕組みによる要因

クレジットスプレッドは、償還やクーポン等の債券の仕組みにも左右される。発行残高や流通量が多く、リスク管理、保有が簡単なものが基準になり、それ以外のものは多少スプレッドがワイドとなる。

1）償還方法

償還方法には、満期一括償還、定時・均等償還、抽選償還、コール条件付償還が多く採用されている。

満期一括償還は、発行当初決められた満期日に一括で償還する仕組み。定時・均等・抽選償還は、地方債に多く採用されており、ある一定期間経過後、毎利払日に一定額が償還されていき、残りが満期日に償還するもの。コール条件付償還は、満期前に満額もしくは一定額償還させることができる権利を発行団体が有するもの。

市場で多く発行され流通している償還方法を順に並べると、満期一括償還、定時・均等償還、コール条件付償還である。その中でも満期一括の残高と流通量は他のものを寄せ付けないほど大きいものとなっている。流動性と管理の簡単さから、後者２つは満期一括よりもワイドに売買される。

2）クーポン設定

固定金利と変動金利が多く採用されている。固定金利とは発行から償還まであらかじめ決められた利率でクーポンが支払われる仕組み。変動金利は、さまざまなものがあるがその中で最も多く採用されているのは、市場金利（３カ月・６カ月などの短期ライボー）にリンクするプレーンな形のもの。ライボーにあらかじめ決められたスプレッドを加算してクーポンが変動していく仕組み。

市場で多く発行され流通しているのは固定金利債。変動金利債は残高が低く流動性が落ちるために固定よりもワイドに売買される。金利上昇時には、変動金利債のほうが市場金利にリンクするため有利に思える。ここ20年近く金利上昇・低下を経験したが、ほとんどの場合、変動利率債は固定利率債よりもワイドに売買されていた。

ライボーにプレーンにリンクするものであれば固定金利債よりも多少ワイドとなるが、それほど大きなスプレッド差は生じない。しかし、

クーポン設定に掛け算や割り算が組み込まれていたり、株式リンク、為替リンクとなると、リスク管理が難しいものになるためスプレッド差が大きくなっていく。

また、クーポンの年間利払回数よってもスプレッド差が生じる。最も多く採用され基準となっているのが、年2回利払い。年4回、年1回などはスプレッド差が付いている。

1.3 序列

クレジットスプレッド構成要因の主成分(「市場の違い」「信用力」「流動性」「需給」)を考慮すると、ある程度の序列が見えてくる。市場で人気の高い順番、スプレッドのタイトな順番である。置かれている環境によって多少変化はするが、基本的な序列を理解しておくことが、クレジットを取り扱ううえで必要不可欠となる。これを理解することで、それぞれの債券のレベル感を持つことが可能となる。

セクター別のスプレッドのタイトな順番は以下のようになる。

①	国債	日本で最も信用力が高く、流動性の高い債券
②	政府保証債	政府系機関が発行し、国債と信用力は同じだが流動性が落ちる債券
③	地方債	地方自治体が発行し、法律で幾重にもサポートされている債券
④	財投機関債	政府保証債と同じ発行団体が発行しているが、政府の保証が付いていない債券
⑤	社債等	一般事業会社の発行する債券
・	・	・
・	・	・

- それぞれのセクターの中で銘柄ごとに細かく分かれている。
- 同格付の財投機関債と一般事業債であれば、財投機関債のほうが政府に近い存在であることから序列は上となる。
- 同格付の社債とサムライ債であれば、市場・流動性の違いによって社債のほうが序列は上となる。
- 同じ格付のシニア債と劣後債であれば、シニア債のほうが序列は上となる。

この序列が基本形となる。これは人気の高い順番であるので、市場の環境に変化が生じた場合、この順番でスプレッドの変化が生まれやすいということになる。タイトニングトレンドに移るのであれば上から順番に買われ、ワイドニングトレンドに移るのであれば下から順に売られる。

それぞれのセクターごとのスプレッドが決まり、その中の銘柄のスプレッドも決まる。それぞれのスプレッドは周りのスプレッドとすべてバランスを保っている。そのバランスをもたらす理由がありそれに従っている。

クレジットは芸術の世界である。このスプレッドバランスを見つけることができれば、いまだ発行されたこともない債券のフェアーバリューを導き出すことも容易となる。

1.4. 時代ごとの構成要因影響度の変化

クレジットスプレッド構成要因のスプレッドに与える影響度は時代や考え方によって変化してきた。その形はクレジットの売買が開始されてから現代までで大きく3つに分けることができる。「神話時代」「平成不況時代」「脱平成不況時代」の3つ。これらの時代を経て、影響度の順番が確立した。

１）神話時代（昭和バブルとその崩壊期・97年大型破綻まで）

　戦後から長い間、日本は拡大を続けた。その経験や自信から「日本の企業は破綻しない」という神話が生きづいていた。実際に債券発行団体の破綻がなかったため、クレジットリスク（信用リスク）という概念がなく、信用力を分析する意味すらなかった。破綻しないのであれば、当然のことながら、売買するうえで最大のリスクは購入したいときにいつでも購入できること、売却したいときにいつでも売却できること。つまり「流動性」であった。

　この時期最も影響度の高かった要因は「市場性」、次に「流動性」であった。現代では当たり前のように上位に入る信用力は、考えられていなかった。

　流動性がすべての基本であった時代の良い例は利付金融債。90年代前半まで、利付金融債（長期信用銀行の発行する5年債）は中期債の中で国債よりも流動性が高く、それゆえに国債よりも利回りが高くなることはなかった。常時JGB▲20〜▲5bpを推移し、一時JGB▲46bpをつけたこともあった。

２）平成不況時代（信用収縮：97年半ば〜03年6月）

　97年大企業の破綻を経験し、神話は崩壊した。クレジットリスクという言葉が日本にも誕生し、発行団体のクレジットリスク分析をするために、クレジットアナリストもこのころ登場した。

　いくら流動性が高くとも信用力が低く破綻してしまったら意味がないということで、「流動性」中心の市場から「信用力」中心の市場へと移行された。スプレッドは格付順となり、どれほど流動性が高くともその体系は崩れなかった。

３）脱平成不況時代（景気・企業業績回復：03年6月以降）

　03年金融機関へのセーフティーネットが確立すると、金融システム

図表1-9 構成要因の影響度の変化

1) 神話時代		2) 平成不況時代		3) 景気回復時代	
①	市場の違い	①	市場の違い	①	市場の違い
②	流動性	②	信用力	②	信用力
③	需給	③	流動性		流動性
④	・	④	需給		需給
・	・	・	・	③	・
・	信用力				
・	・				

不安が終焉し景気回復基調へと変化していった。企業業績が回復、信用力が増し格上げラッシュとなった。債券発行団体の破綻（デフォルト）リスクが大幅に低下したことで、スプレッドはタイトニングを繰り返し格付ごとのスプレッド格差も縮小してきた。

　全体的にデフォルトリスクがかなり低いレベルとなると、信用力のスプレッドに与える影響度が弱まっていった。これは、他の要因はいつ何時でも影響力は不変なため、相対的に影響度が落ちたためと考えられる。

　クレジットスプレッドに影響を与える構成要因を影響度の大きいものから順に並べ、時代ごとの動きを見てみる（**図表1-9**）。

　さまざまな経験を積み市場は成長してきた。現代クレジット市場では、スプレッドに与える構成要因の影響度順位が確立している。市場の違い、信用力、流動性、需給……の順である。景気後退局面であれば信用力の影響度が増し、景気好調局面では流動性の影響度が増す。今後は1）の時期のパターンに戻ることはなく、2）と3）の繰り返しとなるであろう。

1.5. スプレッドサイクル

　クレジットスプレッド構成要因の中で、スプレッドの変動に大きな影響力を持つのは前述のように市場の違い、信用力と流動性である。市場の違いは銘柄を固定すれば不変となり、流動性は短期間には変動しないため、変動が最も大きいのは信用力となる。信用力の変化は発行団体の財務・業績によるところが大きく、変動も大きくなる。

　クレジットスプレッドは基本的に、発行団体の信用力が増加すればタイトニング方向に動き、減少すればワイドニング方向に動く。個別発行団体独自の信用に変化があるような事由が発生すれば個別に動き、ある業種全体にわたる事由が発生すればその業種全体が動く。

　クレジットスプレッドはセクター間、業種間、銘柄間、格付間で相互に密接に関係しており、それぞれ影響し合ってバランスを保っている。個別独特の事由がない限り、単独で動くということはない。つまり、ある銘柄のクレジットスプレッドが変化すれば、それに境遇の近い銘柄も同様な動きをする。AA格がワイドニングすれば、周りの格付にもワイドニング圧力がかかるというように。

　さまざまな種類の団体の発行する債券があるが、日本経済という大きな枠組みの中で見れば、皆同じ債券であり金利商品であるため、JGBであろうとCash Creditであろうと同じ方向に動く。信用力のおおよその変化も同じ方向に動く。しかし、その中でもセクター、業種、銘柄、格付などリスク量に差があるためスピードに差が生じ、ある規則性がでてくる。その一連の流れをスプレッドサイクルとして説明する。

　クレジットリスクは、残存が短く信用度が高い銘柄が最も少なく、残存が長く信用度が低い銘柄が最も多いということになる。クレジットスプレッドで言い換えると、残存が短く信用が高い銘柄が最もタイトであり、残存が長く信用が低い銘柄が最もワイドであるということ

第1章　クレジットの理論・起源・歴史

図表 1-10　ワイドニングする場合の順番

	短期	長期
高格付	④	③
低格付	②	①

	1年	2年	3年	4年	…	9年	10年
AAA							
AA+							
AA							
AA-							
A+							
A							
A-							
BBB+							
BBB							
BBB-							

※タイトニングする場合は逆の流れとなる。

になる。規則性を握る鍵はそんなところから出てくる。

　クレジットスプレッドがワイドニングする場合を考えてみる。ワイドニングするということはクレジットリスクが増加するということであるので、リスク量を軽減する方向に市場は動くこととなる。質への逃避である。まず初めに期間の長く信用度の低い銘柄が市場で避けられスプレッドはワイドニングを始める。その後ワイドニングは、より期間の短いものや、より信用度の高いものに移っていくことになる（**図表1-10**参照）。タイトニング時は逆の動きとなる。

1.5.1. 景気回復期

　基本的な流れは株価上昇・金利上昇となる。この時期のクレジットスプレッドにとっての好材料は、債券発行団体の業績が良くなることから、クレジットリスクが低下し続けること。悪材料は金利上昇に絡むものがほとんどである。株高・債券安による債券市場からの資金流失、ネガティブな債券投資方針。債券投資を抑制し、投資タイミングを遅らせる後倒し運用を行う。

好材料	● クレジットリスク低下方向
悪材料	● 債券市場からの資金流出 ● ネガティブな投資方針 ● 金利上昇

　ワイドニング・タイトニングともに起こるが、ワイドニングは信用収縮によって起こるものでなく、金利上昇と需給によってもたらされる。クレジットリスク低下と金利上昇との綱引きとなる。金利上昇スピードが速いと、クレジットリスク低下の力がおよばずワイドニングとなる。

　スプレッドサイクルは、企業業績回復でクレジットリスクが低下し短期・高格付からタイトニングが始まり、徐々に長期・低格付へ移っていく。しかし、景況感好転で金利が上昇し（値段が下がる）、債券投資を抑制したり、対金利でのスプレッドの魅力が減少したりすることで需給が悪化する。長期・低格付からワイドニングが始まり、短期・高格付へ移っていく。ある程度スプレッドが拡大すると、続くクレジットリスク低下で短期・高格付からタイトニングが始まる。

1.5.2. 景気後退期

　基本的な流れは株価下落・金利低下となる。この時期のクレジットスプレッドにとっての好材料は、株安・債券高による債券市場への資金流入、ポジティブな投資方針。そして、金利低下による対金利のスプレッド魅力増大である。債券投資を拡大し、運用は前倒し投資となる。悪材料は上昇し続けるクレジットリスクである。

好材料	● 債券市場への資金流入 ● ポジティブな投資方針 ● 金利低下
悪材料	● クレジットリスク上昇方向

　ワイドニング・タイトニングともに起こるが、ワイドニングは信用収縮によるもので、タイトニングは質への逃避で債券市場に流れ込んできた資金が対金利で魅力的になったスプレッドを取りにくる時となる。

　スプレッドサイクルは、信用収縮が始まると期間の長く格付の低い債券からワイドニングが始まり、徐々に短期・高格付へと移っていく。ある程度ワイドニングすると、景気悪化による金利低下で金利対比魅力の出てきたスプレッドを求めて、短期・高格付からタイトニングが始まり徐々に長期・低格付へタイトニングが移っていく。そして、続く信用収縮によってスプレッドが参加者の考えるクレジットリスクを有しなくなると再び長期・低格付からワイドニングが始まる。

2　日本クレジット市場の起源

　日本のクレジット市場がどのように始まり、成長していったか見ていく。現代では各種スプレッド構成要因によって各発行銘柄の評価がされスプレッドという形で表されている。そのスプレッドが変化することでクレジット市場が出来上がっている。しかし、それは近年完成されたものである。

　スプレッドが変化し動くためには「**流通市場の拡大**」「**スプレッドという概念の確立**」「**クレジットリスクの認識**」の３つが必要である。80年代半ばまでそのすべてが存在しなかった。80年代後半にこれらのうち２つが生まれ、96〜97年に最後のクレジットリスクが誕生した。

2.1.　「スプレッド」ってどこの言葉？

　80年代後半まで、機関投資家の運用方法は至って簡素なものであった。集めた資金で債券を購入して運用するが、その運用方針は国債を含め「**Buy & Hold**」が基本形となっていた。

　新規資金が入れば新規で発行される債券を購入し償還まで保有する。購入した債券は資金ニーズが出てこない限り途中売却されることがない。そして、再び新規資金が入ったり保有債券が償還されたりすると新たに新発債を購入するというスタイルであった。また、資産管理はクーポンと単価でのものとなっていたため、流通市場で購入すると単価が100円から乖離し管理が難しくなるということで、売買は敬遠されていた。

　発行されていた債券は、国債・政府保証債・地方債・特殊法人債などの政府関係債券と公共セクターである電力債、そして長期信用銀行

の発行する金融債であった。一般事業債の公募発行はなかった。

　売買が頻繁に行われていたのが指標銘柄といわれる国債。発行量の多い銘柄が数年ごとに選ばれ指標銘柄と呼ばれた（当時、先物取引はまだ始まっていない）。国債指標銘柄とその他すべての債券は、ともに債券であってもその利用目的が全く違っていた。前者はキャピタルを得る目的のトレーディング、後者はインカムを得る目的の運用というように。それもあって、指標銘柄に選ばれた国債と償還・利率が同じ条件で発行された国債であっても、単価が2円近く違っていることもあった。

　債券市場全体の売買高の半分以上がこの国債指標銘柄である1銘柄によるものであった。それ以外の債券の流通市場規模はかなり少ないものとなっており、新発債に絡んだ銘柄の売買がほとんどであった。

　金利の考え方は、現代のように複利・スプレッド・クレジットリスク等を利用したものには程遠い状態であった。**売買は単利に始まり単利に終わった。**日本債券市場の中心である国債指標銘柄ですら単利でフェアーバリューがはじかれ売買された。**複利利回りが普及していなかったため、スプレッドの概念が生まれず、スプレッドがなかったため、クレジットリスクの概念も生まれなかった。**

　当時の最大のリスクは流動性であると認識されており、流動性の差が単利利回りの差で表示されていた。流動性で利回り差が付くといっても、現代のように銘柄別に細分化されているわけではなく、セクター別に分かれている簡単なものであった。

※当時のセクターは、政府保証公営債・その他政府保証債（通称格落）・特殊法人債・6大都市債（通称美人）・その他地方債（通称ローカル）・利金債・電力債・その他債券の8つ程度。同じセクターであれば利回り差は存在しない。

2.2. 「流動性市場拡大」

　88〜92年にかけて、スプレッドに動きを与えるのに必要不可欠な流通市場の拡大が行われた。それまでの市場は、新発が発行され販売されて終わりという形。たとえ需給が悪化しても、影響は新発債だけであった。というのも、新発債まわりしか売買されていなかったため、それも必然であった。

　88年、準大手日系証券が利金債（利付金融債）のマーケットメークを始めた。公に売値と買値を公表した本格的なマーケットメークはこれが日本で始めての試みであった。これによって、それまで実勢値が見えにくく不透明感の高かった利金債がいつでも売り買いできるようになり売買高が急拡大した。

　売買高が国債指標銘柄を除く国債を上回るのに時間はかからなかった。中期債でダントツの売買高・流動性を誇るまでに成長し、中期の指標銘柄と呼ばれるまでになると、その流れに伴ってCash Credit市場全体の売買高も拡大していった。社債発行は電力会社などの公共性のある大手企業から、他の優良企業に広がっていった。

　この流通市場拡大によって、投資方針はそれまでのインカムだけに頼るBuy & Hold一辺倒から変化し、入れ替えなど利用する手法なども増えてきた。

　しかし、この時代に成長したのは流動性のみであった。利金債は7つの違ったクレジットの発行体が発行する債券であるが、その売買はクーポンさえ同じであれば年限や銘柄が違っても同じ単利で売買されていた。

※利金債発行団体：日本興業銀行（現みずほコーポレート）・商工中金・農林中金・全信連（現信金中金）・東京銀行（現三菱東京UFJ銀行）・日本長期信用銀行（現新生銀行）・日本債券信用銀行（現あおぞら銀行）

2.3.「複利利回り登場」と「スプレッドという概念の確率」

　スプレッドという概念を持つためには複利利回りが不可欠であるが、92年にこの複利利回りの考え方が浸透し、国債との利回り差であるスプレッドをみて水準が決まる世界へと徐々に変化していった。

　債券先物の売買に利用されていた複利利回りが受渡適格銘柄以外の国債全体に浸透し、国債の複利イールドカーブが完成すると、Cash Credit市場にも浸透してきた。当時、売買高のほとんどが利金債の売買となっており、中期債は利金債主導の市場ということに変わりはなかったが、スプレッドという概念が生まれたことは大きな変化をもたらした。

　皆そのJGBに対する複利利回り差（JGBスプレッド）に注目するようになり、徐々にスプレッドでの売買が始まった。翌年にはCash Creditのほとんどがスプレッドで割高割安が判断され売買されるようになった。

　それまで計算が難しかった複利利回りが、コンピューター技術が発達しエクセルが登場したことで、容易にできるようになったこともその流れに拍車をかけた。

2.4.「流動性による銘柄間格差細分化」と「神話」

　スプレッド売買が本格化すると、間もなく流動性による銘柄間格差が細分化してきた。それまでのセクター別の売買から、銘柄別の売買に変化し、流動性によるスプレッド格差が確立していった。

　流動性が上がりスプレッド売買も本格化したが、クレジットリスクという言葉はまだ生まれていなかった。債券の最大のリスクは流動性と考えられていた時代であったため、至って自然な流れとなった。

　破綻（デフォルト）リスクが無視され、流動性が最重要視されてい

たのは理由がある。戦後、日本経済は拡大を続け、債券発行を行っている政府系機関・自治体、そして発行を許されている国を代表するような優良企業がデフォルトするなど、誰も想像すらできない状態であったためだ。日本には**「日本企業はデフォルトしない」という神話**が長い間生づいていた。

　リスクといえば流動性。流動性こそがすべてであった。売りたいときにいつでも売ることのできる利金債は、売買高が国債を上回って以降大きくプレミアムがついた。現代ではにわかに信じがたいことだが、この時期、国債よりも利金債の利回りが低いのは当たり前であった。スプレッドでいえば、国債▲20〜▲5bpの間を動き、一時▲46bpをつけたこともあった。

　一般事業債（社債）は、流動性が国債以下であったことで国債マイナスのスプレッドにはならなかったが、クレジットリスクが考えられていなかったため、スプレッドはタイトであった。中期債で比較すれば、タイトな順に利金債、国債、政府保証債、地方債、社債。国債から社債まではその差が40〜50bp程度内に収まっていた。

2.5. 「神話崩壊」と「クレジットリスクの認識」

　96年からの兵庫銀行・太平洋銀行・阪和銀行等の銀行破綻、97年のヤオハン・三洋証券・山一證券・北拓銀行等の大企業の破綻によって、日本の企業も破綻するのだと認識させられた。神話が音を立てて崩れ落ちた瞬間であった。クレジットリスクという言葉が日本に登場し、その言葉に敏感になっていった。その後も日本長期信用銀行（現新生銀行）と日本債券信用銀行（現あおぞら銀行）の破綻危機による金融不安、ロシア危機等に見舞われ悪材料には事欠かなかった。

　当時クレジットリスクを計量化する技術も人手もなかったためその反応は、とりあえず「売れ」であった。フェアーバリューを大きく下

回る水準になっても止まることはなかった。

この時期、クレジットアナリストなるものが登場し、企業の分析を行うこととなるが、まだ認知されず、この流れを止めるにはいたらなかった。

2.6. NCBショックから始まったクレジットリスク

NCBショックとは、96年11月に日本人が初めて経験したクレジットリスクによる日本債券信用銀行債（NCB、現あおぞら銀行）の急落のことを指す。クレジット市場の発育が途上であったため反応はひどいものになった。しかし、この動きなくして現在の市場はなかったであろう。

80年代、利金債は発行7銘柄がスプレッド格差なしに売買されていた。92年6月になり、利金債の中で流動性格差が生じ、NCBはみずほから20〜40bpの格差ができた。これは、他のCash Creditと比較して平均的な格差であった。

95年、NCBの経営危機がうわさされるが、日本の大手銀行が破綻するわけがないという根拠ない安心感から下落は限られたものになっていた。「日本企業は破綻しない」という神話がまだ生きていた。

しかし、兵庫銀行・太平洋銀行・阪和銀行等の破綻が続いた96年、NCBの経営危機が再びうわさされ、本格的なワイドニングが始まった。

止まらないワイドニングを見て、日本の銀行の中でも大手であり債券発行銀行が本当に破綻するかもしれないと囁かれ、市場は騒然となった。それまで、信じられていた「日本企業は破綻しない」という神話が音を立てて崩れた瞬間であった。保有債券を売却に向かう投資家の群れにスプレッドはさらに拡大し、97年4月にはJGB+550・みずほ+540まで達した。同月、公的資金が入り一時的に落ち着きを取り

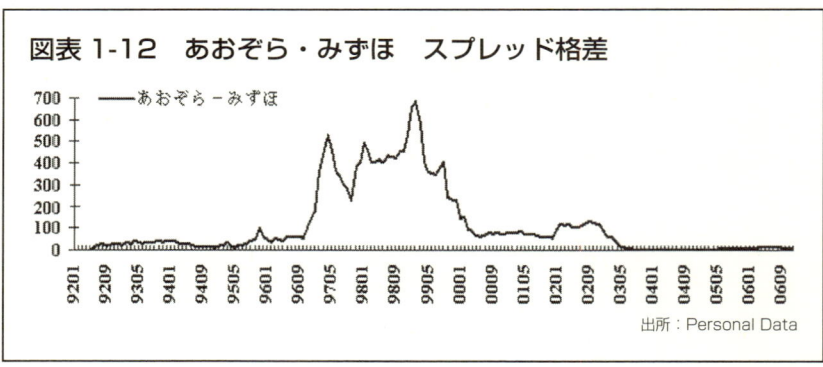

図表 1-11　あおぞら銀行・みずほコーポレート銀行 JGBスプレッド推移（残存5年）

出所：Personal Data

図表 1-12　あおぞら・みずほ　スプレッド格差

出所：Personal Data

戻すこととなった。

　しかし、その後も神経質な売買が中心となり、98年には破綻リスク高まりによる投げが横行し、スプレッドはJGB+1000まで下落した。同年10月に国有化されて、やっとタイトニングとなった。このタイトニングの原動力となったのは日本人ではなく、外国人の力によるものであった。日本人はただ見ているだけの存在であった。

　当時の日本投資家反応は、初めてのクレジットリスク相場直面でどうすることもできず、ただ、保有しているNCBや格付の低い債券を

売却するというものであった。多くの投資家は投資に対するスタンスを硬化させ、BBB+格以下の投資は抑制された。

　投資家が皆同じ方向を向いたことで、スプレッドの動きも一方向となりワイドニングが続いた。

　クレジットリスクの計量化の技術がなく、デフォルトを意識した銘柄の投資の経験もないため、どこまで安くなっても下落が止まらなかった。実際、日本市場でJGB+1000まで下落している中、ヨーロッパではクレジットデリバティブでL+300程度が売買されていた。

　この初めての経験が日本人にクレジットリスクを認識させ、それまでの流動性中心のスプレッドバランスから、現代の状態になるきっかけを与えた。現代では技術が発達し、BB格台の投機的等級やデフォルトを意識した銘柄の売買も徐々に行われるようになった。当時、現代と同じ技術があれば、そこまでひどい状態には陥らなかったと思われる。

3 景気とクレジットスプレッド

3.1. 教科書的クレジットスプレッドの常識

1）景気拡大局面

　景気が拡大局面にあるということは業績改善を意味し、発行団体の信用力や価値が上がる。クレジットスプレッドにはタイトニング圧力となる。一方で、持続的景気拡大によって金融引き締めが行われ、金利リスクが上昇する。主なものでは公定歩合の引き上げ。市場金利が上昇すれば、債券市場からの資金流出や利回りに対するスプレッドの魅力が薄れ、ワイドニング圧力となる。

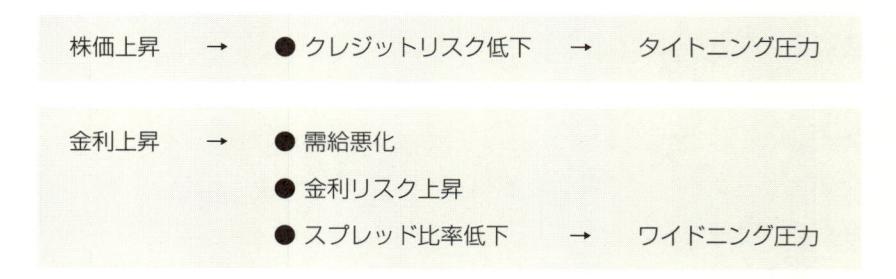

株価上昇 →	● クレジットリスク低下	→	タイトニング圧力
金利上昇 →	● 需給悪化		
	● 金利リスク上昇		
	● スプレッド比率低下	→	ワイドニング圧力

※スプレッド比率：同じ50bpのスプレッドでも市場金利が5％の時（10％）と1％の時（50％）では価値が違うということを示している。参照銘柄のクレジットリスクが変わらないのであれば、スプレッド比率が低いほうが割高となる。

2）景気後退局面

　景気が後退することは、業績が悪化することと同じである。業績が悪化すれば、その団体の信用は落ちクレジットリスクが増大する。クレジットスプレッドのワイドニング圧力となる。一方で、景気が悪化

するのを抑えるために金融緩和が行われ、金利リスクが低下する。主なものでは公定歩合の引き下げである。市場金利が低下すれば、債券市場への資金流入や利回りに対するスプレッドの魅力が増しタイトニング圧力となる。

株価下落　→　● クレジットリスク増大　→　ワイドニング圧力

金利低下　→　● 需給好転
　　　　　　● 金利リスク低下
　　　　　　● スプレッド比率上昇　→　タイトニング圧力

3.2. 株価とクレジットスプレッドの相関関係

　クレジットリスクやスプレッドという概念が生まれ、流通市場が拡大し売買が頻繁に行われるようになった95年からの10数年間の株価（景気）とクレジットスプレッドの相関関係を時系列で見てみる（**図表1-13**）。上が日経平均株価、下が残存５年Ａ格（R&I）の平均的スワップスプレッドを示す。矢印は相場の方向性を示す。

１）80年代〜96年６月「神話時代」（図表1-13の①）

　昭和バブル、バブル崩壊と株価は乱高下。しかし、この時期はまだ、クレジット市場が始まる前である。債券市場は単利を基準とした金利・流動性・需給のみの市場である。「日本企業は破綻しない」とする神話が生きており、クレジットリスクはおろかスプレッドの概念すらない時代であるため、株価とスプレッドの関係は皆無でそれらを比較することはできない。存在するのは国債の中でも流動性の高い指標銘柄と株価の相関関係のみ。

　⇒　無相関

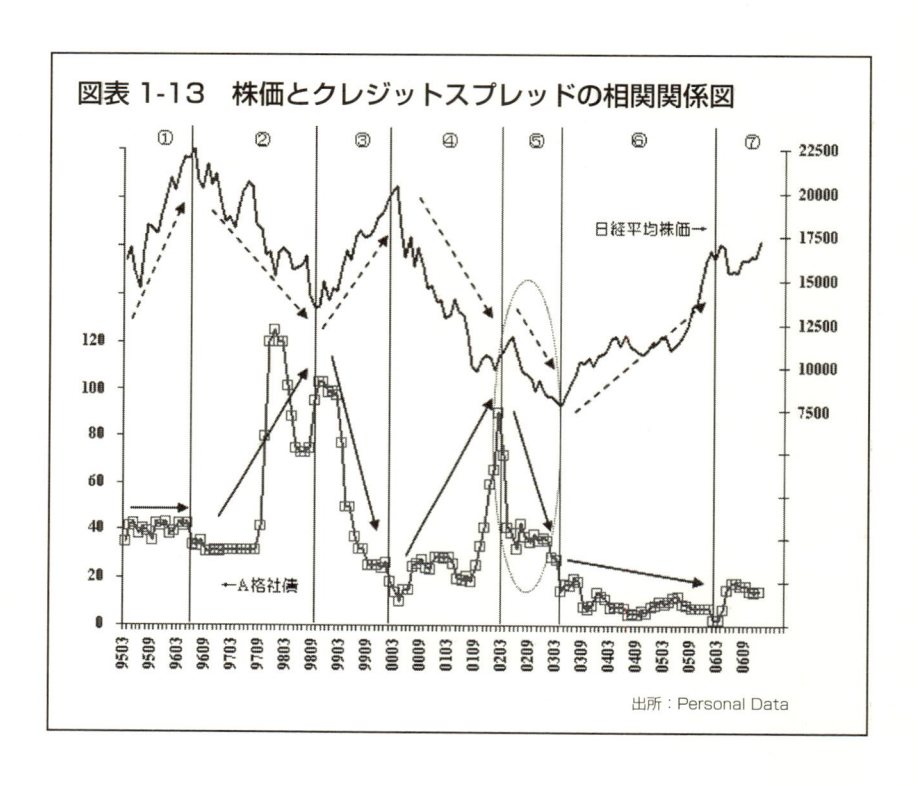

図表1-13 株価とクレジットスプレッドの相関関係図

出所：Personal Data

2）96年6月～98年9月「大型破綻・神話崩壊相場」（図表1-13の②）

昭和バブル戻り高値から銀行国有化までの流れ。景気は悪化し株価は下落、クレジットスプレッドは信用収縮・金融不安によってワイドニング。

⇒　正相関

昭和バブル崩壊後の戻り高値から株価は下落を始める。95年に兵庫銀行破綻、96年に太平洋銀行・阪和銀行破綻、97年にはヤオハン・三洋証券・山一證券・北拓銀行等の大企業の破綻が起こった。それまで信じられていた神話が崩壊し、信用収縮が起こる。日本長期信用銀行・日本債券信用銀行の破綻危機で金融危機も叫ばれた。株価は下落を続け、クレジットスプレッドはワイドニングを続けた。

3）98年9月〜00年3月「ITバブル相場」（図表1-13の③）

金融緩和と銀行国有化によって金融不安が取り除かれてからITバブルまでの流れ。ITを中心に景気が回復し株価上昇。クレジットリスクは低下して、クレジットスプレッドはタイトニングした。

　⇒　正相関

　政府・日銀によって公的資金注入やゼロ金利政策等の各種政策で景気刺激が行われ、破綻危機は和らぎ、日本債券信用銀行・日本長期信用銀行の国有化で金融危機も和らいだ。株式市場ではインターネット普及によるITバブルの時代が始まり、株価は上昇し景気は回復基調へと移っていった。

　97年の相次ぐ大型破綻の影響で大幅に拡大していたスプレッドは投資家の投資意欲を旺盛にした。資金調達の多様化を目的とした社債発行は加速し、1カ月1兆円を越すペースでの巨額の社債発行が続いたが、それを吸収するほどの勢いとなった。また、同時期、共済連の統合がスプレッド市場に大きなタイトニング圧力を与えた（後述）。

4）00年3月〜02年2月「ITバブル崩壊相場」（図表1-13の④）

ITバブルが崩壊から、マイカル等の破綻・金融危機までの流れ。株価下落・クレジットリスク増大。クレジットスプレッドはワイドニングした。

　⇒　正相関

　ITバブルが崩壊し、株価は下落傾向、スプレッドはワイドニングを続けた。日銀は金融緩和を続け、短期金利はほぼゼロまでに緩和された。それでも流れを止めることができず、01年3月、ある意味非常時での金融政策である量的緩和政策に移行した。これによって市場は

落ち着きを取り戻したかに見えた。
　しかし、同年9月から12月の破綻の流れで再び株価下落、スプレッドワイドニングが加速した。約3カ月間で、米国同時テロ・マイカル破綻・アルゼンチン危機・エンロン破綻・大成建設破綻・MMF元本割れと次々と悪材料がでて、最後には金融システム不安へとつながった。翌年2月には、大手都銀が破綻するなどのうわさがささやかれ、2月金融危機説がまことしやかに話されていた。

5）02年2月～03年6月「モラルハザード相場」（図表1-13の⑤）
　金融危機から政府・日銀による金融システムへのセーフティーネット確立までの流れ。特異な相場展開。企業業績は悪化を続け株価は下落を続けるが、政府・日銀のモラルを逸脱したようなサポートや金融政策によって、クレジットスプレッドはワイドニングするはずがタイトニングした。
　⇒　**負相関**

　下げ止まらない株価の中、業績回復・成長など考える前にデフォルトするか否かを考えなくてはならない時期。本来であればクレジットスプレッドは拡大を続けなくておかしくない。
　しかし、金融システム不安は起こさせないという政府の強靭な方針が金融機関をサポートし、その金融機関が企業をサポートした。「Too Big to Fail」（大手企業は市場に与える影響が大きすぎて破綻させることができない）という言葉が市場を飛び交い、日銀は量的緩和にさらに力を入れた。
　量的緩和・資産担保証券買取・破綻前の企業を再生させる目的の産業再生機構・金融機関保有株式の買取り・相場変動からの影響を受けにくくする目的の銀行等株式保有機構等も設立された。
これらの景気対策と政府のセーフティーネットによって、デフォルト

リスクは軽減されスプレッドはタイトニング方向へと動いた。まさにモラルハザードな相場。

6）03年6月〜06年3月「企業業績回復相場」（図表1-13の⑥）
　金融機関へのセーフティーネット確立から本格的な企業業績回復までの流れ。株価は上昇基調となり、クレジットスプレッドもタイトニング方向へと動いた。
　⇒正相関

　03年5月のりそな銀行国有化をきっかけに、政府の不良債権を抱える大手金融機関（メガバンク）へのセーフティーネットが確立し、同年11月の足利銀行国有化で地域金融機関へのセーフティーネットも確立した。金融不安は取り除かれ株価は上昇した。決算では業績が回復する好業績企業が多く現れ始めた。スプレッドはさらにタイトニングした。
　97年の大型破綻経験後始まった日本クレジット市場において、03年に大きな変化があった。
　03年までの市場は、金融機関保有の不良債権が最大の問題とされ、金融機関動向がクレジットスプレッドに多大な影響を与えていた。金融システム不安が叫ばれるたびに、関係のない団体の債券や政府保証債ですら信用収縮が起こり、一様にワイドニングしていた。逆に政府が金融機関をサポートすると一様にタイトニングした。つまり、個別の団体のクレジットリスクをみてスプレッドが変動するわけではなかった。
　03年にりそな銀行と足利銀行が国有化され、翌年には新公的資金注入制度が決まった。金融不安を起こしそうなサイズの金融機関へのセーフティーネットが確立したことで金融機関動向がクレジット市場のメインテーマから外れることとなった。より一層単体の財務状況・

業績、そして景気などを意識したものに移り、金融機関動向の影響はかなり限定的なものになった。

7）06年3月〜「金融政策正常化へ」（図表1-13の⑦）

景気回復の足取りがしっかりし、日本企業の業績は回復を続けた。06年3月、日銀は非常時の金融政策である量的緩和政策、同年7月にゼロ金利政策も打ち切り、平常時の政策に移行させた。

株価は金融政策が緩和から引き締めに移行されたことで上値が抑えられ、クレジットスプレッドは金利上昇を嫌ってワイドニングとなった。

3.3. クレジットイベントとスプレッド

ここでは、クレジットリスクの概念が生まれた96〜06年の10年間のデータを用いて、数ある出来事の中から、実際にスプレッドトレンドに影響を与えた出来事をピックアップした。チャートはR&IのA格付残存5年のスワップスプレッドの平均値（**図表1-14、図表1-15**）。

96年からということは、社債市場が本格的に売買され始めてからすべてであるので、これがクレジットスプレッドの動きのすべての歴史である。

この期間で大きなワイドニングとタイトニングは4回ずつ。

ワイドニング1回目は①の相次ぐ大型破綻によって引き起こされた。日本の大手企業が破綻し、クレジットリスクという言葉が日本に浸透した時期。2回目は③の日本長期信用銀行と日本債券信用銀行によって引き起こされた金融不安・危機。そしてそれに続くロシア危機。3回目は⑥の第百生命・そごう破綻時。4回目は⑧のマイカル破綻からの流れ。これらは、いずれも大企業の破綻が引き金となってワイドニングトレンドに入っている。

一方、タイトニング1回目は②の金融機関への公的資金注入時、2

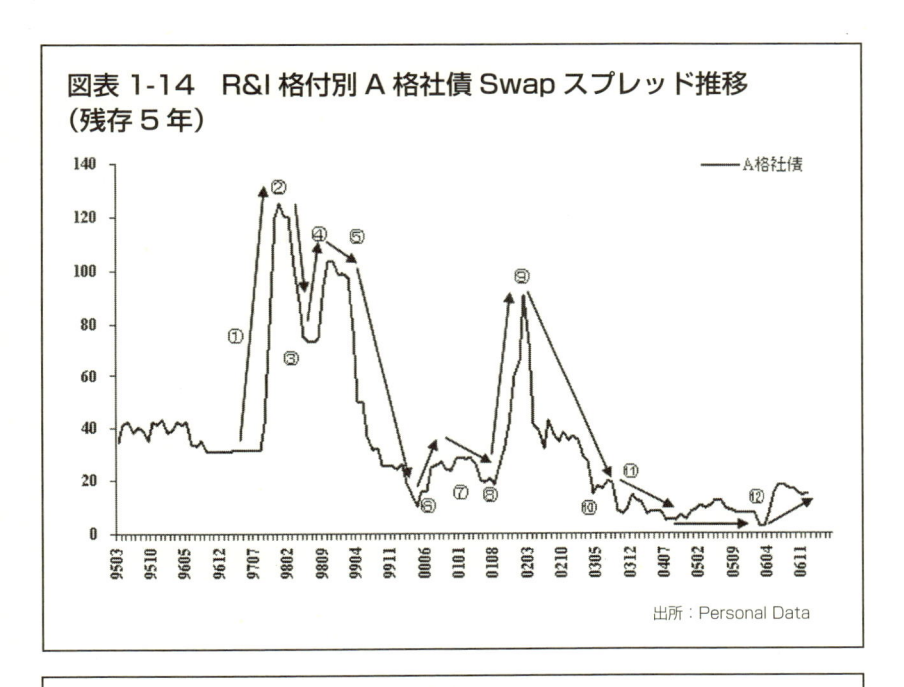

第1章　クレジットの理論・起源・歴史

図表1-14　R&I格付別A格社債Swapスプレッド推移（残存5年）

出所：Personal Data

図表1-15　実際にスプレッドに影響を及ぼした出来事

	1995.8	兵庫銀行破綻
	1996	太平洋銀行・阪和銀行破綻
①	1997.3-12	大企業破綻（ヤオハン・三洋証券・拓銀・山一・東食破綻など）／アジア危機
②	1998.3	公的資金注入
③	1998.6-	LTCB・NCB破綻危機⇒金融危機／ロシア危機
④	1998.9	金融緩和o/n0.25%
	1998.10	LTCB・NCB国有化
	1998.12-	共済統合に向け非上場化活発（大幅な単価調整を含んだ入替）
	1999.2	金融緩和o/n0.15%
⑤	1999.3	ゼロ金利政策・公的資金注入／RCCスタート
	1999.5-6	国民銀行・幸福銀行・東邦生命・東京昭和銀行・なみはや銀行破綻
	2000.2	長崎屋破綻／LTCB・NCB民営化
⑥	2000.5-7	第百生命・そごう破綻

	2000.8	ゼロ金利政策一時解除／大正生命破綻
	2000.10	千代田生命・協栄生命破綻
⑦	2001.2	公定歩合引き下げ0.35%／シーガイア破綻
	2001.3	公定歩合引き下げ0.25%／量的緩和政策スタート／東京生命破綻
⑧	2001.9	USテロ／マイカル破綻／公定歩合引き下げ0.1%
	2001.11-12	アルゼンチン経済危機／大成火災・青木建設・エンロン・石川銀行破綻／投信元本割れ／2月金融危機
⑨	2002.3	Too big to fail
	2002.4	ペイオフ一部解禁／パッシブ運用加速
	2002.6	ワールドコム不正会計疑惑
	2002.8	JSDA気配発表ルール変更に伴い気配消える
	2002.12-2003.1	メガ銀行資本増強策
	2003.3	日経平均株価20年来安値7607円／イラク戦争開戦
⑩	2003.4	イラク戦争終結／産業再生機構スタート／りそな銀行実質国有化
⑪	2003.11	米投信パトナム不正取引／足利銀行預金保険法102条3項適用一時国有化
	2003.12	新公的資金注入制度方針決定／あしぎんファイナンス会社更生法申請
	2004.7	三菱東京フィナンシャルグループ＆UFJグループ経営統合申し入れ
⑫	2006.3	量的緩和解除
	2006.7	ゼロ金利政策解除

回目は⑤の金融緩和・ゼロ金利政策時、3回目は⑦の金融緩和・量的緩和時、4回目は⑨のToo Big to Failが叫ばれた時期。これらは、景気刺激策・金利操作・公的資金注入などの政府の政策がきっかけとなっている。個別企業へのサポートというよりも、金融不安をぬぐいさることで信用不安を抑えてきたことになる。

4 景気・クレジットのトライアングル

　クレジットトライアングルとは、景気循環とクレジットスプレッドの関係を表したものである。景気を数値化することは難しいため株価を用いる。

4.1. 理論的な考え方

　株式は将来の収益性・成長性、金利は安定性、クレジットは破綻（デフォルト）の可能性と表現できる。

　株式は個々の企業の将来における収益性・成長性で価値が決まる。その企業の将来の収益が上がるとなれば株価は上昇する。

　金利（債券）は収益性よりも安定性重視。安定的成長を遂げるか否かでその価値が変わる。

　クレジットスプレッドはデフォルトの可能性を数値化したもの。デフォルトの可能性が最も低いと考えられる国債や資金調達の指標とされるスワップに対するスプレッドで表示される。デフォルトの可能性が高いのであれば、そのプレミアムとしてスプレッドはワイドとなる。

　景気循環とスプレッドのサイクルを大きな流れで捕らえてみることにする。**図表1-16**は、景気循環とクレジットスプレッドの動きを図にしたイメージ。横軸にクレジットスプレッド、縦軸に株価をとった。

　景気が拡大局面であれば株価は上昇しクレジットスプレッドはタイトニングする（A'の動き）。逆に、景気が後退局面であれば株価は下落し、クレジットスプレッドはワイドニングする（Aの動き）。政府の景気に対する政策や日銀の金融政策が上手に働けば、この繰り返し

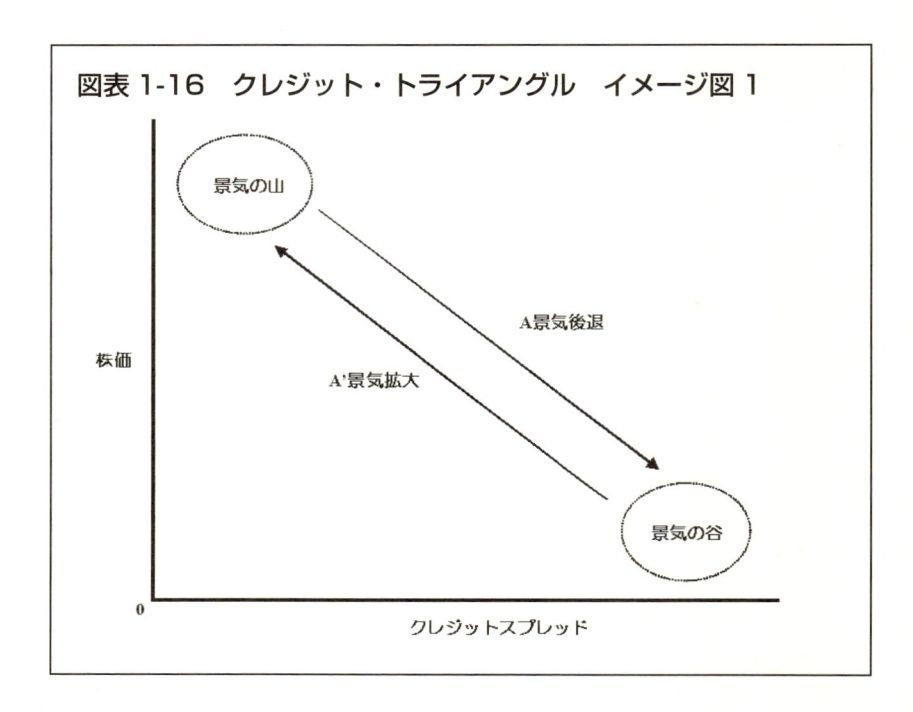

図表 1-16　クレジット・トライアングル　イメージ図 1

（縦軸：株価、横軸：クレジットスプレッド。景気の山から景気の谷へ、A 景気後退／A' 景気拡大の矢印）

になる。いわばこれが正常な状態であり平常時の金融政策下での市場の動きとなる。

しかし、金融政策が上手く働かず、破綻が相次ぐなど景気が危機的な状態に陥った場合、政府・日銀は平常時の政策では追いつかずさらなる政策を打ち出す。その場合、**図表1-17**のようにトライアングルを形成する。

景気循環を景気好調期（景気の山）の基点として考えるなら、そのサイクルはABCの順にトライアングルを形成していく。BとCの動きは異常事態の動きである。

1）景気好調期

　景気の山。景気好調で企業業績は非常にいい時期。株価は上昇・高値安定する。業績が良いのでデフォルトリスクは低く、信用状態を表

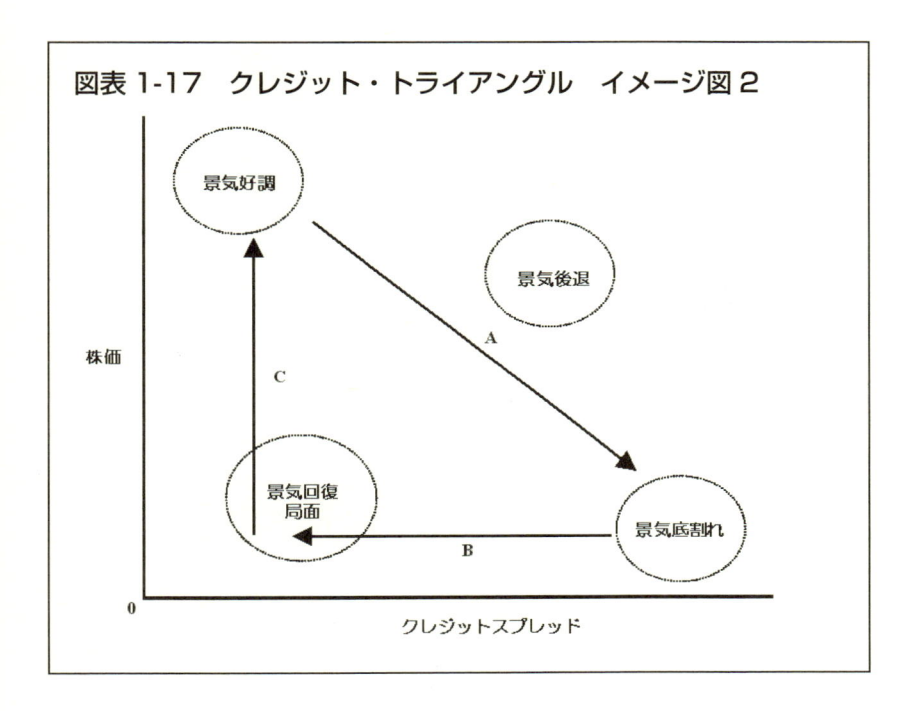

図表1-17　クレジット・トライアングル　イメージ図2

（縦軸：株価、横軸：クレジットスプレッド。景気好調→景気後退（A）→景気底割れ→景気回復局面（B）→景気好調（C）のサイクル）

すクレジットスプレッドもタイトな状態。

2）景気好調・安定から後退へ（Aの流れ）

　景気が好調から安定へ、安定から後退へと移る時期。企業業績が頭打ちとなり、停滞、そして悪化していく。株価は下落基調となり、業績不振企業のデフォルトリスクが上昇し、クレジットスプレッドも徐々にワイドニングしていく。

　サイクルの中でこの時期が最も長く、株価下落・ワイドニング、株価上昇・タイトニング（Aと逆の動き）を繰り返す。

3）景気底割れ

　政府・日銀の金融政策がうまく働かず、景気悪化がさらに進むと危機的な状態となる。この時期は、収益性を考える前にデフォルトする

か否かを見極めなくてはならないような時期。ある一定水準以下となるとデフォルトする企業も多く現れることとなる。株価は大きく下落し、信用収縮が起きクレジットスプレッドは急速にワイドニングする。

4） 景気の谷からの脱却・景気回復準備段階（Bの流れ）

企業業績の回復はまだ見込めず、株価は上昇に転じることができないが、政府・日銀のモラルを逸脱したような徹底的な金融政策や景気対策等によって、デフォルトの可能性が徐々に低下していく。デフォルトの可能性が低下してくると、スプレッドはタイトニング方向へと動いていく。

5） 本格的な景気回復局面（Cの流れ）

本格的な景気回復局面。企業業績が回復基調となり、収益性向上で株価が上昇に転じる。すでにクレジットスプレッドはタイトニングしているため、さらなるタイトニングは見込まれないが、タイトな状態が長く続く。

4.2. 実際のトライアングル

4.2.1. 85年3月〜96年6月

チャートは国債以外の債券（Non-JGB, Cash Credit）の売買が始まった85年から96年までのトライアングル。縦軸は日経平均株価、横軸は残存5年A格（R&I）社債の平均的スワップスプレッド。

97年大型破綻前の相場は、神話が生きており、スプレッドやクレジットリスクの概念がなかったばかりか、債券の残高も少なかった。日経平均が40,000円近くから15,000円に急降下したにもかかわらず、債券

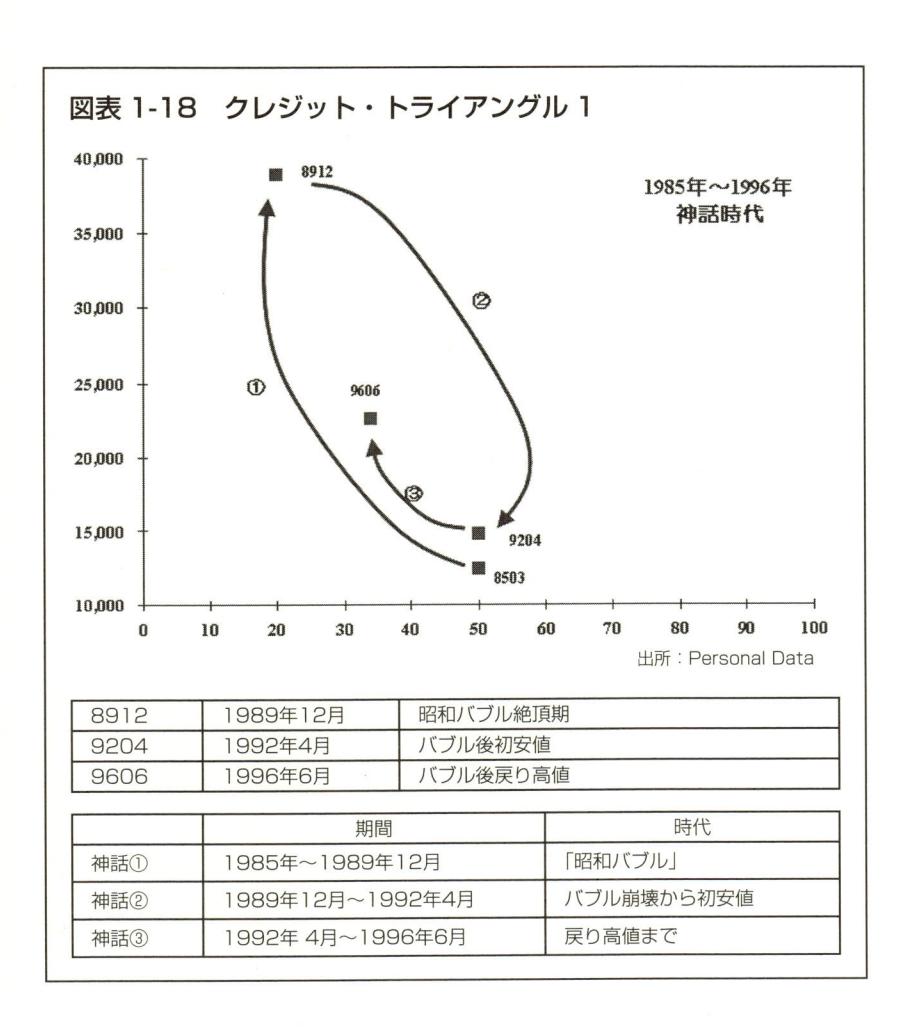

第1章　クレジットの理論・起源・歴史

図表1-18　クレジット・トライアングル1

1985年～1996年
神話時代

出所：Personal Data

8912	1989年12月	昭和バブル絶頂期
9204	1992年4月	バブル後初安値
9606	1996年6月	バブル後戻り高値

	期間	時代
神話①	1985年～1989年12月	「昭和バブル」
神話②	1989年12月～1992年4月	バブル崩壊から初安値
神話③	1992年4月～1996年6月	戻り高値まで

　発行団体には破綻がなく、クレジットリスクという言葉もなかったため、スプレッドは20割れから50程度まで広がっただけであった。
　また、96年ごろまでは非上場債（Cash Credit）は決算時評価をしなくてよいという仕組みを利用したJGBからCash Creditへの入れ替え（非上場入替）が多く行われていたことで、下落余地が限られていた（**図表1-18**）。

4.2.2. 96年6月から06年12月

　クレジットリスクという概念が生まれるころから06年までのトライアングル。縦軸は日経平均株価、横軸は残存5年A格（R&I）社債の平均的スワップスプレッド。
　市場は96年以降、**図表1-16**の動きを繰り返し、01年3月量的緩和策がとられると、正常な動きを逸脱した（**図表1-19**）。
　ここで、③と④が特殊な動きをしている。これは特殊要因が重なった結果であり、その特殊要因がなければ、点線③'④'のように動いたと考えられる。

1）③と④の動き

　前述のようにITバブル相場によってスタートするが、クレジットスプレッドの急速なタイトニングは別のテクニカル要因のほうが強かった。共済連統合である。単なる統合であれば何の問題もなくスプレッドに与える影響はないのだが、問題は保有資産の移管の方法であった。国債等の上場値のある債券は時価で移管される一方、上場値のない国債以外の債券（Non-JGB, Cash Credit）は簿価で移管されることとなった。これによって、統合前の共済連による国債からCash Creditへの入れ替えが強烈に進められた。
　5円評価損となっている国債をそのまま移管すると5円の損となるが、市場で5円高く売却し、替わりにCash Creditを5円高く買えば、Cash Creditは簿価で移管できるため、損が消えるという仕組み。この時期は、日本証券業協会の単価調整幅ルールが廃止され、単価調整幅は個々の責任とされていたため、10円を大幅に超す単価調整が多く行われていた。この流れは月日を追うごとに激しさを増し、00年に入るころは急速なタイトニングを成し遂げた。
　00年4月の統合後もCash Creditは市場から姿を消したままとな

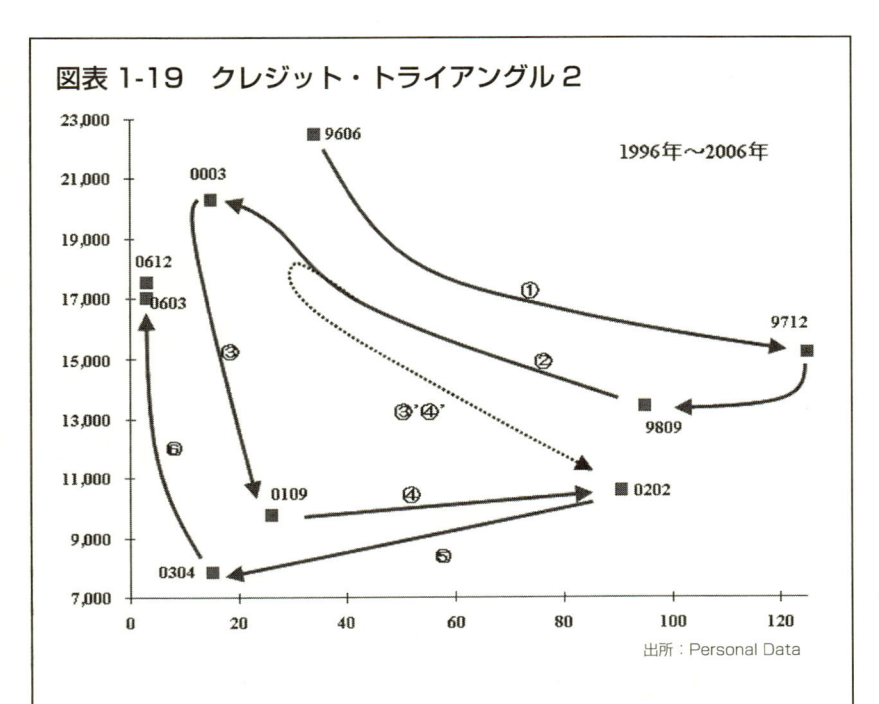

図表1-19 クレジット・トライアングル2

1996年〜2006年

出所:Personal Data

9606	1996年6月	バブル後戻り高値
9712	1997年12月	大型破綻
9809	1998年9月	IT景気始まる
0003	2000年3月	ITバブル絶頂期
0103	2001年3月	量的緩和政策
0109	2001年9月	マイカル破綻
0202	2002年2月	金融不安
0304	2003年4月	日経平均安値
0603	2006年3月	量的緩和解除

	期間	時代
①	1996年6月〜98年9月	「神話崩壊・大型破綻相場」「クレジットリスクの認識」
②	1998年9月〜00年3月	「ITバブル相場」
③④	2000年3月〜02年2月	「ITバブル崩壊相場」
⑤	2002年2月〜03年6月	「モラルハザード相場」
⑥	2003年6月〜06年12月	「企業業績回復相場」

り、ITバブルが崩壊し株価が下落基調となるも、需給のタイトな状態がしばらく続いた。いくつかの破綻を受けて株価はさらに下落していくものの、金利低め誘導・量的緩和などの政策を受けワイドニングはゆっくりとしたものになっていた。しかし、01年9月マイカルから始まる破綻ラッシュや金融システム不安を受け、改めてクレジットリスクの大きさに気付き急速なワイドニングとなった。

言ってみれば、この時期のクレジットスプレッドは共済連統合と政府・日銀の金融政策に踊らされていた。特殊な入替行動が行われなかったとしたら、③の動きは株価の下落にあわせてじりじりワイドニングする流れ、つまり②にそって右下がりの動きとなったであろう。

2）⑤の動き

理論的には、この時期は景気回復の準備段階であり、企業の将来の収益性・成長性はまだ見込めないものの、景気対策・金融緩和等で、デフォルトリスクが低下していく段階。

デフォルトリスクが低下することで、スプレッドはタイトニング方向に動く。株価は業績が回復しているわけではないので、上昇は抑えられるものの、下落は止まってくるはずであり、左上がりの動きになるのが自然であろう。

ところが、02年2月からは左下がりの動きとなっている。これは、株価が企業の収益性・成長性を織り込みきれていない中、デフォルトリスクが低下しているという形。モラルを逸脱するような強烈な政府の金融機関へのサポートやデフォルトを防ぐための各種政策がこの形を生んだ。

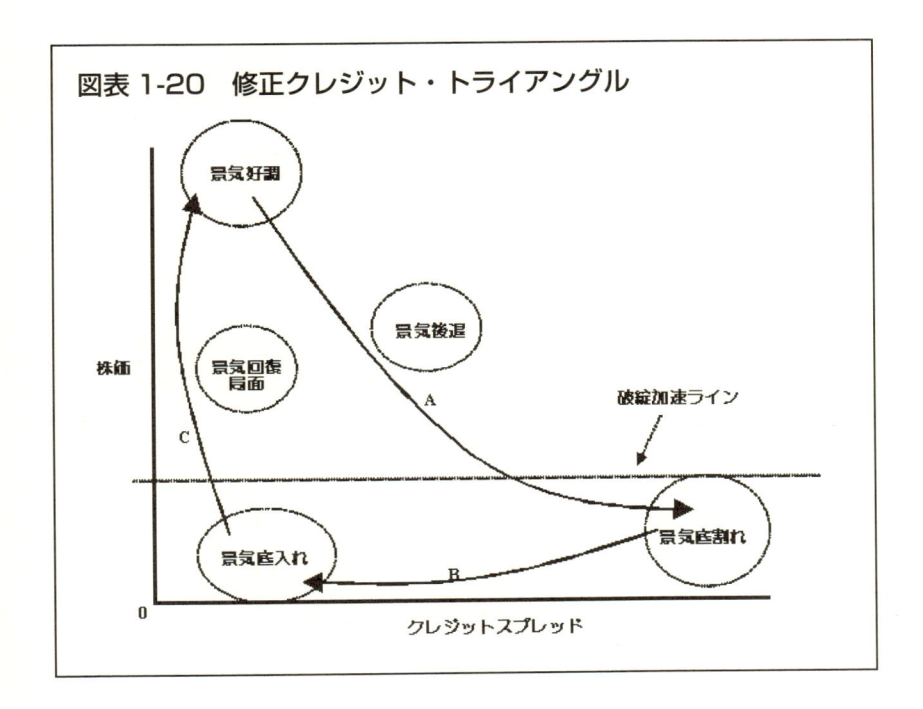

図表1-20 修正クレジット・トライアングル

(縦軸: 株価、横軸: クレジットスプレッド。景気好調、景気後退、景気回復局面、景気底入れ、景気底割れ、破綻加速ライン、A、B、C のラベル付き)

4.3. 理論的トライアングルの修正

実際の動きに即して、**図表1-19**に手を加えた（**図表1-20**）。

A 景気のさらなる悪化・底割れで、株価がある一定水準を下回り、市場参加者の視点が企業業績や収益性等の将来の価値から、その企業が存続するか否かという投資するうえでもっとも基本的なレベルに落ちたとき、いわゆる信用収縮時、スプレッドのワイドニングが加速する様を表した。

B 企業業績回復はまだ遠く、収益性や成長性が見込めない中、金融緩和・景気対策等でデフォルトリスクが低下しタイトニングしていく。デフォルトリスクが低下することでクレジットスプレッドがタイ

トニング傾向となる。株価は大きく上昇することはできないが、下落は抑えられる様を表した。Aの段階で景気の落ち込みが抑制されればBの流れには入らない。

C　景気本格回復。企業業績が回復し株価は上昇していく。同時にデフォルトリスクもさらに低下しタイトニングが続く。しかし、すでにスプレッドは先行してタイトニングしているため、大幅なタイトニングにはならない。また、後半には景気拡大を維持するため金融引き締めなど金融政策が行われ金利が上昇し、スプレッドはワイドニング傾向となる。

5　スプレッド比率

5.1.　スプレッド比率とは

　Cash Creditの利回りは金利とスプレッドによって成り立っている。そのスプレッド部分の利回りに対する比率をスプレッド比率と呼ぶ。クレジットスプレッドが25bpであり、同残存の金利が0.75％である利回り1％の債券のスプレッド比率は25％ということになる。

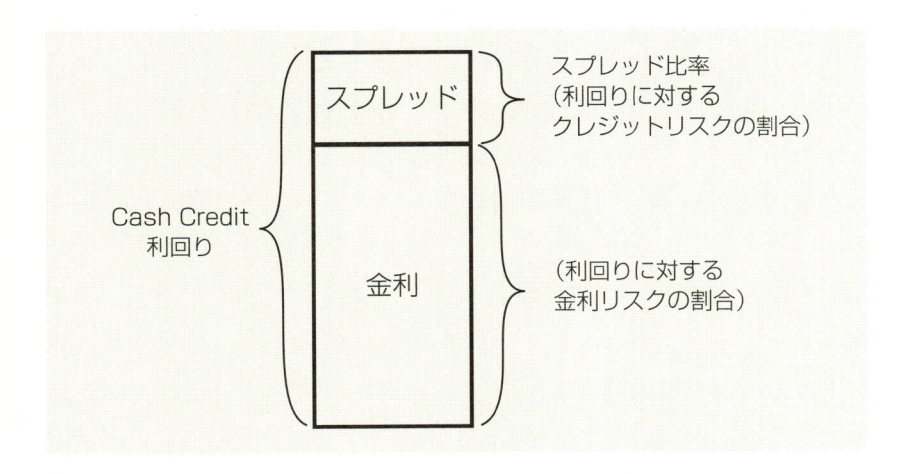

```
              スプレッド       スプレッド比率
                              （利回りに対する
                              クレジットリスクの割合）
Cash Credit
  利回り       金利
                              （利回りに対する
                              金利リスクの割合）
```

　Cash Creditの利回りは金利とスプレッドによって成り立っている。言い換えれば、金利リスクプレミアムとクレジットリスクプレミアムによって成り立っている。

Cash Credit利回り
　＝ 金利 ＋ クレジットスプレッド
　＝ 金利リスクプレミアム ＋ クレジットリスクプレミアム

スプレッド比率が高いということは、その債券に内包されているクレジットリスクが、金利リスクに対し相対的に高いことになる。

これはスプレッドと金利のバランスを見るうえで重要な指標となる。すべてがバランスを持って成り立っている金融市場において、クレジット市場においても、金利とスプレッドのバランスが重要となる。

例えば、50bpのスプレッドはその債券の利回りが1％の時（スプレッド比率50％）と5％の時（スプレッド比率10％）では全く意味が違う。同じスプレッドでも、前者は後者よりも5倍クレジットリスクプレミアムがついているということになる。

景気回復・信用回復でクレジットスプレッドがタイトニングしたとしても、同時に金利が上昇していくため、タイトニングには限界がある。そのレベル感を見いだすのに重要な指標となる。

5.2. スプレッド比率の推移

スプレッド比率の過去の水準を見ることによって、そのバランスを見ていく。チャートはクレジットリスクの概念が始まったころの96年3月から10年間の残存5年A格（R&I）社債のスプレッド比率。スワップスプレッドを用いると高格付はマイナススプレッドとなる時期があるため比較が難しくなる。そこでJGBスプレッドを用いることとした（**図表1-21**）。

比率は15％程度から65％程度までを推移している。スプレッド比率は利回りに占めるクレジットリスクプレミアムの割合を示すものでもあるため、景気の良い時期は縮小し、景気の悪い時期は拡大する方向に動く。

図表 1-21　スプレッド比率の推移

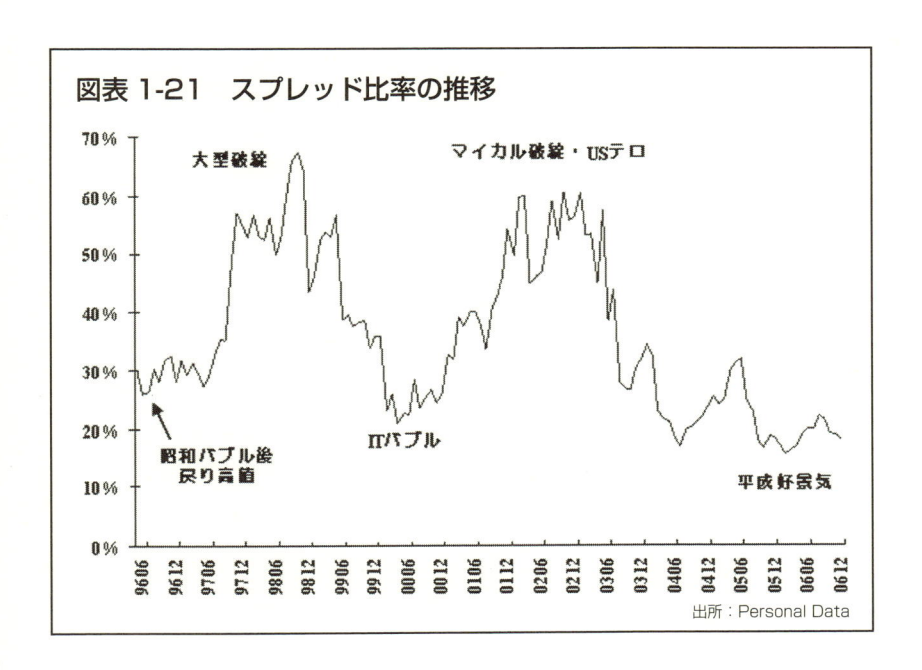

出所：Personal Data

5.3. 景況感・金利変動によるスプレッド比率の変化

　景気が回復し拡大していく過程では、金利はインフレ無き継続的な成長を求め上昇方向に動く。クレジットスプレッドは景気回復とともに信用が回復・増大し低下していく。このためスプレッド比率は低下する（**図表1-22**）。

　逆に、景気が悪化し後退していく過程では、金利は緩和され低下傾向になり、クレジットスプレッドは信用収縮によって拡大する。そして、スプレッド比率は上昇する。

　96年6月昭和バブル崩壊後の日経平均戻り高値時と、00年3月ITバブル時は共に26％、06年12月の平成好景気時は18％となっている。そして、97年12月大型破綻時は55％、98年9月大型破綻以降日経平均安値時は66％、02年2月金融危機時は60％となっている。景況感の良い時期に比率は低下し、悪い時期に上昇している。

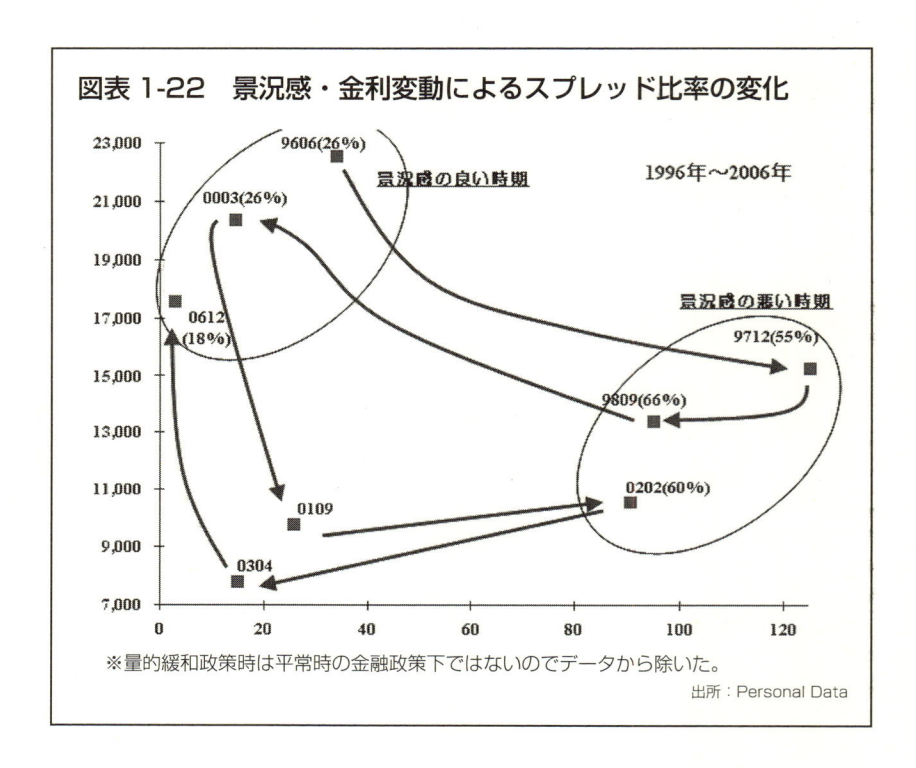

図表 1-22　景況感・金利変動によるスプレッド比率の変化

※量的緩和政策時は平常時の金融政策下ではないのでデータから除いた。
出所：Personal Data

　銘柄や格付ごとにさらに詳しく比率の推移を調べると**図表1-23**のようになる。
　景況感の良い時期、A格社債のスプレッド比率の幅は15%に納まっているが、景況感の悪い時期は、悪さにも差があるため25%の幅となった。

図表 1-23　銘柄・格付ごとの比率推移

	残存5年	景況感の良い時期	平均	景況感の悪い時期
政府保証	公営	5-10%	8-13%	10-20%
地方債	AA+	7-12%	10-20%	20-30%
	AA	8-15%	15-25%	30-40%
	AA-	12-17%	20-30%	45-50%
一般社債（平均）	AAA	5-15%	15-20%	20-35%
	AA	10-20%	20-30%	30-50%
	A	15-30%	40-50%	45-70%
	BBB	35-50%	55-65%	65-90%

※JGBスプレッド比率

5.4. 注意すべき独特の動き

　スプレッド比率はクレジットスプレッドが変化しなくとも、金利が変動することによって変化する。発行団体の信用リスクに変化がなく、クレジットスプレッドが不変となっていても、金利が上昇していくとスプレッド比率は低下してしまう。つまり、利回りに内包されているクレジットリスクプレミアムが低下し、クレジットリスクが高くなるということになる。

　06年3月からの金融引き締めへの転換時は、スプレッドの絶対値が低い状態で金融引き締め局面に転換され、金利が急速に上昇したため、景気回復に対してワイドニングという独特の動きがでた。

　また、スプレッドの絶対値が高い状態で金融緩和局面に転換され、急速に金利が低下する場面でも見受けられる。この場合、景気が悪く信用が悪化しているにもかかわらずタイトニングしてしまう。こういった動きは金融政策の転換期に見受けられることが多い。

第2章
市場規模・発行制度・決済制度

1　発行残高と売買高

1.1.　発行残高

1.1.1.　Cash Credit全体

図表2-1は市場に流通している債券の発行残高。財政投融資・簡保・郵貯等の直接引受分は除く。

Cash Creditの発行残高は国債を含む円債発行残高全体の3割程度の230兆円となっている。地方自治体発行が70兆円、一般事業法人発行67兆円、政府系機関発行60兆円、金融債25兆円と続く。発行残高の推移は、銀行社債発行へ切り替えた金融債が減少し、社債・政府系機関の比率が増加傾向にある。

1.1.2.　政府系機関の発行する債券

政府系機関の発行する債券は80兆円近くある。種類としては、政府保証債、財投機関債（政府保証が付かない公募債）、特殊法人債（政府保証が付かない非公募債）、財政投融資・簡保・郵貯が直接引き受ける非公募債の4種類がある。このうち、財政投融資等の直接引受非公募債は全体の25％を占めているが、直接発行団体から引き受けを行っており、発行から償還まで市場に出回ることはない（**図表2-2**）。

市場に流通している種類は、政府保証債・財投機関債・特殊法人債の3種類で60兆円である。政府保証債が最も多く全体の半分を占め、

図表2-1 債券の発行残高

	発行残高	比率
国債	542,205,698	70.3%
Cash Credit	229,208,843	30.7%
合計	771,414,541	100.0%

発行団体	発行残高	比率		発行残高	比率
地方自治体	69,820,352	30.5%	公募地方債	31,292,665	13.7%
			非公募地方債	38,527,687	16.8%
一般事業法人	67,295,614	29.4%	公募社債	53,395,700	23.3%
			私募社債	13,899,914	6.1%
政府系機関	59,804,919	26.1%	政保債	40,410,868	17.6%
			財投機関債	13,392,700	5.8%
			特殊債	6,001,351	2.6%
特別な法律に基づく金融債発行銀行	25,516,158	11.1%	金融債	25,516,158	11.1%
非居住者	6,771,800	3.0%	円建外債	6,771,800	3.0%
合計	229,208,843	100.0%		229,208,843	100.0%

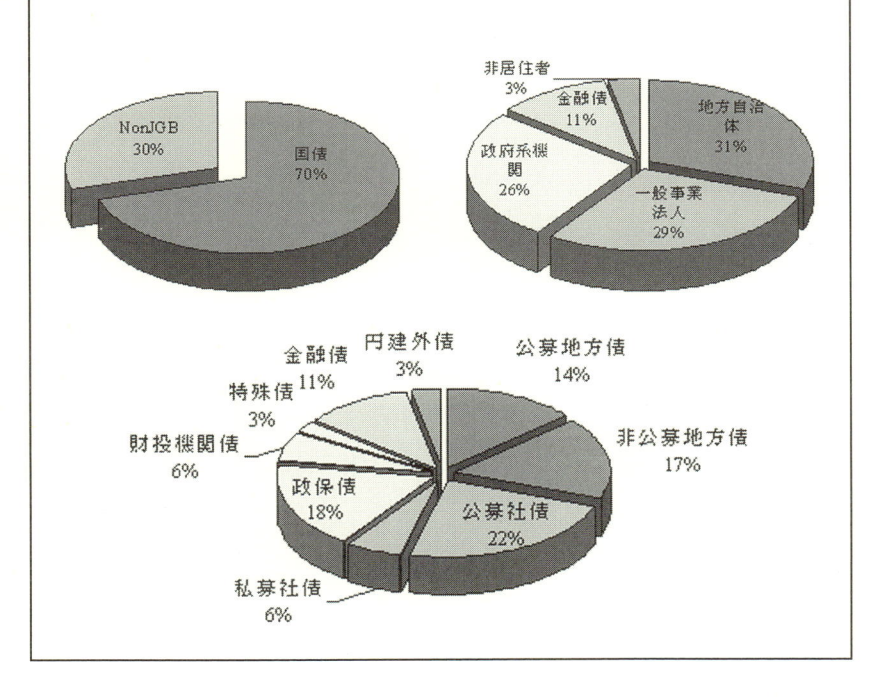

出所：公社債便覧　単位百万円　2006年6月末時点

図表 2-2　政府系機関の発行する債券

	発行残高	比率
政府保証債	40,410,868	50.9%
財投機関債	13,392,700	16.9%
特殊法人債	6,001,351	7.6%
財政投融資・簡保・郵貯 引受	19,510,638	24.6%
合計	79,315,557	100.0%

出所：公社債便覧　単位百万円　2006年6月末時点

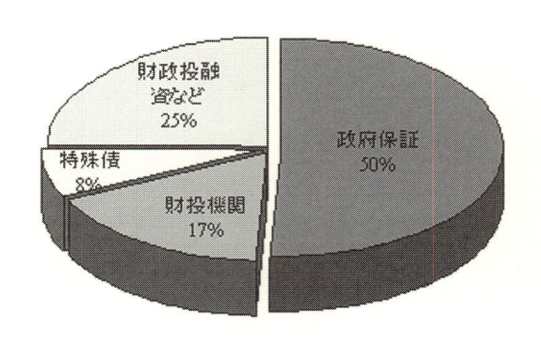

財投機関債17%、特殊法人債と続く。

　赤字の続く特殊法人を赤字体質から脱却させるために01年に特殊法人改革が始まった。民間でできるものは民間へというポリシーのもと、統合・民営化・廃止を基本路線として特殊法人（政府系機関）の再編が行われた。その一環として同年から財投機関債の発行が開始された。これによって、政府保証債や特殊法人債の発行が、財投機関債の発行にとってかわり減少傾向にある（**図表2-3**）。

図表 2-3　特殊法人改革による再編

改革前	改革後
住宅金融公庫	独立行政法人　住宅金融支援機構
公営企業金融公庫	地方組織　2008年10月以降、地方設立の新組織に
中小企業金融公庫	2008年10月以降統合し新機構に　※国際協力銀行のODA部門は国際協力機構と統合
国際協力銀行	
国民生活金融公庫	
農林漁業金融公庫	
沖縄振興開発金融公庫	
日本政策投資銀行	民営化　2008年10月以降
商工中央金庫	民営化　2008年10月以降
鉄道整備基金	独立行政法人　鉄道建設・運輸施設整備支援機構
日本鉄道建設公団	
運輸施設整備事業団	
船舶整備公団	
日本道路公団	独立行政法人　日本高速道路保有・債務返済機構　民営化　東日本・中日本・西日本高速道路
首都高速道路公団	
阪神高速道路公団	
本州四国連絡橋公団	
水資源開発公団	独立行政法人　水資源開発機構
中小企業総合事業団	独立行政法人　中小企業基盤整備機構
地域振興整備公団	独立行政法人　中小企業基盤整備機構と都市再生機構
都市基盤整備公団	独立行政法人　都市再生機構
雇用・能力開発機構	独立行政法人　雇用・能力開発機構
空港周辺整備機構	独立行政法人　空港周辺整備機構
金属鉱業事業団	独立行政法人　石油天然ガス・金属鉱物資源機構
社会福祉・医療事業団	独立行政法人　福祉医療機構
緑資源公団	独立行政法人　緑資源機構
環境開発事業団	独立行政法人　環境再生保全機構
民間都市開発推進機構	独立行政法人　民間都市開発推進機構
日本育英会	独立行政法人　日本学生支援機構
日本私立学校振興・共済事業団	独立行政法人　日本私立学校振興・共済事業団
国立病院機構	独立行政法人　国立病院機構
国立大学財務・経営センター	独立行政法人　国立大学財務・経営センター
電源開発	民営化　電源開発
関西国際空港公団	民営化　関西国際空港
新東京国際空港公団	民営化　成田国際空港

1） 政府保証債

政府保証債の発行残高（財政投融資等の直接引受分除く）は40兆円あり、公営企業金融公庫・預金保険機構・日本高速道路保有債務返済機構の3機関で全体の85％を占めている。預金保険機構債の発行が開始される99年以前は、公営企業が全体の6割を占め、中小企業8％、道路（日本道路公団・首都高・阪神高）5％と続いていた。

預金保険機構の比率が増加し、公営企業が減少傾向。また、全体の発行残高は財投機関債発行のよりも減少傾向にある（**図表2-4**）。

2） 財投機関債

財投機関債は、政府系機関が公募で発行する政府保証の付いていない債券。発行残高（財政投融資等の直接引受分除く）は13兆円。01年度小泉内閣特殊法人改革（財投機関改革）において、資金調達を独自で行うという観点から同年9月より、発行が開始された。

債券の種類としては、通常の満期一括償還債と、住宅金融支援機構の発行する個人住宅ローンを裏付けとしたMBS債がある。住宅金融支援機構が26％と最も多く、日本高速道路保有・債務返済機構、公営企業金融公庫と続く。

政府保証債・特殊法人債から財投機関債に発行の振替が続くため、発行残高はさらに拡大している状態にある（**図表2-5**）。

3） 特殊法人債

特殊法人債は、政府系機関が非公募で発行する政府保証の付いていない債券であり、公社公団債とも呼ばれる。特殊法人改革によって残高が減少し、財投機関債に急速に振り替わっている。

財投機関債の発行開始以前は24兆円の残高があったが、年々減少。06年6月時点では6兆円となっている。特殊法人改革（財投機関改革）で特殊法人が廃止され、独立行政法人や民間会社に移行されているた

図表 2-4　政府保証債発行残高

	発行残高	比率
公営企業金融公庫※1	15,275,940	37.8%
預金保険機構	12,150,000	30.1%
日本高速道路保有・債務返済機構	6,394,670	15.8%
中小企業公庫※2	2,045,000	5.1%
住宅金融支援機構	711,600	1.8%
国民生活金融公庫※2	630,000	1.6%
銀行等保有株式 取得機構	600,000	1.5%
関西国際空港株式会社	540,470	1.3%
電源開発株式会社	506,120	1.3%
日本政策投資銀行※2	433,000	1.1%
都市再生機構	270,050	0.7%
鉄道建設・運輸施設整備支援機構	232,050	0.6%
中部国際空港連絡鉄道株式会社	222,320	0.6%
中日本高速道路株式会社	100,000	0.2%
成田国際空港株式会社	86,563	0.2%
東日本高速道路株式会社	60,000	0.1%
農林漁業金融公庫※2	41,000	0.1%
西日本高速道路株式会社	40,000	0.1%
福祉医療機構	20,020	0.0%
水資源開発機構	20,000	0.0%
首都高速道路株式会社	10,000	0.0%
海外経済協力基金	10,000	0.0%
阪神高速道路株式会社	6,340	0.0%
民間都市開発推進機構	5,725	0.0%
合計	40,410,868	100.0%

出所：公社債便覧　単位百万円　2006年6月末時点
2008年10月以降、※1地方組織、※2統合、※3民営化

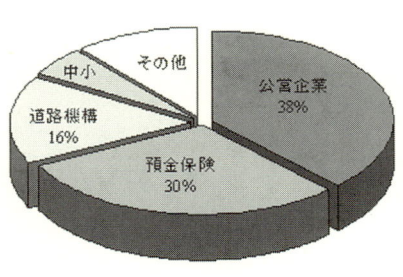

図表2-5 財投機関債発行残高

	発行残高	比率
住宅金融支援機構	3,597,800	26.9%
日本高速道路保有・債務返済機構	2,628,100	19.6%
公営企業金融公庫※1	1,420,000	10.6%
国際協力銀行※2	1,040,000	7.8%
日本政策投資銀行※3	980,000	7.3%
国民生活金融公庫※2	920,000	6.9%
中小企業公庫※2	850,000	6.3%
都市再生機構	596,000	4.5%
日本学生支援機構	313,000	2.3%
鉄道建設・運輸施設整備支援機構	302,100	2.3%
成田国際空港株式会社	180,000	1.3%
福祉医療機構	179,000	1.3%
農林漁業金融公庫※2	104,500	0.8%
沖縄振興開発金融公庫※2	80,000	0.6%
水資源開発機構	66,000	0.5%
関西国際空港株式会社	52,000	0.4%
日本私立学校振興共済事業団	32,000	0.2%
緑資源機構	22,200	0.2%
環境再生保全機構	22,000	0.2%
国立大学財務・経営センター	5,000	0.0%
国立病院機構	3,000	0.0%
合計	13,392,700	100.0%

出所：公社債便覧　単位百万円　2006年6月末時点
2008年10月以降、※1地方組織、※2統合、※3民営化、※4独立行政法人

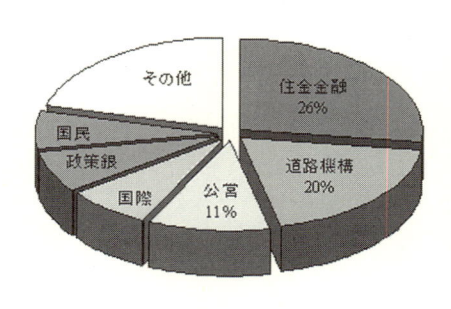

図表 2-6　特殊法人債発行残高

	発行残高	比率
日本高速道路保有・債務返済機構	1,847,280	30.8%
住宅金融支援機構	1,574,592	26.2%
中小企業公庫※2	922,930	15.4%
雇用・能力開発機構	703,600	11.7%
鉄道建設・運輸施設整備支援機構	660,658	11.0%
関西国際空港株式会社	136,480	2.3%
成田国際空港株式会社	103,000	1.7%
都市再生機構	52,811	0.9%
合計	6,001,351	100.0%

出所：公社債便覧　単位百万円　2006年6月末時点
2008年10月以降、※2統合、※3民営化

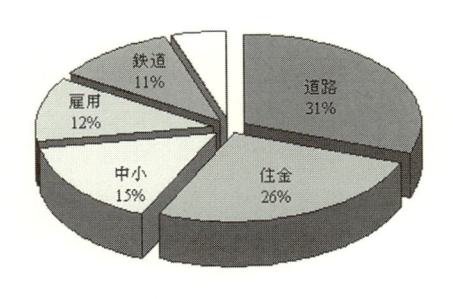

道路 31%
住金 26%
中小 15%
雇用 12%
鉄道 11%

め、特殊法人債というネーミングすら将来的になくなる方向であろう（**図表2-6**）。

1.1.3. 地方自治体の発行する債券（地方債）

　地方自治体の発行する債券は、円債で最も残高が大きくCash Credit全体の31％を占めている（**図表2-7**）。

　種類としては、大きく分けて公募債・非公募（銀行等引受）の2種類がある。公募債は市場公募・共同発行・住民公募の3つに分けられ、非公募債は証券形式と証書形式の2種類に分けられる。

　公募債は23都道府県・15政令指定都市が市場で公に発行する（徐々に発行団体は増加している）一方、非公募債は全都道府県市が発行し関係の深い銀行・証券等が1社から数社で直接引き受ける形となっている。また、証書形式の非公募債はローンに近い性格を持ち、市場には流通しない。

　発行残高は全体で70兆円あり、証書を除いた60兆円が流通している。証書を除いたベースで公募・非公募の比率はほぼ同じであり、都道府県債が全体の77％を占める。

　銘柄別では東京都が最も多く全体の14％の 9.7兆円、大阪府4.9兆円7.1％、北海道3.4兆円4.9％と続く（**図表2-8**）。

図表 2-7　地方債発行残高

	発行残高	比率		発行残高	比率
公募	31,292,665	44.8%	市場公募	26,824,065	38.4%
			共同発行	3,492,000	5.0%
			住民公募	976,600	1.4%
非公募	38,527,687	55.2%	銀行等引受（証券）	28,744,130	41.2%
			銀行等引受（証書）	9,783,557	14.0%
	69,820,352	100.0%		69,820,352	100.0%

	発行残高	比率
都道府県	53,888,702	77.2%
政令都市	15,931,650	22.8%
合計	69,820,352	100.0%

出所：(財) 地方債協会　単位百万円　2006年6月末時点

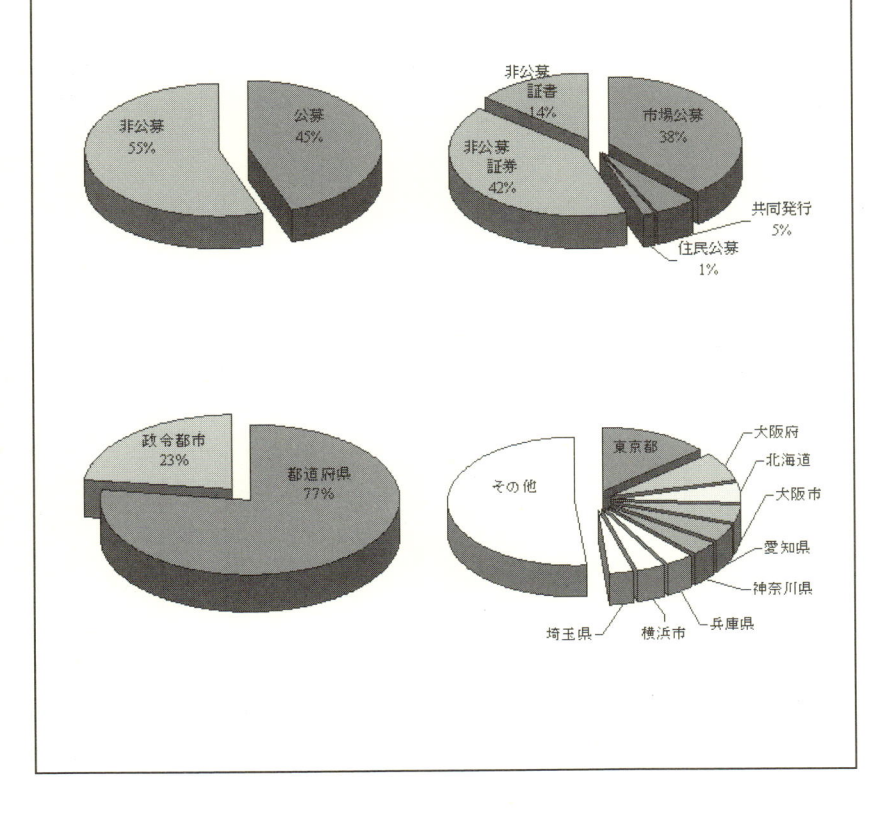

図表 2-8　都道府県と政令都市の発行残高

都道府県債発行残高

		市場公募	共同発行	住民公募	銀行等引受（証券）	銀行等引受（証書）	合計	比率
1	北海道	1,430,000	165,000	40,000	915,628	875,674	3,426,302	4.9%
2	青森県	0	0	8,000	448,909	30,135	487,044	0.7%
3	岩手県	0	0	6,000	360,455	278,932	645,387	0.9%
4	宮城県	251,000	122,000	6,000	343,016	270,160	992,176	1.4%
5	秋田県	0	0	6,000	362,418	252,457	620,875	0.9%
6	山形県	0	0	7,000	480,417	24,001	511,418	0.7%
7	福島県	50,000	0	8,000	69,732	283,501	411,233	0.6%
8	茨城県	123,940	94,000	19,000	496,686	530,680	1,264,306	1.8%
9	栃木県	0	0	13,000	221,824	225,249	460,073	0.7%
10	群馬県	30,000	0	13,000	333,924	97,566	474,490	0.7%
11	埼玉県	804,892	159,000	70,000	1,109,313	92,156	2,235,361	3.2%
12	千葉県	955,519	114,000	25,000	791,494	218,290	2,104,303	3.0%
13	東京都	7,155,000	0	150,000	2,444,225	0	9,749,225	14.0%
14	神奈川県	1,428,000	89,000	110,000	971,242	15,048	2,613,290	3.7%
15	新潟県	199,000	140,000	16,000	314,283	572,374	1,241,657	1.8%
16	富山県	0	0	11,000	201,279	286,075	498,354	0.7%
17	石川県	0	0	0	198,502	356,948	555,450	0.8%
18	福井県	0	0	300	157,610	79,614	237,524	0.3%
19	山梨県	0	0	0	209,494	68,644	278,138	0.4%
20	長野県	183,500	108,000	0	471,184	15,933	778,617	1.1%
21	岐阜県	20,000	0	32,000	464,880	137,592	654,472	0.9%
22	静岡県	898,000	165,000	0	746,269	7,915	1,817,184	2.6%
23	愛知県	756,000	165,000	97,000	1,845,574	163,974	3,027,548	4.3%
24	三重県	0	0	0	212,488	130,102	342,590	0.5%
25	滋賀県	0	0	3,000	459,199	40,603	502,802	0.7%
26	京都府	407,822	165,000	20,000	283,773	69,764	946,359	1.4%
27	大阪府	2,441,099	160,000	0	2,186,104	145,362	4,932,565	7.1%
28	兵庫県	1,248,358	165,000	104,800	1,009,932	27,765	2,555,855	3.7%
29	奈良県	0	0	7,000	333,895	165,407	506,302	0.7%
30	和歌山県	0	0	5,000	226,254	79,805	311,059	0.4%
31	鳥取県	0	0	11,000	184,859	87,222	283,081	0.4%
32	島根県	0	0	3,000	231,656	91,852	326,508	0.5%
33	岡山県	0	0	0	244,785	302,526	547,311	0.8%
34	広島県	279,000	156,000	0	678,668	60,870	1,174,538	1.7%
35	山口県	0	0	0	209,494	64,780	274,274	0.4%
36	徳島県	0	0	1,000	287,936	103,455	392,391	0.6%

第2章 市場規模・発行制度・決済制度

		市場公募	共同発行	住民公募	銀行等引受（証券）	銀行等引受（証書）	合計	比率
37	香川県	0	0	4,000	347,466	92,818	444,284	0.6%
38	愛媛県	0	0	0	364,794	84,108	448,902	0.6%
39	高知県	0	0	0	131,196	85,904	217,100	0.3%
40	福岡県	511,500	80,000	35,000	979,326	399,937	2,005,763	2.9%
41	佐賀県	0	0	4,000	84,888	104,378	193,266	0.3%
42	長崎県	0	0	12,000	306,008	100,900	418,908	0.6%
43	熊本県	40,000	5,000	3,000	224,757	151,671	424,428	0.6%
44	大分県	0	0	8,000	151,797	319,125	478,922	0.7%
45	宮崎県	0	0	0	183,552	97,241	280,793	0.4%
46	鹿児島県	40,000	3,000	0	228,400	329,866	601,266	0.9%
47	沖縄県	0	0	0	90,311	104,697	195,008	0.3%
	合計	19,252,630	2,055,000	858,100	23,599,896	8,123,076	53,888,702	77.2%

出所：(財) 地方債協会　単位百万円　2006年6月末時点

政令都市債発行残高

		市場公募	共同発行	住民公募	銀行等引受（証券）	銀行等引受（証書）	合計	比率
1	札幌市	577,000	121,000	15,000	281,673	86,292	1,080,965	1.5%
2	仙台市	145,000	101,000	0	284,876	106,914	637,790	0.9%
3	さいたま市	30,000	0	0	1,401	137,415	168,816	0.2%
4	千葉市	155,000	85,000	13,000	217,399	42,976	513,375	0.7%
5	川崎市	545,000	130,000	6,000	246,355	64,048	991,403	1.4%
6	横浜市	1,631,000	80,000	0	620,768	49,498	2,381,266	3.4%
7	静岡市	10,000	0	0	0	101,455	111,455	0.2%
8	名古屋市	826,000	143,000	9,000	636,562	72,665	1,687,227	2.4%
9	京都市	472,000	168,000	10,000	362,166	65,155	1,077,321	1.5%
10	大阪市	1,648,000	165,000	37,000	845,102	380,861	3,075,963	4.4%
11	堺市	0	0	5,500	0	86,541	92,041	0.1%
12	神戸市	477,435	165,000	4,000	656,164	281,017	1,583,616	2.3%
13	広島市	238,000	80,000	0	333,992	24,642	676,634	1.0%
14	北九州市	235,000	85,000	9,000	333,498	58,091	720,589	1.0%
15	福岡市	582,000	114,000	10,000	324,278	102,911	1,133,189	1.6%
	合計	7,571,435	1,437,000	18,500	5,144,234	1,660,481	15,931,650	22.8%

出所：(財) 地方債協会　単位百万円　2006年6月末時点

1.1.4. 特別な法律に基づく債券（金融債）

　金融債はそれぞれ設立された特別な法律に基づいて発行された銀行債。残高は25兆円でCash Creditの11％を占める。利付債（利付金融債、利金債）と割引債（割引金融債、割債）が発行されており、利付債が9割を占める（**図表2-9**）。
　90年代後半まで、Cash Credit全体の中で地方債に次ぐ残高であり、国債を含めた全体残高の26％45兆円の残高を有していた。銘柄別ではみずほコーポレートが最も多く金融債全体の35％を占めていた。
　その後、銀行社債発行解禁、日本長期信用銀行・日本債券信用銀行の経営悪化に伴う相次ぐ国有化、長期信用銀行の役割低下などによって残高は減少していくこととなる。
　発行残高は06年6月時点で25兆円程度となり、円債全体に占める比率も11％に減少した。また、銘柄別では商工中金が最も高く29％、みずほコーポレート26％、農中19％、信金18％と続く。東京銀行債の残高はゼロとなった。

※東京三菱銀行は99年10月、みずほコーポレート銀行は06年4月に金融債の発行を終了し、銀行社債に切り替えた。
※日本長期信用銀行・日本債券信用銀行は98年に一時国有化。現時点では民営化されている。

図表 2-9　金融債発行残高

	利付	割引	合計	比率
みずほコーポレート（旧 日本興業銀行）	6,000,583	656,710	6,657,293	26.1%
商工中央金庫	6,386,657	1,869,418	8,256,075	32.4%
農林中央金庫	4,368,908	0	4,368,908	17.1%
信金中央金庫（旧 全国信用金庫連合会）	4,168,350	0	4,168,350	16.3%
新生（旧 日本長期信用銀行）	1,001,195	0	1,001,195	3.9%
あおぞら（旧 日本債券信用銀行）	1,028,298	36,039	1,064,337	4.2%
合計	22,953,991	2,562,167	25,516,158	100.0%

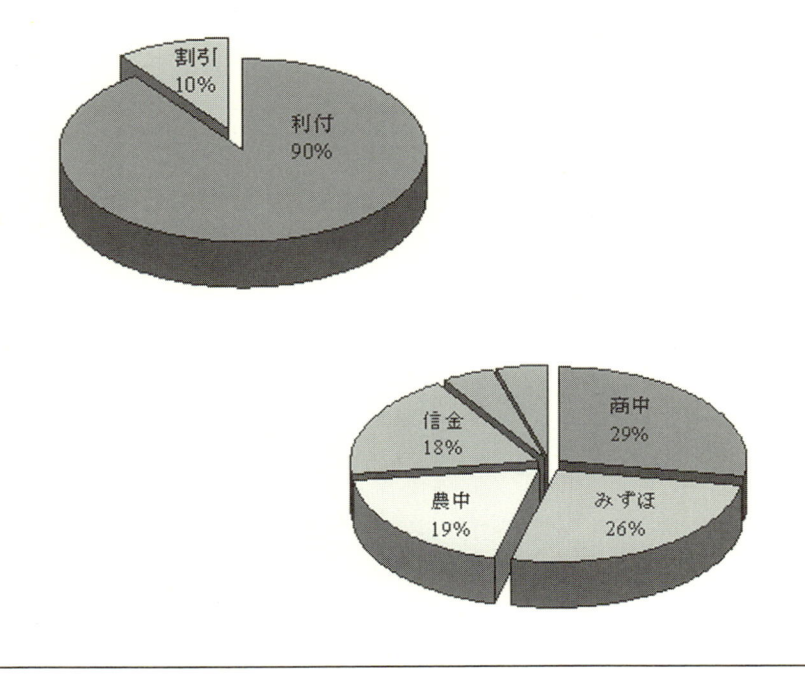

出所：公社債便覧　単位百万円　2006年6月末時点

割引 10%
利付 90%

商中 29%
みずほ 26%
農中 19%
信金 18%

1.1.5. 一般事業法人の発行する債券（社債）

　一般事業法人の発行する債券は公募債・私募債合わせて67兆円あり、円債全体に占める割合は29％となっている。そのうち、公募債は8割の53兆円（**図表2-10**）。

　公募債の中では、電力・ガス等の公益事業が最も多く30％、金融債を除く金融銘柄が18％となり、この2業種で公募社債全体の半分近くを占めている。金融債の残高を加えると、金融銘柄の発行残高が最も多くなる（**図表2-11**）。

　個別銘柄でも優良会社の電力や金融が上位にきている。発行残高トップは東京電力の5.6兆円、次に東京三菱UFJ銀行3.2兆円と続く（**図表2-12**）。

図表 2-10　社債発行残高

	発行残高	比率
公募債	53,395,700	79.3%
私募債	13,899,914	20.7%
合計	67,295,614	100.0%

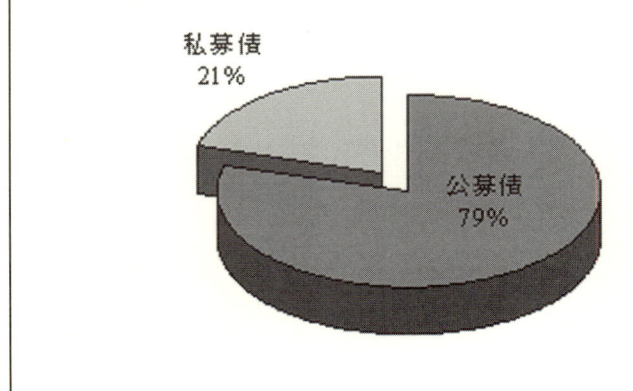

- 私募債 21%
- 公募債 79%

図表2-11　社債　業種別発行残高

業種	発行残高	比率	業種	発行残高	比率
公益事業（電力・ガス等）	15,436,000	28.9%	機械	853,000	1.6%
金融	9,815,200	18.4%	非鉄金属	599,000	1.1%
電鉄	3,637,000	6.8%	自動車部品	507,000	0.9%
エレクトロニクス	3,272,000	6.1%	建設	408,000	0.8%
テレコム	2,752,500	5.2%	紙・パルプ	385,000	0.7%
商社	2,326,500	4.4%	小売	352,000	0.7%
自動車	2,178,000	4.1%	カード	350,000	0.7%
リース・ローン	1,528,000	2.9%	石油・セメント	330,000	0.6%
鉄鋼	1,265,000	2.4%	ゴム	295,000	0.6%
消費者金融	1,084,500	2.0%	繊維	295,000	0.6%
食品	1,057,000	2.0%	不動産投資	220,000	0.4%
航空・海運	1,050,000	2.0%	ガラス・ファイバー等	195,000	0.4%
化学	1,043,000	2.0%	陸運	138,000	0.3%
不動産	1,002,000	1.9%	医薬品	33,000	0.1%
その他サービス	989,000	1.9%	合計	3,395,700	100.0%

出所：公社債便覧　単位百万円　2006年6月末時点

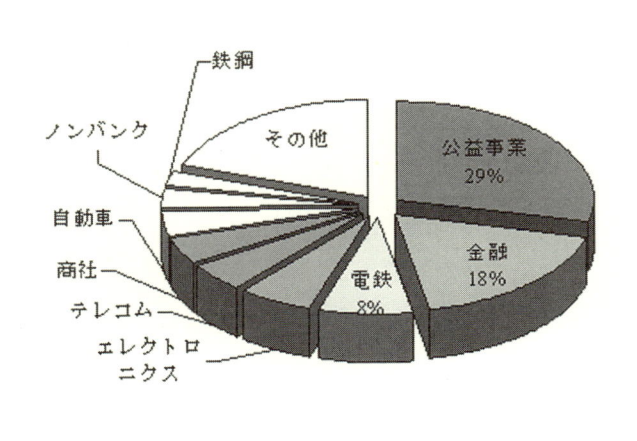

図表2-12　社債　発行残高トップ50

	銘柄	発行残高	比率		銘柄	発行残高	比率
1	東京電力	5,580,000	10.5%	26	近畿日本鉄道	365,000	0.7%
2	三菱東京UFJ	3,230,000	6.0%	27	アイフル	359,500	0.7%
3	中部電力	2,374,000	4.4%	28	新日本製鐵	350,000	0.7%
4	三井住友銀行	2,367,000	4.4%	29	三菱地所	350,000	0.7%
5	日本電信電話	1,350,000	2.5%	30	住友不動産	350,000	0.7%
6	関西電力	1,350,000	2.5%	31	東京ガス	350,000	0.7%
7	東北電力	1,340,000	2.5%	32	日興コーディアル	345,000	0.6%
8	九州電力	1,245,000	2.3%	33	みずほコーポレート	320,000	0.6%
9	東日本旅客鉄道	1,186,000	2.2%	34	三菱電機	315,000	0.6%
10	オリックス	895,000	1.7%	35	住友商事	306,000	0.6%
11	中国電力	825,000	1.5%	36	丸紅	300,000	0.6%
12	三菱商事	750,000	1.4%	37	電源開発	300,000	0.6%
13	北陸電力	710,000	1.3%	38	JFEスティール	290,000	0.5%
14	三菱東京FG	650,000	1.2%	39	全日本空輸	285,000	0.5%
15	NTTドコモ	620,000	1.2%	40	豊田自動織機	280,000	0.5%
16	トヨタF	560,000	1.0%	41	KDDI	280,000	0.5%
17	三井物産	539,500	1.0%	42	NTTデータ	275,000	0.5%
18	富士通	530,000	1.0%	43	住友化学工業	272,000	0.5%
19	北海道電力	510,000	1.0%	44	東芝	270,000	0.5%
20	トヨタ自動車	500,000	0.9%	45	神戸製鋼所	266,000	0.5%
21	日産自動車	493,000	0.9%	46	アコム	265,000	0.5%
22	ソニー	440,000	0.8%	47	野村證券	258,200	0.5%
23	東海旅客鉄道	435,000	0.8%	48	三菱化学	245,000	0.5%
24	東京地下鉄	412,000	0.8%	49	西日本旅客鉄道	245,000	0.5%
25	四国電力	380,000	0.7%	50	NEC	240,000	0.4%

出所：公社債便覧　単位百万円　2006年6月末時点

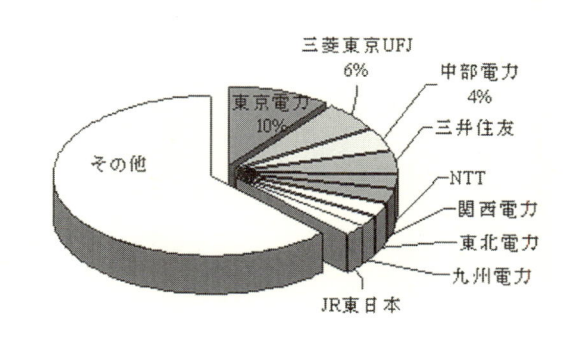

1.1.6. 非居住者の発行する債券（円建外債・サムライ債）

　サムライ債の発行残高は6.8兆円で円債全体の11％を締める。発行企業は世界を代表するような優良企業が多い。社債同様金融系が多く全体の37％を占めている。それに、ソブリンやスープラ、政府系が続く。一般事業法人の発行は少ない。

図表2-13　サムライ債発行残高

	発行残高	比率
金融関係	2,514,000	37.1%
ソブリン	1,089,000	16.1%
政府系	992,500	14.7%
自動車	730,000	10.8%
その他事業法人	696,000	10.3%
国際関係	506,900	7.5%
その他	120,400	1.8%
生保	110,000	1.6%
SPV	13,000	0.2%
合計	6,771,800	100.0%

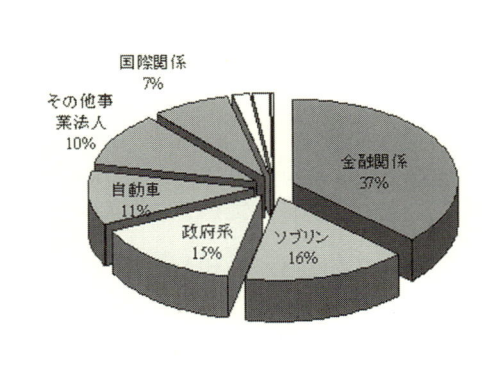

出所：公社債便覧　単位百万円　2006年6月末時点

1.2. 売買高

1.2.1. 国債売買高（利付債）

　80年代　昭和バブルに向かい売買高が急速に拡大し、バブル崩壊とともに低下してきた。当時は先物市場がなく指標銘柄として選ばれた一部の銘柄のみが売買されていた。その後、バブル崩壊の影響が残り売買高は1～1.2兆円を推移。97年の大型破綻以降、金融緩和の助けを得て急速に売買高は復活した。そして05年度には90年度の実績に近いところまで復活した（**図表2-14**）。

1.2.2. Cash Credit売買高（利付債）

1）売買高

　Cash Creditの売買高は、国債とは対照的な動きとなり、景気背景に順ずる動きになっていない。昭和バブルに向けて増加する流れは同じだが、バブル崩壊を受けても95年度まで増加トレンドを続けた。96年度から減少し始め、00年代に入って下げ止まったという流れ（**図表2-15**）。

　独特な動きに影響を与えたのは、95年度までは利金債・政府保証債・地方債の動き、97年度以降は社債発行増加による、00年代は銀行社債と財投機関債の発行開始による。

　95年度までの増加は、利金債の発行残高増加と流動性向上によって利金債の売買高が高水準で維持されているのに加えて、財政悪化で政府保証債・地方債の発行が増加し売買高が増加したため。96年度からの減少は、利金債発行団体である大手銀行の破綻危機や97年度の大型破綻に向けてクレジットリスクが増加し、全体の売買高が減少したことによる。

図表2-14　国債売買高

	超長期	長期	中期	合計
1990年度	10,221	2,044,127	10,271	2,064,619
1991年度	16,958	1,302,541	7,761	1,327,260
1992年度	17,468	903,896	5,403	926,768
1993年度	42,820	1,078,983	7,292	1,129,094
1994年度	44,334	848,824	29,685	922,842
1995年度	48,638	1,050,665	45,118	1,144,420
1996年度	31,466	913,364	44,121	988,951
1997年度	54,422	1,026,435	41,409	1,122,266
1998年度	71,558	910,788	37,537	1,019,883
1999年度	51,382	921,973	91,827	1,065,182
2000年度	48,513	930,694	282,208	1,261,415
2001年度	61,462	1,005,405	364,159	1,431,026
2002年度	83,228	1,051,759	491,307	1,626,294
2003年度	110,632	956,456	648,788	1,715,876
2004年度	199,074	885,266	796,709	1,881,049
2005年度	241,595	865,773	838,785	1,946,153

※1990年度から1998年度は1月から12月のデータを利用
出所：日本証券業協会　　単位：10億円

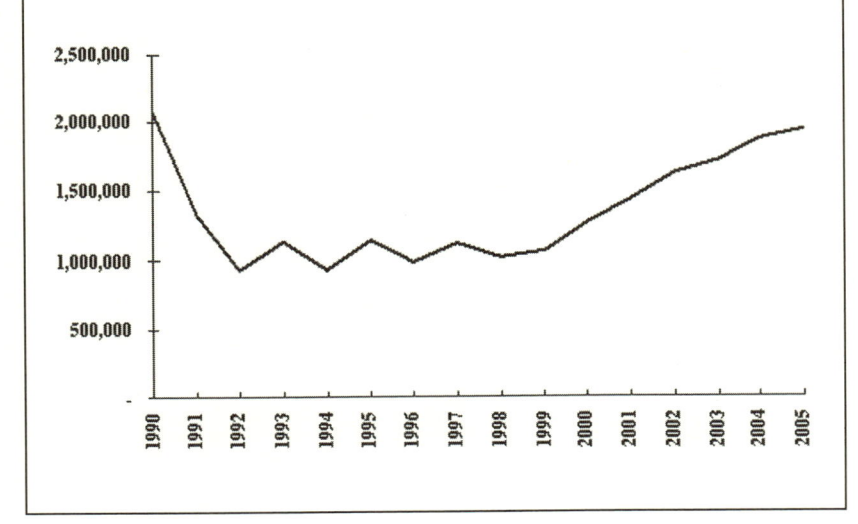

図表 2-15 Cash Credit 売買高

年度	地方債公募	地方債非公募	政保債	財投機関	金融債(利金債)	電力NTT	一般社債	その他非公募	円建外債	合計
1990	3,844	3,440	12,880	-	68,227	4,737	2,090	2,394	1,758	99,371
1991	4,473	4,535	18,548	-	60,955	5,894	1,817	2,954	3,101	102,277
1992	6,482	9,739	25,474	-	64,930	5,058	2,854	3,526	2,835	120,897
1993	6,743	16,160	29,107	-	63,705	7,572	3,988	2,970	3,934	134,179
1994	5,264	17,514	22,517	-	46,079	4,974	3,910	3,131	3,090	106,478
1995	8,047	32,626	28,131	-	61,338	7,996	6,642	2,689	4,055	151,524
1996	8,004	27,873	22,895	-	48,946	6,848	9,675	2,583	5,634	132,457
1997	7,293	25,691	24,813	-	47,971	7,116	11,700	2,505	5,424	132,512
1998	6,786	21,681	19,865	-	29,852	7,810	13,559	2,029	1,873	103,454
1999	6,258	17,361	13,322	-	26,588	6,679	11,884	3,080	3,106	88,277
2000	6,717	11,779	16,151	-	21,662	5,831	14,157	3,374	4,639	84,309
2001	6,714	11,097	16,297	574	18,751	5,361	16,068	3,684	3,983	82,528
2002	7,478	10,208	16,436	2,650	16,344	5,143	16,181	3,227	2,572	80,238
2003	10,125	10,605	18,915	4,508	13,621	4,230	17,624	3,082	2,664	85,376
2004	12,243	9,742	22,917	5,261	10,943	4,387	16,796	2,551	3,502	88,342
2005	13,312	8,110	20,972	6,163	10,717	2,930	16,149	1,701	3,760	83,813

※1990年度から1998年度は1月から12月のデータを利用
出所：日本証券業協会　　単位：10億円

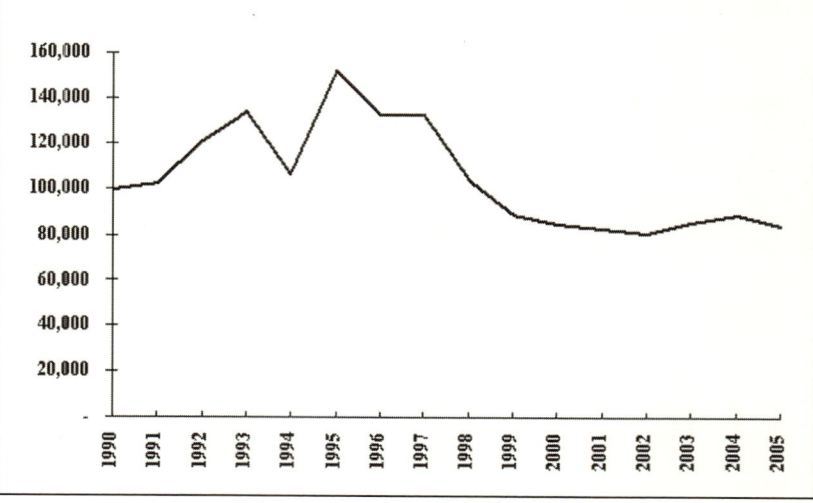

図表2-16 Cash Credit全体に対する各銘柄の売買シェア

年度	地方債公募	地方債非公募	政保債	財投機関	金融債(利金債)	電力NTT	一般社債	その他非公募	円建外債	合計
1990	3.9%	3.5%	13.0%		68.7%	4.8%	2.1%	2.4%	1.8%	100.0%
1995	5.3%	21.5%	18.6%		40.5%	5.3%	4.4%	1.8%	2.7%	100.0%
2000	8.0%	14.0%	19.2%		25.7%	6.9%	16.8%	4.0%	5.5%	100.0%
2005	15.9%	9.7%	25.0%	7.4%	12.8%	3.5%	19.3%	2.0%	4.5%	100.0%

98年度以降は、一般事業法人が間接金融から直接金融へと資金調達方法をシフトし、社債発行を盛んに行い、社債の売買高が上昇傾向になったことと、00年代の銀行社債・財投機関債発行開始による売買高の増加が、利金債の減少を補った結果となっている。

2）各銘柄の売買シェア

図表2-16はCash Credit全体に占める割合を示した表とチャートである。利金債が急速に減少を続け、その他がじりじり増加している傾向が見て取れる。

地方債の売買高は95年度まで急速に増加した。これは、昭和バブル崩壊以降、財政悪化に伴い地方債発行が急増したことと、発行残高の高い非公募債の流通が始まったことで、飛躍的に売買高が上昇した。
　90年度の7兆円程度から5年間で40兆円の5.5倍となった。Cash Creditに占める割合も7％から27％となった。その後、景気悪化クレジットリスク拡大に伴い売買高は減少傾向となるも、Cash Credit全体に占める割合は25％程度で推移している。
　利金債の売買高は97年度まで国債を含めて中期ゾーンでトップであった。80年代、国債の売買は指標銘柄と呼ばれる1銘柄と新規で発行される新発債に限られていた。中期ゾーンの国債の売買はほとんどされていなく、その代わりに利金債が売買されていた。利金債は残存5年で発行され発行残高は当時40〜50兆円台と巨大な市場であったことで中期ゾーンの中心的な役割を果たしていた。80年代後半はCash Credit全体に占めるシェアは80％を超え、その後、他の銘柄の売買高が増加してきたことでシェアは低下した。
　利金債の急速な売買高増加は87年度から93年度に起こった（平均売買高は65兆円）。当時、利金債発行金融機関は7銀行で、毎月発行し発行残高は50兆円に迫る状態。しかも売買値段は7銀行同じであったことで、流動性が格段に上昇し売買高が急増した。
　92年、利金債発行7団体間で売買値段に格差が付き始めた。これは、日本債券信用銀行債（現あおぞら銀行）・日本長期信用銀行（現新生銀行）の経営悪化によるものであった。どの銘柄も同じ値段で売買することができるという特性を生かし脅威の流動性を確保してきた利金債市場であったため、この出来事は大きな波紋を広げた。2金融機関の経営破たんがうわさされる98年ごろには90年代ピーク時の半分以下まで売買高は激減した（同年、2銀行は国有化された）。
　99年には銀行社債発行が開始され、三菱東京銀行（現三菱東京UFJ銀行）が利金債の発行を銀行社債に変更、06年にはみずほコーポレー

ト銀行が変更した。この影響で、年々発行残高が減少しそれに伴って売買高も減少した。05年度には90年度の6分の1以下の10兆円に激減、全体に占める比率も68％から13％に減少した。

社債の売買高は、ここ15年間増加傾向にある。加速したのは98年度以降。97年の大企業破綻に向け信用収縮が起こり、クレジットスプレッドは大幅にワイドニングした。翌年、一般事業法人は資金調達の多様化で間接金融から直接金融に積極的にシフトし発行が多く行われた。クレジットスプレッドがワイドニングしていたことで投資家の投資意欲が強まり、発行残高増加とともに売買高も急増した。00年代は16〜17兆円で推移している。

1.2.3. 全体売買高に占めるCash Creditシェア

80年代後半から、運用スタイルがそれまでのBuy & Hold（購入後償還まで保有し、償還後再び購入する）から相場状況によって機動的に売買するスタイルに変化していった。また、利金債の売買高増加、価格透明性・流動性の増加などによって、Cash Creditの売買規模は大幅に増加し、92年から96年にかけ、全体売買高の11〜12％なった（**図表2-17**）。

その後、利金債の売買高減少に伴い、減少傾向を続けている。02年度以降は5％を割り込んだ。

Cash Creditの全体売買高に対するシェアも利金債の売買高減少にかなり影響を受けている。しかし、利金債の売買高減少はピークに達していると思われ、今後は国債と同じ動きとなると考えられる。

図表 2-17　全体売買高に占める Cash Credit シェア

	国債	Cash Credit	合計	Cash Credit シェア
1990年度	2,064,619	99,371	2,163,990	4.59%
1991年度	1,327,260	102,277	1,429,538	7.15%
1992年度	926,768	120,897	1,047,665	11.54%
1993年度	1,129,094	134,179	1,263,273	10.62%
1994年度	922,842	106,478	1,029,321	10.34%
1995年度	1,144,420	151,524	1,295,944	11.69%
1996年度	988,951	132,457	1,121,408	11.81%
1997年度	1,122,266	132,512	1,254,778	10.56%
1998年度	1,019,883	103,454	1,123,337	9.21%
1999年度	1,065,182	88,277	1,153,459	7.7%
2000年度	1,261,415	84,309	1,345,724	6.3%
2001年度	1,431,026	82,528	1,513,554	5.5%
2002年度	1,626,294	80,238	1,706,531	4.7%
2003年度	1,715,876	85,376	1,801,251	4.7%
2004年度	1,881,049	88,342	1,969,391	4.5%
2005年度	1,946,153	83,813	2,029,966	4.1%

※1990年度から1998年度は1月から12月のデータを利用
出所：日本証券業協会　　単位：10億円

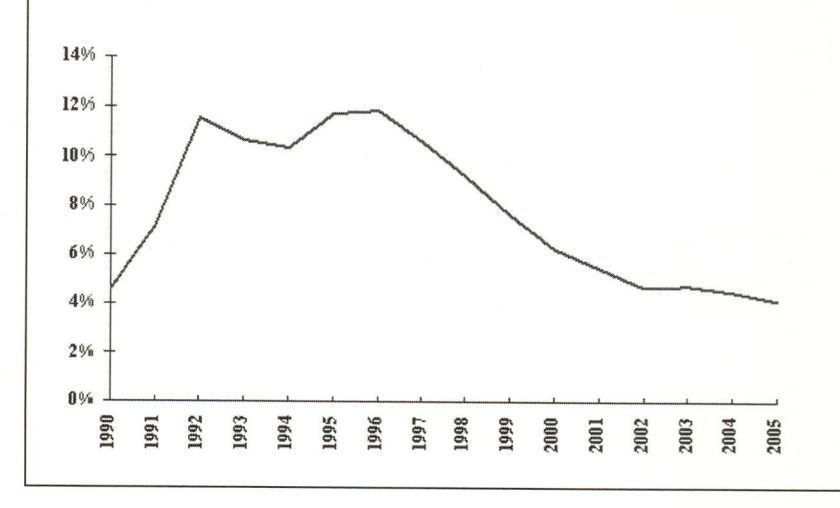

2 発行の仕組み・形態と状況

2.1. 発行市場の概要

　公社債市場は発行市場（プライマリー市場）と流通市場（セカンダリー市場）から成り立っている。
　公社債の発行によって発行者が新たに資金を調達する場（通常、発行日から払込日までの市場）を発行市場と呼び、投資家に取得された公社債が売買される場を流通市場と呼ぶ。

2.2. 発行の形態

　債券の発行方法としては次のような方法がある。

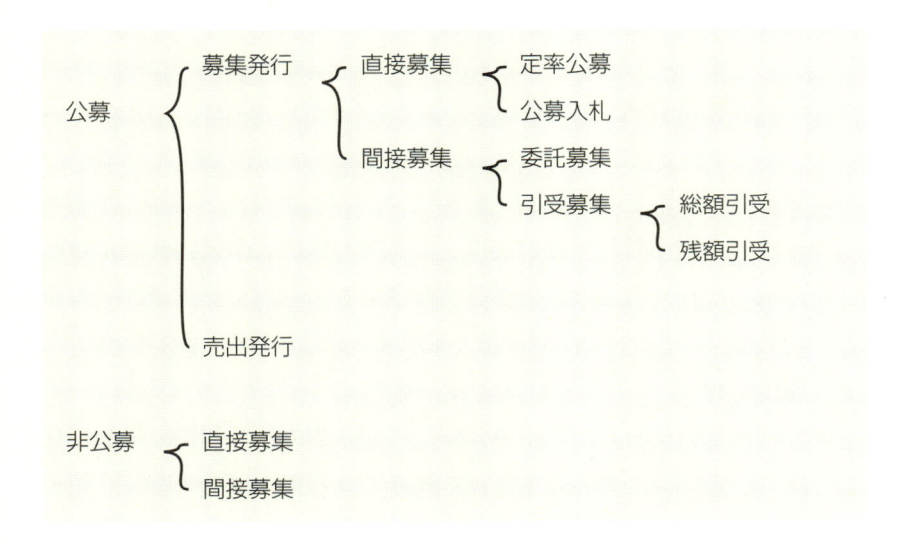

```
                ┌ 募集発行 ┬ 直接募集 ┬ 定率公募
                │          │          └ 公募入札
         公募   ┤          └ 間接募集 ┬ 委託募集
                │                     └ 引受募集 ┬ 総額引受
                │                                └ 残額引受
                └ 売出発行

         非公募 ┬ 直接募集
                └ 間接募集
```

2.2.1. 公募と非公募

1）公募
不特定かつ多数の投資家に応募してもらうことを前提に募集されるもの。

2）非公募
① プロ私募
適格機関投資家のみを相手方として新発有価証券の取得の勧誘を行う場合で、取得者から適格投資家以外の者へ転売される恐れの少ないもの（証取2条3項2号い）。

② 少人数私募
新発有価証券の取得の申し込みの勧誘が50名未満にしか行われず、かつ、取得者から多数のものへ譲渡される恐れが少ないもの（証取2条3項2号ろ）。

2.2.2. 募集発行と売出発行

1）募集発行
あらかじめ債券発行総額の決定、申込書の作成、募入決定および払込金の徴収が行われた後、債券を実際に発行するという方法。

2）売出発行
債券の発行額をあらかじめ決めず、一定の売り出し期間一般公衆に売り出し、その期間内に販売された総額を発行額とする方法。一般的な社債はこの方法によることはできない。

2.2.3. 直接募集

　直接募集は、発行者が直接投資家から公社債を募集する方法である。この方法によれば、公社債発行に伴う手続き、取引は発行者と投資家の間で進められるので、募集取扱手数料などの仲介機関に支払う費用は節約できる。しかし、公社債の発行には専門的な知識や複雑な手続を必要とし、投資家を募るには全国的な販売力が要求されること、また応募額が当初定めた募集総額に達しない場合は起債不成立の恐れがあるため、大量発行に適した発行方法ではない。

　応募者ないしその応募額がはじめからほぼ確定しており、公社債の成立が容易に見込み得る縁故募集（非公募債）または発行者が募集事務に習熟している場合などに限られる。ちなみに、商法は、この直接募集を中心に規定している。

1）定率公募
　発行者が一定の条件（表面利率と発行価格）を提示し、応募者から応募金額の入札を受けて（各申込みの応募額を按分によって割り当てる）債券を発行する方法。

2）公募入札

	入札形態	落札形態
公募入札	価格入札	コンベンショナル方式
		イールドダッチ方式
	利回り入札	コンベンショナル方式
		イールドダッチ方式

　公募入札とは入札参加者に希望する発行条件や取得希望額を入札さ

せ、その入札状況に基づいて発行条件および発行額を決定する方法である。

つまり、入札参加者がそれぞれ自己の判断に基づいて、異なった価格帯あるいは利回り（イールド）帯に希望額の入札を行い、札が出揃ったところで発行者が所要の発行額に達するまで、価格の高いほうから、あるいは利回りの低いほうから順次募入とする方式である。競争入札といわれるものはこれにあたる。これに対し、定率公募は非競争入札である。

なお、入札方式にはさまざまな種類があるが、主な分類の仕方としては、入札単位の違いによる「価格入札」と「利回り（イールド）入札」、落札された債券の発行価格また利回りが単一か複数かによる「イールドダッチ方式」と「コンベンショナル方式」が挙げられる。

① 価格入札

利付債の場合、発行者があらかじめ表面利率・発行予定額を設定したうえで入札を行い（割引債の場合は発行予定額のみ）、入札参加者が希望する価格帯に希望額を入札し、各申込みのうち利回りの低いものからその応募額を順次募入とする方式。

② 利回り（イールド）入札

発行者は表面利率を設定せず、発行予定額のみ明らかにして入札を行い、入札希望者は希望する利回りに希望額を入札し、各申込みのうち利回りの低いものからその応募額を順次募入とする方式。

③ ダッチ方式

入札を行い、価格の高い（利回りの低い）ところから順に応札、入札金額に達した単価（利回り）で応札者全員の単価（利回り）

が決まる方式。

④　コンベンショナル方式
　　各落札者があらかじめ提示（入札）した価格（あるいは利回り）そのものが債券の発行あるいは売買価格となる方式。

2.2.4.　間接募集

　間接募集は、発行者が自ら募集の手続きを取らず専門的な仲介機関（銀行または証券会社）に募集事務を委託し、広く投資家を募る方法である。この方法は、銀行や証券会社の信用力（販売網）を利用でき広範囲の資金を必ず調達することが可能となるなどの利点もあるので、実際にはこの方法が多い。間接募集は、委託募集、引受募集（請負募集）に分けられる。

1）委託募集
　委託募集とは、公社債の発行者が第三者（募集の受託会社）に債券の募集事務を委託する方法である。募集の受託会社は発行者に変わって申込証の作成などの事務手続および募集行為を行う。ただし、社債の場合は、受託会社に応募不足額が発生しても、これを引き受ける責任がないことから応募不足による社債不成立の危険があるため、この方法による発行例は通常見られず、次の引受募集との組み合わせによって行われている。

2）引受募集
① 総額引受
　　総額引受は発行者が特定のものとの契約によって発行総額を一括して引受させる方法である。この方法は、発行者としては公募

することなく、所要資金を迅速、確実に調達することができる。総額引受人は投資の目的で自ら所有する場合もあるが、いったん自己資金をもって払い込み、公社債全体を取得し、その後、市場の状況に応じて公衆に売り出すこともできる。

② 残額引受

残額引受は発行者が第三者（引受会社）との間に引受並びに募集取扱契約を締結し、この契約に基づいて引受会社は公社債の募集を取り扱い、募集額が発行額に満たない場合に、その残額を引受会社が引き受ける方法である。これによって、発行者はその公社債発行による資金調達を確実なものにすることができる。現在最も広く行われている方法であり、シ団引受による公共債や社債はほとんどこの形式によって発行されている。

2.3. 発行市場の構成

2.3.1. 構成

債券の発行市場は主に債券発行によって資金を調達する発行者、債券投資によって資金を運用する投資家に引受会社と社債管理会社が加わった次のような4者で構成される。

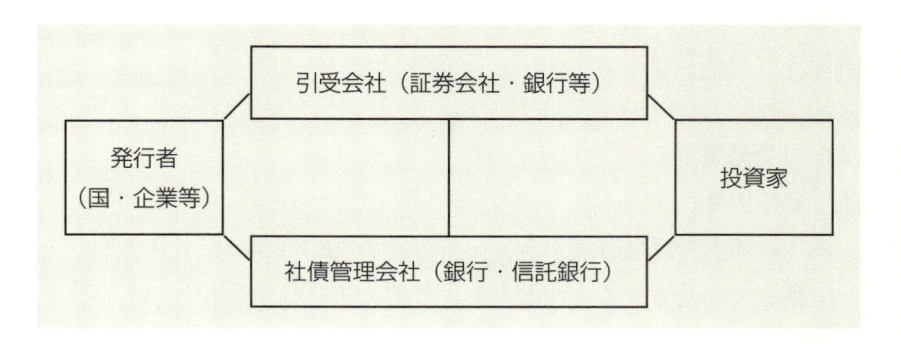

2.3.2. 参加者

1）発行者

　公募され証券会社の取り扱っている債券の発行者は、国・地方公共団体・特別法によって設立された法人・株式会社・外国政府・外国法人および国際機関である。国は財政法、地方公共団体は地方財政法、特殊法人はそれぞれの設立根拠法、一般事業会社は商法および業務に関する特別法によって、それぞれ債券の発行が認められている。

2）引受会社

　引受会社は、債券の発行に際し、これを売り出す目的で債券の総額もしくは一部を引き受ける。また、募集の取り扱いを行い、売れ残りが生じた場合にはその残額を引き受けて、債券を成立させる責任を負う（残額引受）業務、すなわち引受業務を行う。

　引受会社は、残額引受責任の分散のため複数の会社が集まって引受シンジケート団（引受シ団、シ団）を組織し、シ団の代表は発行会社との間で引受並びに募集取扱契約を締結する。シ団の各メンバーは共同して引受および募集の業務に当たる。売れ残りが生じたときは、シ団内で取り決めた各々の引受責任額に応じて、これを引き取ることとなる。

　引受会社には、証券会社および銀行等の金融機関がなることができるが、銀行等の金融機関は国債、地方債および政府保証債の引受業務に限られ、社債の引受業務は証券会社のみが行うことができる。

※証券会社と銀行業務の職能分離を規定した証券取引法65条の定めによるものである。

3）社債管理会社

　社債の発行に際しては募集の受託会社の設定が、任意ながら事実上慣例となっており、受託した銀行または信託銀行が債券の発行に必要な事務手続き（諸契約書・申込書の作成・法定広告・払込金の受け入れ・本件の作成等）を行っている。

　しかし、受託会社に支払う受託手数料が諸外国と比べて高く、発行コストを高めていること、受託会社が実質的に発行段階で関与しており、起債に当たって諸々の制約となっている等の問題が指摘され、平成5年6月に社債関係法の改正によって、旧商法第301条の「募集の受託会社」の規定は削除された（担保の受託会社は強制設置）。それに代わり、新商法では社債権者の保護の観点から、発行後の社債の管理を行う社債管理会社の設置が義務付けられた（ただし、各社債の合計金額が1億円以上の場合、または、社債の総額を最低券面で割った数が50未満の場合は任意設置）。社債管理会社は債券の元利金の支払いが確実に行われるように、社債の元利金の支払等に必要な裁判上、裁判外の行為を行う権限や社債権者集会の決議に基づく執行権等を有することとなった。

4）財務代理人（FA）

　前述の社債管理会社に似た制度で FA 制度がある。各社債の合計金額が1億円以上の場合、または社債の総額を最低券面で割った数が50未満の場合適用できる。その業務は、社債管理会社と違い、社債権者の保護の観点からの各種義務はなく、発行会社のために元利金の支払の事務やその他の事務を取り扱うものである。

5）担保の受託会社

　物上担保付社債を発行するときは、発行会社は信託契約によって担保権の管理実行を担保の受託会社に委託することが必要である。担保

の受託会社とは、発行者との信託契約によって物上担保付社債に付いて社債権者のために担保を管理する会社である。万一の場合は、担保権を実行し社債権者に代わって担保物件を処分し元利払いに充てることとなる。

2.4. 償還の種類

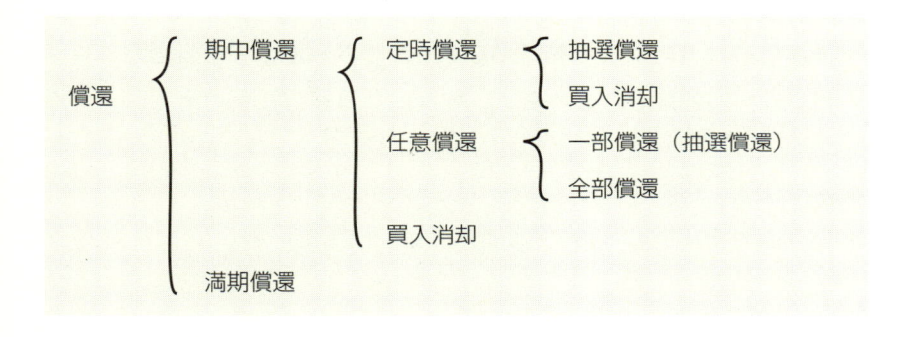

```
        ┌ 期中償還 ┌ 定時償還 ┌ 抽選償還
        │          │          └ 買入消却
償還 ───┤          │ 任意償還 ┌ 一部償還（抽選償還）
        │          │          └ 全部償還
        │          └ 買入消却
        └ 満期償還
```

2.4.1. 定時償還・均等償還

償還期日に一括して発行額全額を償還せずに、発行日から一定の据置期間を置いた後、定時（年1回あるいは年2回の利払日ごと）に、均等額（発行額の一定額）を分割償還して行き、残額を最終償還期日に償還する方法。

1）3年据置　3.000％償還
2）2年据置　3.000％償還
3）2年据置　6.250％償還
4）3年据置　7.143％償還

1）および2）の形を定時償還、3）および4）を均等償還という（詳しくは地方債の章）。

2.4.2. 抽選償還

　公社債の券面に起債されている「記番号」を基にして、抽選を行い当選番号の券面を持っている債権者に対して償還金を支払う方法である。この場合、償還金額は額面金額で支払われる。時価と関係なく100円で償還されるため、その債券の時価がオーバーパーであると償還損になる。

　抽選償還に当選すると辞退することは許されず、また当選期日以降の利息は一切保証されないため、強制的な償還方法といえる。

※80年代まで、発行されている債券のほとんどがこの形となっていた
※振替決済制度移行後、記番号廃止に伴い抽選償還も廃止された

2.4.3. 任意償還（繰上償還）

　一定の据置期間の後、発行団体の選択によって満期日前に任意に発行額の全部または一部を償還する方法である。一部償還の場合は公平を期すため抽選の方法で行われる。

　繰上償還時の価格は2通りある。100円の場合と、発行時から償還実施年度ごとに償還金が決められており、額面金額にプレミアムを付けた金額で支払われる場合がある。発行者に資金の余裕ができたときのためにこの契約を設けてある。なお、国内債に関しては、一部の例外（転換社債等）を除き任意償還は行われておらず、減債の方法としては一般的ではない。

　国債をはじめとして、ほとんどの債券に、この条項がつけられていた。実際は、過去に一度もこの条項が適用されたことはなく、慣習上、発行時に付けられているという認識だった。もし、この条項が適用され100円で繰上償還されるような事態になれば、売買実勢がどこであ

ろうがクーポンに関係なく、債券価格は100円を超えることが難しくなる。

フェアーな市場価格変動を阻害するだけでなく、流通市場自体が消滅する危険性すらある。発行団体側も流通市場が消滅してしまったら債券発行による資金調達が難しくなる。こんな理由から、適用されなかったのだ。

しかし、90年代後半に大型倒産が相次ぎ、クレジットリスクに対する市場の認識が高まると、この形骸化した条項を取り外す試みがなされ始めた。現在、新規で発行される満期一括の債券については削除され、国債に関しては、既発債においても削除されている。

2.4.4. 買入消却

発行者がすでに発行された債券に関して、流通市場を通じて買入れこれを消却する方法である。発行者は発行日の翌日以降いつでも任意に買入消却を行うことができる（ここでいう買入消却は定時償還を履行するときの買入消却とは異なる）。任意償還（繰上償還）と違うのは、償還価格が市場実勢であることである。実勢であれば、流通市場に悪影響は与えない。

なお、買入消却あるいは償還を円滑に行うため「減債基金制度」という制度がある。減債基金制度とは、一定時期に一定の基金を積み立て、その資金によって買入消却等を行おうとするものである。なお、減債基金制度の代表的な例としては、国債の減債を目的に設置された国債整理基金がある。

2.5. 各銘柄の発行

2.5.1. 政府保証債

　政府保証債は、年限10年で毎月定例発行される。あらかじめ発行団体ごとに引受シ団が編成されており、証券会社や金融機関がメンバーとなっている。発行団体との間で引受および募集取扱契約を締結し、募集残額についてシ団が引き受ける。

　なお、政府保証債には政策協力消化という制度がある。これは、財政原資を調達するための協力要請に応える形で生保等の余資金融機関や各種共済組合が資金運用の対象として政保債を定期的に購入する仕組みのことで募集取り扱いは証券団が行っている。

　毎月、10年長期国債入札翌日、前月発行の政府保証債のセカンダリー売買レベルを基に需要予測が行われ、どの政府系機関も同一レベルで決められる。その条件は、政保債の中で最も流動性が高く人気の高い銘柄（公営企業債）を基準に決められている。そのため、それ以外の銘柄は市場実勢から乖離する傾向にある。

　発行条件決定プロセスを定めた当時は、政保債はすべて政府系機関が発行するものであることや、政府の保証が付いていることなどで、銘柄によって差が生じることはありえないとする慣習があった。そのまま今の時代でもこのプロセスが適用され続けていたとうわけだ。現在、この条件決定プロセスが問題になっており、今後発行条件に差が出てくると思われる。

　毎月発行10年債以外に、社債と似た発行様式で発行される政府保証債がある。発行年限や頻度は、自由度が高くさまざまな年限で発行される。発行様式は、社債と国債の中間的な性質となっている。あらかじめ決められた引受シ団による利回りでの競争入札をし、発行金額がカバーできる最も低い利回りで決定される。国債は単価と金額で入札

するのに対して、こちらは利回りのみの入札となっている。

2.5.2. 地方債

```
地方債の発行 ┬ 資金運用部資金、簡易保険資金による引受
           ├ 公営企業金融公庫資金による引受
           └ 民間資金による（募集）引受 ┬ 公募地方債
                                    ├ 縁故地方債
                                    └ 交付地方債
```

1）許可制と協議制

　毎年度、地方自治体が事業別に起債要望額を取りまとめ、総務省に提出すると総務大臣と大蔵大臣が協議して地方債計画が策定される。地方債計画では、起債を認める地方債の総額および事業別の予定額、地方債の資金区分（資金運用部資金、簡易保険資金、公営企業金融公庫資金および民間資金の財源の割合）等が定められる。

　また、この中で公募地方債と縁故地方債（非公募地方債）の計画額は別に区分される。地方債とは、広い意味では地方公共団体が1会計年度を超えて負担する借入債務を指すが、一般に債券市場で地方債という場合、公募あるいは非公募の証券形式で発行される地方債を指す。

　地方債発行は06年度から上記許可制から総務省の同意がなくとも発行が施行できる協議制への移行が決められた。地方分権の中で起債手続きを簡素化し、自治体の財政運営の自由度を高めるためである。しかし、財政難の自治体が自由に起債すると、市場での地方債の信頼が損なわれる恐れがあるため、総務省は、より厳格に公債費負担割合をとらえた「実質公債費比率」という新指標を導入した。この比率が18％以上の場合は協議制への移行はできず許可制のままとなる。06

年度の総務省試算によると許可制のままとなるのは、12都道府県市となった。

2）発行方法
　公募地方債の定例発行は、10年債と5年債があり、政府保証債同様あらかじめ発行団体ごとに引受シ団が編成されており、ほとんどの証券会社や金融機関がそのメンバーとなっている。発行団体との間で引受および募集取扱契約を締結し、募集残額についてシ団が引き受ける。
　非公募地方債は、発行額の多いものは地方公共団体の指定する指定金融機関を中心として直接引受団が編成されるが、発行額が少ないものは1指定金融機関に直接全額引き受けられる場合が多い。

3）発行条件決定方式
　10年公募地方債の発行条件は02年3月まで、政府保証債と同様に10年国債入札翌日に同一条件（統一条件決定方式）で決まっていた。市場で最も高く値段で売買されている債券（東京都債）を基準に決められ、どの自治体の発行する債券も同一条件になっていた。
　90年後半、クレジットリスクに目覚めた市場は、銘柄ごとにリスクをはじき出し、セカンダリーで売買される値段に大きな差が生じるようになった。これを受け、02年4月から地方債は発行条件決定プロセスを変更することになった。
　「2テーブル制」の導入。これは、東京都と東京都以外の地方債の2つに条件を分けることで実際の市場レベルに発行条件を近づけようとしたものだった。しかし、それまでの東京都の役割が、東京都以外の地方債の中で最も値段の高い地方債（横浜市）になっただけで、何の解決にも至らなかった。
　当時のセカンダリー市場では2つのグループだけでなく、値段の高

いほうから①東京都、②AA+格（横浜市、名古屋市など）、③AA格の地方債、④AA-格の地方債……の、おおよそ4つのグループに分かれていた。①から順に値段が安くなる。値段の差は、①から③は小さく③と④の間が大きいという形であった。

つまり①と②以下で条件を2つに分けても③〜④が同じ②の条件で決まるため、④の実勢は全く加味されないということだ。加えて引受競争激化のため、2テーブル制が始まって3カ月後には、2つの条件格差は縮まり、全く意味のない物になっていった。

結局、2テーブル制と引き換えに引受手数料が下げられ、実勢から乖離している地方債のロスを他の銘柄の手数料でまかなうこともできなくなった。引受シ団にとっては引き受けるほどにロスがでる状態となり、改善どころか悪化という形になった。導入直後から有識者の間では、意味のない変更であるという認識であった。

03年4月から共同発行市場公募地方債の発行が開始された。これは、公募地方債を発行する27の道府県が共同で地方債を発行し、発行額が少なく市場流動性が低い団体や財務体質が悪い団体にも市場消化を円滑に進めるために開始された。

共同で発行することで流動性が改善する半面、連帯債務ということで債務の責任の所在が不透明であること、最も財務体質の悪い自治体の債務不履行が起こった場合、共同発行地方債自体が債務不履行になるリスクが残されていることなどの悪い面もあった。

04年に入ると、市場原理の導入がにわかに始まった。東京都と横浜市が2テーブル制の発行条件決定プロセスから離脱を決め、個別発行方式に移行した。神奈川県や名古屋市がこれに続いた。この離脱によって、個別発行4団体と統一条件決定方式34団体に分かれることとなった。市場実勢が高いものから個別発行に移行していく形であった。

06年4月、地方債の発行が許可制から協議制に移行し、翌月から総務省の条件決定に関する関与がなくなった。それまでは、幹事証券と

直接条件決定をし、財政力が劣る自治体でも良い条件になるように配慮してきた。関与がなくなったことで発行条件は実勢に徐々に近づいていった。

同年8月、総務省は統一条件決定方式で条件決定を行っている34団体に対し条件横並びを見直すように指示を行った。本格的な市場原理導入が始まった。

長い間続いた「護送船団方式」がここに終わった。80年代、6大都市とローカルに、97年11月北海道拓殖銀行破綻から銘柄別に始まった流通市場の銘柄間格差は、20年以上の年月を経過して、やっと発行条件に市場原理が導入されることとなった。

2.5.3. 利金債

毎月上旬に、クーポンが前月債のセカンダリー売買レベルを参照して決められる。年限は1、2、3、5年で最も多い年限は5年となっている。

発行形態は募集と売出の2種類がある。募集は、投資家が直接引き受けるもので、この形態は政府系の発行以外では利金債のみとなっている。年間でいくら購入するか、あらかじめ契約しているケースが多く、発行側からみれば、継続的な資金調達手段として有効であり、投資家側も運用において計画が立てやすくメリットは大きい。

売出は、債券の発行額をあらかじめ決めず、一定の売出期間の間、一般公衆に売り出し、その期間内に売れた総額を発行額とする方法。ニーズのあるときに発行団体側に随時申し入れることができるという意味でメリットが多い。

銀行社債の発行が99年10月から始まり、東京三菱銀行は利金債の発行を取りやめ、銀行社債での資金調達に変更した。その後、06年にみずほコーポレート銀行やあおぞら銀行が銀行社債発行を取り入れている。

銀行の多業種化によって長期信用銀行だけに許された利金債の発行は減少傾向にあり、そのうちすべてが銀行社債になると思われる。

2.5.4. 社債

政府保証債・地方債・利金債とは違う個別条件決定方式となっており、時期や金額もその都度決められる。市場の需給やニーズを探り、それをもとに条件を決定する。いわば最もフェアーな条件決定が行われやすいものとなっている。97年後半大型倒産が続き、資金調達手段多様化のため、一般事業法人の直接金融が増加した。

最も発行残高の多い電力債は、4月・10月にある程度発行が集中している。発行年限は10年が基本となっているが多様化が進んでいる。発行額は、多いもので1回当たり1社1000億、少ないもので200億程度となっている。

銀行社債もある程度発行月が決められていて、1月・4月・7月・10月となっている。発行年限は5年が基本となっているが、こちらも多様化が進んでいる。発行のほとんどがメガバンクとなっており、1回当たり500～1500億円である。

これら以外は、発行シーズンが決まっておらず、レベルと資金ニーズのあった段階で順次発行されその発行額も100から300億に集中している。社債全体の年間発行額は90年代後半の7～8兆円から年々増加しており、00年半ばには11～13兆円となった。

基本的に発行条件はセカンダリー市場のレベルや、需給、投資家ニーズによって決められるのだが、引受競争の激化で全体的に割高なレベルで決められるケースも多い。一部ではターゲットディール（発行額の全部または、ほとんどを少数社に販売されてしまう物）で市場実勢から大きく乖離した発行もある。

1）均一価格販売方式

事業債の公募発行は均一価格販売方式によって行われている。発行条件は幹事団による投資家需要を参考に決定される。募集期間中の販売価格は発行価格とされており、いわゆる値引き販売は認められていない。また、プロポーザル方式では募集期間中から行われていたマーケットメークは、この方法では募集期間終了後に行われる。

2）有価証券届出方式と発行登録制度

公募社債を発行するには、有価証券届出方式と発行登録制度がある。ほとんどの社債の発行が発行登録制度を利用している。サムライ債は有価証券届出書方式が多く、財投機関債などの政府系機関の発行は、どちらにも属さない（**図表2-18**参照）。

① 有価証券届出書方式

公募社債を発行する場合には、有価証券届出書を監督財務局に提出する必要がある（証券4条）。有価証券届出書とは、投資家保護のために必要な事項を記載した書類。当該社債の募集要項、当該会社の概要（事業内容、財務状況）などが記載され、発行するたびに必要になってくる。

② 発行登録制度

利用適格企業は届出書を提出するかわりに発行登録制度を利用することも可能。発行登録制度とは、国内で有価証券の募集、売り出しを行うときの証取上の開示制度（証取23条3）。発行団体があらかじめ証券発行予定額などを各監督財務局に対して登録しておけば一定期間内は改めて発行届け出を行うことなく有利な時期を選んで何回かに分けて適宜発行できる制度。

発行登録書を財務局長あてに提出し、7日後に効力が発生した

図表2-18　有価証券届出方式と発行登録制度の違い

	有価証券届出書制度	発行登録制度
有効期間	●当該届出に係わる起債のみ	●1年または2年（選択可）
日程	●有価証券届出書の効力発生以降で予め有価証券届出書に記載された期間のみ条件決定を行うことが可能。参照方式を利用しても意思決定から払い込みまで50日程度必要。	●発行登録書の効力発生後、有効期間内であれば何時でも条件決定を行い、発行登録追補書類を提出し募集を行うことが可能。発行登録書の効力が発生していれば意思決定から払い込みまで最短で20日程度。
効力発生期間	●提出後7日または15日	●発行登録書 － 提出後7日 ●発行登録追補書類 － 提出後直ちに募集可能
引受審査	●有価証券届出書提出前に予め実施する必要あり。	●発行登録書提出時に予め実施。 ●発行登録追補書類提出時にはコンフォートレターに係わる手続きのみ。
主な記載内容	●発行要項、引受会社名、引受責任額、資金使途、参照情報または、直近の開示書類がそのまま組み込まれる。（参照方式基準充足企業は参照情報の記載のみで可）	●発行登録書－有効期間内の発行予定額、資金使途予定、参照情報（直近の開示書類など。） ●発行登録追補書類－発行要項、引受会社名、引受責任額、資金使途、参照書類（直近の開示書類）

　場合、当該企業は1年または2年にわたり募集要項のみを記載した発行登録追補書類を財務局長あてに提出した日から、登録した有価証券の募集、売り出しが可能（証取23条の8）。

※利用適格企業とは、継続開示会社（1年以上有価証券報告書を提出している会社）でかつ、以下の①～④のうち、いずれかを充足している企業。
　① 一定以上の時価総額（250億円）
　② 一定以上の時価総額（100億円）かつ一定以上の株式売買代金（年間100億円）
　③ 一定以上の格付（2社以上の大蔵省の指定格付機関からA－以上を取得）
　④ 一般担保付社債既発行会社（証取23条3第2項）

※プレマーケティングの結果をもとにプライシング（条件決定）を行い、それを発行登録追補書類に記載し財務局に提出する。受理されると、発行登録追補書類は「発行登録追補目論見書」となる。この目論見書を持って募集、売り出しをしなくてはならない。目論見書をもたずに募集、販売を開始することは禁止されている（証取第15条１、２）。シンジケート団（シ団）がある時は、すべてのシ団に発行登録追補目論見書が渡ったことが確認できるまでは募集、販売を開始してはいけない。

３）プライシングプロセス

　社債の条件を決定するのに、スプレッドプライシングと絶対値プライシングの２通りが多く用いられている。

① スプレッドプライシング

　　　スプレッドプライシングは、需要予測を、同残存のJGBもしくはスワップからのスプレッドで行う。クーポンは発行時にあらかじめ定められたJGBもしくはスワップから、計算し決定する方法。JGBやスワップに対するスプレッドで需要予測を行うことで、実際に発行される時との金利相場変動リスクを軽減することができる。ただ、クーポンは発行されるまで分らない。比較的高格付、もしくはスプレッドのタイトな債券の発行に多く用いられる。

＜例＞ JGBxxx回＋10〜20bpで需要予測（プレマーケティング）。少しずつレンジを縮めていき、最後は一本値JGBxxx回＋12などにして再度需要予測（最終プライストーク）する。そして実勢のJGBxxx回のレベルから計算しクーポンや単価を決める。スワップスプレッドの場合も同様。

② 絶対値でのプライシング

　　絶対値でのプライシングは、クーポンを設定して需要予測し、発行日にそのクーポンで発行するという方法。スプレッドプライシングでは、クーポンが最後まで決まらないのに対し、こちらはあらかじめ決まっているので、どうしてもほしい絶対金利がある場合などに有効となる。ただ大きな相場変動があると需要予測を始めからやり直す必要が出てくる。比較的低格付で、スプレッドのワイドな債券の発行に多く用いられる。

<例>　5年0.95％－1.05％で需要予測。レンジを狭めていき、1.00％で条件決定。

2.5.5. 円建外債

　外国政府・国際機関・海外企業など非居住者が円貨建で発行する債券。通称「サムライ・ボンド」と呼ばれ、償還・利払もすべて円貨で行われる。日本の証券取引法、外国為替および外国貿易法、その他国内法の規制を受ける。

　円貨外債はすべて無担保で発行され、このため投資家保護の観点から発行団体は選別される。また、発行条件は実勢を考慮して決定され、その条件は国内債と比べて弾力的である。ユーロ市場で発行される円貨建債を「ユーロ円債」と呼ぶ。プライシングの方法は、社債と同様。

3 振替決済制度

3.1. 目的

1）完全ペーパーレス化の実現

　発行から流通・償還に至るまでの管理をすべてコンピューター上の情報処理によって行うことで、完全なペーパーレス化を実現し、コストの削減・事務処理の簡素化を実現する。社債登録制度もペーパーレスであるが、保有者に発券請求権があるため、現物債の発行への対応が必要であった。

2）DVP（Delivery Versus Payment）決済の実現

　DVP決済とは、新規記録・振替・抹消などの証券決済と資金決済を一対のものとしてリンクさせ、即時に処理するグロス＝グロス方式（BISモデル１）を示す。

　社債登録制度下では実現不可能であったこのDVP決済が、発行から流通、償還に至るまで、すべてのトランザクションで可能となり、受渡リスク削減が可能となった。

　一般振替DVP決済サービスの運営主体である、ほふりクリアリング（03年6月設立、証券保管振替機構の全額出資）は、04年4月に内閣総理大臣より有価証券債務引受業の免許を取得し、同年5月からDVP決済サービスを開始した。

3）STP化の実現

　一連の事務処理をコンピューター上の情報処理で完結できるようになり、事務処理の効率化や事務リスクの削減が実現。証券取引におい

て約定から決済に至るすべてのプロセスの処理が人手を介さずにシームレスに処理される。

3.2. 対象債券

1）取扱対象

　政府保証債・財投機関債・特殊法人債・地方債・地方公社債・社債・投資法人債・生命保険発行の基金債・SPCなどの特定社債・サムライ債など、ほとんどのCash Creditが対象となり、それぞれ公募・私募・縁故募集に対応している。

　また、ショーグン債やデュアルカレンシー債など外貨で元利金の支払いがされる銘柄の取り扱いも可能。

※いずれも発行者による振替機関に対する取り扱いの同意することが前提

2）取扱対象外
● ユーロ円債
● 新株予約権付社債（CB）、株式をもって償還される債券（他社株交換債＝EB）
● 証書形式で発行される地方債
● 医療法人が発行する病院債や学校法人が発行する学校債のほか、財団法人形態の地方公社など法律上の発行根拠規定のない法人が発行する債券

3.3. 構造

3.3.1. 多段階の階層構造

振替制度は、証券保管振替機構（保振機構）、口座管理機関（証券会社や金融機関等）、債券保有者（法律上「加入者」）、発行者、発行代理人・支払代理人、資金決済会社によって構成される（**図表2-19**）。

残高管理を行う口座管理機関が、振替機関に直接または間接的に口座を開設することができ、多段階の階層構造が可能となっている。

発行者が選任する発行代理人・支払代理人が、新規発行に係る事務や元利払等の事務を保振機関とコンピューター上で情報の送受信を行う。加入者は、証券会社や金融機関など保振機関に直接または間接に口座を開設する口座管理機関に口座を開設することによって、振替債を保有できる。

振替機関に直接口座を開設している参加者を機構参加者、間接的に口座を開設している参加者を制度参加者と呼ぶ。

3.3.2. 残高管理に基づく振替制度

社債登録制度では、登録機関の備える社債登録簿に保有者とともに額面券種や記番号が記録しているが、振替制度では券種・記番号が廃止され、振替口座簿に記録される残高の増減記録の仕組みによって権利の移転が行われる。これによって円滑な流通が可能となる。

券種、記番号管理を行わないことから、地方債などで行われている記番号を特定した定時償還、抽籤償還にはファクター管理方式と実質記番号方式を採用している。

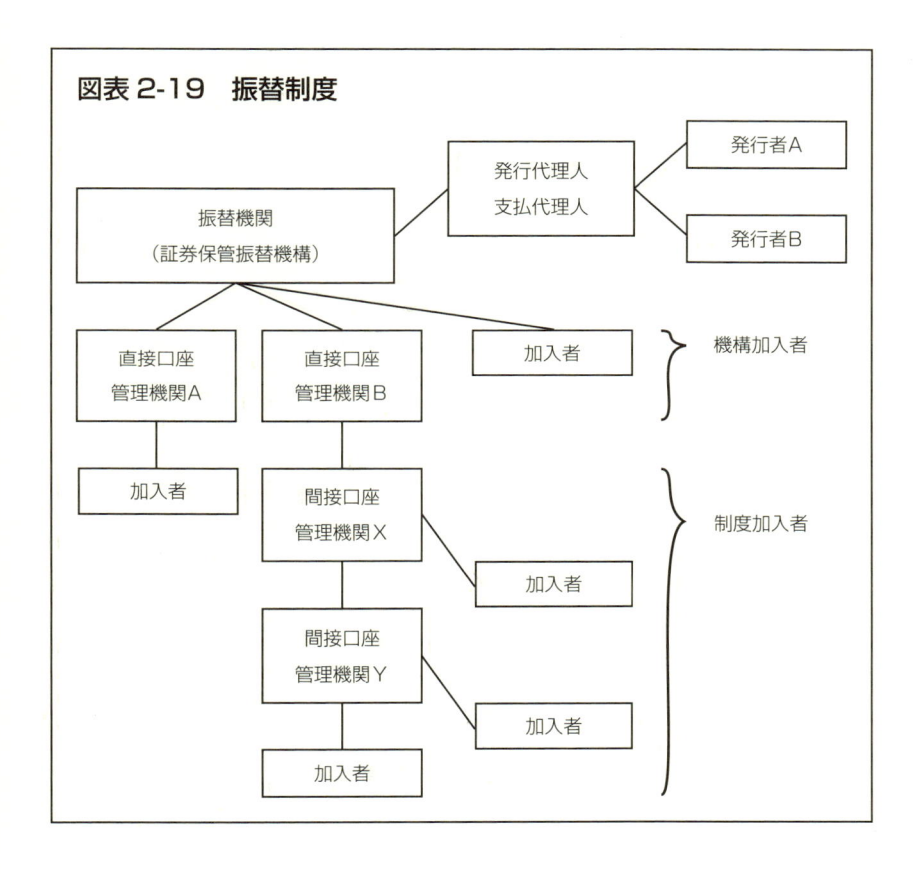

図表2-19　振替制度

```
振替機関                    発行代理人 ─── 発行者A
(証券保管振替機構)           支払代理人 ─── 発行者B

  ├─ 直接口座管理機関A
  ├─ 直接口座管理機関B
  └─ 加入者                            ┐ 機構加入者

  直接口座管理機関A ─ 加入者
  直接口座管理機関B ─ 間接口座管理機関X ─ 加入者    ┐
                                        間接口座管理機関Y ─ 加入者  │ 制度加入者
                                                              加入者 ┘
```

3.3.3.　発行から償還まで

1）発行

　新規に債券を発行する場合、発行代理人は発行条件決定後、銘柄名・利息の支払方法等を発行者に代わり保振機構にコンピューター上で通知（銘柄情報の通知）する。

　発行代理人は、払込日までに保振機構に対して社債等の応募者等の口座、金額など新規記録に係る必要な情報を通知し（新規記録申請）、保振機構においては代理人からの払込確認の通知によって振替口座簿に新規記録を行う。

2）流通

　売買等に伴う権利の移転は振替口座簿の振替によって行う。担保や質権の設定も設定者の口座から担保権者や質権者の口座への振替によって行う。

3）元利金支払い

　発行者→支払代理人→直接口座管理機関（→間接口座管理機関）→加入者と階層構造に沿って資金を交付。個々の銘柄の残高を有する口座管理機関が加入者に資金を支払うことになる。

　社債登録制度下では、発行者の代理人たる「元利金支払場所」が保有者から現物債にあっては本券または利札、登録債にあっては元利金領収証の提示を受けることによって、元利金の支払いを行っている。

4）償還

　償還金（元金）の支払いが行われた場合、加入者からの請求に基づき、振替口座簿の抹消を行う。満期一括償還の他、定時償還、繰上償還、買入消却といった発行銘柄のキャッシュフローニーズに合わせた償還にも対応している。

※日本銀行の当座勘定での資金振替と保振機構での振替口座簿の証券振替を連動したDVP決済も利用可能。また、保振機構が運営する決済照合システムとの連動によって約定結果の入力から証券・資金決済に至るまでのSTP化が可能。

3.4. 定時・均等・抽選償還

券種・記番号での管理が廃止されるに伴い、地方債等で行われている記番号を特定した定時・均等・抽選償還には基本的にファクター管理方式を採用。元本にファクターを乗ずることによって残高を管理していく方法となる。ファクター管理方式採用によって抽選償還はなくなり、定時・均等償還となる。

3.4.1. ファクター管理方式

定時償還に対するファクター ＝

$$\frac{各社債の金額 - 各社債に対する直前利払日までの償還額の総額}{各社債の金額}$$

※ファクターは小数点以下11桁目切り捨て

発行額500億円　定時償還額３％の場合、ファクターは次のようになる。

償還期	償還金額	残高	ファクター
		50,000,000	
1	1,500,000	48,500,000	0.9700000
2	1,500,000	47,000,000	0.9400000
3	1,500,000	45,500,000	0.9100000
4	1,500,000	44,000,000	0.8800000
5	1,500,000	42,500,000	0.8500000
6	1,500,000	41,000,000	0.8200000
7	1,500,000	39,500,000	0.7900000
・	・	・	・
・	・	・	・
・	・	・	・

3.4.2. 実質記番号管理方式

社債登録制度廃止後、新規発行はファクター管理方式によって発行されるが、社債登録制度下で発行された既発債において、一部の社債権者がファクター管理方式への移行を希望しない場合、実質記番号管理方式が採用される。社債登録制度下で流通していた既発債の中には、記番号をもとに償還スケジュールを組み替えて売買されているものも存在し、一概にファクター管理方式に移行できないものが存在する。この場合、登録債と同様な記番号管理が行われる。

3.5. 利金の取り扱い

3.5.1. 元利金支払の方法

振替制度の階層構造を利用し、発行者→支払代理人→直接口座管理機関（→間接口座管理者）→加入者（社債権者）と、順次元利金の支払いが行われる（**図表2-20**）。

前提として、制度加入者（機構加入者を除く）は直近上位機関である口座管理機関に対し元利金の受領並びに請求を、直接機構加入者は保振機構に対し元利金の請求を委任することが必要となる。委任を受けた口座管理機構が間接口座管理機関である場合には、その直近上位機関である口座管理機関に同様の委任をしなければならない（業務規程第58条の30、第58条の31）。

3.5.2. 利金の算出方法

登録債や現物債における利金の算出は、券種ごとの利金単価を積み上げる方法となっている。一方、券種を用いず、残高のみを管理する

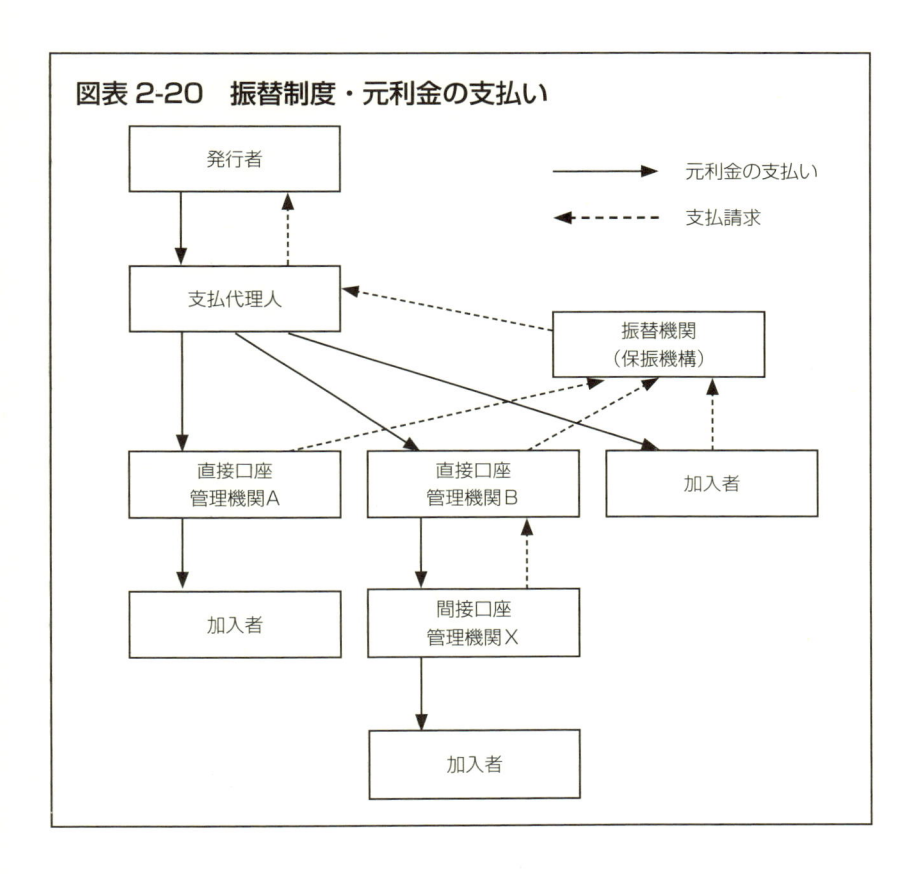

図表 2-20　振替制度・元利金の支払い

（図：発行者 → 支払代理人 → 直接口座管理機関A・直接口座管理機関B → 加入者／間接口座管理機関X → 加入者、振替機関（保振機構）・加入者。実線：元利金の支払い、破線：支払請求）

一般債振替制度においては、利金も残高に利率や利息計算期間等を乗じて算出される。

※実務的には、残高に、支払代理人から保振機構に通知される一通貨あたりの利子額（利率・利息計算期間等から算出した数値で、小数点以下第13位未満切り捨て。業務規程施行規則第27条の5第1項第22号参照）を乗じて計算する。

各関係者が授受すべき利金額は、次の表のように、利金計算のベースとなる残高に対して一通貨あたりの利子額を乗じて算出される（業務規程施行規則第27条の40）。

支払者→受領者	計算のベースとなる残高
発行者→支払代理人	当該振替債の発行総額（償還済みの額を除く）
支払代理人→機構加入者	機構が備える振替口座簿における当該機構加入者の区分口座（当該区分口座が課税分口座の場合は税区分）毎の残高
口座管理機関→加入者	当該口座管理機関が備える振替口座簿における該加入者の残高

3.5.3. 端数処理と差額の取り扱い

利金計算において生じた小数点以下（円貨建債の場合、1円未満）の端数は切り捨てる（業務規程施行規則第27条の40）。従って、残高、利率や利息計算日数によっては、受取額と支払額に不一致が生じることがある。しかし、この差額の精算は行われない（業務規程施行規則第27条の41）。

3.5.4. 既発債を振替債へ移行する場合の取り扱い

振替債の利金は残高に「一通貨あたりの利子額」を乗じて算出するが、社債登録制度下発行の既発債については「移行前の最低券種あたりの利子額」に見合う値を「一通貨あたりの利子額」として設定する。これによって単一券種の銘柄については移行前後で利金額が変わることはないが、複数券種が存在する銘柄の場合、移行前後で利金額に差異が生じることがある。こちらも、差額の精算は行われない（業務規程施行規則附則第2条、本則第27条の41）。

3.6. 社債登録制度との相違点

● 完全なペーパーレス化が実現され、売買に伴う現物債の券面受渡や登録債の記番号の管理といった事務処理がなくなる。発行者にとっては券面作成費用等の削減となる。
● 社債登録制度における元利金支払期日前3週間の移転登録停止期間が、利払日前日の1日のみに短縮される。
● 08年1月6日以降、税制優遇措置（非課税法人、マル優、源泉徴収不適用等）は、振替債のみに適用となる。
● 非課税対象法人において、社債登録制度下発行の既発債についても、現物債・登録債のまま持ち続けた場合、08年1月6日以降においてはこれまでの税制優遇措置の適用が受けられなくなる。07年末までに振替債への移行手続きが完了していることが必要となる。
● 資本金1億円以上の指定内国法人（一般事業法人含む）に関して、振替債について源泉徴収不適用の対象となる。社債登録制度下発行の既発債も07年末までに、振替債に移行することによって税制優遇措置を受けることができる。
● 08年1月6日までの政令で定める日以降、新規に登録債の発行ができなくなる。
● 債券保有投資家が社債登録制度下発行の既発債を振替債に移行するためには、まず発行者が振替機関である弊社に対して取扱を同意することが必要。投資家が移行を希望しても、発行者による振替機関に対する取り扱いの同意がされていないと移行ができない。

4 公社債税制

4.1. 国内法人

4.1.1. 国内一般法人

　法人が受け取る利子に対しては、非課税法人が実際に保有していた期間に対応するものおよび政令で定める金融機関の登録債に関わるものなど、一部を除いて所得税の源泉徴収および道府県民税利子割の特別徴収が行われる（主として徴税技術上の問題から課税するものである）。つまり、利子を支払う段階で個人と法人とに区別して源泉徴収税額（地方税は道府県民税利子割の特別徴収額）は、法人の納付する法人税額（地方税は道府県民税法人割額）から控除して清算できることになっている。

4.1.2. 国内非課税法人
　所得税法上の非課税法人が88年4月1日以降に支払いを受けるべき公社債が実際に所有していた期間に対応する部分の利子のみを非課税とすることになった。
　割引債の償還差益に対する所得税は発行時に課税されており、税相当分を上乗せした価格で購入する。これは購入時非課税措置をとるのが課税技術上困難であるためである。これを救済するために償還時に所得税相当分の還付請求制度が設けられている。

所得税法上の非課税法人
＊都道府県、市町村、特別区、地方公共団体の組合、財産区および港

湾法の規定による公務局
＊公団（日本道路公団、住宅・都市整備公団、石油公団等）
＊公庫（住宅金融支援機構、公営企業金融公庫、中小企業金融公庫等）
＊社団法人、財団法人、商工会議所、社会福祉法人、学校法人、宗教法人
＊弁護士会、日本税理士連合会、日本育英会、日本貿易振興会、日本放送協会
＊健康保険組合、漁船保険組合、農業共済組合および同連合会、国家公務員共済組合、私立学校教職員共済組合、中小企業退職金共済事業団、信用保証協会等

　なお、金融自由化対策資金の運用による利子等については、国が行うものであるため、所得税は課せられない。

4.2. 国外法人

4.2.1. 非居住者または外国法人に対する課税制度

１）我が国の課税体系と国際的二重課税の排除措置
　各国の租税制度はその国の歴史的、政治的、経済的な諸要因等を背景に独自に発達してきたものであり、各国がそれぞれ固有の課税権を排他的または普遍的に行使しようとすれば、必然的に国際的な二重課税の問題が生じることとなるが、この二重課税の問題は、課税の原則からすれば、回避しなければならない事柄であると理解されている。このような考えから自国の居住者または、内国法人に対して課税する場合とそれ以外のものに課税する場合とを区分して課税権を行使するとともに二重課税が発生した場合には、これを排除する別段の規定を設けていることが一般的である。

我が国の所得税法および法人税法では、居住者および内国法人以外の者、すなわち、非居住者および外国法人に対する課税については、その課税の範囲を居住者および内国法人に比して狭く規定し、課税対象とする所得をその所得の発生源泉地が国内にあるもの、いわゆる国内源泉所得に限ることとしている。

　このように、課税対象を国内源泉所得に限定したとしても、国際間における二重課税を完全に排除することはできないため、二重課税を排除するためには外国税額控除の規定や国外の所得を非課税とするなどの規定を設けてその調整を図らなければならないこととなる。

　なお、我が国の二重課税の排除措置としては、外国税額控除方式が採用されている。

2） 納税義務者の区分と所得税の課税所得の範囲・課税方式

① 納税義務者の区分と課税所得の範囲・課税方法

　所得税法上の我が国の納税義務者の区分とその課税所得の範囲および課税方法の概要は次の表の通り。

納税者の区分		課税所得の範囲	課税方法
法人	内国法人	国内において支払われる利子等、配当等、定期積金の給付補填金等、匿名組合契約等に基づく利益の分配、報酬および料金ならびに賞金	源泉徴収
	外国法人	国内源泉所得のうち特定のもの	源泉徴収
	人格のない社団等	内国法人または外国法人に同じ	源泉徴収

② 納税義務者の区分

　所得税法上、納税義務者については居住者、非居住者、内国法人および外国法人の4つに区分されている。この場合、人格のない社団等は法人とみなされることとされている。また、それぞれの納税義務者の定義については次のように定められている。

「居住者」	国内（所得税法の施行地）に住所を有し、または現在まで引き続いて国内に1年以上居所を有する人。なお、居住者のうち「国内に永住の意志がなく、かつ現在まで引き続いて5年以下の期間国内に住所または居所を有する人」は非永住者として一般の居住者とは区分して課税所得の範囲が定められている。
「非居住者」	国内に住所、1年以上の居所もない人
「内国法人」	国内に本店または主たる事務所を有する法人
「外国法人」	国内に本店も主たる事務所もない法人

③ 課税方式

　所得税法においては、その納付すべき税額の課税方式として、申告納税方式と源泉徴収方式との両者が採用されており、非居住者については、その人が国内に恒久的施設を有する場合、居住者と同様に（一定の所得は源泉徴収の上）申告納税方式を原則としている。ただし、その他の場合には、原則として源泉徴収のみで課税関係が完結する源泉分離課税方式が基本となっている。

　また、外国法人についても、所得税法および法人税法において同様の取扱が定められている。

3）非居住者または外国法人に支払う所得の源泉徴収と申告納税の概要

　非居住者または外国法人が、国内の源泉から生ずる所得、すなわち国内源泉所得を有する場合には、その国内源泉所得について納税の義務を負い、国内に支店等の事業上の拠点（恒久的施設）を有するか否かによって課税方式が異なっているが、その事業上の拠点が、(a) 支店・工場である場合、(b) 1年を超えて建設作業等を行う場合、(c) 自己のために契約を締結する代理人を置いている場合、(d) 上記3つ以外の場合、の4つの区分によって、その課税方式および課税対象となる所得がさらに次の表のように異なっている。

外国法人に対する課税関係の概要

	国内に恒久的に施設を有する法人		国内に恒久的施設を有しない法人	源泉徴収
	支店その他事業を行う一定の場所を有する法人	1年を超える建設作業を行いまたは一定の要件を備える代理人等を有する法人		
利子等	源泉徴収の上総合課税	源泉徴収の上総合課税・源泉分離課税	源泉分離課税	15%

　なお、この表は課税関係の概要を示すものであるから、租税条約にはこれと異なる定めのものがあることに注意する必要がある。

4.2.2. 源泉徴収の対象となる国内源泉所得と源泉徴収税額

1）所得税法に基づく源泉徴収
① 源泉徴収の対象となる国内源泉所得の概要

　　非居住者または外国法人（以下「非居住者等」という）が我が国において、その所得について所得税または法人税の課税を受ける場合、その課税所得の範囲については事業所等の拠点（恒久的施設）を有するか否かによって差異がある。しかし、その事業所等の拠点の有無にかかわらず、次表の所得についてはその支払の段階で一律に所得税の源泉徴収を受けることになっている。

源泉徴収の対象となる国内源泉所得の概要

利子所得のうち次にあげるもの
a）公社債のうち日本国の国債、地方債または内国法人の発行する債券の利子
b）国内にある営業所等に預けられた預貯金の利子
c）国内にある営業所等に信託された合同運用信託または公社債投資信託の収益の分配

② 源泉徴収義務者

　　非居住者等に対して国内において源泉徴収の対象となる国内源泉所得の支払をするものは、その支払のとき、所得税を源泉徴収し、納付する義務がある。

　　なお、国内源泉所得の支払が国外において行われる場合であっても、その支払者が国内に住所もしくは居所を有し、または国内に事務所、事務所その他これらに準ずるものを有するときは、国内において支払われたものとみなして源泉徴収をする必要がある。

2）租税特別措置法に基づく源泉徴収
① 償還差益に対する源泉徴収
　　a）源泉徴収の概要
　　　割引債を発行する者は、その割引債の発行のときにその割引債を取得する個人または法人から次の式によって計算した額の所得税を源泉徴収し「償還差益の所得税徴収高計算書（納付書）」を添えて、その発行した月の翌月10日までに納付しなければならない。

$$（券面金額 - 発行金額） \times 18\%$$

　　　この規定によって徴収して納付すべき所得税は、その割引債の取得者（取得者と償還を受けるものとが異なる場合には、償還を受ける者）の償還差益に対する所得税としてその償還を受けるときに徴収された所得税とみなされる。なお、非居住者（個人）が償還を受ける場合の償還差益については、恒久的施設の有無に関わらず源泉分離課税とされ、源泉徴収だけで納税が完結することになっている。

　　b）源泉徴収の対象とされる割引債の範囲
　　　割引の方法による公共債で、発行時に源泉徴収の対象とされるものとしては次に揚げるものがある。

● 外貨債以外の国債

● 特別の方法による公社債で発行時に源泉徴収の対象とされるものとしては、次に揚げるものがある。
　　＊長期信用銀行法第２条に規定する長期信用銀行が同法の規定によって発行する債券…日本興業銀行債（現みずほコーポレー

ト)、日本信用債（現あおぞら銀行）、長期信用債（現新生銀行）
＊金融機関の合併および転換に関する法律第17条の２第１項に規定する債券‥‥東京三菱銀行債（現東京三菱UFJ）
＊信用金庫法第54条の２第１項に規定する全国を地区とする信用金庫連合会が同法の規定によって発行する社債‥‥全信連債（現信金中央金庫）

以下の２つは分離課税による税率が16％となる。

● 東京湾横断道路株式会社が東京湾横断道路の建設に関する特別措置法の規定による認可を受けて発行する社債

● 民間都市開発推進機構が民間都市開発の推進に関する特別措置法の規定による認可を受けて発行する債券

c) 特定短期国債の償還差益の源泉徴収免除の特例
　平成11年４月１日以降に発行され、その発行の日から償還期限までの期間が１年以下である短期国債（TB）または政府短期証券（FB）で、その発行のときにその銘柄に同一であるほかのTB、FBのすべてとともに一括登録されるものについては、その発行時の償還差益の源泉徴収が免除される。

4.2.3. 租税条約による課税の特例

　非居住者等の本国と我が国との間で租税条約が締結されている場合には、その租税条約の定めるところによって、その非居住者等が支払を受ける国内源泉所得に対する源泉所得税が軽減または免除される場合がある。この源泉所得税の免除または軽減を受けようとするとき

は、所定の届出書や申請書をその国内源泉所得の支払者を経由して税務署に提出する必要がある。

現在、租税条約に定める特例のうち、源泉徴収に関するものの概要は次の通りである。

1）源泉徴収税率を軽減する特例

利子、配当、工業所有権等の使用料については、租税条約によって源泉所得税の徴収税率が軽減されることがある。

2）所得源泉地についての特例

租税条約において、所得源泉地に関する定めをしている場合、その租税条約の定めるところにしたがって国内源泉所得の範囲が定められ、その定められたところにしたがって源泉徴収をすることになる。

4.2.4. 租税条約に基づく軽減または免除を受けるための手続き

1）租税条約に関する届出書

租税条約に基づく所得税の軽減または免除を受けるためには、源泉徴収の対象となる国内源泉所得の支払を受ける者が、「租税条約に関する届出書」を支払日までに、その支払者を経由して支払者の納税地の所轄税務署長に提出する必要がある。この届出書の提出がない場合には、国内法の規定による税率で源泉徴収を行うことになる。

2）源泉徴収税額の還付請求

① 租税条約に関する源泉徴収税額の還付請求書

上記1の「届出書」の提出という手続きは、租税条約に基づく軽減または免除を受けるためのものであるが、次の場合には「届出書」とともに「租税条約に関する源泉徴収税額の還付請求書」

を提出することによって、軽減または免除の適用を受けた場合の源泉徴収税額と国内法の規定による税率によって源泉徴収された税額との差額について還付を受けることができ、最終的に租税条約の適用を受けることとなる。

租税条約の規定が遡及して適用される場合で、その規定の適用を受ける者が、租税条約の適用開始日以後その効力発生の日までの間に支払を受けた国内源泉所得につき源泉徴収をされた所得税額のうち、その租税条約の規定に基づき軽減または免除を受けるべき金額について還付請求をするとき。

② 割引債の償還差益にかかる源泉徴収税額の還付請求書

割引債の償還差益については、国内法では原則として割引債の発行時に18％（特定のものは16％）の税率で源泉徴収が必要とされているが、租税条約上の軽減または免税の適用を受けた場合との差額を還付することとしている。この場合の調整は「租税条約に関する割引債の償還差益にかかる源泉徴収税額の還付請求書」を提出することによって、租税条約上の軽減または免税の適用を受けた場合との差額を還付することとしている。

4.2.5. 源泉徴収の対象となる国内源泉所得の範囲

利子等：非居住者等が収受する公社債や預貯金などの利子等（国内源泉所得）については、その支払を受ける者が国内に恒久的施設を有しているかどうか、また、その利子等が受領者の国内事業に課せられるものであるかどうかに関わらず、利子等の支払者は原則として、その支払のときに所得税の源泉徴収を行う必要がある。

1）国内法による取り扱い
　a）利子等の範囲
　　源泉徴収の対象となる利子等とは、公社債のうち、日本国の国債もしくは地方債または内国法人の発行する債券の利子を言う。
　　この場合、「内国法人の発行する債券」には、登録したため現に債券の存在しない社債券等も含まれる。
　b）割引債の償還差益の取り扱い
　　割引債の償還差益は、「国内にある資産の運用または保有による所得」とされているので、ここで言う利子等には該当しない。
　　ただし、この償還差益については、別途租税特別措置法の規定に基づき18％の税率（特定のものは16％）によって源泉徴収を要することとされているものがある。

2）租税条約による取り扱い
　a）所得源泉地
　　我が国の締結した租税条約の多くは、源泉地国と居住地国との双方が課税権を有する方式を採用している。

　b）利子等の範囲
　　所得税法上は、公社債の利子、預貯金の利子および合同運用信託・公社債投資信託の収益の分配については、同じ利子所得である「貸付金の利子」とは区別しているが、租税条約上はこれらの利子等を同一のカテゴリーに属するものとして包括的に規定している例が多くなっている。

　c）割引債の償還差益の取り扱い
　　割引債の償還差益については、利子等として取り扱っている国とそうでない国があるが、それらを区分すると次の図のようになる。

利子等として取り扱っている国	アイルランド・アメリカ・イギリス・イスラエル・イタリア・インド・インドネシア・カナダ・ザンビア・シンガポール・スロバキア・スウェーデン・タイ・大韓民国・チェコ・中華人民共和国・デンマーク・トルコ・ノルウェー・ハンガリー・バングラデシュ・フィジー・フィリピン・フランス・ブルガリア・ベトナム・ポーランド・マレーシア・南アフリカ共和国・メキシコ・ルクセンブルク・ルーマニア・ロシア
明示なき所得に該当し、我が国の国内法を適用	エジプト・オーストラリア・オーストリア・スリランカ・ニュージーランド・パキスタン・ブラジル
明示なき所得に該当し、居住地国課税（日本で免税）	オランダ・スイス・スペイン・ドイツ・フィンランド・ベルギー

なお、国内法に基づき源泉徴収が行われる割引債のこれらの区分の課税関係は、次のようになる。

利子等として取り扱っている国	割引債の発行時に18％（特定のものは16％）の税率で源泉徴収し、償還時に所定の手続きを経た後、租税条約上の限度税率との差額について還付することになる。
明示なき所得に該当し、我が国の国内法を適用	資産の運用または保有による所得（1号所得）として割引債の発行時に18％（特定のものは16％）の税率で源泉徴収をする必要がある。
明示なき所得に該当し、居住地国課税（日本で免税）	割引債の発行時に18％（特定のものは16％）の税率でいったん源泉徴収し、償還時に、源泉徴収した所得税の全額を還付することによって、最終的に免税となる。

4.2.6. 租税条約によって定められている税率

45条約、56カ国適用

西欧（15）	アイルランド・イギリス・イタリア・オーストリア・オランダ・スイス・スウェーデン・スペイン・デンマーク・ドイツ・ノルウェー・フィンランド・フランス・ベルギー・ルクセンブルグ
東欧（17）	アゼルバイジャン※1・アルメニア※1・ウクライナ※1・ウズベキスタン※1・キルギス※1・グルジア※1・タジキスタン※1・トルクメニスタン※1・ベラルーシ※1・モルドヴァ※1・ロシア※1・スロヴァキア※2・チェコ※2・ハンガリー・ブルガリア・ポーランド・ルーマニア
アジア（12）	インド・インドネシア・韓国・シンガポール・スリランカ・タイ・中国※3・パキスタン・バングラデシュ・フィリピン・ベトナム・マレーシア
アフリカ・中東（5）	イスラエル・エジプト・ザンビア・トルコ・南アフリカ
大洋州（3）	オーストラリア・ニュージーランド・フィジー※4
北米・中南米（4）	アメリカ・カナダ・ブラジル・メキシコ

※1 旧ソ連との条約が適用されている。
※2 旧チェコ・スロヴァキアとの条約が適用されている。
※3 香港、マカオには適用されない。
※4 フィジーにはイギリスとの原条約が承継されている。

2006年4月現在

国名	利子に対する制限利率
アメリカ	金融機関：免除 その他：10%
イギリス	10%
イタリア	10%
オーストラリア	10%
オランダ	10%
カナダ	10%
スイス	10%
スペイン	10%
ドイツ	10%
ニュージーランド	規定なし
フランス	10%
ベルギー	10%
ルクセンブルク	10%

5　会社更生法と民事再生法

5.1.　倒産を規定する法律（倒産5法）

1）会社更生法
2）民事再生法
3）商法上の会社整理
4）破産法
5）商法上の特別清算

　1）から3）は再建型で、4）5）が清算型。手続きは、いずれも支払不能、支払停止、債務超過など実質的に経営が破綻している状態にある場合に申し立てをすることとなっている。一方、民事再生法（改定された和議法）は、事業の継続に著しい支障をきたす場合に破綻前でも申し立てを行うことができる。また、経営者がそのまま事業を継続しながら再生・再建をめざすことが可能。

　ここでは、倒産5法の中でよく利用されている再建型の会社更生法と民事再生法に関してその違いやそれぞれの特徴を見ていく。

　経営者に経営責任を問い辞任させる会社更生法を申請するケースは大企業で多いが、民事再生法では再建期間を大幅に短縮できることから特に中小企業にとって倒産に関しての最有力手続きとなっている。

5.2. 会社更生法

1）会社更生法　第一章　総則第1条
「この法律は、窮境にあるが再建の見込のある株式会社について、債権者、株主その他の利害関係人の利害を調整しつつ、その事業の維持更生を図ることを目的とする。」

2）成立経緯
　1949年ごろ、景気後退・不況によって倒産が増加する事態に当時法務府が米国の破産予防制度の会社更生法案をもとに、倒産会社を更生させる制度をつくりあげ、1952年に施行されたもの。
　適用を申し立てた株式会社の債務は棚上げされ、将来の債務に伴う金利支払が、一時的にせよ良くなる。しかし、債務の弁済停止で犠牲になるのはたいてい関連中小企業で、このことが社会問題化し、67年下請けの優先弁済と社内預金保護等を一部強化した。
　さらに、運用を迅速・合理化するため03年4月に改正され、新会社更正法が施行された。
　経営破たんした企業が再建を目指す場合、担保権者まで拘束できる会社更生法が好ましいといわれているが、民事再生法に比べ、諸手続きに時間がかかり過ぎるという問題点があった。そのため、大企業でも、中小企業等への適用を目的としていた民事再生法を選択する場合が多くなっていた。そこで諸手続きの迅速化・合理化によって大企業の利用を促すように改定された。

3）特徴
① 債権者、株主その他の利害関係人の利害を調整しつつ、その事業の維持更生を図るということを目的にしている。更正手続き開始決定と同時に裁判所は管財人を指名し、その管財人が会社の経営

や資産の処分等の手続きを行うことになる。経営者は経営から排除されそのすべての権限を失う。株主はほとんどの場合100％減資を余儀なくされ、会社は経理上それまでの会社との連続性を断ち、新しい会社となることを意味している。

② 株式会社にだけしか適用されない。有限会社・合資会社・医療法人などのその他法人や個人企業は申請できない。

③ 会社の財産上に担保権を有する債権者も競売などの権利行使は認められず、財産評定の結果認められた更生担保権の金額の範囲で配当を受けるだけとなる。

④ 手続は、更正手続開始申し立て、開始許可、再建計画案提出、再建計画認可、計画遂行の順に行われていくが、再建計画認可までで通常１〜２年程度かかり、その後の債務弁済等の計画遂行にも10年〜20年程度かかる（再建計画案の提出は開始決定後１年以内で、その可決は一般更生債権額の３分の２、更生担保権額の４分の３以上の同意が必要）。実際に更生手続開始の申し立てが認可されているのは全体の半分程度。申し立てが行われても、自動的に更生手続が開始されるわけではない。さらに認可後、更生会社となる数はさらに少なくなる。これらは、破産・民事再生法等に移行したり、申し立てが取り下げられたりしたため。

⑤ 民事再生法の手続きに参加できるのは一般債権者に限定されているのに対し、会社更生法は担保権者や労働債権などを持つ優先債権者や株主も含み、民事再生法よりもしっかりとした枠組みで再建を進めることができる。社会的責任が大きい大企業や上場企業は更生法下で再建を進めるべきと見る向きが多い。

⑥ 時間がかかる処理となるため、取引先中小企業や少額債権に配慮し、特例措置が認められている。同法112条の2に定められているように「会社を主要な取引先とする中小企業者が、その有する更生債権の弁済を受けなければ、事業の継続に著しい支障をきたすおそれがあるときは、裁判所は、更生計画認可の決定をする前でも、管財人の申し立てによりまたは職権で、その全部または一部の弁済をすることを許可することができる」。また「少額の更生債権を早期に弁済することにより更生手続を円滑に進行することができるときは、裁判所は、更生計画認可の決定をする前でも、管財人の申し立てにより、その弁済をすることを許可することができる」。

4）会社更生手続きの流れ

① 更生手続開始申し立てと保全処分申請

② 裁判所の認可

③ 保全命令および更生手続開始決定と同時に裁判所が管財人を任命する。管財人は、会社財産の管理処分権、経営権をだけでなく、更生計画案の作成・施行を担当する重要な職務である。

④ 手続き開始の公告や、登記所等に登記させるほか、更生債権や更生担保権の届出期間調査期間、第一回関係人集会の期日等を定めて関係者へ通知する。

⑤ 各種権利の届け出

⑥ 債権者は指定された期間内（通常1カ月程度）に更生債権や更生

担保権を裁判所に届け出る。管財人はこれらの権利を調査し、裁判所の定めた債権調査期日に認めるか否かを発表する。

⑦ 関係人集会（通常、集会は手続開始決定後2カ月以内に開かれ、再建調査期日と同日）。管財人が経過や方針等を発表し、債権者は管財人の選任、会社の業務・財産の管理等について意見を述べたり、管財人が作成した各種債権を認めるか否かをきめる。管財人が認め、他からも異議がなければその債権は確定する。

⑧ 第2回関係人集会。管財人が作成し、裁判所に提出した更生計画案を受諾するか否かの議決が行われ、可決されれば、裁判所の認可決定を経て更生計画案が確定し、以後その計画に基づき債務の弁済等が行われていく。

5.3. 民事再生法

1）民事再生法　第一章　総則第1条

「この法律は、経済的に窮境にある債務者について、その債権者の多数の同意を得、かつ、裁判所の認可を受けた再生計画を定めること等により、当該債務者とその債権者との間の民事上の権利関係を適切に調整し、もって当該債務者の事業または経済生活の再生を図ることを目的とする」

2）特徴

① 経営不振の企業を早期に再生させることを目的とし、再生手続き開始後も債務者（経営者）が事業活動を継続できる。ただし、再生債務者が公平・誠実に手続きを継続できない場合は、財産管理権は管財人に移り債務者は経営権を失う。民事再生法では、会社

は手続開始決定によって事業年度が終わることはない。財産評定は処分価格ですることが原則であり、その目的は、破産した場合の配当原資の金額を明らかにする程度。財産評定の結果が、会社財産の取得価格とはならない（会社更生法の財産評定は企業継続価値である）。つまり、手続が開始されても、会社は、経理上、それまでの会社と変わらない。

② すべての法人（株式会社、有限会社、医療法人、学校法人等）および個人が利用可能で、破産状態に陥る前に申し立てが可能。

③ 手続きは原則として債務者が行う（会社更正法は管財人が行う）。裁判所からの手続開始の決定が、申し立てから数カ月で出され、計画遂行も迅速に行われる。再建計画案の可決も会社更生法よりも緩和されており債権者の2分の1、総債権額の2分の1以上の同意となっている。会社更生法と比較するとかなり速い。

④ 申し立てから手続開始決定までの間、裁判所がすべての債権者に対し債務者財産への強制執行の禁止命令、担保権者に対する競売手続中止命令等がなされる。それ以降は原則担保権行使を禁止できない。そのため担保権者が再生に協力をせず、競売を申し立てれば、民事再生法では会社の再建は不可能になる。会社更生法では担保権が手続の中に取り込まれているため再生計画内で処理しなくてはならないため、このような事態にはならない。

⑤ 当該財産が再生債務者の事業の継続に欠くことのできないものであるときは、再生債務者等は、裁判所に対し、当該財産の価額に相当する金銭を裁判所に納付して当該財産の上に存するすべての担保権を消滅させることについての許可の申し立てをすることが

できる。

⑥ 再建計画案に関しては再生手続きの開始決定後でも可能。再建計画の決議は、債権者集会による決議と書面による決議がある。書面による決議は、裁判所が相当と認めた場合には債権者集会を行うことなく、債権者が再生計画案について書面による議決権を行使できる。決議要件について、債権者集会 出席者または書面決議の場合は書面を提出した債権者の過半数で、かつ議決権の総額の2分の1以上の議決権を有する者の賛成で決議される。

⑦ 債権調査手続きの合理化が図られている。旧和議手続きでは、管財人が債権調査を行っていたが、同法では裁判所が行い、調査の結果が再生債権者表に記録される。この内容は、すべての再生債権者に対して裁判所の確定判決と同様の効力を持つ。これによって金銭の支払いを請求する金銭債権については、行政による執行が可能。

第3章
各種債券のリスクプロファイル・特性・歴史

1 政府保証債

1.1. 発行体と債券種

　発行体は政府系機関。政府系機関とは、採算性は低いが必要とされる事業であり、民間企業にはできない事業を国が国策として執行するための機関である。採算性が低い事業を行っているため、一般事業法人であれば破綻している財務内容のところも少なくない。

　債券種は、86年以前に発行された政府保証債はそのすべてが発行年限10年・固定クーポン・3年据置3％抽選償還であった。その後、固定クーポン・満期一括償還の発行に切り替えられた。00年代になって発行年限が多様化され、また、固定クーポンだけではなく変動クーポンも採用されている。

1.2. リスクプロファイル

　政府の保証が付与されているため、発行体の財務内容にかかわらず実質的に国債と同順位の債務となっている。クレジットリスクは国債と同じ。国債と違うのはその流動性ということになる。

　政府系機関であるがゆえのリスクもある。その機関の存在や事業内容に関してである。もともと、国策として必要とされて政治的に設立されているため、事業内容が時代にそぐわなくなり廃止に追い込まれる可能性があったり、政治的な決着で事業内容に変更が出たりする可能性がある。

　しかし、このリスクは債券保有者にとってはリスクになりえない。そういった事態は発行体自体に対するリスクであって発行されている

図表3-1　政府保証債　銘柄間格差

1980年代から1992年まで

第1格	公営企業・日本道路公団
第2格	その他　政府保証債

1992年から1990年代後半

第1格	公営企業
第2格	日本道路公団
第3格	（鉄道と高速道路関係）鉄道建設、首都高速道路、新幹線、鉄道整備、阪神高速道路、東日本旅客鉄道
第4格	関西国際空港、住宅都市整備、中小企業、中部国際空港、電源開発、東京湾横断道路、本州四国連絡橋、民間都市開発
第5格	海外経済協力基金、社会福祉、医療事業団、水資源開発、北海道東北開発、ほ号道路

※第1格が最も値段が高くスプレッドはタイト

債券自体は政府保証となっているためそのリスクから切り離される。

1.3. 銘柄間格差

　同じ政府保証債でも、さまざまな要因が重なりスプレッドに微妙に差が生じる。ここでは、その順番を述べる（**図表3-1**）。

　ここでいう格は格付機関の付与するものではなく、売買される場合に選考されやすいグループの順番を意味する。第1格が最もスプレッドがタイト（値段が高い）。

　80年代および92年までは、第1格公営・道路、第2格それ以外の2つになっていた。公営と道路の発行残高が政府保証債全体のほとんどを占めていたため、このような分かれ方となった。流通市場が拡大し92年、スプレッドの概念が生まれると細分化され、5つに分かれた。これらは相場や環境によって変化し、第3～5格は入れ替わりが激し

い。この時代は、スプレッドを決める要因として流動性が極端に重要視されていた。

　最もワイドな第5格は、第1格から8〜20bpワイドなところで売買され、平均的な居所は9〜12bp程度であった。かなり複雑な市場となっていたことが分かるであろう。

90年代の売買レンジは以下の通りである
第2格	第1格＋0〜3bp
第3格	第1格＋5〜10bp
第4格	第1格＋5〜15bp
第5格	第1格＋8〜20bp

　90年代後半から相次ぐ大型倒産の影響で、流動性よりもクレジットリスクを重要視するようになった。それまで流動性によって編成されていた格は変化し、第4と第5格が第3格に吸収され3つとなった。

　その後、第3格が消滅し公営とそれ以外の政保債の2つに分かれるのみとなった。公営以外の政保債は、さほど大きく流動性に差が生じていたわけではないので、政府保証がついているならば、多少の流動性の差は関係ないということであろう。2つのスプレッド格差は1〜5bpの間で売買され平均は2〜3bpである。

　00年代半ばになると、特殊法人改革によって日本道路公団・首都高速道路公団・阪神高速道路公団・本州四国連絡橋公団が統合され日本高速道路保有債務返済機構となった。それぞれが発行していた債券も新機構の継承債券となり、政府保証債に占める割合が増加し流動性が上昇した。格は3つに再び別れ、第1格公営、第2格道路機構、第3格その他政府保証債となった。

1.4. スプレッドヒストリー

1.4.1. 決算対策による動き

90年代半ばまで、非上場債（国債以外の円債、Cash Credit）は決算対策用に多く使われていた。当時は、非上場債は決算時評価する必要がなかった。なぜなら、流動性がさほど大きくなく、Buy & Hold（購入したら償還まで保有する）が基本の市場であったため評価する意味がなかったこと、評価したくとも公な引け値がなく有効な評価方法がなかったこと等からである。

かくして、この非上場は評価しないというルールを利用し決算対策が多く行われた。つまり、国債を保有して評価損益が発生したら、非上場債と入れ替えをする（非上場入替）。入替時に、売買単価を調整（単価調整）することによって、国債の評価損益を非上場債に移す。そうすれば、評価損益が表面化しないというわけだ。不正のように見えるが、これが市場では一般的に行われていた。

> ＜例＞ 100円で購入した国債が、95円に下落し5円の評価損が発生していたとする。これを100円で売却し、時価90円の政府保証債を95円で購入する。国債は簿価で売却するので損益は発生せず、購入した政府保証債は評価しなくてよいので、表面的に損益は全く発生しないこととなる。

3月本決算および9月中間決算1～2カ月前になると、必ず国債から非上場債への入れ替えが行われた。それによって非上場債のニーズが強烈に強まり、JGBスプレッドがマイナスになっていた（**図表3-2**）。

特にカレントにニーズが集中し公営債（10年債）

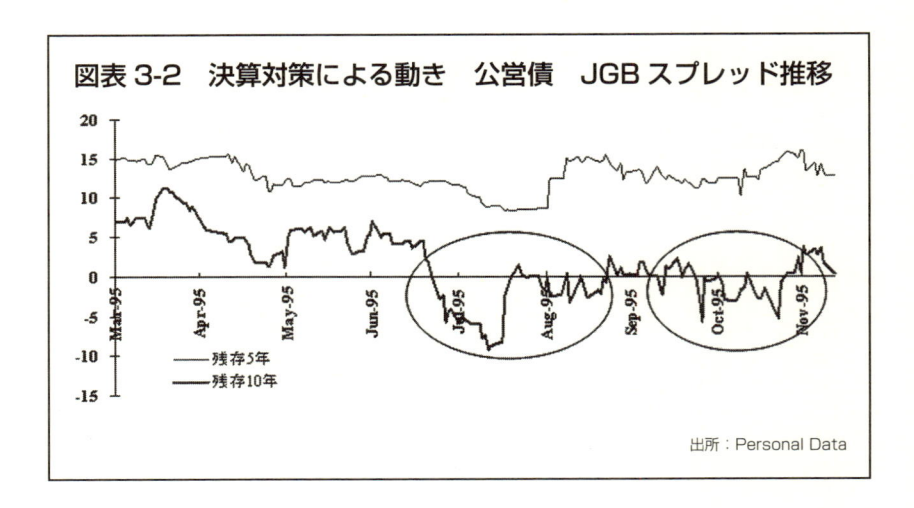

図表3-2　決算対策による動き　公営債　JGBスプレッド推移

で平均的に▲5bp程度で推移していた。高値はJGB▲15bp。この時期は中期債に関してはカレントがなかったため、強くなるもののマイナススプレッドにはならなかった。

　日本証券業協会が引け値の公表を始めて以降、不適切な売買を減らす目的で新しい売買ルールが作成された。政保債・地方債においては発表されている基準気配の上下2％以内の単価で売買しなくてはならないといういわゆる「2％ルール」が導入され、売買値段に制限がついた（社債などはまた別の値幅が設定されていた）。

　これまでのように、売買時に単価調整を無尽蔵に行うことができなくなり、基準気配値の上下2％以内となったわけだ。これによって、JGBスプレッドのマイナス幅が縮小していったものの売買自体が減らなかったため、相変わらずスプレッドはJGBマイナスに入っていた。

　96年からは、投資家の会計基準が変更され、売買ルールも厳しくなったことによってマイナスにはならなくなった。そして99年、単価調整が行えなくなってからは決算時期になってもこれらの動きはほとんど見られなくなった。

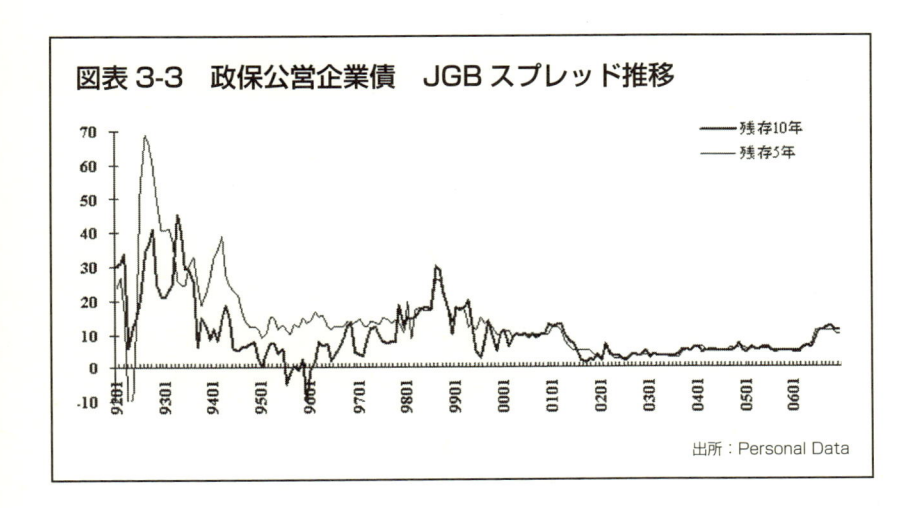

図表 3-3　政保公営企業債　JGB スプレッド推移

出所：Personal Data

1.4.2. スプレッドの推移

92年初めまでは、スプレッドの概念がまだ生まれておらず、需給のみで動く相場であったため、スプレッドの乱高下が激しい。スプレッドの概念がないのでスプレッドを見る意味がない。

92年にスプレッドの概念が生まれ、翌93年から96年半ばまでの市場は、流動性を極端に重要視していた。スプレッドは国債との流動性格差から決まっていた。政府保証債の流動性が拡大するに従ってタイトニングを続け、95年に入るころには5年債もJGB+20を割り込んだ。決算対策・非上場入替が頻繁に行われる96年には恒常的に買いニーズが入るようになり、さらにタイトなレベルで安定した。5年債はJGB+10、10年債は国債の利回りを下回った（**図表3-3**）。

安定した相場がしばらく続いていたが、97年に大型の破綻が相次ぐと98年にはJGB+30までワイドニングした。この破綻をきっかけに市場はそれまでの流動性重視からクレジットリスク重視へと変化していった。それに伴い、クレジットリスクの低い政保債は、タイトなレベルに戻り、00年以降はJGB+0～10の間に定着した。

2 財投機関債

2.1. 発行体と債券種

　発行体は政府保証債発行団体と同じ政府系機関（特殊法人、改革後は財投機関）。政府系機関とは、採算性は低いが必要とされる事業であり、民間企業にはできない事業を国が国策として執行するための機関である。採算性が低い事業を行っているため、一般事業法人であれば破綻している財務内容のところも少なくない。

　01年度4月からの構造改革において、非効率運営の叫ばれていた特殊法人に対する改革、特殊法人改革（財投機関改革）が行われた。特殊法人は、非効率な運営によって赤字が膨らんでおり、これを改善することが目的とされた。

　改革は「民営化できるものは民営化する」との方針のもと、資金調達も独自の信用力で行うこととなった。同年9月から、自己の信用力で債券を発行できる団体は財投機関債を発行し、自己の信用力で発行が不可能の場合は国が財投債を発行して、そこから借入れる形となった。政府系機関が発行していることから、同じ発行団体が、政府保証債・財投機関債・特殊法人債の3種類を発行している場合が多い。発行規模は、政府保証債と特殊法人債が減少し、財投機関債が増加するという傾向にある。

　発行はそのすべてがSB債型の発行となっている。固定クーポン・満期一括償還が基本形となっているが、一部で10年国債連動などのフローターも発行されている。債券の形態（年限・クーポン・償還方法）や起債タイミングは、発行団体の起債ニーズと投資家ニーズでさまざまである。現在では、3年債から40年債まで幅広い年限で発行されて

いる。SB型の発行といっても、有価証券届出方式と発行登録制度に縛られることはない。条件決定方式がSB型ということであって、プロセスは社債とは若干違っている。

2.2. リスクプロファイルと銘柄間格差

　財投機関債のリスクは難しく、その時代ごとに変化していく可能性を秘めている。財投機関債の特徴としては、第一に、政府系機関が発行しているため政府のサポートはある程度見込めるであろうが、債券に政府保証が付いていない。第二に、民間ではできない必要とされる事業を国策として行っているため、収益性が低く財務内容は悪い。しかし、その事業が必要であればどのような財務内容であろうと存続される。第三に、時代によって、その事業が必要であるかどうかが変化していく。また、政治的決着のリスクはいつでも付きまとう。

　リスクを見るうえでのポイントは、①政府のサポートの強さ、②財務・経営状態（クレジットリスク）、③その時代の日本において必要であるか否かである。

　必要性が高く、かつ民間が代行することが難しいのであれば、政府サポートが強く存続されるため債券自体にはプラスに働く。必要であるが民間で代行できる事業であれば、政府サポートが低くなるため社債同様に単体の収益性や財務内容に左右される。必要性が低い事業は廃止される可能性があるためマイナスに働くということになる。

　R&I・JCR・Moody's・S&Pの格付機関は、財務・経営状態以外に事業の必要性と政府との距離感（サポートの強さ）を加味して格付を付与している。必要性が高く、民間でできない事業に関しては高格付を付与している。

　政府の動向によって左右されるため、非常に不透明性の高い債券である。社債がスプレッドの構成要因の多くを、そのクレジットリスク

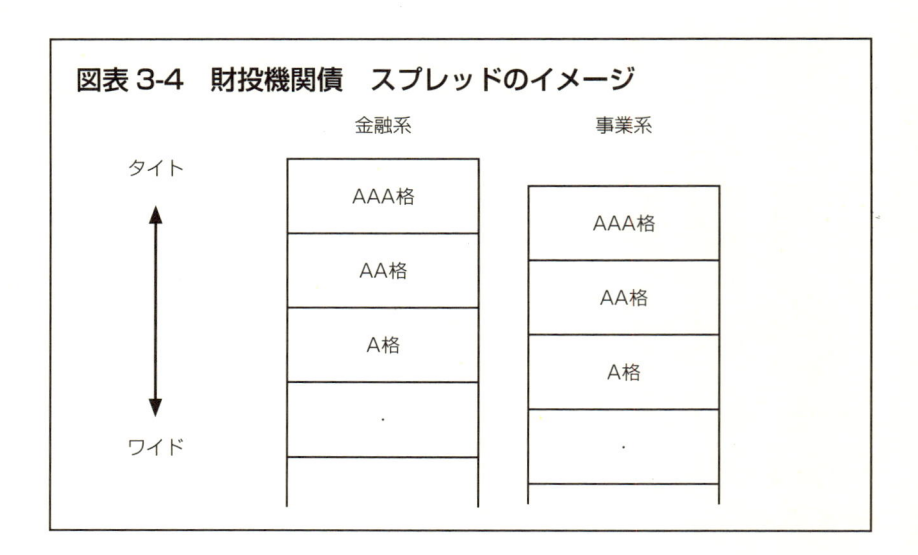

```
図表3-4  財投機関債  スプレッドのイメージ
```

           金融系   事業系
タイト   ┌─────┐
  ↑   │ AAA格 │   ┌─────┐
  │   │   │   │ AAA格 │
  │   ├─────┤   │   │
  │   │ AA格 │   ├─────┤
  │   │   │   │ AA格 │
  │   ├─────┤   │   │
  │   │ A格   │   ├─────┤
  │   │   │   │ A格   │
  │   ├─────┤   │   │
  ↓   │   .   │   ├─────┤
ワイド   └─────┘   │   .   │
                              └─────┘

によっているのに対し、財投機関債は、クレジットリスクに加え、その団体の今後の動向や展開を加味しなければならない。

社債スプレッドの主成分 ＝ クレジットリスク
財投機関債スプレッドの主成分
　　　　＝ クレジットリスク ＋ 政治リスク

　採算性を度外視しても続けなければならない事業を行っている財投機関が最もタイトとなり、民間で代行の効く事業や時代にそぐわない事業を行っている財投機関はワイドとなる。
　従って、銘柄間格差はクレジットリスク以外に政治リスクを過意味した形になっている。金融系は事業系よりも必要性が高く、存続・廃止リスクが少ないと考えられている（**図表3-4**）。

2.3. スプレッドヒストリー

2.3.1. スプレッドの推移

　財投機関債市場は特殊法人債市場の続きである。公募と非公募の違いだけである。地方債市場に似ている。公募地方債が、財投機関債であり、非公募地方債が特殊法人債である。

　01年度に入り、特殊法人改革（財投改革）が始まった。その一環として各公団は独自の信用力で資金調達することとなり、そのために格付を取得することとなった。結果、どの団体も政府のサポートが強いということから高い格付を取得することができた。

　特殊法人債は、政府系機関が発行する債券であるが、格付が付与されていなかった。これが大きな障害となり、投資家層に幅が生まれず流動性が上がらないでいた。ところが財投機関債の発行に向けて格付が付与され、しかもその格付が高いものとなったことで、一気に人気化し流動性が上がることとなったというわけである。この良い雰囲気の中、特殊法人の公募債である財投機関債券の発行が開始された。

　01年9月発行開始直後は、内閣主導の改革に対する期待感が高いこと、財投機関債は今後拡大し一大新セクターとなるということ、そして、先行して特殊法人債市場の状態が良くなっていたことなどから、タイトな条件で発行され販売されていった。幸先の良い状態に、財投機関債市場は良いスタートを切ったかに見えた（**図表3-5**）。

　しかし、すぐに状況は変わり、年度末に向けワイドニングすることとなった。これには、2つの理由があった。

　1つ目の理由は民営化リスク増大である。民営化リスクとは、財務体質の悪い団体が民営化されるリスクである。財務内容がしっかりしていて政府のサポートがなくとも運営していける団体が民営化されるのであれば何も問題ない。しかし、政府サポートが必要であるくらい

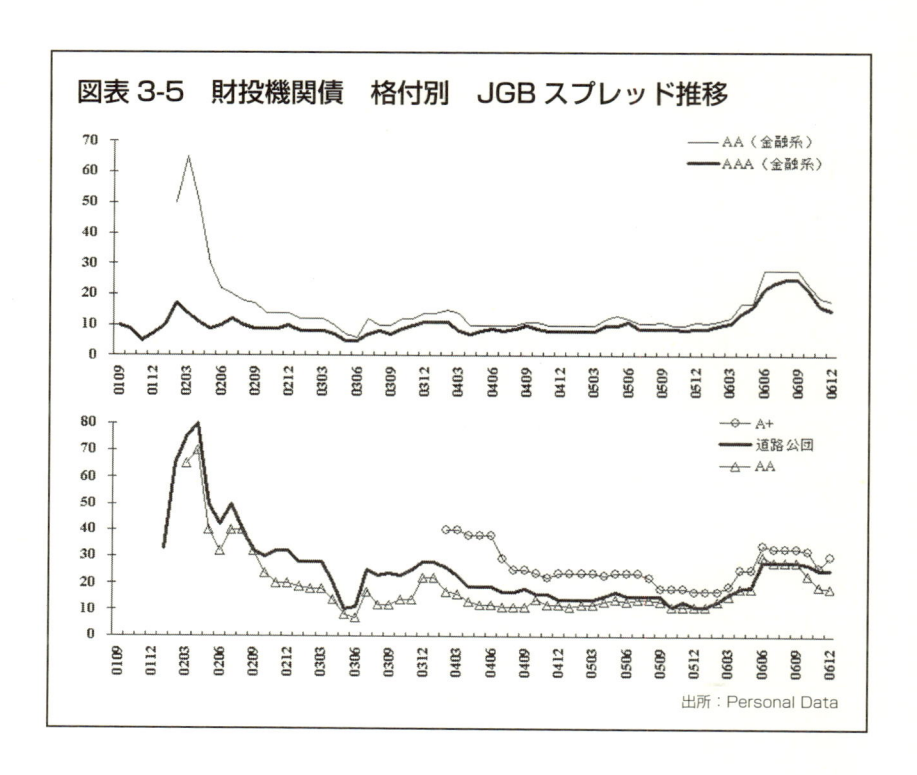

図表 3-5　財投機関債　格付別　JGB スプレッド推移

出所：Personal Data

財務内容が悪い場合、大きなリスクになる。

　格付や売買スプレッドは、民営化されず政府サポートが入り続けるという前提によって成り立っていた。そんな中、最も民営化から遠いと思われていた、巨額の負債を抱える日本道路公団が債務超過といわれていた本州四国連絡橋公団と統合した後、民営化するという流れになった。政治リスクの大きさに市場は騒然とした。

　財投機関債の信頼性が急速に失われ、ワイドニングを続けた。日本道路公団債はJGB+80bp、AA事業系JGB+70bp、AA金融系JGB+50bp、AAA金融JGB+17bpまで拡大した。発行を予定していた日本道路公団は、予定していた発行を延期せざるを得ない事態に陥ることとなった。

　2つ目の理由は発行タイミングによる需給バランスの崩壊である。年度途中で改革が進展し、投資家の準備が整う前に発行が開始された

ため起こるべくして起こったと言える。投資家サイドは、財投機関債のクレジットの見方や投資基準、保有できるエクスポージャーなど何も決まっていない状態であった。発行開始直後、投資家の中心は地方投資家であり、大きな金額を投資することが可能な中央機関投資家は参加できないでいた。このため、発行が続くと供給過多となりワイドニングを助長した。

このように初年度は、発行されてからワイドニング一方向の市場となり、暴落していった。02年度に入ると、市場の雰囲気が変わった。大手中央機関投資家の準備が整い、投資ができるようになったからだ。投資家層が広がったことで、市場の新発吸収力が大きくなり、大幅に需給が改善した。

2.3.2. 政治リスクプレミアム

```
社債スプレッドの主成分　＝　クレジットリスク
財投機関債スプレッドの主成分
　　　　＝　クレジットリスク　＋　政治リスク
```

実際に政治リスクプレミアムはどのように変化していったのかを示したのが**図表3-6**である。

発行後すぐにAAA金融系で▲10bpとなり政治リスクプレミアムがマイナスの状態となった。これは、今後の市場拡大が予想される高格付の新セクターということで、需要過多となったことで起こった。けっしてクレジットリスクの変化からではない。この動きは新セクターができると必ずといってよいほど起こる現象。

その後、民営化リスク増大と発行タイミングによる需給バランスの崩壊によって急速に拡大した。日本道路公団債は70bp、AA事業系60bp、AA金融系46bp、AAA金融10bpまで拡大した。

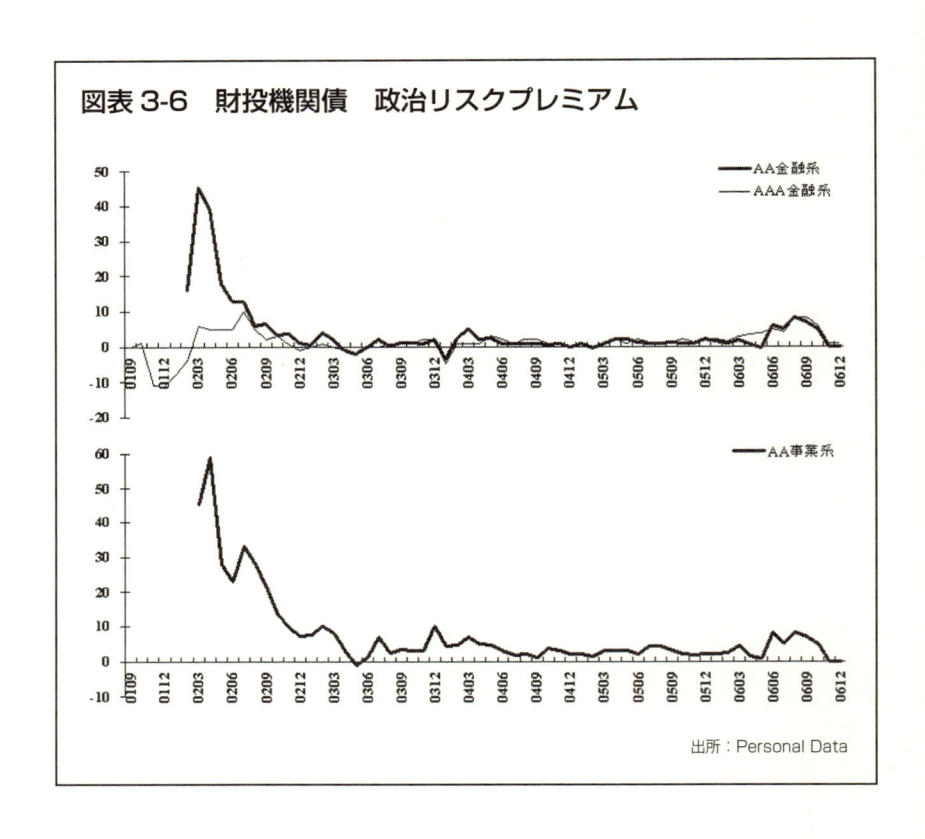

図表3-6　財投機関債　政治リスクプレミアム

出所：Personal Data

　翌年度以降は徐々に縮小し発行1年後からは、金融系は1～5bp、事業系は2～10bpで安定した状態が続いた。

　金融系が事業系よりも政治リスクプレミアムが低いのは、金融系は財投機関の中でも重要性が高く政策金融という役割を持っているためと考えられているためだ。政治によって存続・事業内容が変更されるリスクが低く、政府サポートが続き存続もされると考えられている。

　一方、事業系は時代によっては必要性に変化が生じ民営化や廃止の危険性にさらされるリスクが高いと考えられる。政府系であるから財務体質が悪くとも投資できるが、そのうち民営化されるのであれば話は変わってくるということだろう。

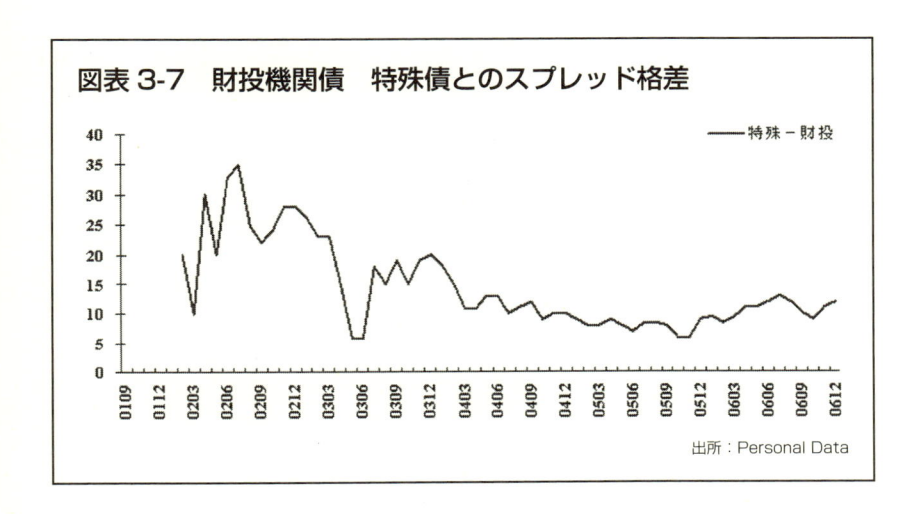

図表3-7　財投機関債　特殊債とのスプレッド格差

出所：Personal Data

2.3.3. 特殊債とのスプレッド格差

　財投機関債と特殊法人債との違いは、前者が公募であり後者が非公募という関係以外に、前者は今後規模が大きくなる成長セクターであり、後者は今後なくなるセクターという違いがある。それもあって、地方債の公募・非公募格差の1～4bp程度比べると、ワイドな状態。発行開始以降、5～35bpを推移しており、近年では10～15bpで安定している（**図表3-7**）。

3 財投機関債 住宅金融支援機構RMBS

　住宅金融支援機構による住宅ローン債権を裏付けとする財投機関債は、01年3月から発行が開始され、03年度第14回からの裏付資産は民間銀行からの買取り分を含めた形で発行されている。
　RMBSは、財投機関債としての性格と、資産担保証券（ABS）としての性格を併せ持つ債券。裏付けとなる住宅ローンの返済方式（期限前返済を含む元利均等返済）に合わせた月次元利払いとなるため、一般的な債券とは異なるリスクプロファイルを持ちその動きも違う。

3.1. RMBSとは

　住宅ローン担保証券の英訳Residential Mortgage Backed Securitiesの頭文字をとって、RMBS としている。RMBSは数多くの住宅ローン債権をひとつにまとめ、債券の形に証券化した金融商品であり、投資家へのキャッシュフローは住宅ローン債務者が支払う利息や期限前返済のキャッシュフローがパス・スルー方式で行われる。

3.2. RMBSの仕組み

3.2.1. 一般的な民間金融機関のRMBS

　住宅ローン債権を信託銀行に委託、優先受益権を直接投資家に販売する。または、優先受益権を特別目的会社に譲渡したうえで資産担保証券を投資家に販売する方法が多い（**図表3-8**）。

図表 3-8　一般的な民間金融機関の RMBS の仕組み

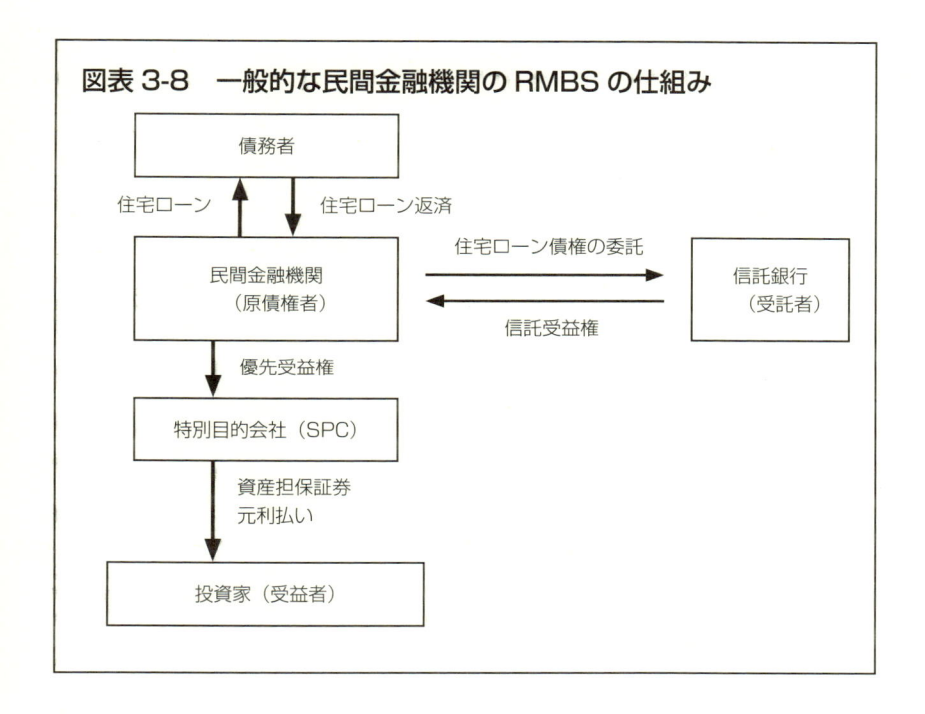

```
                    債務者
                 ↑        ↓
           住宅ローン    住宅ローン返済
                 │        │
              民間金融機関    住宅ローン債権の委託
              （原債権者）  ───────────────→   信託銀行
                          ←───────────────   （受託者）
                 │           信託受益権
              優先受益権
                 ↓
           特別目的会社（SPC）
                 │
              資産担保証券
              元利払い
                 ↓
           投資家（受益者）
```

3.2.2. 住宅金融支援機構のRMBS

　住宅金融支援機構が発行する住宅ローンを担保とする住宅金融支援機構債（以下「支援機構債」という）でも信託が用いられる。この信託は委託者と受託者が異なる他益信託である（**図表3-9**）。

　住宅金融支援機構は自らが債務者（支払手）となる支援機構債を発行し、本債券の担保に供する目的で、本債券の保有者の集合を受益者とし、債券の発行額を上回る金額（超過担保）の抵当権付き住宅ローン債権プールを受託者に信託（債権譲渡特例法に基づき、第三者対抗要件を具備）する。

　本債券の元利払いを行う義務を有するのは、発行者である住宅金融支援機構であり、投資家は信託受益権に基づく権利行使は停止されている。

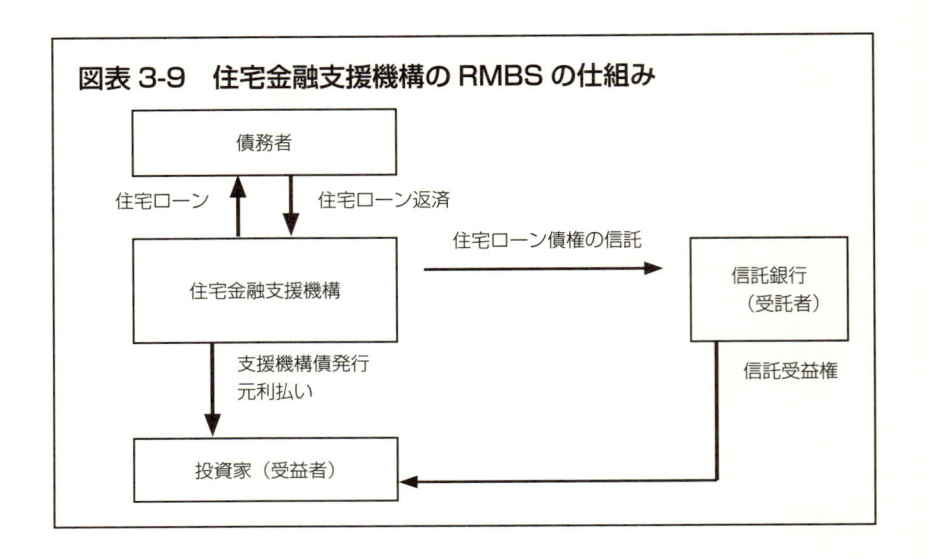

図表 3-9　住宅金融支援機構の RMBS の仕組み

```
                        債務者
                    ↑         ↓
              住宅ローン    住宅ローン返済
                                      住宅ローン債権の信託
                    住宅金融支援機構  ───────────────→  信託銀行
                                                          （受託者）
                    ↓                                   信託受益権
              支援機構債発行
              元利払い
                    ↓
                投資家（受益者）  ←─────────────────
```

1）受益権行使事由発生

後述の受益権行使事由のいずれかに該当し、受益権確定の手続きを経た場合、担保に供されていた住宅ローン債権信託の受益権は、支援機構債の代物弁済として投資家に帰属し、権利行使が可能になる（支援機構債は消滅する）。投資家は、住宅ローン債権信託の受益者として、信託契約の条項に従い、信託されている住宅ローン債権プールから元本返済および収益配当を受領する（**図表3-10**）。

受益権確定の時点で、支援機構債の一部償還に伴って、住宅ローン債権信託の一部解約を請求できる住宅金融支援機構の権利も消滅する。

2）受益権行使事由

① 本支援機構債の債務を承継するものが法令で定められず、委託者を解散する法令が施行され、これによって委託者が解散した場合。

```
図表3-10  RMBS  受益権行使事由発生時

                    債務者
              ↑        ↓
         住宅ローン   住宅ローン返済
                                住宅ローン債権の信託
                                   (真正譲渡)
         住宅金融支援機構  ──────────────→  信託銀行
                                                  (受託者)

         支援機構債（消滅）
                                           信託受益権
                                           元本償還
                                           および
                                           配当支払い
         投資家（受益者） ←─────────────────
```

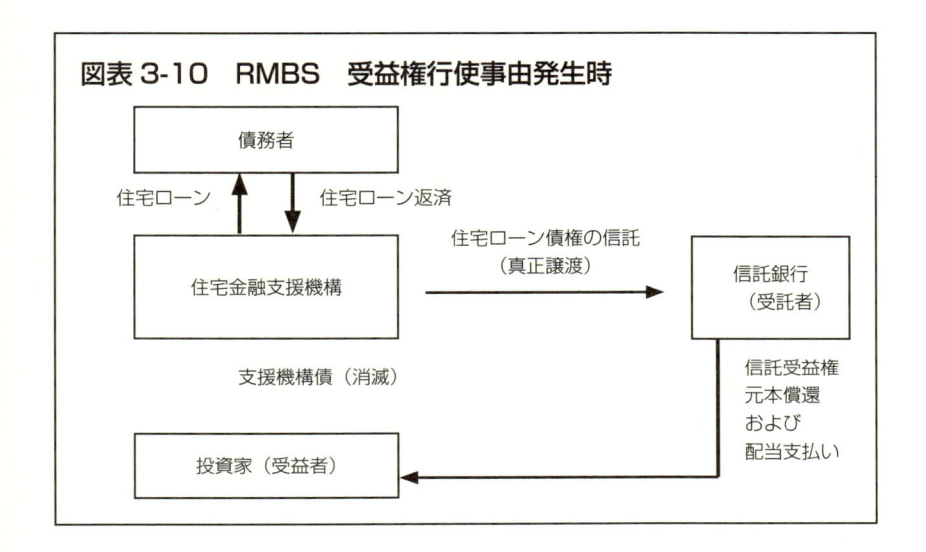

② 本支援機構債の債務を承継する者を、株式会社とする法令または会社更生法もしくはこれに類似する倒産手続の適用が法令によって認められる法人とする法令が施行され、法令によって支援機構が解散した場合。

③ 本支援機構債の債務者を、株式会社とする法令または会社更生法もしくはこれに類似する倒産手続の適用が法令によって認められる法人とする法令が施行され、これによって支援機構債の債務者がかかる法人となった場合。

④ 本支援機構債に係る支払債務、機構法第19条の規定に基づき発行する支援機構債券、財形住宅債券、またはその他支援機構が発行する債券に係る支援機構の支払債務のいずれかがその支払をなすべき日において未履行であり、かつ、その状態が7日以内に治癒されなかった場合。

⑤ 受益権行使事由発生後は、債券は消滅し、支援機構債の債権者は所定の受益者確定手続の後、確定的に信託受益権を取得し、それ以降は信託受益権に基づき信託財産から元本および配当の交付を受けるこことなる。

3）受益権確定手続き

いずれかの受益権行使事由に該当した場合、本支援機構債の投資家は事務受託会社が交付する信託管理人宛の届出書に必要事項を記入し、（現物債券で保有していた場合には現物債券を添付して）登録機関および事務受託会社経由で、信託管理人に提出する。

事務受託会社は届出期間終了後、一括して届出書を信託管理人に引き渡し、信託管理人は受益権台帳に必要な記載を行い、受益権台帳を引き渡すことによって受託者に通知（届出期間終了後でも、上記手続きに準じて確定手続きを行うことは可能）する。

3.3. 支援機構債の概要と特徴

3.3.1. 超過担保の設定

支援機構債に受益権行使事由が発生する場合に備えて、裏付資産は債券100％に対し110〜115％程度になっている。10〜15％に相当する超過担保が設定されて債券が出来上がっている。

時間が経過し、償還や繰上返済によって債券残高が減少すれば、残高に占める比率が変わらないように超過担保は住宅金融支援機構へ返却（担保解除）されていく（**図表3-11**参照）。

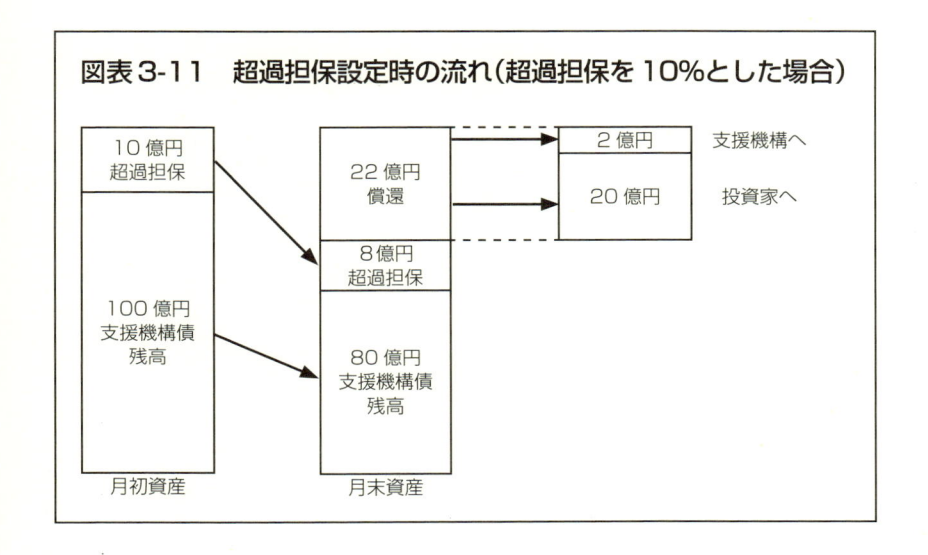

図表3-11　超過担保設定時の流れ（超過担保を10%とした場合）

月初資産：
- 10億円　超過担保
- 100億円　支援機構債残高

月末資産：
- 22億円　償還
- 8億円　超過担保
- 80億円　支援機構債残高

支援機構へ：2億円
投資家へ：20億円

3.3.2. 裏付資産である住宅ローン債権の均一化と差し替え

　裏付資産は一定の適格基準を設けることによって、個々の住宅ローンごとの個別性を排除している。支援機構直接融資債権と買取債権それぞれに、ローン目的、債務者資格、融資年限、抵当権等に関して適格基準が設けられている。

　また、以下の場合に信託した債権の差し替えが行われ、裏付資産の健全性を保つ工夫がされている。

① 段階金利の不適用（旧公庫の貸付債権）・災害時の融資条件変更・返済困難者への融資条件変更等の政策要請に対応したとき

② 信託債権が4カ月以上滞納したとき

③ 信託債権が期限の利益の喪失事由に該当し、支援機構が全額繰上償還請求をするとき

④ 信託債権が請求によらない期限の利益喪失事由に該当したとき（破綻等）

⑤ 信託債権を第三者が免責的または重畳的に引き受けたとき

⑥ 信託債権の債務者が死亡し、相続人から債務を祖属する旨の届出があったとき

⑦ 信託債権について発生している利息および延滞損害金の元金組み入れ等の支払い方法の変更が成されたとき

⑧ 保証協会との間における保証契約（旧公庫の貸付債権）による保証が付されなくなったとき

⑨ 支援機構がこれらに準ずる必要性があると認めたとき

⑩ 抽出基準日および信託開始日において、適格基準を満たしていないことが判明したとき

※07年4月から住宅金融支援機構が独立行政法人住宅金融支援機構に変わり、直接融資ビジネスは廃止される。これに伴って、債権差替方法が変更される。発行されているMBSの種類は従来型（07年3月までの発行、支援機構保有債権＋民間金融機関からの買取債権）、S種（支援機構保有債権）、07年4月以降発行買取債権型の3種類である。このうち、07年4月以降発行の買取債権型の差し替えは現金で行われる。劣化したローンを支援機構が現金で買い取る形となる。

3.3.3. 期限前償還率を示すCPRとSMM

CPRはConditional Prepayment Ratioの頭文字をとったもので、住宅ローンの返済スピード（債券の償還スピード）を意味する。裏付資産の前々月生じた元本返済状況が年率何パーセントであるかを示す。CPRが高ければ償還が早まり、債券の平均残存年年限が短くなり、低ければ長くなる。

CPRが年率であるのに対し、SMMはSimple Monthly Mortalityの頭文字をとったもので、1回分の期限前償還の率（月率）を意味する。

3.3.4. 発行

通常の債券のようなクーポン・償還日などの基本的な条件だけでなく、以下のような資産の内容が公表される。また、繰上返済や支払方法に変更および差替えがないと仮定した場合の裏付資産の残存元本率も公表される。これは、どの利払日にどれだけ元本が減額していくかが示されており、地方債でいう償還年次表のようなもの。

発行条件は、市場でCPR（PSJ）のコンセンサスをとり、それをもとに平均残存年数を決め、改めてクーポン等のマーケティングが行われる。国債等の利回りからのスプレッド格差でマーケティングされクーポン・価格が決定される（**図表3-12**参照）。

3.3.5. 償還

1）最終償還

裏付資産が住宅ローン債権（最長35年）の集まりとなっていることで、その性質上、最終償還は35年に設定されている。

図表3-12 住宅金融支援機構発行概要

回号	XX 回
償還日	2041年7月10日
払込日	2006年7月6日
元利払日	毎月10日
発行価格	100円
表面利率	2.30%
発行額	512億円

信託債権の概要	
当初融資総額	560億0419万円
当初融資額平均	2084万2646円
融資件数	2687人
債権本数	2766本
平均当初融資年数	31.5年
平均残存年数	31.1年
平均経過年数	3カ月
平均融資比率（LTV）	73.81%
平均返済負担率（DTI）	20.75%
平均年収	671万2693円
平均金利	3.02%
債務者平均年齢	37.8歳
加重平均金利	3.02%
加重平均残存年数	31.9年
加重平均当初融資年数	32.2年

※平均経過年数　　　　　：ローン開始から支援機構債発行日までの経過期間
※平均融資比率（LTV）　：住宅の時価評価額に対する借入金の割合
※平均返済負担率（DTI）：返済額の年収に対する比率

信託財産の償還期限と平均年限（単位：年）

	残高減少による繰上償還（クリーンアップコール）			
	行わない場合		行う場合	
繰上償還率（CPR）	償還期限	平均年限	償還期限	平均年限
0%	35.1	18.4	31.5	18.3
1%	35.1	16.4	30.3	16.2
2%	35.1	14.7	28.9	14.4
3%	35.1	13.3	27.3	12.9
4%	35.1	12.0	25.7	11.6
5%	35.1	11.0	23.9	10.5
6%	35.1	10.0	22.3	9.5
7%	35.1	9.2	20.6	8.7
8%	35.1	8.5	19.2	8.0
9%	35.1	7.9	17.8	7.3
10%	35.1	7.3	16.6	6.8

2）月次の期限前償還

月次の期限前償還には、資産から回収される元利金を裏づけとした金額が使われる月次パス・スルー方式となっている。形的には定時定額償還地方債を思い浮かべると分かりやすい。支援機構債の場合は償還率が発行時にあらかじめ決められていないので「定時不定額償還」といえる。

利払日は毎月10日（利払日が祝日・休日の場合はその前日）に設定されており、利払日ごとに部分償還していく。裏付資産の前々月1カ月間の回収金額（期日通りの返済と期限前返済）に基づいて決定される。そのため、償還率は毎月違ってくる。ただし、償還金額は同じ債券の保有者であれば保有金額に関係なく、保有している元本金額に比例して全保有者同じ比率で償還される。

なお、償還率は住宅金融支援機構が毎月25日（営業日でない場合は前営業日）に計算し、事務受託会社・登録機関を通じて投資家に通知され、翌月10日に償還される。

3）未償還残高減少による繰上償還

支援機構債は未償還残高が当初発行総額の10％以下になる場合、未償還残高を繰上償還することができる。その場合支援機構は繰上償還をする償還期日の7日前までにその旨を広告しなくてはならない。

4）事実表明等の重大な違反による繰上償還

信託契約における支援機構による事実表明の重要な点について違反があり、または信託契約に定める追加信託義務、信託債権の差替義務その他の支援機構の義務の重大な違反があり、かつ30日以内に容易に回復できないことが受益権行使事由発生前に明らかになり、その旨が受託者によって支援機構および事務受託会社に対して書面によって通知された場合。

5) 買入消却

買入消却は払込期日の翌日以降いつでもできる。

3.4. リスクプロファイル

住宅金融支援機構RMBSは財投機関債のひとつであるため、財投機関債独自のリスクが存在する（財投機関債のリスクプロファイル参照）。それ以外に、モゲージ債ということで新たにいくつかリスクが存在する。

モゲージ債は大きく分けて、金利リスク、クレジットリスク、裏付資産のリスク、CPR変動リスク、受益権確定後の流動性リスクの5つのリスクがある。金利リスクに関してはここでは省いておく。

3.4.1. クレジットリスク

受益権確定以前は、財投機関の発行する債券で財投機関債のリスクとなり、住宅金融支援機構自体の信用力と政治リスクプレミアムの和となる（詳しくは財投機関債を参照）。

受益権確定後は、支援機構債が消滅し、投資家を受益者とする他益信託の信託受益権に転換されるため財投機関債ではなくなる。個々の担保資産の信用力が反映された一般的なABSとなり、超過担保率が十分であるか否かにより、住宅ローン債権信託の優先受益権の信用力が決まる。住宅ローン債権元本額対比10～15％程度で設定されている超過担保比率が十分かどうか評価することになる。

超過担保率の評価に当たっては、支援機構保証協会による保証、および住宅金融支援機構の保有する第一順位の抵当権に基づく担保物件からの回収を見込むことが可能である。

3.4.2. 裏付資産のリスク

　10～15％程度の超過担保の有効度合いは、十分であると思われる。過去の同種住宅ローンのゆとり返済利用者を除いたベースの過去5年間の平均貸倒率は年率0.25％程度、貸倒後の過去10年間の平均回収率は50％程度であることから、実質的な損失率は年当たり0.125％と考えられる。

　裏付資産の予想平均年限を10年程度と仮定すると、10～15％程度の超過担保率は、過去5年間の平均貸倒率が8.8倍（担保の有効な倍率）に増加しても耐えられる水準であることが分かる。AAAの格付を有する住宅ローンのような個人向けの分散されたポートフォリオに関しては十分過ぎるレベルである。

実質的な損失率
= 0.25％（貸倒率）− 0.25％ × 50％（回収率）
= 0.125％

担保の有効な倍率
= 11.0％（超過担保）÷ {0.125％（損失率）× 10年}
= 8.8倍

　しかし、注意しなければならないのは、ここで計算に使用している数字は、過去のデータによるものであるため今後の変化次第では有効性が低下する可能性もある。また、実際に現在発行されている支援機構債のこれらの数字には銘柄によって大きな差異が出ていることである。裏付資産の差異（LTV比率やDTI比率等）に応じて差が生まれる。

3.4.3. 流動性リスク

　受益権行使事由発生前後で債権の形態が変わることによって大幅に流動性は変わってくる。
　財投機関債はもちろん証券取引法上の有価証券。いつでも自由に売買することができる。ボンドインデックスにも組み込まれていることで、多くの年金資金も投資することができる非常に投資家層の広い債券となっている。
　一方、信託受益権に転換されると証券取引法上の有価証券ではなくなる。私法上では、他の金銭債権の信託受益権と同様の扱いで指名債権であるとされ、受益権証書は単なる証拠証券になる。
　受益権の売買は、譲渡人が受託者に通知するか、受託者が承諾しないと譲受人は受託者に対して投資家としての地位を主張できないという規定で、債券に比べかなり複雑な手続きが必要となる。また、リスクウェイトの面でも財投機関債は10％であるのに対し、受益権は50％となる。そのため、投資家層も制限され流動性は極端に落ちることとなる。

3.4.4. CPR変動リスク

　通常の債券の価格は、おおまかにいえば金利の見通しとクレジットの見通しによって決まっている。支援機構債はそれに加えて、裏付資産である住宅ローン債権の期限前償還スピード（CPR）というかなり不確実で価格に大きな影響を与える要素がある。従って、金利・クレジットの見通しとともに、支援機構が開示する過去の元本返済実績データを分析することによってCPRをどの程度正確に予想できるかがポイントとなる。
　実際のCPR予想においては、日本人の気質や景気や政策などの外

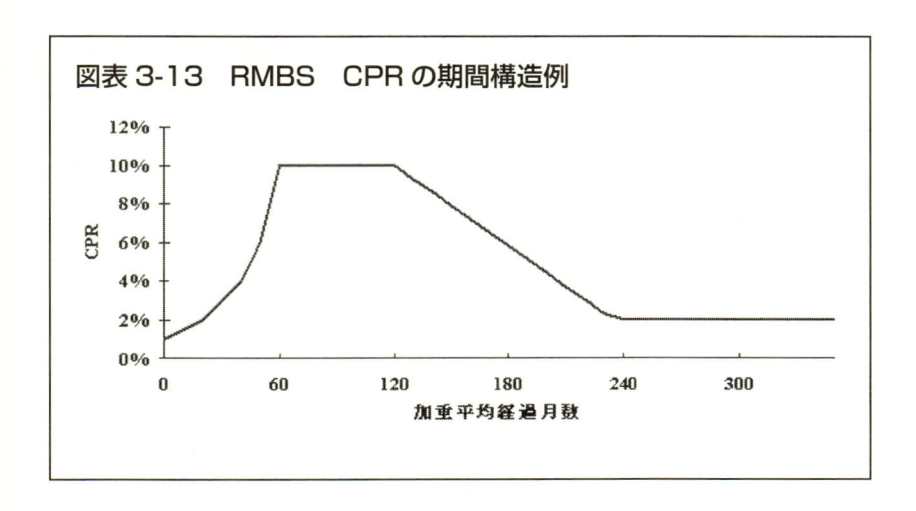

図表3-13　RMBS　CPRの期間構造例

的要因から受ける影響が大きく、過去のデータも少ない、さらにローンの形態自体が変化しているためかなり複雑なものとなっている。現状、CPR計算においての一定のコンセンサスが出来上がっていない状態であり相当の差が生じている。

　過去のデータを用いるとCPRの期間構造としては、一般的にローン開始（経過月数0カ月）以降、徐々にCPRが上昇し、ある一定期間経過後ピークに達し、しばらくそこで落ち着く。その後、緩やかに低下していく（**図表3-13**）。

　この期間構造は、金利動向・住宅価格変動・景気・心理等に大きく左右される。金利が上昇傾向にあればCPRは低下傾向となり、低下傾向にあればCPRは上昇傾向となる。住宅価格の上昇が続けばCPRは上昇し、下落が続けばCPRは低下する。

　また、景気が良くなれば、ローンを組まなくとも住宅が購入できるであろうし、あえてローンを組む人も減少する。借金の嫌いな国民性の日本人は早めに繰上返済するかもしれない。

3.5. 価格変動特性

前述のようにCPR変動という新しい要素が加わることによって、その動きに特徴的なものが現れる。

ここでは、10年金利が5％を中心に前後4％変動した場合の価格変動を国債とRMBSで比較し、その特徴を理解していく。

前提条件・仮定

対象国債	残存10年、5.0％クーポン、100円
対象RMBS	5.0％クーポン、100円
RMBSの価格	常に国債金利カーブフラットとして計算
CPR変化	金利1％変化に対しCPR▲1％変化 期間構造は不変
平均残存年限	10.5年
CPR	5.0％
国債イールドカーブ	過去15年間の平均カーブの傾きを利用

金利・CPR変化の仮定

10年金利	1.00	2.00	3.00	4.00	5.00	6.00	7.00	8.00	9.00
金利変化(％)	-4	-3	-2	-1	0	1	2	3	4
CPR (％)	9.0	8.0	7.0	6.0	5.0	4.0	3.0	2.0	1.0

使用する国債イールドカーブデータ

	1992年〜2007年の過去15年間の平均
20年金利	10年金利＋60bp
15年金利	10年金利＋20bp
10年金利	0
9年金利	10年金利−10bp
8年金利	10年金利−25bp
7年金利	10年金利−40bp

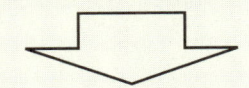

⬇

	10年金利が以下の場合のカーブ		
20年金利	2.60%	5.60%	8.60%
15年金利	2.20%	5.20%	8.20%
10年金利	2.00% ←	5.00% →	8.00%
9年金利	1.90%	4.90%	7.90%
8年金利	1.75%	4.75%	7.75%
7年金利	1.60%	4.60%	7.60%

1）CPRが5％で不変の場合の金利感応度

　CPRが不変ということは、なじみの深い定時定額償還地方債と同じ動きとなる。いわゆる据置期間なし毎月年率5％償還と言える。

　100円での期限前償還があることで、その価格の動きは100円に近づこうとする。金利低下時には満期一括である国債よりも価格の上昇率は抑えられ、金利上昇時も国債より価格下落が抑えられる。価格は、金利感応度が低いこととなる（**図表3-14**）。

2）CPRの変動に伴う平均残存年限増減による影響

　繰上償還による影響を無視して平均残存年限の変化が与える影響のみを考える。過去15年間の平均国債イールドカーブの傾きを使い、10

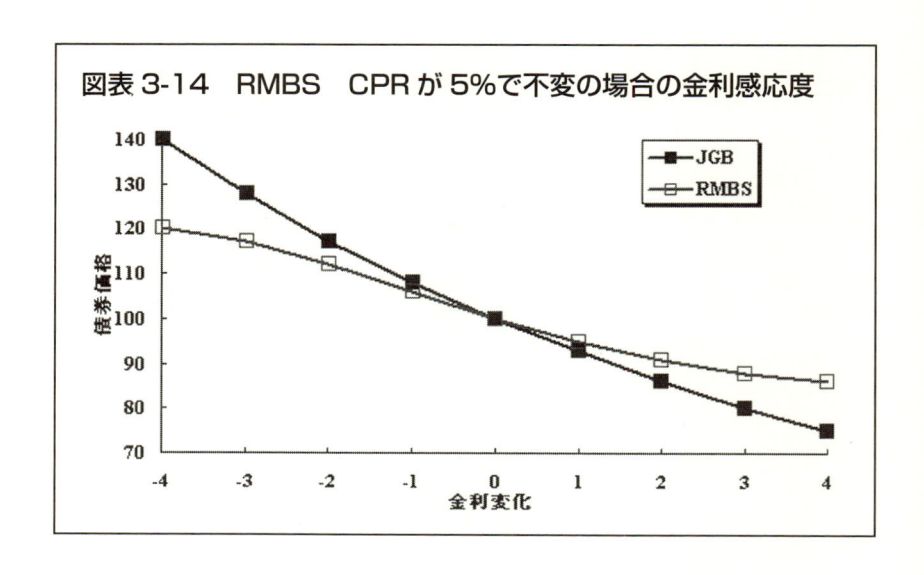

図表 3-14　RMBS　CPR が 5％で不変の場合の金利感応度

年金利がそれぞれの金利になった場合のイールドカーブを想定する。

金利・CPR 変化

10 年金利	1.00	2.00	3.00	4.00	5.00	6.00	7.00	8.00	9.00
金利変化（％）	-4	-3	-2	-1	0	1	2	3	4
CPR（％）	9.0	8.0	7.0	6.0	5.0	4.0	3.0	2.0	1.0

10 年国債

残存年限	10	10	10	10	10	10	10	10	10
複利	1.00	2.00	3.00	4.00	5.00	6.00	7.00	8.00	9.00

発行時の CPR と平均残存年限の関係を採用（平均値）

平均残存年限	7.3	8.0	8.7	9.5	10.5	11.6	12.9	14.4	16.2
複利	0.65	1.74	2.84	3.94	5.00	6.05	7.10	8.14	9.26

　金利低下時にはCPRが上昇し、残存年限は当初同じ残存であった国債よりも短期化する。これによって金利変動に対する価格変化率は低下することになる。

　一方、金利上昇時にはCPRが低下し残存年限が長期化することで、金利変動に対する価格変化率は上昇する（**図表3-15**）。

図表 3-15　RMBS　CPR の変動による影響

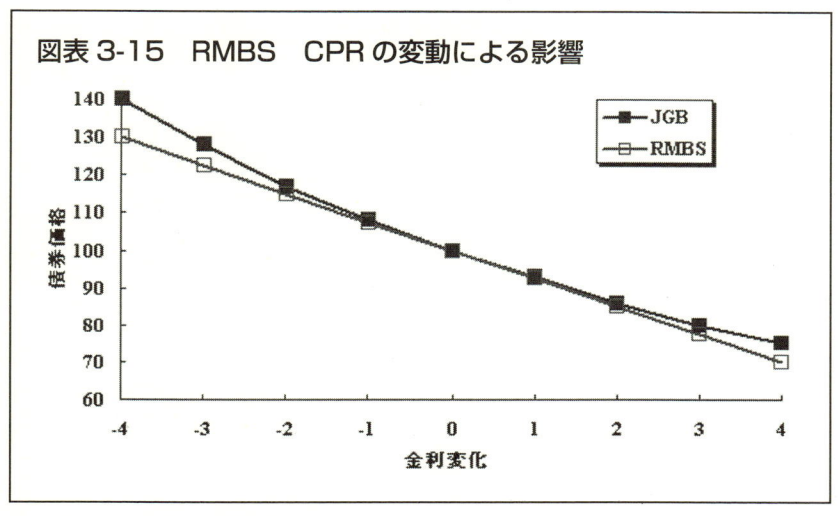

図表 3-16　RMBS　金利感応度

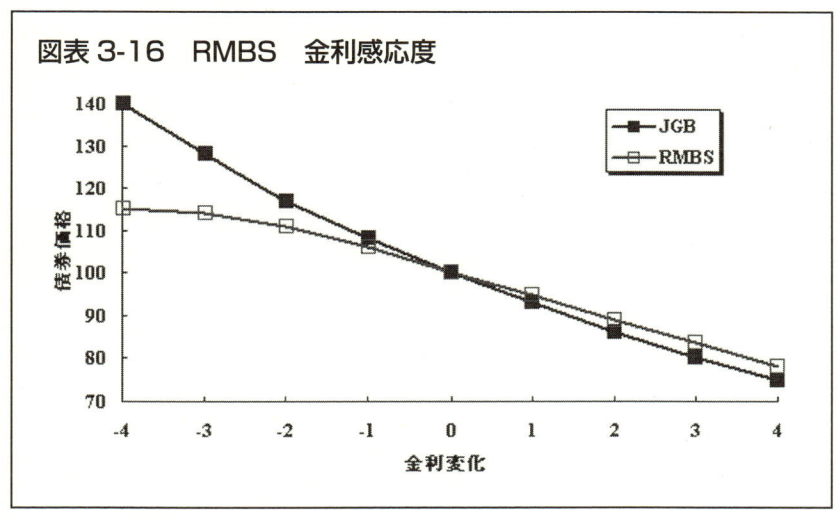

3）金利感応度

　以上をふまえて価格の金利感応度をグラフにすると**図表3-16**のようになる。

　金利低下時には平均残存年限の短期化と期限前償還のマイナス要因が効いて国債に対し価格の上昇率は大きく低下する。金利上昇時に

は、平均残存年限の長期化のマイナスと期限前償還のプラス要因で国債よりも下落率が多少低い形となる。

実際には、RMBSはAAAの格付が付与されているにもかかわらず国債の利回りにクレジットスプレッドが上乗せされている。その超過クーポン部分が得られることはもとより、そのスプレッドは残存が短くなるにしたがい縮小しアウトパフォームしていく。これらから、金利変動に対し抵抗力のある債券といえる。

RMBSの他債券との割高割安の判断は、今後の景況感・政策などの外的要因とCPRの予想に大きく影響される。また、RMBS間での割安割高の判断は、期限前償還の進み具合とクレジットスプレッドのバランスから読み取る必要がある。

3.6. CPR変動特性

3.6.1. 経過日数と期限前償還率の関係

支援機構債を実際のデータを用いて経過年数と期限前償還率の関係を見てみる（**図表3-17**）。

素データは住宅金融支援機構の公示データを用い、償還率は以下のように簡素化した。

$$償還率 = \frac{\{ファクター(k-1) - ファクター(k)\}}{ファクター(k-1)} \times 12カ月$$

k： kカ月目

発行後時間が経つに従い返済が進み、その結果償還率が上昇していることが見受けられる。今後も上昇し、ローン金利が切り替わる契約

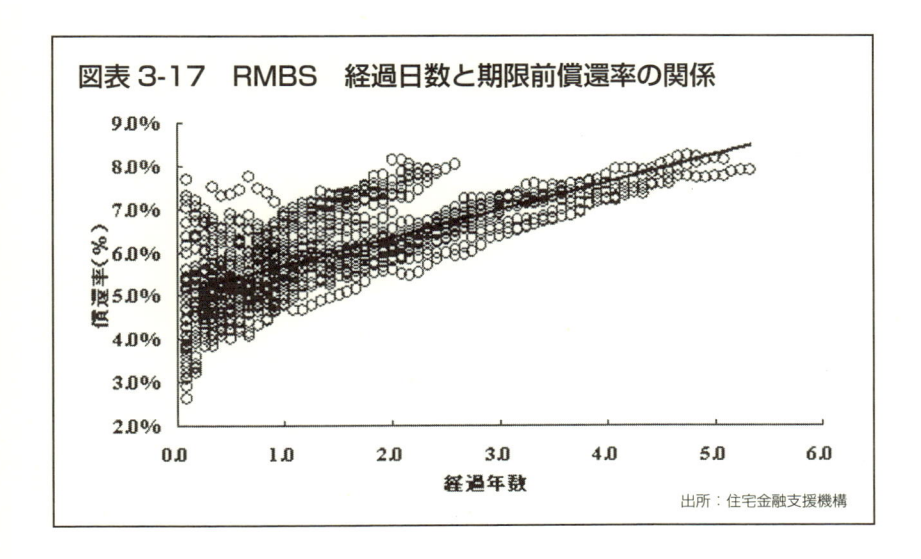

図表3-17　RMBS　経過日数と期限前償還率の関係

出所：住宅金融支援機構

から10年後までのその償還率の最大値をつけ、その後低下していくと思われる。もちろん今後の金利動向によって、ローンの乗り換え等変動要因は多い。

3.6.2. 市場金利と期限前償還率

　市場金利は10年国債金利を使用。金利上昇と共に返済率が上昇している傾向が見て取れる（**図表3-18**）。
　データ計算期間が景気後退最終局面から、景気回復局面への転換期であり、景気回復にあわせて市場金利が上昇する良い金利上昇であったことで返済が進み、償還率が上昇していると思われる。
　金利差はローン金利と市場金利の差を使用。データ計算期間内では大きな傾向が見受けられない。通常、金利差が拡大すると償還率が上昇し、縮小すると低下すると考えられる（**図表3-19**）。
　つまり、市場金利が低下すると既存契約のローン金利との金利差が拡大し、通常の返済以外に借り替え需要が高まり、その結果償還率が

図表3-18　RMBS　市場金利と期限前償還率

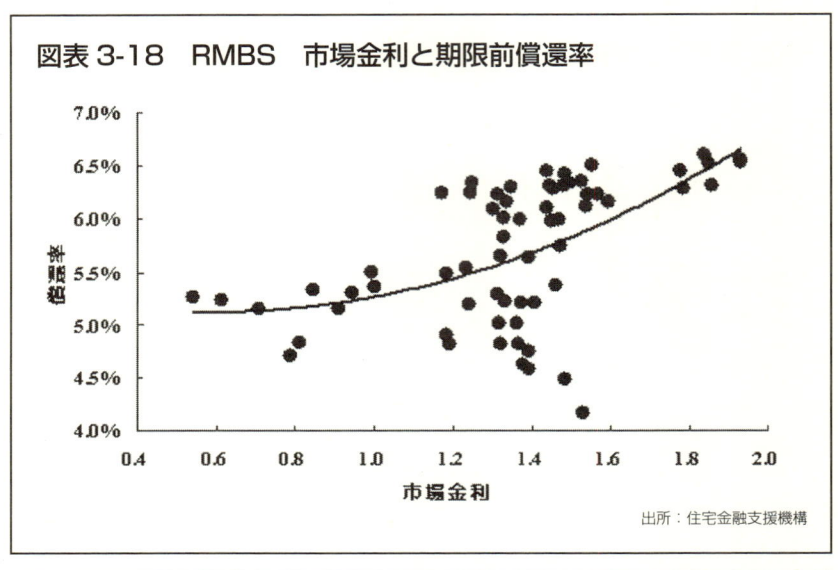

出所：住宅金融支援機構

図表3-19　RMBS　金利差と期限前償還率

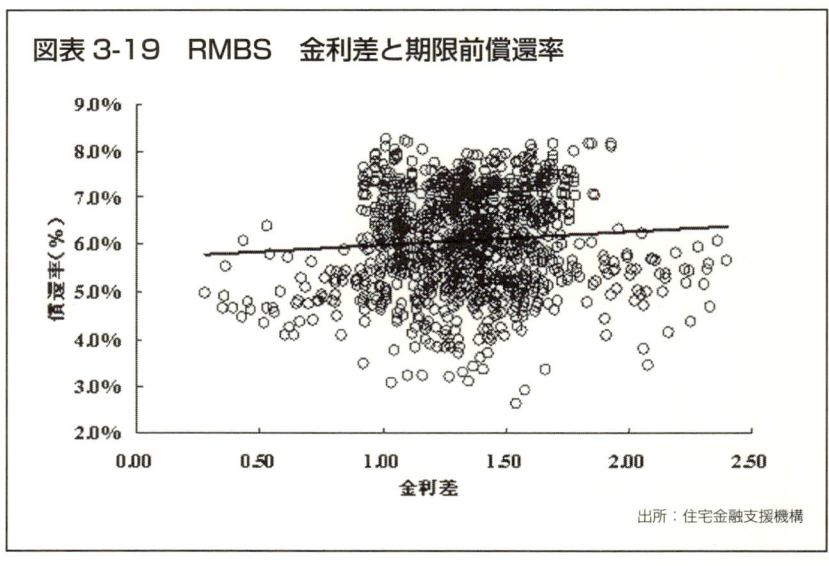

出所：住宅金融支援機構

上昇する。逆に、市場金利が上昇すると金利差が縮小し、ローンの乗り換え行動が抑制され償還率が低下する。

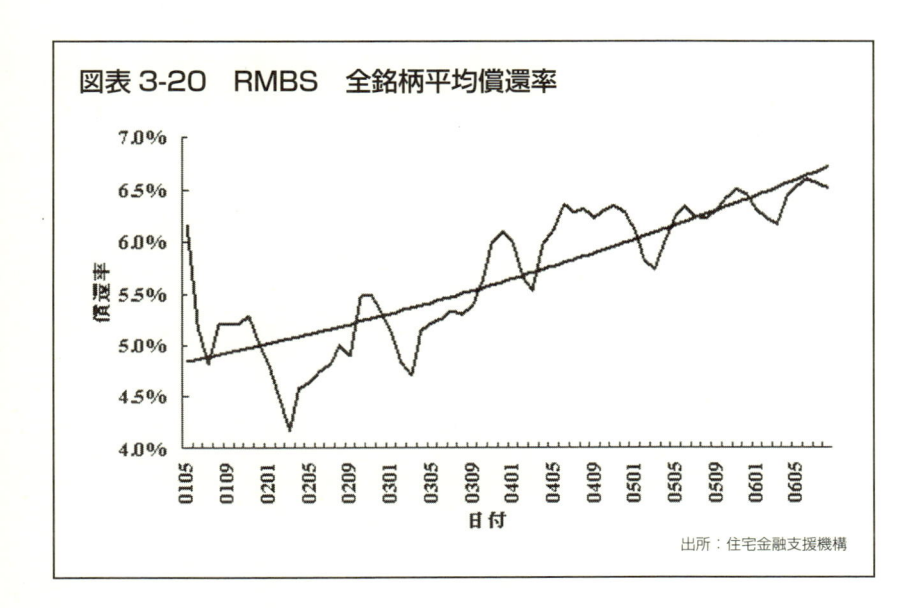

図表 3-20　RMBS　全銘柄平均償還率

出所：住宅金融支援機構

3.6.3. 全銘柄平均償還率

図表3-20は01年3月発行開始後6年間の償還率を時系列で見たチャート。02年2月の金融危機（クレジットリスク最大時）、03年3月のイラク戦争・日経平均安値（企業業績最悪期）を大底に償還率は上昇している。景気回復で返済が進んでいる様子が伺える。

3.7. 標準期限前償還（PSJ）モデル

3.7.1. 目的

　RMBSの投資価値分析を行ううえで、不確定なCPRの期間構造を予想することが必要となってくる。一部の参加者は独自のデータや手法を用いたCPRの期間構造を基に投資評価を行っている。
　しかし、皆が同様の対応が可能なわけではない。今後もさらな

る発行残高増加に伴い、参加者が容易に利用できるCPR期間構造の共通尺度が必要とされた。そこで米国のPSA（Prepayment Speed Assumption Model）を参考にシンプルなPSJ（Prepayment Standard Japan）モデルが開発された。

3.7.2. 定義

1) 標準モデル

裏付けとなる住宅ローン債権の加重平均経過月数（WALA: Weighted Average Loan Age）0カ月時点のCPRを0％とし、60カ月後にr％に達し一定となるというシンプルなモデル。このCPRのパスを「r％PSJ」と呼ぶ（**図表3-21**）。

r％PSJにおけるmカ月後のCPR(m)は、以下のように計算できる。

$$\text{CPR}(m)\% = \min\left(\frac{r}{60} \times m, r\right) \quad (r \geq 0)$$

mカ月後の実績CRP（R％）に基づくPSJ(m)は、以下のように計算できる。

$$\text{PSJ}(m) = \frac{R}{m} \times 60 \quad (m \leq 60)$$
$$\text{PSJ}(m) = R \quad (m > 60)$$

2) カスタマイズ・モデル

WALA 0カ月時点のCPRをi％とし、nカ月後r％に達して一定になるモデル。このCPRパスを、「r％PSJ i-n」と呼ぶ。具体的には

図表 3-21　RMBS　標準モデル

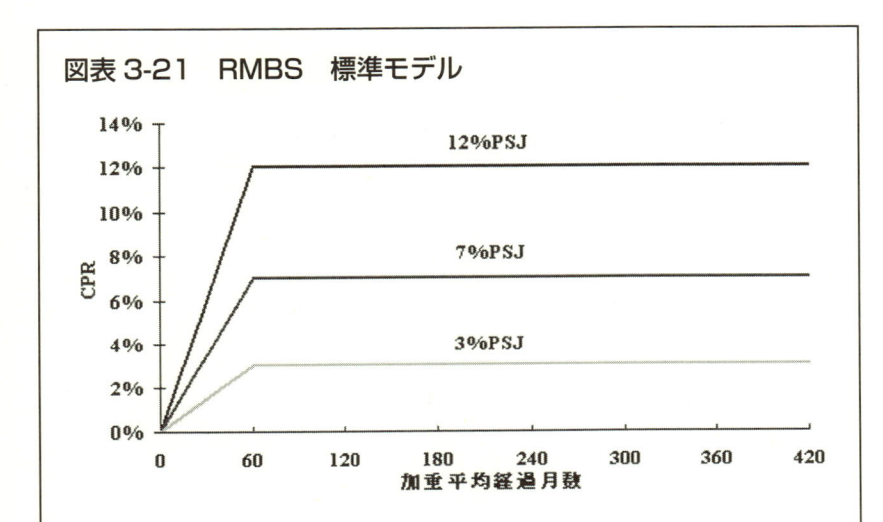

※12％PSJはWALA0カ月時点で0％から始まり60カ月後に12％に達し一定となるCPRパス

※7％PSJはWALA0カ月時点で0％から始まり60カ月後に7％に達し一定となるCPRパス

※3％PSJはWALA0カ月時点で0％から始まり60カ月後に3％に達し一定となるCPRパス

0カ月時点のCPRが2％で40カ月後に7％に達して一定になる場合は「7％PSJ 2-40」と呼ぶ（**図表3-22**）。

r％PSJ i-n におけるmカ月後のCPR(m)は次のように計算できる。

$$CPR(m)\% = \min\left(\frac{r-i}{n} \times m + i, r\right) \quad (r \geq i)$$

$$CPR(m)\% = \max\left(\frac{r-i}{n} \times m + i, r\right) \quad (r < i)$$

図表3-22　RMBS　カスタマイズ・モデル

[グラフ：横軸 加重平均経過月数（0〜400）、縦軸 CPR（0%〜14%）、3本の線：12%PSJ4-40、7%PSJ4-50、3%PSJ1-70]

※12%PSJ4-40はWALA0カ月時点で4％から始まり40カ月後に12％に達し一定となるCPRパス

※7%PSJ4-50はWALA0カ月時点で4％から始まり50カ月後に7％に達し一定となるCPRパス

※3%PSJ1-70はWALA0カ月時点で1％から始まり70カ月後に3％に達し一定となるCPRパス

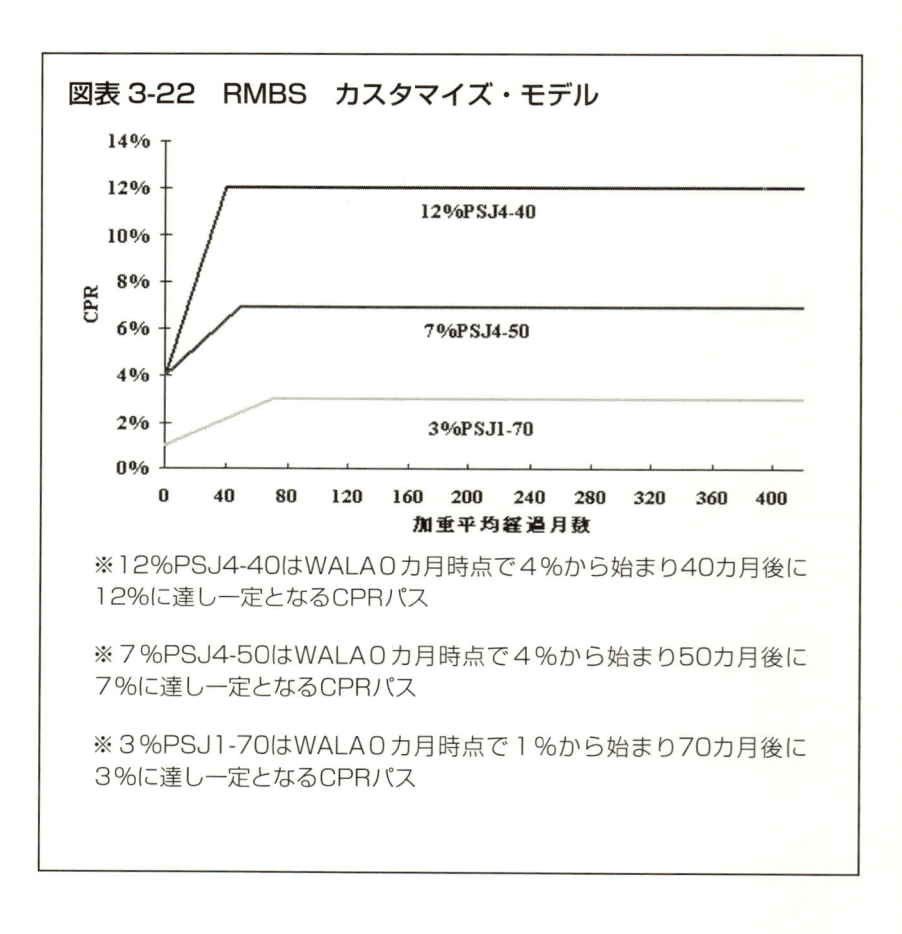

mカ月後の実績CRP（R%）に基づくr%PSJ i−n (m)は次のように計算できる。

$$r\%PSJ\ i-n\ (m)\ \% = \left(\frac{R-i}{m} \times n + i, r\right) \quad (m \leq n)$$

$$r\%PSJ\ i-n\ (m)\ \% = R \quad (m > n)$$

3.7.3. 問題点

PSJモデルという新しい共通尺度が開発されたが、支援機構債発行開始当初、計算に用いられていた一定CPRとさほど大きな差がない。まだまだ、未完成の状態である。実際のCPRの期間構造は複雑怪奇なものであり、その予想もさまざまである。

本当の意味で、ある程度の共通認識が出来上がるのは、返済スピードデータの蓄積を待たなければならない。それまでは、どれほど優秀な人間が予想しようが、単なる予想の域をでない。共通認識とはなり得ない。

3.8. 各種計算

3.8.1. ファクター

ファクターは支援機構債発行額に対する支援機構債残高の比率。

```
ファクターk      ＝ 支援機構債残高k ／ 支援機構債発行額
支援機構債残高k ＝ ファクターk × 支援機構債発行額

k：   kカ月目
```

3.8.2. 期限前償還率

CPRとSMMの関係は以下のようになる。

$$SMM = \{1-(1-CPR/100)^{1/12}\} \times 100$$
$$CPR = \{1-(1-SMM/100)^{12}\} \times 100$$

＜例＞ 予想CPRを5％、現在のファクターを0.9876、当初元本を10億円と仮定するとSMMと償還額は、以下のようになる。

SMM
 $= \{1 - (1 - 5/100)^{1/12}\} \times 100$
 $= 0.42653188\%$

元本返済額（期限前償還額）
 $= 0.9876 \times 10億円 \times 0.42653188 / 100$
 $= 4,212,428円$

　住宅金融支援機構が公庫債発行当初に提示している償還スケジュールの通りに償還された場合、CPRやSMMは0となる。実際の元本返済額は、それぞれの利払日での当初償還スケジュール額を加えたものとなる。

3.8.3. キャッシュフロー

利息返済額k　　　＝（C／12）／100 × F_{k-1} × P
元本返済額k　　　＝（$F_{k-1} - F_k$）× P
キャッシュフロー　＝　利息返済額k ＋ 元本返済額k

C：クーポン
F_k：kカ月目のファクター
P：当初元本

＜例＞
　クーポン　　：1.75％
　F_{k-1}　　：0.96181

F_k　　　　　　：0.95979
当初元本　　　　：10億円

利息返済額k
　=（1.75／12）／100×0.96181×10億円
　=1,402,639円

元本返済額k
　=（0.96181−0.95979）×10億円
　=2,020,000円

キャッシュフローk
　=1,402,639+2,020,000
　=3,422,639円

3.8.4. 予想CPRに合わせたキャッシュフローの計算

　実際に利払日に繰上償還されるたびに、その残高にあわせて、CPRに合わせた今後の残高を計算しキャッシュフローを予想する。

---

kカ月目の予想CPRがx%の時キャッシュフローを確定していく

k+1カ月目の繰上償還金額
$$Call(x)_{k+1} = [\,Prin(0)_k - Call(0)_{k+1}\,] \times SMM_k / 100$$

k+1カ月目の残高
$$Prin(x)_{k+1} = Prin(0)_k - Call(0)_{k+1} - Call(x)_{k+1}$$

k+1カ月目の修正繰上償還金額

$$Call\,'(x)_{k+2} = [\,Prin(x)_{k+1} / Prin(0)_{k+1}\,] \times Call(0)_{k+2}$$

$Prin(x)_k$　：CPP＝x%時のkカ月目の元本残高
$Call(x)_k$　：CPR＝x%時のkカ月目の繰上償還金額
$Call\,'(0)_k$　：$Call(0)_k$の修正後繰上償還金額
SMM_k　：kカ月目のSMM

＜例＞　kカ月目の予想CPRを7.0%、残高を76,530,000円とし、k+1カ月目以降の利払日ごとの残高を求める。k+1カ月目の繰上償還金額、繰上償還後の残高、そしてk+2カ月目のCPR＝0%時の修正繰上償還金額の順で求める。$Call(0)$と$Prin(0)$はk-1カ月目に計算したものを用いる。

SMM_k
　＝$[\,1-(1-7/100)^{1/12}\,] \times 100$　＝ 0.602930807%

$Call(7)_{k+1}$
　＝(76,530,000 − 165,649.35) × 0.602930807 / 100
　＝ 460,424.20

$Prin(7)_{k+1}$
　＝ 76,530,000 − 165,649.35 − 460,424.20
　＝ 75,903,926.45

$Call\,'(0)_{k+2}$
　＝ 75,903,926.45 / 76,364,350.65 × 165,649.35
　＝ 164,650.60

経過月数	Call(0) CPR=0%時 繰上償還金額	Prin(0) CPR=0%時 残高	Call(7) CPR=7.0%時 繰上償還金額	Call'(0) CPR=0%時 修正 繰上償還金額	Prin(7) CPR=7.0%時 残高
k		76,530,000.00			76,530,000.00
k+1	165,649.35	76,364,350.65	460,424.20		75,903,926.45
k+2	165,649.35	76,198,701.30		164,650.60	
k+3	248,474.03	75,950,227.27			
k+4	165,649.35	75,784,577.92			
↓	↓	↓			

これを繰り返し、CPRを7%と予想した場合のキャッシュフローを確定していく。

経過月数	Call(0) CPR=0%時 繰上償還金額	Prin(0) CPR=0%時 残高	Call(7) CPR=7.0%時 繰上償還金額	Call'(0) CPR=0%時 修正 繰上償還金額	Prin(7) CPR=7.0%時 残高
k		76,530,000.00			76,530,000.00
k+1	165,649.35	76,364,350.65	460,424.20		75,903,926.45
k+2	165,649.35	76,198,701.30	456,655.43	164,650.60	75,282,620.43
k+3	248,474.03	75,950,227.27	452,421.99	245,486.81	74,584,711.62
k+4	165,649.35	75,784,577.92	448,713.41	162,671.13	73,973,327.09
k+5	165,649.35	75,618,928.57	445,033.10	161,690.33	73,366,603.66
k+6	165,649.35	75,453,279.22	441,380.85	160,715.45	72,764,507.36
k+7	82,824.68	75,370,454.55	438,238.05	79,873.23	72,246,396.08
k+8					
k+9					

翌月k+1カ月になり、その月の実際の繰上償還額が決まった時点で、再び今回修正したCall'(0)をCall(0)として、キャッシュフローを確定していく。

3.9. 売買の実務

債券の売買は、期限前償還前のオリジナル額面ベースで行われる。例えば、発行当初10億円購入し、その後裏付資産の20％が償還していても、売買は10億円として行う。受け渡しは実際の金額で行う。

```
売買       ＝ オリジナルの額面
残存額面    ＝ オリジナルの額面 × ファクター
売買代金    ＝ 残存額面 × 売買単価
経過利子    ＝ 残存額面 × クーポン
              ／12×（前利払日からの経過日数／当月日数）
合計受渡代金＝ 売買代金 ＋ 経過利子
```

25日（休日の場合は前営業日）に翌月10日の利払日での償還額が決まり同時にファクターが発表される。

3.10. スプレッドヒストリー

3.10.1. スプレッドの推移

01年3月発行第一号は、国内初の公募MBS発行ということで、完売することを最優先し、実勢を無視した厚めのスプレッドで条件が決まった。初めてMBSを扱う投資家がほとんどであり、リスク管理・保有管理体制に問題が残ったままとなっていたが、JGB+65というあまりに厚いスプレッドに需要超過となった（**図表3-23**）。

その後、発行回数を重ね、参加者の増加やセカンダリー市場の厚みが徐々に増していったことで、スプレッドはタイトニングしていった。03年以降06年半ばまでは、JGB+35～40bpというスプレッドで安

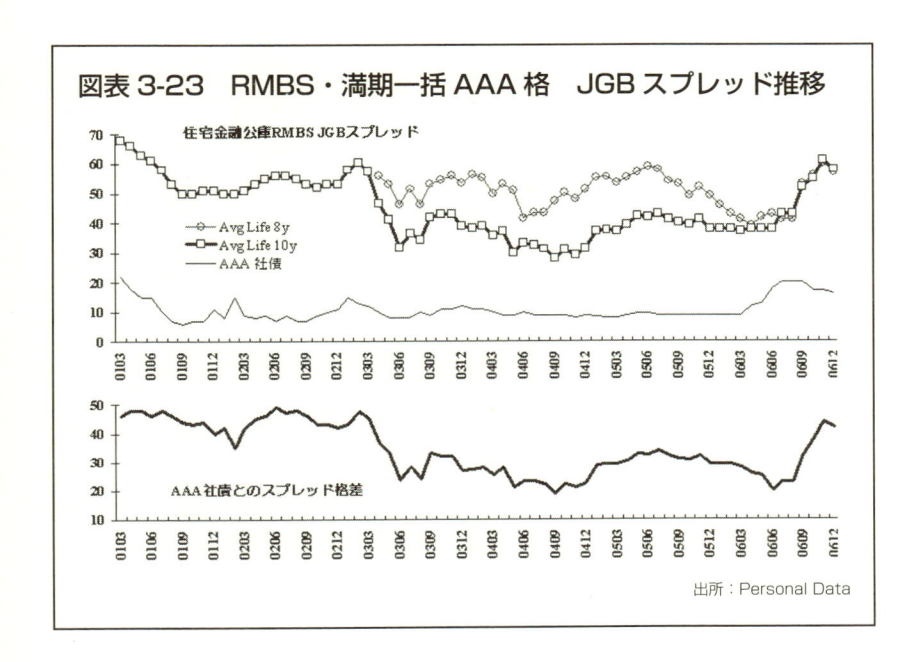

図表3-23 RMBS・満期一括AAA格 JGBスプレッド推移

出所：Personal Data

定した市場となった。

　しばらく安定していたが、その後ワイドニングとなった。理由は、投資家層の拡大以上のペースで発行残高が拡大したため消化不良を起こしたのである。05年7月、既存のローンを裏付に新しいタイプの支援機構債（S種）の発行が開始され、翌年には民間銀行のMBSの発行が盛んになったことで、需給が急速に悪化した。

　発行開始5年経過後の06年にはCPRに共通の認識を持たせ、流動性を拡大させるためにPSJモデルが投入された。しかし、問題の根本的な解決になることはなかった。最も問題となっているのは、共通で容易に利用できる計算モデルがないことである。CPR期間構造を決めても計算モデルがないなら意味がないということだ。さらに、リスク管理・保有管理の解決もまだという状態であった。

　そのため、単価が100円を乖離すると急速に値動きが悪くなる現象が続いていた。ほとんどの投資家が、100円以外で投資すると管理が

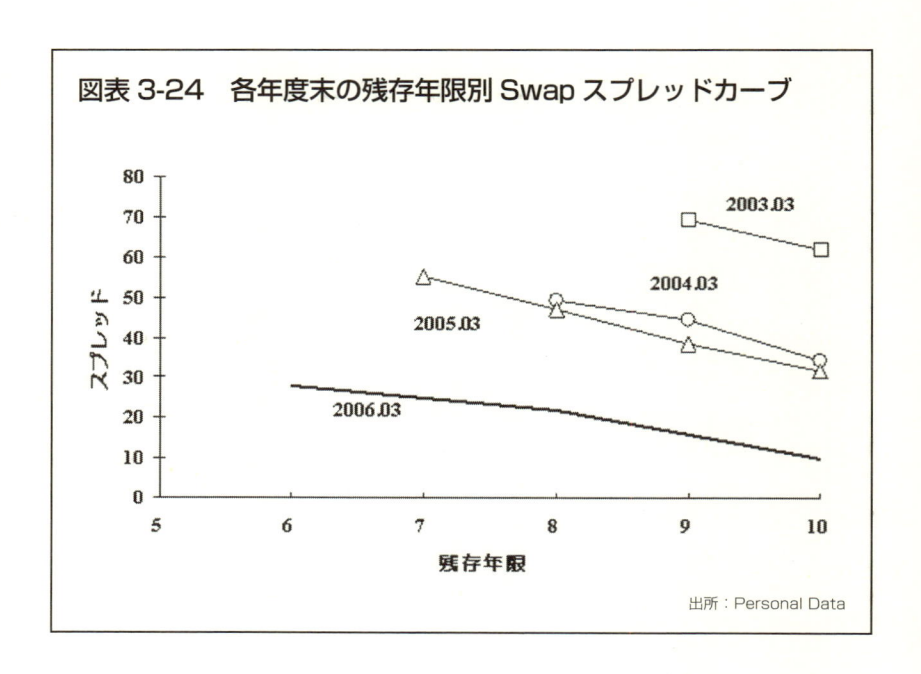

図表 3-24　各年度末の残存年限別 Swap スプレッドカーブ

出所：Personal Data

できなくなる状態となっていたため、カレントでも満期一括の3～4倍のスプレッドとなり、さらにそのカレントがカーブ上異常にカレントプレミアムが付いた状態が続いた。オーバーパーになると急速にスプレッドがワイドニングした。スプレッドカーブは残存の短いほうがワイドなインバートした状態が常に続いていた（**図表3-24**）。

4 特殊法人債

4.1. 発行体と債券種

　政府保証債・財投機関債の発行団体と同じ政府系機関（特殊法人、改革後は財投機関）。政府系機関とは、採算性は低いが必要とされる事業であり、民間企業にはできない事業を国が国策として執行するための機関である。採算性が低い事業を行っているため、一般事業法人であれば破綻している財務内容のところも少なくない。

　5年・10年が基本で、定期的に非公募で引受発行される。10年債は満期一括や定時・均等、抽選償還とさまざま存在する。特殊法人改革で、発行が財投機関債に振り代わり、残高は減少傾向にある。

4.2. リスクプロファイル

　政府系機関が公募で発行する債券が財投機関債であり、非公募で発行する債券が特殊法人債である。特殊法人改革前は、政府保証債と特殊法人債の2種類しか存在しなかった。

　発行体が政府系機関であり、政府の保証が付いていないので基本的なリスクは財投機関債と同等である。しかし、非公募であるということで流動性リスクが追加されている。

　公募債は幅広く債券保有者が存在するのに対し、非公募債は一部となる。債務の返済順位は同順位であるが、地方債市場でもよく見られるように、債務返済に関しての重大な事態が生じた場合、非公募よりも公募の返済を優先する可能性もゼロではない。

　特に、信用収縮が起きている時代では、市場全体が懐疑的になって

図表3-25 銘柄間格差（80年代後半から97年）	
第1格	い号公営企業、特別公営企業、公営企業、う号公営企業 →公営企業
第2格	は号道路、へ号道路 →日本道路公団
第3格	ろ号特別鉄道建設、は号特別鉄道建設、に号特別鉄道建設、ほ号特別鉄道建設、ろ首都高速道路、ろ号特別阪神高速道路、は号特別阪神高速道路 →鉄道建設と日本道路公団以外の道路関係
第4格	住宅金融財形住宅、住宅金融支援機構住宅宅地、雇用促進、住宅金融支援機構住宅宅地（特別）、特別住宅、ろ号住宅都市整備、ろ号新東京国際空港、ろ号船舶整備、特別地域振興整備、ろ号空港周辺整備、ほ号空港周辺整備、特別関西国際空港、特別本州四国連絡橋、に号石油、特別石油 →第1〜3格以外全部

※第1格が最も値段が高くスプレッドはタイト

いることで、非公募債は避けられる傾向にあり値段が下がる。これこそが、財投機関債にはない特殊債特有のリスクとなりえている。

4.3. 銘柄間格差

　政府保証債同様、各種要因によってスプレッドに微妙に差が生じていた。90年代後半まで、銘柄の優先順位は当時の政府保証債と同じで、流動性によって差別化されており表の順になっていた。政府保証債の場合と違いスプレッドの差はほとんどなく、第1格から第4格の間で多くても5〜6bpであった（**図表3-25**）。

　97年相次ぐ大型倒産が起こると、クレジットリスクへの認識が高まった。市場では、危険性の高いもの（赤字幅の大きな銘柄や不透明感がある銘柄）を売却する動きが出てきた。その対象になったのが、赤字続きで立て直しの難しいといわれていた本州四国連絡橋公団・石

図表3-26　銘柄間格差（97年から01年）

第1格	い号公営企業、特別公営企業、公営企業、う号公営企業
第2格	は号道路、へ号道路
第3格	ろ号特別鉄道建設、は号特別鉄道建設、に号特別鉄道建設、ほ号特別鉄道建設、ろ首都高速道路、ろ号特別阪神高速道路、は号特別阪神高速道路
第4格	住宅金融財形住宅、住宅金融支援機構住宅宅地、雇用促進、住宅金融支援機構住宅宅地（特別）、特別住宅、ろ号住宅都市整備、ろ号新東京国際空港、ろ号船舶整備、特別地域振興整備、ろ号空港周辺整備、ほ号空港周辺整備
第5格	特別関西国際空港、特別本州四国連絡橋、に号石油、特別石油

　油公団・関西国際空港公団の3公団であった。この3つが脱落し第5格を形成していった。銘柄選別は白黒判定の状態であったので、黒と判定されたこれら3銘柄は下落し、第4格との差を急激に拡大させた。この状態が01年度前半まで続いた（**図表3-26**）。

　01年度に入ると特殊法人改革の一環で、財投機関債の発行が開始された。これによって大きく銘柄間格差が変わることとなった。これまでは、政府系機関の発行する債券ということで、クレジットリスクは白黒判定。白と認定された時点でクレジットリスクの査定は終わり、白の中で流動性によって差を付けていた。つまり公営債が最も流動性が高いため第1格であると決まっていた。

　しかし、01年に各公団が公募債を発行するために格付を取得し、それぞれの公団の格付に差が生じたことで、順番が大きく再編成されることになった。20年近い順番の歴史がここで終了した。すべてがクレジットリスクを基準に考えられ、それによって順番が決められた。

4.4. スプレッドヒストリー

4.4.1. スプレッドの推移

　80年代、特殊法人債は売買高が非常に高くCash Creditの中心的な存在であった。その中でも中心的に売買されていたのが、公営企業・道路関係・鉄道建設であり、どの銘柄間格差はなかった。当時は、国債ですら指標銘柄しか流動性がなく、地方債や金融債もまだまだ未成熟の市場であった（**図表3-27**）。

　88年から金融債を中心に政府保証債・地方債・電力債等の流動性が上がってくると特殊債市場は縮小していった。

　その後、97年までの特殊債市場は流動性の高いものがタイトであるという状態であり、公営企業、日本道路公団、鉄道建設とその他道路関係の順にワイドになり、最もワイドなものでも公営企業から5〜6bp程度と、政府保証債の中での銘柄間格差ほど大きく離れていなかった。

　97年後半、大型倒産が相次ぎクレジットリスクへの認識が高まったが、一部危険とされる公団以外は、政府系機関の発行する債券であるという安心感が市場を支える形になり、大きな下落には至らなかった。

　この時期までの特殊法人債のフェアーバリューは政府保証債のスプレッドの何倍になっているかが基準であった。同じ発行体の政府保証債の2〜5倍のレンジで動き、平均的には3〜4倍であった。4倍以上は割安、3倍以下は割高という状態で売買されていた。

　01年に入ると、各公団が財投機関債を発行するために格付を取得し発行が開始された。格付会社は政府との距離感が近いということで高い格付を付与した。今まで格付が付与されていなかったことで投資対象から外していた投資家が投資をはじめ、流動性が急速に上がって

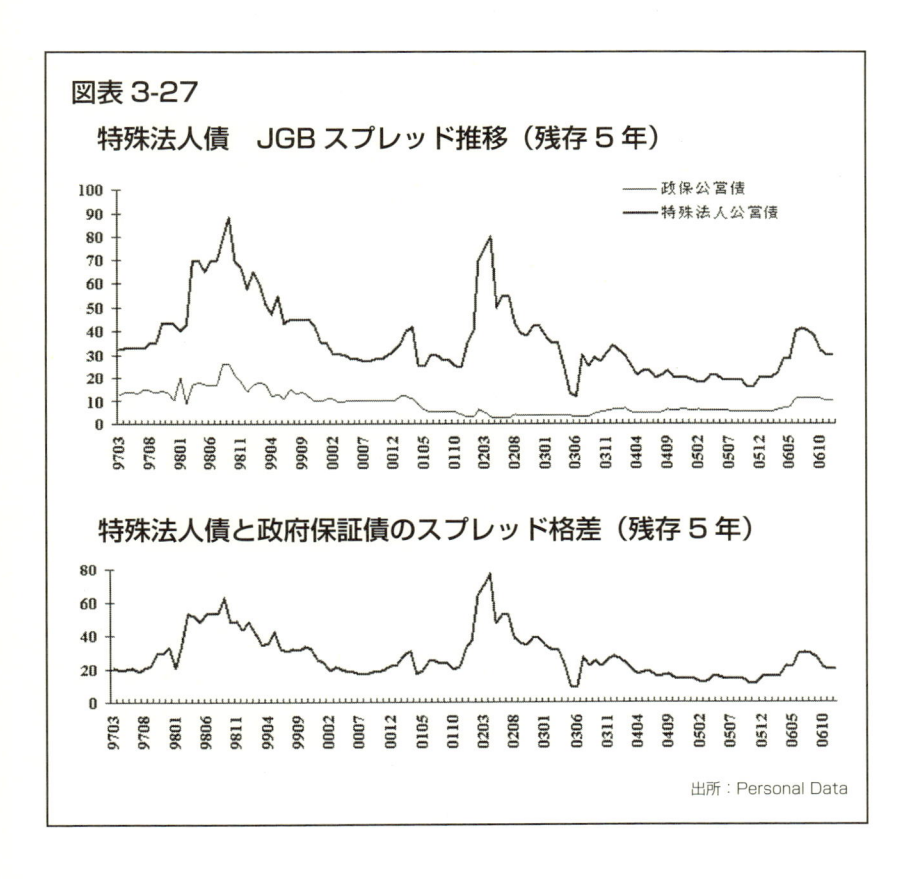

図表3-27
特殊法人債　JGBスプレッド推移（残存5年）

（政保公営債／特殊法人公営債）

特殊法人債と政府保証債のスプレッド格差（残存5年）

出所：Personal Data

いった。スプレッドレベルはJGB+25を割り込み過去10年間の高値をつけた。

このころから、特殊法人債のフェアーバリューの導き出し方が、それまでの政保債に対するスプレッドの倍率によるものから、財投機関債に対しどの程度スプレッドが離れているかに変化した。

相応にタイトニングしていたが、その後の財投機関債暴落、金融危機、関空・本四公団債の下落によって大幅に下落することになった。02年4月にはJGB+80bpまで下落した。その後、02年半ばに上記悪材料がなくなると、財投機関債+0〜10bpで落ち着いた。

4.4.2. 石油公団・関西空港公団・本州四国連絡橋公団

　特殊法人債は政府系機関の発行する債券であるということで、どの銘柄にも流動性の違いによるに多少の差があるのみで大きな格差はなかった。しかし、97年後半の相次ぐ大型破綻によって、クレジットリスクへの認識が高まり、市場では危ないもの・予測不可能なものは外しておこうという動きが出てきた。

　赤字体質が深刻であった石油・関空・本四はその的となり、98年1月から他の銘柄と格差がつき始めた。3公団を除く特殊債の中で最もタイトな銘柄（公営）とワイドな銘柄の利回り格差が5〜6bpしか離れていない状況下、すぐに公営から10〜15bp程度の差がついた（**図表3-28**）。

　その後、2長期信用銀行の破綻懸念による金融不安、ロシア経済危機による信用収縮と、関西空港債務超過のうわさが重なり財務体質が悪い石油や関空が一方的にワイドニングし、公営+40bpを超えた。

　当時は、危ないか安心かの白黒判定であった。これは、①政府系機関の発行する債券であるという安心感、②クレジットリスク分析技術が未発達、③クレジットリスクを分析しようにも正確な財務データがない、④格付機関の格付が付与されていない、⑤市場がクレジットリスクに鈍感であったなどの理由による。

　しばらく、石油・関空が公営+40〜50bp、本四が公営+15〜20bpで安定していたが、00年後半、特殊法人を統廃合・民営化するという特殊法人改革なるものが政府で浮上してくると動きがでてきた。市場は競って特殊法人の財務内容を調べ始めた。

　その結果、事業そのものの必要性が低下した石油公団と巨額の負債を抱え赤字経営が深刻になっていた関西空港公団（負債1.2兆円）・本州四国連絡橋公団（負債3.4兆円）が危険とされた。特殊法人改革の内容が確定していないため、とりあえず危険なものは外すとい

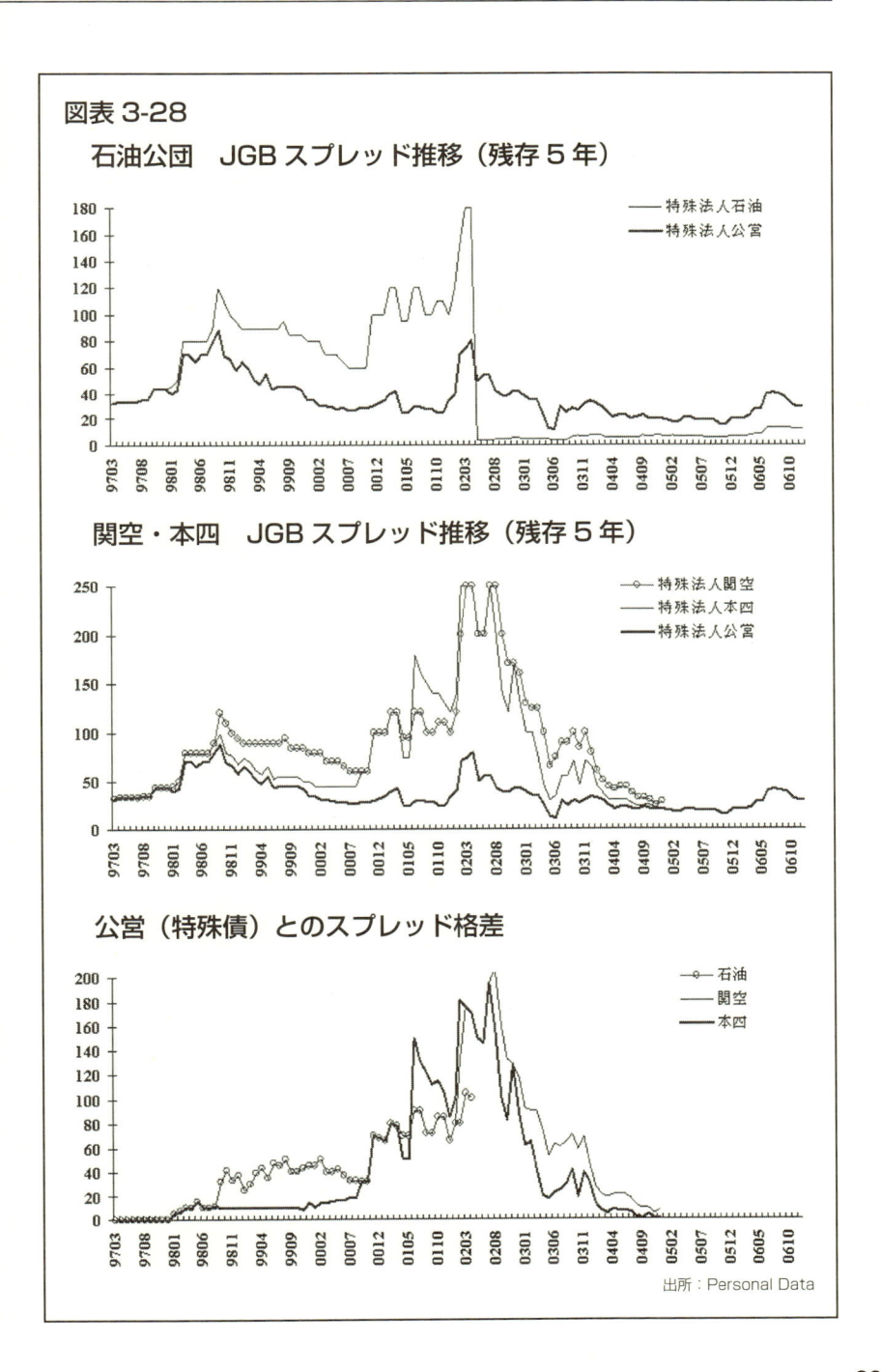

第3章 各種債券のリスクプロファイル・特性・歴史

図表 3-28
石油公団　JGB スプレッド推移（残存5年）

関空・本四　JGB スプレッド推移（残存5年）

公営（特殊債）とのスプレッド格差

出所：Personal Data

う動きが始まりとことん売り込まれた。01年2月には3公団揃ってJGB+120bp（公営+80bp）まで下落した。

その後、財投機関債発行に向けて格付け取得をしたところ、あまりの高さにワイドニングは一時的に止まることとなったが、同年6月に政府筋から特殊法人も倒産法を適用できるように調整するという話がでると、オーバーパー銘柄を中心に再びワイドニング方向になった。さらに、金融不安による信用収縮・財投機関債の下落が重なり、02年3月には、石油はJGB+180bp（公営+100bp）に、関空・本四はJGB+250bp（公営+175bp）にまで下落してしまった。

02年5月、石油公団に対する改革の内容が決まった。石油公団は備蓄事業と採掘事業の2つのうち、採掘事業を廃止し備蓄事業のみを継続することと、債務を国が肩代わりすることが閣議決定された。このことで、石油は一気にJGB+20程度までタイトニングした。

一方、関空・本四は、石油公団が債権者にマイナスを負わせない形で処理されたとはいえ、ともに民営化議論が出ていたこと、債務超過疑惑がくすぶっていたことなどから値を戻すことができなかった。

02年12月になって、関空・本四に関する改革方針が決まった。本四に1.3兆円の援助と、関空に25〜30年間で2500〜3000億円援助をするという内容。政府サポートが確認できるとJGB+100台半ばまで一気にタイトニングした。

03年5月、りそな銀行が国有化されると政府のサポートの強さが再認識されさらにタイトニングし、関空JGB+65（公営+52bp）、本四JGB+30bp（公営+17bp）となった。本四のほうがタイトになっていたのは、本四が100％政府系機関であり、関空は半分民間資本が入っているためである。本四のほうが政府のサポートが強いと認識されていたわけだ。

改革が一通り終了する04年には公営との格差は10bp以下となり、05年には格差がなくなった。

5　地方債

5.1.　発行体と債券種

　公募債発行は、00年代前半まで15都道府県・12都市であったが、順次発行が許可され増える方向である。一方、非公募債は全都道府県市に加え区も発行している。
　債券種は、公募で発行される市場公募債・共同発行地方債・住民公募債と非公募で発行される銀行引受債がある。5年債・10年債の満期一括償還、固定クーポンが基本であり、残高のほとんどを占める。その他に、3・7・12・20・30年債と資金ニーズに合わせての発行が行われている。

5.2.　リスクプロファイル

　地方自治体の財務内容は非常に厳しい状態にある。06年公表ベースで、財政力指数（行政サービスにかかる経費に対してどれだけの収入があるかを示す）は東京都以外は赤字。つまり、東京都以外の自治体の運営は交付税でまかなわれているということである。交付税比率（財政力指数）の平均は65％以上であり、最下位の鹿児島県は73％となっている（**図表3-29**）。
　経常収支比率（経常的な収入と支出バランス）は、都道府県で90％を超えて定着し市町村も04年度に90％を超えた。起債制限比率は一本調子で上昇し、財政力指数は低下が続く。どの指標を見ても地方財政は悪化傾向が鮮明となっている（**図表3-30**）。
　このように一般事業法人であれば、すでに破綻（デフォルト）して

図表 3-29 財政力指数・自主財源比率

	財政力指数	自主財源比率		財政力指数	自主財源比率
東京都	1.060	82.0	北九州市	0.634	52.8
川崎市	0.999	65.4	千葉県	0.631	53.6
さいたま市	0.990	63.9	埼玉県	0.630	54.1
千葉市	0.964	60.1	茨城県	0.527	48.8
名古屋市	0.952	65.6	福岡県	0.522	47.5
横浜市	0.915	65.4	群馬県	0.485	51.9
愛知県	0.876	66.4	京都府	0.480	48.4
静岡市	0.873	59.9	宮城県	0.470	48.1
大阪市	0.862	60.0	兵庫県	0.469	51.0
仙台市	0.815	56.3	広島県	0.456	41.2
神奈川県	0.806	62.4	岐阜県	0.434	42.1
福岡市	0.768	59.3	長野県	0.396	44.6
広島市	0.764	55.9	福島県	0.383	41.5
大阪府	0.691	64.6	新潟県	0.364	30.8
京都市	0.673	51.4	北海道	0.353	36.3
札幌市	0.659	52.9	熊本県	0.312	35.1
神戸市	0.645	56.8	鹿児島県	0.264	26.3
静岡県	0.637	51.4			

出所： 平成18年版 地方財政白書

※財政力指数：行政サービスにかかる費用に対してどれだけの税収があるかを示すもので、1で収支トントンとなる
※自主財源比率：財源全体に占める自主財源の比率

いるような財務状態にある団体でも、地方債の場合デフォルトはしない。幾重もの国のセーフティサポートに守られているためである。

その中で中心的なものが「財政再建制度」である。これは、実質収支比率が都道府県で▲5％以上、市町村で▲20%以上になった場合、もしくは起債制限比率が20%を超えた場合に適用される。前者の場合、財政健全化債などの発行で帳尻を合わせられるため実現する可能性が低い。後者の起債制限比率は、過去に発行された債券の元利償還金から導き出されるため、前者のようなスーパーテクニックは使えないため可能性は高い。

これらの状態に陥った場合、「地方財政再建促進特別措置法」が適用され、自治体は財政再建団体に指定され国の管理下に置かれる。収

図表3-30　各種比率推移

区分／年度		1970-75	1995	1996	1997	1998	1999	2000	2001	2002	2003	2004
都道府県	経常収支比率	70.2	88.1	86.7	91.7	94.2	91.7	89.3	90.5	93.5	90.8	92.5
	実質収支比率	0.6	0.5	0.4	0.6	-0.3	-0.1	0.0	0.3	0.5	0.6	0.7
	公債費負担比率	4.2	12.3	13.2	14.6	15.6	16.9	17.6	18.4	19.8	19.8	19.9
	起債制限比率	—	9.7	10.0	10.3	10.6	11.2	11.8	12.3	12.4	12.3	12.4
	財政力指数	0.52	0.49	0.48	0.48	0.48	0.46	0.43	0.41	0.41	0.41	0.41

区分／年度		1970-75	1995	1996	1997	1998	1999	2000	2001	2002	2003	2004
市町村	経常収支比率	73.1	81.5	83.0	83.5	85.3	83.9	83.6	84.6	87.4	87.4	90.5
	実質収支比率	4.2	3.1	3.0	2.9	2.8	3.1	3.4	3.1	2.9	3.5	3.5
	公債費負担比率	6.6	13.5	14.2	15.1	15.8	16.3	16.3	16.7	17.3	17.5	17.3
	起債制限比率	—	10.1	10.4	10.4	10.7	10.9	10.9	10.9	10.9	11.0	11.2
	財政力指数	0.33	0.42	0.42	0.42	0.42	0.41	0.40	0.40	0.41	0.43	0.47

出所：　平成18年版　地方財政白書

入の確保と費用の抑制、公債費軽減などによる経常経費削減と投資的経費の削減等が行われる。債務カットなどの債権者にとってマイナスになるようなことはない。

　つまり、債務不履行になる前に国の管理下に入りサポートされてしまうということで、財政状態が悪く財政再建団体になってもデフォルトしないのである。逆にいえば、財政状態の悪い団体のほうが国との距離感が近くクレジットリスクが低いとも言える。

　このようにクレジットリスクが低く国債や政府保証債に近い存在にみえるが、そうとも言い切れない。つまり、資金計画やその債務すべてに国の監視が入っているわけではなく、第三セクターのように地方自身で運営されているものもある。国がどこまで面倒をみるかにもよるが、国の監視が入っていない部分にもリスクがあると考えるのが妥当であろう。

5.3. 銘柄間格差

地方1表：1994年まで

第1格	東京都・横浜市・名古屋市・京都市・大阪市・神戸市	6大都市
第2格	その他都道府県と上記以外の市債	ローカル
第3格	区債	

　90年前半まで長い間、全体で3つのグループに分けられていた。第1格は6大都市（通称：美人）、第2格はその他地方債で（通称：ローカル県）、第3格は東京23区の発行する区債であった。

　6大都市は公募債を定期発行し、発行残高が格段に大きいため、他の地方債よりも流動性があり、高い値段で売買されていた。

地方2表：1994年以降2000年半ばまで

第1格	東京都	6大都市
第2格	横浜市・名古屋市・京都市・大阪市・神戸市	
第3格	その他都道府県と上記以外の市債	ローカル
第4格	区債	

それぞれの格のスプレッド推移

	レンジ	平均
第2格	第1格 + 0〜10bp	第1格 + 5〜8bp
第3格	第1格 + 4〜15 bp	第1格 + 8〜10 bp
第4格	第3格 + 5〜15 bp	第3格 + 10〜12 bp

　94年以降、市場全体の流動性が高まり流動性格差を細分化する動きが出ると、地方債も変化し始めた。6大都市の中でも最も発行残高の高い東京都が6大都市グループから離れ、一段値段を上げた。地方2

表の形が00年半ばまでの基本形である。

97年以降は各種のクレジットイベントが起きたため、荒れた相場になった。97年12月、北海道拓殖銀行が破綻すると北海道経済への影響を懸念して、北海道債、札幌市債が単独で一時的にワイドニング。また、98年1～2月には、非公募債（証書）の期限前償還問題がとりただされ、期限前償還経験もしくは今後可能性のある自治体が単独でワイドニングした。しかし、これらは長続きすることなく数カ月で元の状態に戻った。

地方3表：2000年12月以降

第1格	東京都	AA+
第2格	AA格6大都市（横浜市、名古屋市、京都市）	AA
第3格	AA格その他都道府県市	AA
第4格	北海道・兵庫県・大阪市	AA-
第5格	大阪府・神戸市	AA-, e
第6格	区債	

それぞれの格のスプレッド推移

	レンジ	平均
第2格	第1格 + 0～5bp	第1格 + 1～3bp
第3格	第1格 + 2～10bp	第1格 + 4～6bp
第4格	第3格 + 10～30bp	第3格 + 10～14bp
第5格	第3格 + 20～40bp	第3格 + 25～30bp
第6格	第3格 + 5～15bp	第3格 + 10～12bp

99年2月、R&Iが地方債の格付を発表。この格付付与によって、これまでの流動性中心の格差から、財務内容に応じた格差へと変化していった。80年代から続いた6大都市グループ、ローカルグループはこ

こで消滅した。

　付与された格付はすべてがAA+からAA-格に収まり大きな差が見て取れなかったが、同時に発表された財務ランクがa〜eまで5ランクあり差ができたため、地方債市場はこれで優劣を決めるようになった。AA-格が第3格から脱落し第4格をつくり、00年12月になって、さらにAA-格が2つに分かれ安定した。

地方4表：2002年以降

第1格	東京都
第2格	AA+　地方債
第3格	AA　地方債
第4格	AA-　地方債
第5格	大阪府・大阪市
第6格	北海道
第7格	区債

　02年以降は公表される個々の自治体の財政状態や格付会社の格付に影響を受けて動いた。地方4表のように基本的には格付によって順番が決まり、AA-格だけがさらにいくつかに分かれた。

5.4. 償還の種類

1）満期一括
　発行時にあらかじめ定められた日に満額償還する。一般的償還方法。

2）定時定額・均等
　最終償還10年で発行され、一定期間据え置き後、あらかじめ決められた金額が毎利払日ごとに償還していく。保有額面金額に対し一定額が償還していくため、保有者は購入時に利回りを確定することができる。

① 　３年据置３％定時
　　　発行３年経過後の翌利払日より、利払日ごとに発行額の３％ずつ償還していき、最終償還日で残りの61％が償還する。

② 　３年据置7.143％均等
　　　発行３年経過後の翌利払日より、利払日ごとに発行額の7.143％ずつ償還していき、最終償還日で残りの7.141％が償還する。

③ 　２年据置6.25％均等
　　　発行２年経過後の翌利払日より、利払日ごとに発行額の6.25％ずつ償還していき、最終償還日で残りの6.25％が償還する。

3）抽選償還
　最終償還10年で発行され、一定期間据え置き後、毎利払日の１〜２カ月前に、発行額の一定額についての抽選が行われ当選番号が償還する。債券保有者は、発行額全額を保有しない限り、保有債券があらかじめ表示されている償還率よりも上下する可能性が出てくる。そのため、購入時に利回りを確定することができない。償還方法は３年据置

３％抽選、３年据置7.143％抽選、２年据置6.25％抽選等がある。

　92年以前発行の公募債は、３年据え置き３％抽選10年債が基本型とされていた。発行側の支払負担を平準化させる目的でこの償還方法を採用してきたが、投資家にとってあらかじめその利回りを確定できない形であり問題も多かった。

　流通市場の整備・拡大に伴い、流動性を高めるため91年から満期一括に変更する自治体が出てきた。実際には92年３月を最後にすべての公募債が満期一括となった。

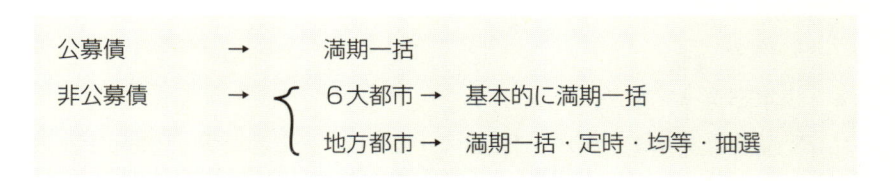

```
公募債     →  満期一括
非公募債   → ┌ ６大都市 → 基本的に満期一括
              └ 地方都市 → 満期一括・定時・均等・抽選
```

5.4.1.　定時定額・均等償還

１）定時と均等

① 定時（３年据置３％定時の場合）：３年後から３％ずつ13回（３％× 13 ＝ 39％）償還し、最終償還で61％償還する。

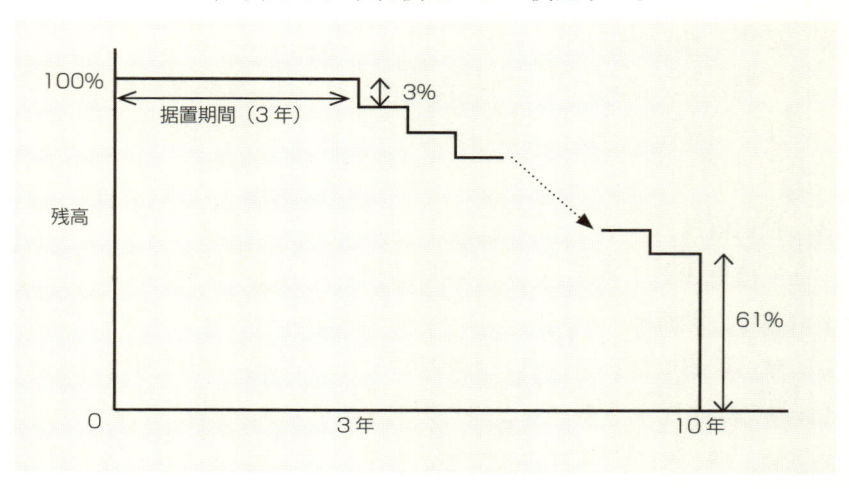

② 均等（2年据置6.25%均等の場合）：2年後から6.25%ずつ15回（6.25%×15 = 93.75%）償還し、最終償還も同率6.25%が償還する。

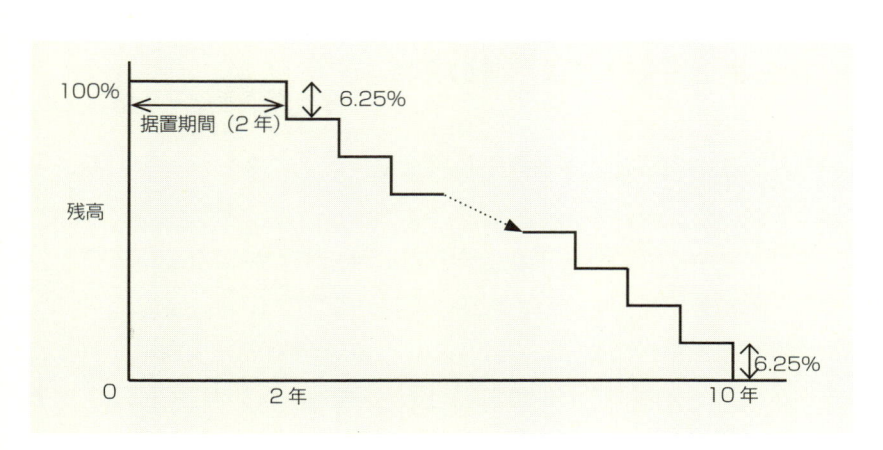

5.5. 定時・均等償還の売買

5.5.1. 平均残存年限のスワップスプレッドでの売買

通常、用いられている売買スタイルである。債券の平均残存年数を計算し、同年限のスワップとのスプレッドを売買の基準にする。平均残存年限を通常の単利、複利の計算式に当てはめれば利回りを求めることができる。引き合いはスワップスプレッドで表示し、売買自体は単利や単価で決める。

$$\text{平均残存年数}(X) = L1 - \frac{\text{償還率}}{\text{元本残存率}} \times (L1-L2) \times (L1-L2+\frac{1}{2})$$

L1：最終償還までの残年数
L2：次回償還までの残年数

ここで求めた平均残存年限（X）を用い、通常の利回り計算式に当てはめ単利・複利を算出する。これが平均残存年限利回りとなる。

5.5.2. アセットスワップでの売買

それぞれの利払日での償還や最終償還で個別にスワップを組み、完全なるフローターに変換後、売買をする。

スワップするのに時間がかかること、地方債だけでなく購入相手のリスク（カウンターパーティーリスク）が出てきてしまうこと、スワップ契約ができない投資家が存在すること等の理由で、実際にはほとんど行われていない。そのため流動性も低い。多くは実際にスワップをするのではなく、フェアバリュー計算に利用する。また、実際にスワップする場合でも、債券を購入後、アセットスワップしフローターに変換して保有するという形である。売却時はスワップをアンワインドし元の状態に戻してから売却する。

考え方は非常に正当である。実際のスプレッドであるからだ。平均残存年限のスワップスプレッドは簡易計算によってもたらされた単なる売買上の目安でしかない。

5.5.3. 記番号分解での売買

社債登録法下で発行された債券、もしくは振替制度移行時に実質記番号管理方式を採用した債券は、発行時に券面に記番号がつけられている。定時・均等償還地方債の場合、据置期間経過後の毎利払日に償還する券面がこの記番号であらかじめ決められている。つまり、受渡時にこの記番号を指定すれば、違った債券が作れるということになる。

1）満期一括部分と定時部分の2つ以上に分解

最終償還日を変えないで分解する。均等償還物は分解できないため、通常3％償還物を用いる。

- ●3年据置3％定時　→　●3年据置7.143％均等　　発行額の42％
　　　　　　　　　　　　●満期一括　　　　　　　　発行額の58％

- ●2年据置3％定時　→　●2年据置6.25％均等　　　発行額の48％
　　　　　　　　　　　　●満期一括　　　　　　　　発行額の52％

＜例＞ 2016年5月25日償還、1.8％クーポン、3年据置（2009年5月25日まで据え置き）3％定時 100億を2つに分解する。

① 2010年5月20日償還、1.8％クーポン満期一括償還　　　　　58億
② 2010年5月20日償還、1.8％クーポン3年据置7.143％均等償還　42億

キャッシュフロー

	3年3%		→	①満期一括		②3年7.143%	
利払日	残存額	償還額		残存額	償還額	残存額	償還額
2006/05/25	100	0		58		42	0
︙	︙	︙		︙		︙	︙
2009/05/25	100	0		58		42	0
2009/11/25	100	3		58		42	3
2010/05/25	97	3		58		39	3
2010/11/25	94	3		58		36	3
2011/05/25	91	3		58		33	3
2011/11/25	88	3		58		30	3
2012/05/25	85	3		58		27	3
2012/11/25	82	3		58		24	3
2013/05/25	79	3		58		21	3
2013/11/25	76	3		58		18	3
2014/05/25	73	3		58		15	3
2014/11/25	70	3		58		12	3
2015/05/25	67	3		58		9	3
2015/11/25	64	3		58		6	3
2016/05/25（償還）	61	61 (58+3)		58	58	3	3

※②の3億円は42億円の7.143％

2）すべて満期一括に分解

＜例＞ 2016/5/25償還、1.8％クーポン、3年据置（2009/5/25まで据置）3％定時 100億。

キャッシュフロー

利払日	残存額	償還額	
2006/05/25	100	0	
⋮	⋮	⋮	
⋮	⋮	⋮	
2009/05/25	100	0	
2009/11/25	100	3	1
2010/05/25	97	3	2
2010/11/25	94	3	3
2011/05/25	91	3	4
2011/11/25	88	3	5
2012/05/25	85	3	6
2012/11/25	82	3	7
2013/05/25	79	3	8
2013/11/25	76	3	9
2014/05/25	73	3	10
2014/11/25	70	3	11
2015/05/25	67	3	12
2015/11/25	64	3	13
2016/05/25（償還）	61	61 (58+3)	14

それぞれの列が、それぞれの償還で満期一括償還になる。この場合、14個の満期一括償還の債券が出来上がる。

5.5.4. 売買上の問題点

さまざまな売買方法を示したが、平均残存年限利回りを利用した売買が最も市場での売買に適している。その他の方法は問題点が多い。アセットスワップでの売買は、前述のように、新たにスワップカウンターパーティーリスクが発生したり、すべての投資家にわたって売買が可能というわけではない。また、流通市場がないのでその都度スワッ

プをアンワインドしなければならず、コストも馬鹿にならない状態となっている。

　記番号分解での売買は、いくつも問題を抱えている。第一に、管理システム。同じ銘柄で２つ以上の債券が存在することになり、これらを管理できるシステムを持っている投資家はほとんどいないのが現状である。ほとんどの投資家が銘柄ごとに設定されているコードによって管理を行っており、記番号の違いを認識できる管理システムになっていない。また、発行体側も同様に管理しきれていない。

　第二に、流通市場。分解後の債券の流通市場が出来上がっていないこと。もともと、記番号分解の市場の参加者は非常に少ない。

　第三に、評価である。同じ銘柄であるにもかかわらず、実際には償還方法や償還が異なっているため、異なった値段で評価しないと整合性がなくなる。同じ値段で評価すれば、一方が実勢よりも高く、他方が実勢よりも安く評価されてしまう。通常、日本証券業協会発表の値段で評価することが多く、こういった実勢値と評価値の差が出てしまう。

　このような理由から売買のほとんどが平均残存年限利回りを利用したものとなっている。

5.6. 抽選償還

　抽選償還とはあらかじめ決められた発行額に対する割合で抽選によって償還される。利払日１～２カ月前（銘柄によって時期は違う）に抽選会が行われ、当選した記番号が償還される。

　抽選ということで表面上３％抽選であるとしても、発行額全額を保有していなければ、何％償還されるか、あらかじめ分からず利回りを確定することができない。このため市場では嫌われ、スプレッドは定時・均等よりもワイドなものとなるのが普通である。しかし、ワイド

であるため逆に実際３％ずつ償還したなら大きく利益を上げることができる。

発行額（100億円）に対して３％（３億円）ずつ抽選償還される債券の場合

保有金額	償還可能性	保有金額に対する償還率
発行額全額（100億円）	3億円	3%
発行額の50%（50億円）	0-3億円	0-6%
発行額の20%（20億円）	0-3億円	0-15%
3億円	0-3億円	0-100%

売買単価は100円とは限らないため、オーバーパーの債券を購入し実際の償還率が高かった場合、利回りがマイナスになることもある。このように、金額によって償還率が変化する可能性が出てくることで、実勢は金額によって変化することになる。発行額全額であれば、定時・均等償還の債券と同じようなスプレッドになり、発行額に対する金額が少なくなればなるほどワイドになっていく。

よく用いられていた投資手法は、複数の３％抽選償還銘柄を決められた比率（例えば発行額の２割）で購入するというもの。この場合、実際に３％前後の抽選率になる確率が高まる。

抽選償還の債券は利払日１～２カ月前に抽選会が行われるためその時期は売買ができなくなる。売買するとしても次の償還を除いた額での売買となる。この場合、次回償還分を除く条件で購入し約定する。購入後に実際に償還される金額が確定次第、購入単価で売り戻すこととなる（すべての売買は売り手と買い手によって条件を合意すれば売買できる）。

5.7. 地方財政とその見方

5.7.1. 財源

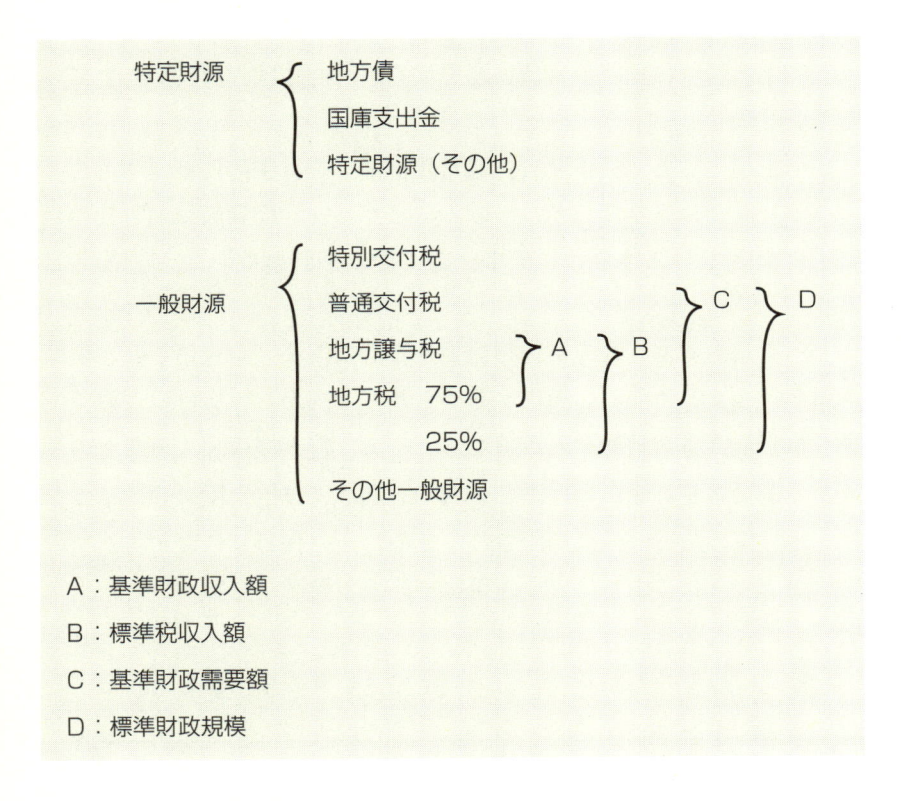

```
特定財源 ┤ 地方債
         │ 国庫支出金
         │ 特定財源（その他）

一般財源 ┤ 特別交付税
         │ 普通交付税
         │ 地方譲与税     ┐
         │ 地方税  75%   ├ A ┐
         │         25%   ┘   ├ B ┐
         │                       ├ C ┐
         │ その他一般財源            ├ D
```

A：基準財政収入額
B：標準税収入額
C：基準財政需要額
D：標準財政規模

　地方の財政は上記のような財源で賄われている。必要最低限の行政サービスを行うために必要な金額と税収入の差額が、地方交付税法によって国から分配され帳尻が合うようになっている。税収入が減ると交付税が増えるという仕組みだ。政府方針によって、この交付税の見直しが検討されている。

5.7.2. 財務状態を示す指標

1）起債制限比率

　自前の財源で返済する元利金償還金の歳入に対する比率。ここでいう元利金償還金には、転貸債、繰上償還、そして国が肩代わりしている部分を除く。

　15％を超えると「公債費負担適正化計画」を自主的に策定することとなる。計画は5年で13％に下げることが目安。経費削減と各種手数料上げなどで対応するが、その一方で国から特別交付税が分配される。

　20％を超えると「地方財政再建促進特別措置法」が適用され、財政再建を行うこととなる。適用が認められると国からの交付税が厚く配分され、公共事業補助金も厚くなる。一方、行政機構・人員などのリストラが要求され歳出には厳しい制約を受け、自治大臣の管理下となる。地方債の発行が一部制限されるため、その代わりに財政再建債の発行が認められ、これは資金運用部や簡保、郵貯年金特別会計が引き受けることとなる。

　計算式は以下のとおりで、この数字の3年間の平均値を用いる。

$$\frac{A-(B+C+E)}{D-(C+E)} \times 100$$

A：元利金償還金（転貸債、繰上除く）
B：特別財源
C：災害復旧費として基準財政需要額に算入された公債費
D：標準財政規模
E：事業費補正によって基準財政需要額に算入された公債費

簡単に言うと、国に肩代わりしてもらえない借金が財政をどの程度圧迫しているかを示す指標である。15％を超えると警戒水準で自主的に「公債費負担適正化計画」を行い、20％を超えると一部起債が制限され、「地方財政再建促進特別措置法」が適用される。そして30％を超えると起債もできず身動きができなくなり、完全に国の管理下に入る。

※国が補助する事業の場合、地方自治体は地方債を発行するが国が元利金の80％を交付税として補助するので、自治体の負担は20％のみとなる。

2）公債費比率

$$\frac{A-(B+C)}{D-C} \times 100$$

起債制限比率と似ている。違いは事業費補正によって国に肩代わりしてもらっている公債費を含むことである。つまり災害など非常時以外での公債費が財政にどれだけ圧迫しているかを見る指標である

3）公債費負担比率

$$\frac{公債費充当一般財源}{一般財源} \times 100$$

一般財源に占める地方債の元利償還金の割合を示す。起債制限比率との違いは公債費に国で肩代わりしてもらっているものと繰上償還している元利金を含んでいることである。つまり、公債費全体が財政を

どの程度圧迫しているかを見ることができる。

注意すべき点は、起債制限比率を下げるために繰上償還を続けると公債費負担比率が上がってしまうので財政力に余力がある地方もこの比率が高くなる場合がある。危険性が高いのは、この比率が高く繰上償還もすることのできない地方自治体である。

4）財政力指数

$$\frac{基準財政収入額}{基準財政需要額}$$

行政サービスにかかる経費に対してどれだけの収入があるかを示す。1で収入と支出のバランスがとれ、自立していることを示している。また、分母と分子の差額が普通交付税として交付税法によって分配される。

この指数は1から引くと交付税依存度となり、どれだけ国に頼っているかを見ることができる。90年代で継続的に1を超えていたのは東京都のみである。その他の自治体は赤字ということとなる。平成18年版地方財政白書によれば、都道府県平均0.41％、市町村平均は0.47％となっている。ほとんどの自治体が半分以上交付税に頼っているということになる。

5）経常収支比率

$$\frac{経常経費充当一般財源}{経常一般財源} \times 100$$

経常的な収入・支出の割合を示す。一般的に70〜80％が適性とされ、

100％超えは危機的状況と見られる。ここ10年近く平均は83～92％となっており、適正値よりも悪い状態になっている。100％を超えている自治体も数箇所実在する。

6）実質収支比率

$$\frac{歳入 - 歳出 - 繰越財源}{標準財政規模}$$

　市町村▲20％、都道府県▲5％となると起債が制限される。その場合、再建団体として「地方財政再建促進特別措置法」を適用しないと起債ができない。

※赤字額が標準財政規模のそれぞれの比率に達すると起債が制限される。

7）その他の指標

● **自主財源比率**：財源全体に占める自主財源の比率。

● **債務償還年限**：収入を債務で除して算出される。現在の収入で何年後に債務を返済することができるかを示す。

● **インタレストカバレッジレシオ**：支払利息に対する収入比率。支払利息の何倍収入があるかを示す。

5.7.3. 用語集

● **特定財源**：利用目的が定められている財源

● **国庫支出金**：国と地方公共団体の経費負担区分に従い、国が地方公共団体に支出する負担金、委託費、特定事業の財政支援費。

● **一般財源**：地方税、地方譲与税および地方交付税の合計。市町村については、都道府県から交付されている利子割交付金・ゴルフ場利用税交付金・特別地方消費税交付金・自動車取得税交付金および軽油引取税交付金が加算される。利用目的の定められてなく自由に使える財源。

● **地方交付税**：国税のうち所得税・法人税・酒税・消費税・タバコ税それぞれの一定割合。地方交付税には普通交付税・特別交付税がある。

● **普通交付税**：所得税・法人税・酒税・消費税の24％・たばこ税の25％

● **特別交付税**：災害発生時など非常時の財政支援

● **地方譲与税**：国税として徴収し、その後地方公共団体に譲与される税。消費譲与税・地方道路譲与税・自動車重量譲与税など。

● **地方税**：住民税・法人事業税・固定資産税

● **標準税収入額**：自前の収入

● **標準財政規模**：標準的な状態で通常収入されるであろう経常的一般財源の規模。標準税収入額に普通交付税を加算した額。

● **基準財政需要額**：必要最低限の水準での一般的行政サービスの提供に必要な経費を人口・面積などによって計算されたもの。基準財政需要額が基準財政収入額を超える地方公共団体に対して、その差額を基本として普通交付税が交付される。

● **基準財政収入額**：地方交付税の算定用に、各地方自治体の財政力を合理的に測定するため、標準的な状態において徴収が見込まれる税収入を一定の方法で算定した額。

● **経常一般財源**：一般財源から特別交付税・地方税を除いたもの。毎年必ず税収として入る財源。

● **経常経費充当一般財源**：人件費・地方債元利金である公債費（繰上償還除く）。毎年支出することが決まっている財源。

● **転貸債**：自治体が発行するがその調達資金を公社・公営企業（公営バスなど）にそのまま貸しつけるもの。

● **事業に補正によって基準財政需要額に算入された公債費**：国から補助を受けない事業であっても交付税で特別に肩代わりすることがある。

● **災害復旧費として基準財政需要額に算入された公債費**：災害復旧費をまかなうために地方債を発行した場合に交付税で肩代わりすることがある。

5.8. スプレッドヒストリー

5.8.1. スプレッドの推移

　80年代はJGBとのスプレッド差での売買ではなく、政保公営債とのスプレッド差で売買されていた。東京都が政保公営+10bp、ローカルが政保公営+20bp程度で固定されていた。90年代前半に流動性拡大とスプレッド概念の認識がされて以降、動きがでて東京都が公営+10〜20bp、ローカルが公営+20〜30bpで推移した。このころJGBスプレッドが認識され始めた。

　97年11〜12月、アジア危機や相次ぐ大型破綻に信用収縮が起きワイドニングが始まった。スプレッドはすぐに東京都JGB+20、ローカルJGB+30までワイドニングした（残存5年はそれぞれJGB+30、JGB+40）。

　翌年には、非公募債（証書）期限前償還問題、2長期信用銀行経営危機、ロシア危機等の悪材料が続き、9月には東京都、神奈川、大阪府が財政危機宣言をした。これを受け、東京都JGB+55、ローカルJGB+70の安値をつけた（残存5年もほぼ同じ）。

　その後も、非公募地方債の期限前償還問題が尾を引くこととなるが、同年10月以降新発の発行条件から期限前償還条項が撤廃されたこと、クレジットリスクの見方が確立し始めたことなどから、国に厚いサポートを受けている地方債は徐々に値を戻していった。99年、00年には、東京都JGB+10〜20bp、ローカルJGB+15〜25bpで安定。01年以降はさらにタイトニングし、東京都JGB+5〜10bp、ローカルJGB+8〜13bpで落ち着いた展開となっていた。

　06年に入ると、長い間続いた金融緩和政策から、金融引締政策への転換が行われたことで、一時的にワイドニングすることになったが、金融緩和時のポジションから金融引き締め時のそれに再編が終了する

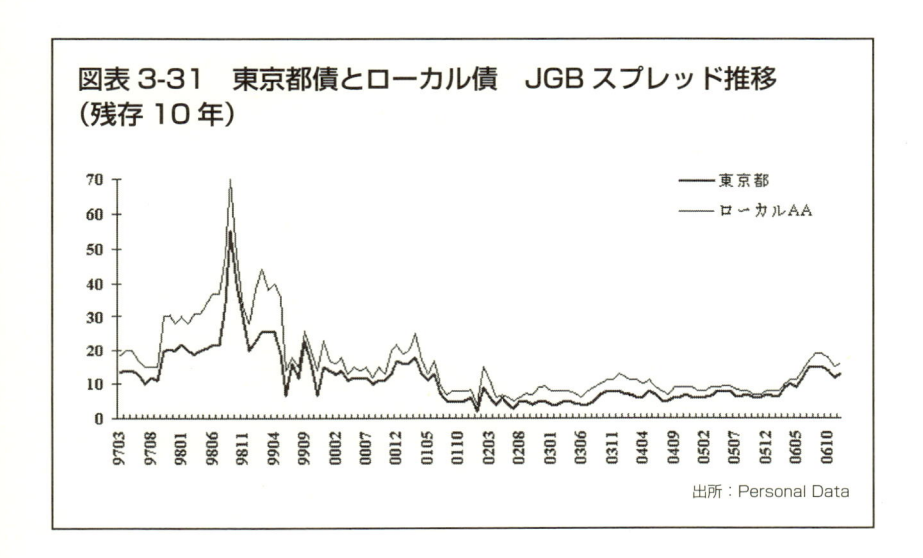

図表3-31　東京都債とローカル債　JGBスプレッド推移（残存10年）

出所：Personal Data

と値を戻し安定した。

5.8.2. スプレッド格差

1）東京都債とAA格ローカル地方債

図表3-31は、残存5年と10年の東京都債とAA格ローカル地方債のJGBスプレッド格差である。80年代、そして90年代半ばまで、6大都市とその他の都道府県債および政令指定都市債（ローカル）の2～3つに分かれており、スプレッド格差は10bp程度で固定されていたことを合わせると、80年代から06年までの20～25年間、2～18bpのレンジということになる。

97年から99年初頭は信用収縮が起きた時代で、格差はワイドニングしているが、スプレッドの絶対値が上昇しているため、比率で考えるとそれ程広がっていない。この時期を除けば、10bp以内に収まっている。

地方自治体の財務内容は、貧富の差がかなり激しい。東京都のよう

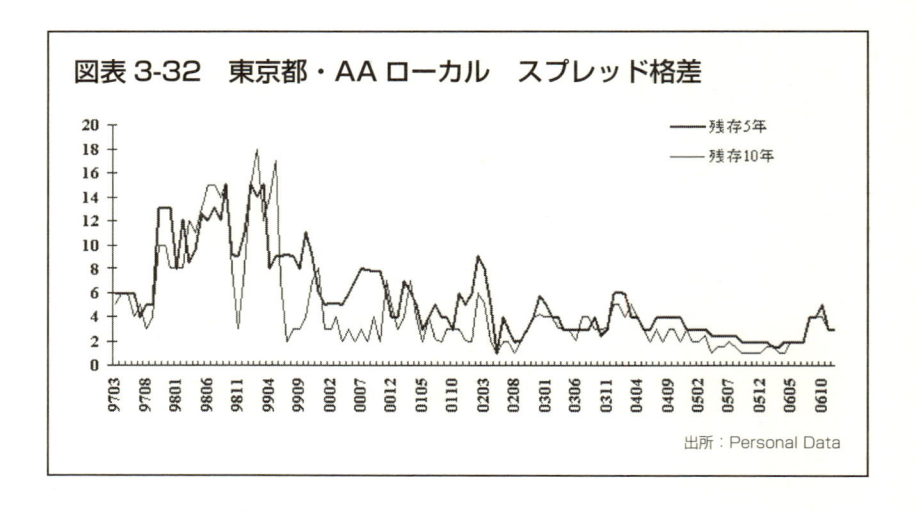

図表3-32　東京都・AAローカル　スプレッド格差

出所：Personal Data

に独自の財源で運営していけるところから、8割近く国に頼って運営しているところまである。しかし、発行される地方債は各種の国のサポートが効いており、法律上破綻できない仕組みになっている。そのため、一般的な事業法人であれば大きな差がつくところでも、小さな水準に落ち着いている。法律上破綻できないという仕組みが変わらない限り、この格差は広がらないであろう（**図表3-32**）。

2）AA地方債（大阪府・北海道）

図表3-33は、残存5年、10年のAA格ローカル地方債と大阪府債および北海道債の JGBスプレッド格差 である。大阪府は悪い財政状態と第3セクター問題、北海道は悪い財政と北海道経済低迷で他の地方債から格差が付いている。

格差が付き始めたのは97年からである。97年12月に北海道拓殖銀行が破綻すると、北海道経済が不安視され北海道債・札幌市債が、そして、相次ぐ大型破綻に財政状態の悪い大阪府・神戸市に格差がついた。翌98年1～2月には非公募（証書）期限前償還問題が発生し、期限前償還経験銘柄をはじめ非公募債が全面的に売り込まれ格差が付いた。

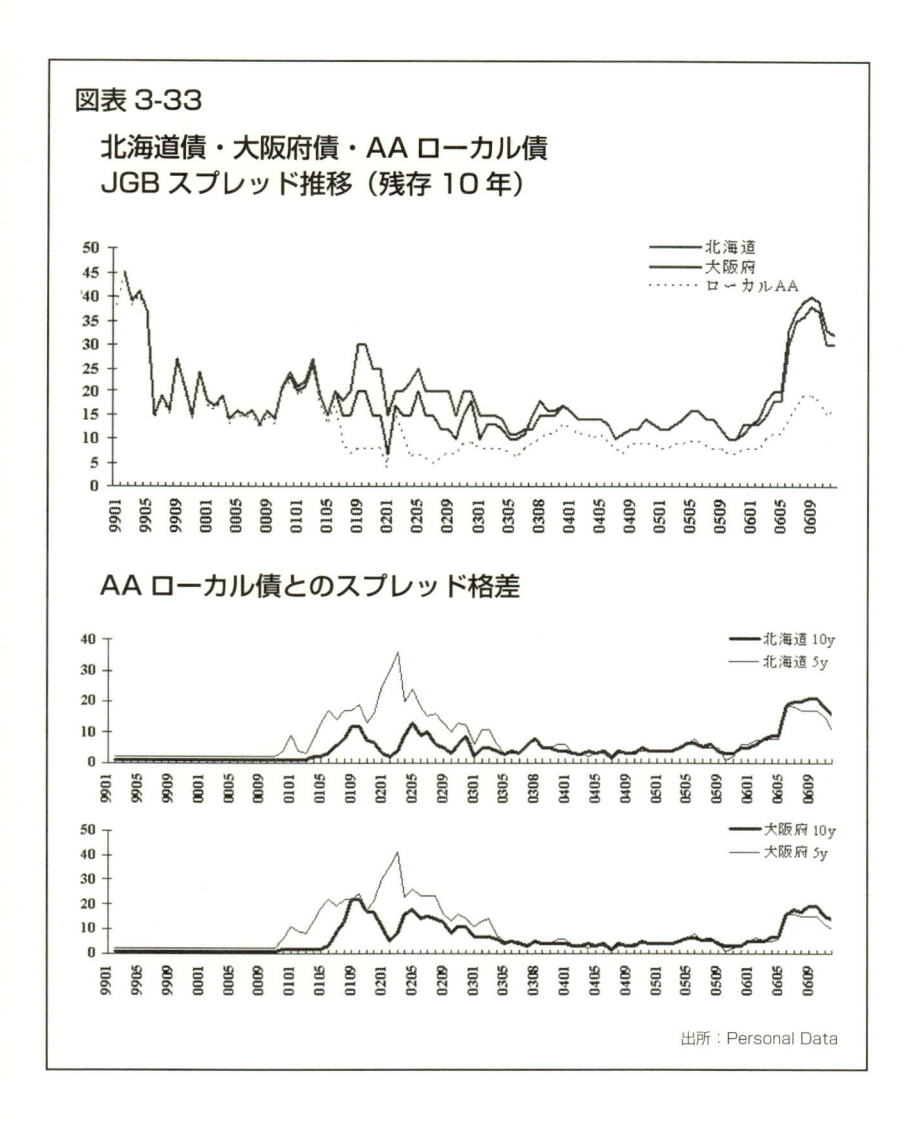

第3章 各種債券のリスクプロファイル・特性・歴史

図表3-33
北海道債・大阪府債・AAローカル債
JGBスプレッド推移（残存10年）

AAローカル債とのスプレッド格差

出所：Personal Data

さらに、同年9月に神奈川県・大阪府・東京都が財政危機宣言をしたことで格差がついた。しかし、当時は一時的なもので数カ月で値を戻した。

恒常的に付き始めたのは99年2月の格付機関による格付付与からである。地方債は国がサポートしているためクレジットリスクは同じで

あるという見方であり、流動性によって格差がついているのみであった。しかし、格付機関が格付に差をつけたのをきっかけにスプレッド格差が恒常的なものに変化した。格差はついたが、付与された格付はAA+からAA-の高いものであったため、格差はどの年限も00年終わりまで0〜3bp程度で安定していた。

00年後半になると特殊法人改革に、より格差に動きが出始めた。改革は統廃合・民営化が基本路線とされ、巨額の負債をもった本州四国連絡橋公団や関西国際空港公団の行方が問題視されていた。これら公団に融資していると考えられる関西圏の地方債が徐々にワイドニングし格差が拡大をはじめた。特殊債・財投機関債の同銘柄が下落し、債務超過のうわさまで飛びかうと、大阪府、大阪市、兵庫県、神戸市は下げ足を早め、残存5年の債券で01年には20bp台、02年2月には41bpまで拡大した。

その後、本四・関空への政府援助金が決まり、特殊債が落ち着くと地方債も値を戻し、03年には10bpを割り込み、06年まで2〜7bpのレンジで安定的に推移した。

06年再び動き始めた。この年、特殊法人改革が一服し、地方自治体の改革が始まった。

①地方債発行の完全自由化、②財政運営に関し自治体の責任の明確化、③破綻法制の導入、④実質的に地方債元利金を交付税で保障している仕組みの廃止、⑤赤字地方債発行検討等の政府方針が決められた。

その行方が不透明な中、北海道夕張市が赤字となり再建団体の申請をするなど地方自治体を取り巻く環境が悪化していた。また、それまで長い間行われていた新発債の発行方法が、統一条件決定方式から個別条件決定方式に移行され、より個々の自治体のリスクがクレジットスプレッドに反映されることになった。

財務内容の悪い地方債が全体的に値を下げることになった。筆頭は関西圏と北海道で急速にワイドニングした。

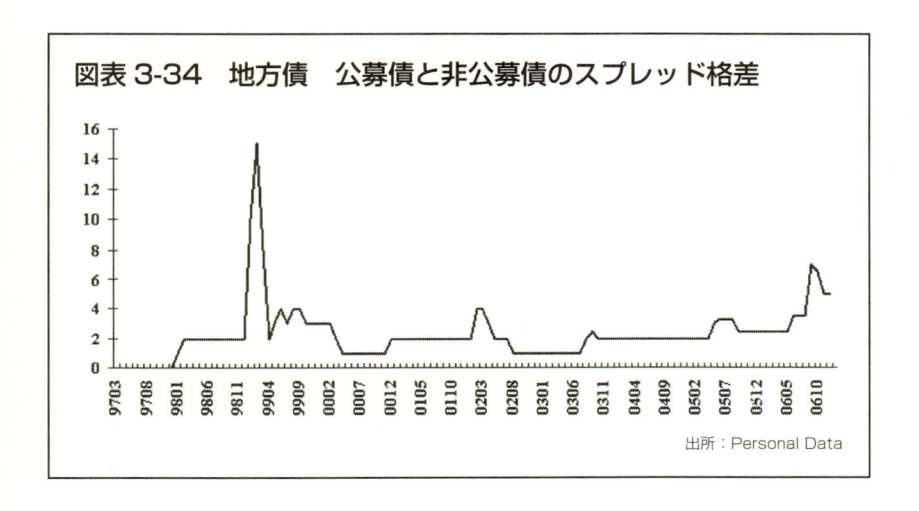

図表3-34 地方債 公募債と非公募債のスプレッド格差

出所：Personal Data

5.8.3. 公募と非公募のスプレッド格差

　地方債市場は公募債、非公募債ともに売買されている。発行形態が、公募債は公に募集される形で発行されるのに対し、非公募債は一部機関投資家に直接販売される。流通市場での売買において、事務的な差も返済順位などにも差がない。そのため、97年末までは長い間同等のものとして売買されていた。

　この公募・非公募スプレッド格差を見ると（**図表3-34**）、地方債への市場心理が見えてくる。地方債へのリスクが高まると拡大し、低下すると縮小する。

　97年後半、大型破綻が相次いだことで市場全体がクレジットリスクに敏感になり、自治体の財政状態に焦点が当たり出した。それと同時期に、地方債の繰上償還問題が重なった。当時はほとんどのものがオーバーパーで売買されていたため、市場は過敏に反応した。

　非公募債の中には、証券形式と証書形式の2種類がある。証券形式は債券と同じ性格を持ち市場に流通し、証書形式はローンに近い性格を持ち流通しない。繰上償還されていたのは、流通しない証書形式の

ものであった。

　市場では「財政状態の悪い地方自治体が、クーポンの高い債券を繰上償還している」という、うわさがはびこり、ある新聞には「繰上償還できるものならしたい」という、ある自治体のコメントまで載っていた。実際に繰上償還されたのは流通することのない証書形式のものであったが、繰上償還をした自治体の地方債は避けられる展開となった。非公募債は公募債に比べて、繰上償還のリスクが高いという見方が一般的となり、公募債と非公募債の間に差が定着していった。

　99年に入り、自治体の財政状態への不安が市場を支配するとさらにワイドニングし、格差は一時的に15〜20bpまで広がった。その後は、自治体が繰上償還はしないと公言したことでおさまり、長い間2〜5bpで安定した状態が長く続いた。

　06年、地方債銘柄間格差が拡大し始めると、公募・非公募格差も拡大し始めた。5年ゾーンでは5〜7bp程度となったが、10年債は6〜10bpへと拡大した。特に拡大幅の大きかったのは大阪や北海道などであった。

6 利付金融債・銀行社債

6.1. 発行体と債券種

6.1.1. 利金債

特別な法律によって債券発行を認められた長期信用銀行等が発行する債券。発行団体は7銀行。

銘柄	通称
日本興業銀行（現みずほコーポレート銀行）	利興：リッキー
商工中央金庫	利商：リッショー
農林中央金庫	利農：リツノー
全国信用金庫連合会（現信金中央金庫）	利連：リツレン
日本長期信用銀行（現新生銀行）	利長：リッチョー
日本債券信用銀行（現あおぞら銀行）	利信：リッシン
東京銀行（現東京三菱UFJ銀行）	利東：リットウ

※以降は発行時の団体名ではなく現時点での団体名で話を進めていく

毎月の定期発行。年限は5年が基本（利東は3年）で、クーポン・償還等の条件はすべて同一。毎月上旬に前月債の流通利回りを勘案し条件が決定される。00年代に入ると発行年限の多様化が実行され、1・2・3・5年債が発行された。

販売方法も独特な方法。毎月定期発行されるということで、あらかじめ年間契約で購入額を決め、直接投資家が引き受ける形。それ以外にはスポット発行という証券会社が発行体から引き受け販売する方法もとられている。

※東京三菱銀行は99年10月、みずほコーポレート銀行は06年4月に金融債の発行を終了し、銀行社債に切り替えた。

6.1.2. 銀行社債

00年6月から発行開始。銀行が特別な法律を伴わなくとも公募で債券発行が可能となり、利金債の発行実績のある東京三菱銀行や大手都市銀行のSMBC（旧住友銀行）等が発行を開始した。当初は大手都市銀行のみの発行であったが、市場が拡大するに従って、優良地銀の発行も開始された。

利金債の発行を見習って5年満期一括償還が中心に発行がされていたが、ニーズや市場環境に応じて年限は多様化された。

6.2. 銘柄間格差

80年代から92年6月まで

第1格	利興・利商・利農・利連・利東・利長・利信	←格差なし

92年6月以降

第1格	利興・利商・利農・利連・利東
第2格	利長
第3格	利信

93年9月以降（流動性順に変化）

第1格	利興
第2格	利商・利東
第3格	利農・利連
第4格	利長
第5格	利信

98年9月以降（当時の格付順に変化）

第1格	利商	Aa3
第2格	利農	A1
第3格	利東	A1
第4格	利連	A1
第5格	利興	A3
第6格	利長	Baa3
	利信	Baa3

　80年代から92年6月までは格差なし。もともと、利金債は銘柄間格差が存在せず「利金債」というくくりで売買されており、発行団体がどこであろうが、クーポンが同じであれば同じ利回りで売買されていた。当時は流動性が最重要視されていたため、個別銘柄での売買でなく「利金債」という、ひとつの債券としてくくることで、その流動性を高めていたのだ。この手法は、利金債だけでなく政府保証債・特殊法人債・地方債・電力債にも見られた。

　92年に入ると複利利回りとスプレッドの概念が生まれ、6月には個別銘柄の流動性に従った順番への編成が始まった。まず、あおぞら債・新生債が一部大手投資家によって売り込まれ、他の銘柄との格差が出始めた。その後93年9月に農林中金債と信金中金債、同年12月東京三菱債と商工中金債がみずほ債から差がつき個別銘柄の流動性順の形が出来上がった。

　96年になると、太平洋銀行・阪和銀行が破綻し、市場の金融機関に対する目が厳しくなり始めた。そんな中、同年11月、日本債券信用銀行の裏保証事件が発覚し、あおぞら債が大きく売られた。これを機に、クレジットリスク順への再編成がゆっくりと始まった。あおぞら債の下落にあわせるように、低格付だが流動性が高いことで最も高く売買されていたみずほ債の値段も次第に落ちていった。

　97年の相次ぐ大型倒産、98年の金融危機（日本長期信用銀行と日本

債券信用銀行の国有化で終結した）やロシア危機を経験後、クレジットリスクに対しての認識が一段と高まり、98年9月にはクレジットリスク順（格付順）に変更された。それ以降近年では、格付に見合った順番でスプレッドが決まっている。

※銀行社債は00年以降の発行のため、格付に伴った格差となっている。

6.3. 利金債の生い立ち
（日本クレジット市場の成長過程）

利金債の生い立ちを見ると「日本クレジット市場の成長過程」を見ることができる。大きく4つの時期（**図表3-35**のA、B、C、D）に分けることができる。

A：幼児期
流通市場が始まって間もなく、利金債というひとつのくくりで売買されていた時期。流動性が飛躍的に伸びた。

B：少年への変革期（92年6月以降）
スプレッドの概念が生まれ、イールドカーブが組成される。個別銘柄の流動性による銘柄間格差が始まる。

C：少年期（93年9月以降）
流動性によって格差が確立した時期

D：青年期（98年9月以降）
クレジットリスクによって格差が確立した時期

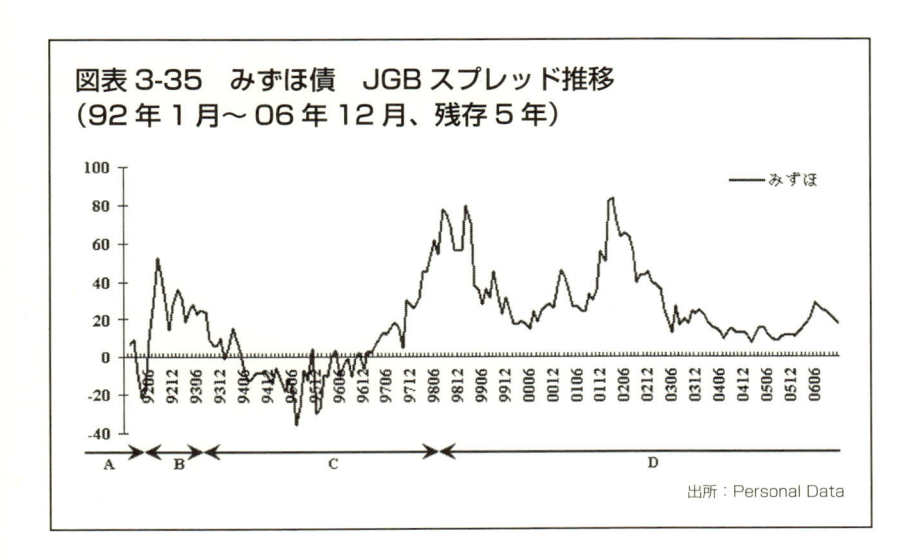

図表3-35　みずほ債　JGBスプレッド推移
（92年1月～06年12月、残存5年）

出所：Personal Data

6.3.1.　「幼児期」（流通市場が始まって以降、92年6月まで）

　80年代は、国債ですら指標銘柄以外は売買がほとんどないような時代であった。88年から某証券によって利金債のマーケットメーク（メディアの画面上でリアルタイムに売買値を表示する）が始まり、急激に売買高が増加した。指標銘柄以外の国債の売買高を軽く抜き、国債指標銘柄に次ぐ国内第2位の規模の市場に成長した。まさに中期債の核となる存在となった。

　流動性重視の市場であったため、流動性を上げるために個別の銘柄での売買を避け「利金債」というひとつのくくりをつくり、7銘柄が差別されることなく売買されていた。条件がどの銘柄も同一であったことが流動性拡大に一役かったことになった。また、当時は複利という概念が存在しなかったため、残存年限に関係なく設定されているクーポンで利回りが決まっていた。この売買手法は政保債・地方債・特殊法人債・電力債等にも適用され、日本クレジット市場は大いに流動性をあげた。

※4.8％クーポンの利金債は約1年間発行され続けたが、すべて同一の単利利回りで売買されていた。年限で利回りに差が出てきたのは90年代に入ってから。

6.3.2. 「少年への変革期」（92年6月～93年9月）

　92年に入ると「複利利回り登場」で「スプレッドやイールドカーブという概念」が生まれた。利金債は長期ゾーンと短期ゾーンという2つか3つのくくりで利回りに差が生じはじめ、幼いイールドカーブが形成されていた（当時はまだ階段状のイールドカーブ）。
　半年ほど経つと本格的にイールドカーブが複利によって形成された。この流れは政地債や社債にも波及した。
　イールドカーブが形成されると、個別銘柄の流動性に着目した格差が見え始めた。まず、最も発行残高が少なく流動性が低かったあおぞら債が下落し他の利金債との間に差がついた。93年に入るとすべての銘柄に格差が生じ、格差が確定していった。

6.3.3. 「少年期1」（93年9月～96年11月）

　流動性によって格差が付いた状態で安定、銘柄間格差やイールドカーブに磨きがかかった時期。一方で、銘柄間格差が付いたことで利金債全体の売買高は、減少傾向となった。依然、利金債は国債よりも流動性が高いため、すべての利回りの基準は利金債となっており、JGBスプレッドは2次的に計算されていただけであった。
　この時期は銘柄間格差が流動性からして、どの程度が妥当であるかを模索し続けていた。イールドカーブに関しては、複利利回りの概念が定着したことで、階段状から緩やかな右上がりの形状になってきたものの、国債の売買高が利金債のそれを上回ることがなかったことで、利金債独自のものとなっていた。また、クレジットリスクの概念

がなく流動性リスクが重要視されていたこと、非上場債である利金債は決算対策用のニーズが強かったことで、国債のイールドカーブの下に利金債のカーブが置かれていた（利金債のほうが国債よりも値段が高い）。

利回りは、国債市場が基準でなく、みずほ債の出来値が基準で、それ以外の利金債は、みずほ債からどれほど離れているかで決められていた。

6.3.4. 「少年期2」（96年11月～98年9月）

96年11月、日本債券信用銀行（現あおぞら銀行）の裏保証事件が公になると、それまでの流動性一辺倒の市場に激震が走った。「新たなるリスク」の登場である。

あおぞら債の大幅な下落によって雰囲気が一転。相変わらず流動性重視の市場には変わりがなかったが、少しずつこの「新たなるリスク（クレジットリスク）」に目が向くようになっていった。これが日本で始めてのクレジットリスクとの出会い、日本の目覚めであった。利金債だけではなく、政保債・地方債・社債へと幅広く広がっていった。

利回りの決め方は、それまでの利金債独自のものでなく、国債からのスプレッドで決められるようになっていった。それに伴い、まず利金債のイールドカーブは、国債のそれの上にくるような正常な状態に変化した。ただ、この時点では、銘柄間格差には変化がなく、格付に関係なく、みずほ債が最もタイト（値段が高い）であった。

97年後半、大型倒産が相次ぎ日本の企業は破綻しないという神話が音を立てて崩れ落ちると、クレジットリスクへの関心は一気に高まった。クレジットリスクが利回りを決めるうえで絶対的なものに変化していった。市場は、それまでの「流動性一辺倒」から「流動性＜クレジットリスク」へと変化していった。

6.3.5. 「青年期」（98年9月〜）

クレジットリスクを最優先に考え、その意味を模索する時期。初めて目にするクレジットリスクに戸惑い、妥当な居所を模索することが中心となった。

97年の大型倒産以降、徐々にクレジットリスクみあいのプライシングがなされ、98年9月にはすべての銘柄が、格付順に並んだ。しかし、この時点では、順番が決まっただけであってスプレッドの妥当性はなかった。低格付社債はクレジットリスクを分析できず、ただただ下落していった。

00年代に入って社債の流動性が上がってくると、同格社債との比較が可能となり、それぞれの銘柄のバランスも良くなっていった。

6.4. スプレッドヒストリー

6.4.1. スプレッドの推移

1）みずほと商工中央金庫のJGBスプレッド推移

図表3-36は92年のスプレッドという概念が生まれて以降のJGBスプレッド推移である。96年秋までは利金債の流動性がJGBのそれを大きく勝っていたため、JGBカーブを基本とする相場ではなく、あくまで利金債中心の市場であった。JGBスプレッドは2次的に計算されていただけであった。

90年代前半、日本クレジット市場は飛躍的に流動性を上げた。その中心であったのが利金債であった。債券を発行している大企業の中で過去に破綻したことのある企業は皆無であり、流動性こそが債券の最大のリスクと考えられた。スプレッドという概念が生まれた92〜94年は一時的にJGBプラスになったが、80年代後半利金債の流動性が上

図表3-36　みずほ・商中　JGBスプレッド推移
（92年1月～06年12月、残存5年）

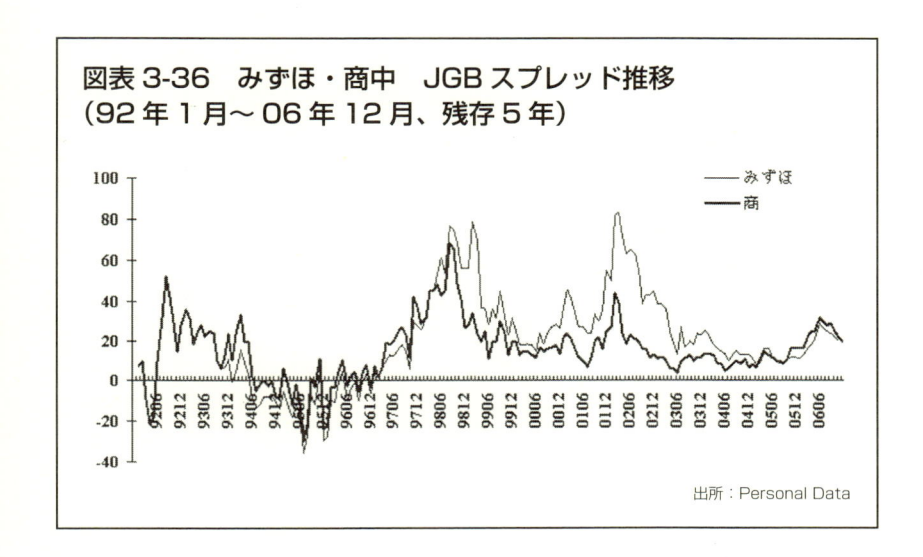

出所：Personal Data

がってから96年の破綻が起きるまでの間の多くは、JGBマイナスの時代であった。

スプレッドの概念が生まれて以降最もタイトになったのは、95年12月のJGBマイナス46bpであった。前月にJGB+11まで下落した後、決算対策（評価義務のある上場債から義務のない非上場債への入替）の動きが市場を支配し一気にマイナス46bpまでタイトニングした。

97年の大型破綻によって神話（日本の企業は破綻しない）が崩壊し、市場はクレジットリスクに敏感になったことと、非上場銘柄も評価対象になると、JGBマイナスはなくなりワイドニングを続けることになった。99年2月にはみずほでJGB+80をつけた。

その後、ITバブルが始まり、株価上昇・信用リスク低下でタイトニングし、00年前半にはJGB+20を割り込んだが、マイナスにはならなかった。

ITバブルが崩壊すると再びワイドニング。昭和バブルの後遺症である不良債権が減るどころか増加を続け、02年2月に向け金融不安が台頭した。スプレッドはみずほで一時的にJGB+100を超えた。

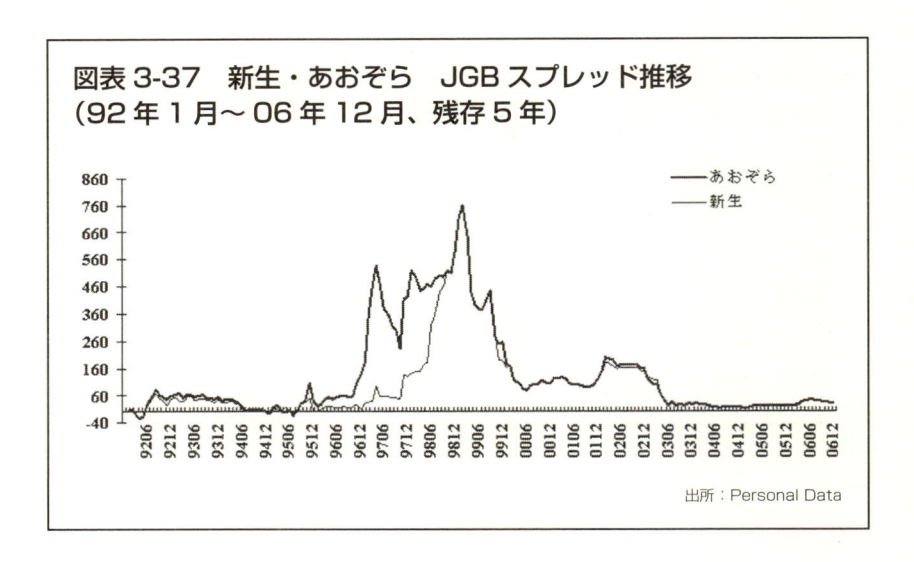

図表3-37 新生・あおぞら JGBスプレッド推移
（92年1月～06年12月、残存5年）

出所：Personal Data

その後、政府の金融機関への強力なサポートが市場で認められ、タイトニングしいくことになった。03年4月にりそな銀行が国有化されるころにはJGB+20を割り込んでいた。

2）新生とあおぞらのJGBスプレッド推移

92年スプレッドの概念が生まれて以降、流動性によって銘柄間格差が生まれたため、利金債（みずほ債）が最も割高になった95年12月でもJGBフラットになるのが精一杯であった。

96年に入り、日債銀の裏保証が発覚すると、あおぞら債が単独で下落を始め、97年4月にみずほ債+540まで下落した。その後、公的資金の注入によって落ち着きを取り戻したものの、年後半になって多くの大型破綻が起こり、神話が崩壊すると、市場はクレジットリスクに敏感となり新生債とともに下落していった。

98年10月、日債銀と長銀の国有化が決まっても下落を続け、99年2月には一時的にJGB+1000超えまで下落した（**図表3-37**）。

その後、国有化後の債券は保全されると分かり、海外勢を中心に買

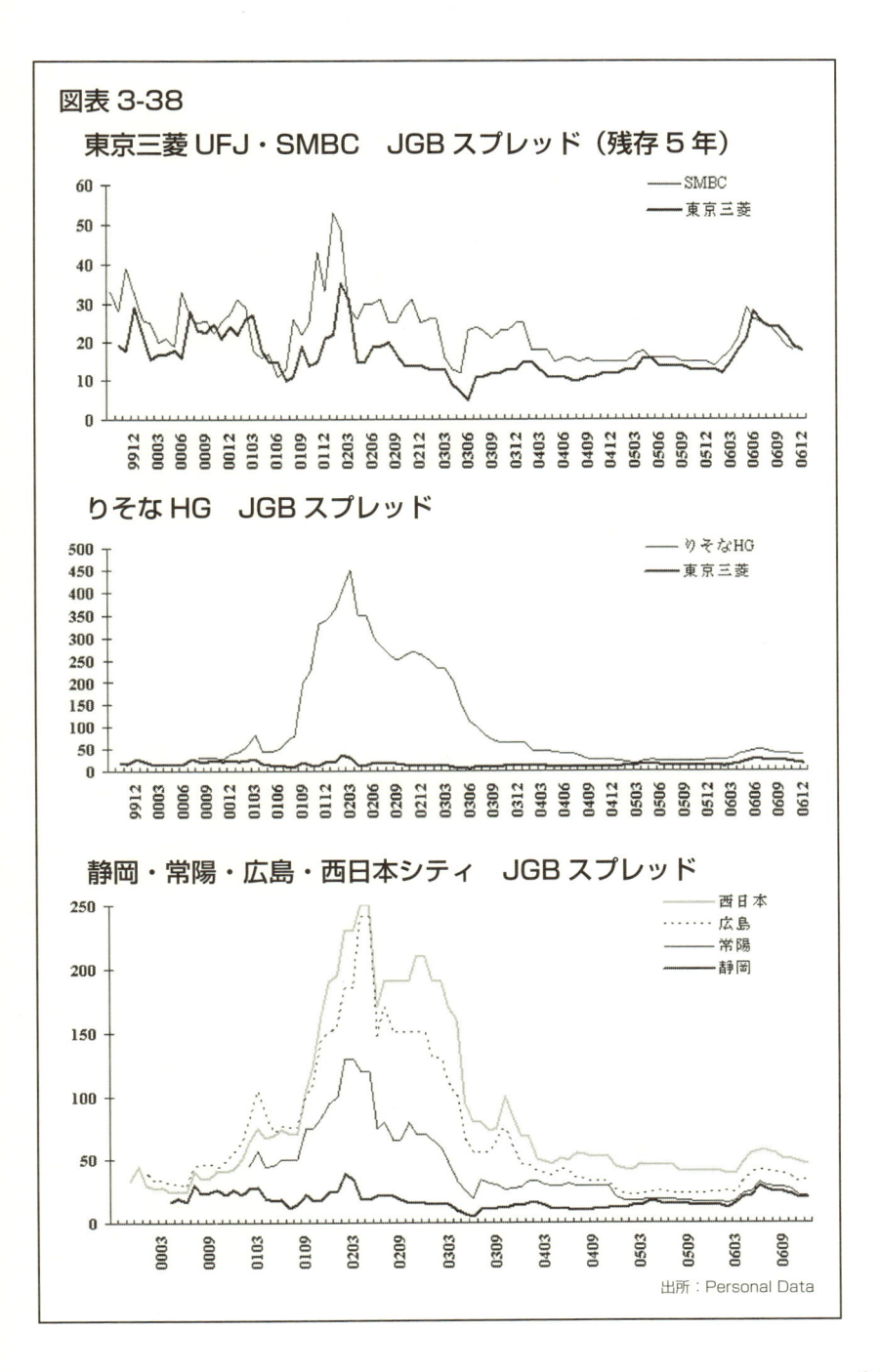

図表 3-38
東京三菱UFJ・SMBC JGBスプレッド（残存5年）

りそなHG JGBスプレッド

静岡・常陽・広島・西日本シティ JGBスプレッド

出所：Personal Data

いが入り、値を戻していった。00年半ばにはJGB+100を割り込むほどに回復した。以降は、格付に見合ったスプレッドで売買されている。

3）その他銘柄のJGBスプレッド推移

信用収縮が起こると、格付の低い銘柄から順ワイドニングを始め、高いものに波及していく。格付の低いものほどワイドニング幅は大きくなった。逆に信用回復が起こると、格付の高いものから順にタイトニングし、格付の低いものに波及していった。ワイドなものほどタイトニング幅は大きくなった（**図表3-38**）。

6.4.2. スプレッド格差

図表3-39は92年以降のみずほ債とそれぞれの銘柄とのスプレッド格差を示している。興銀債スプレッド－それぞれの銘柄。

92年6月まで、格付はそれぞれ違うものの、どの銘柄も同じ利回りで売買されスプレッド格差はゼロとなっていた。92年6月に最も利金債の中で流動性の低かった新生債とあおぞら債がワイドニングすることで格差が付き始め、93年6～9月にすべての銘柄が流動性の高い順に格差が生じた。

最も流動性が高かったのが、みずほ債であったため、みずほ債からのスプレッド格差での売買となった。格差は、商工中金債で5～15bp、農林中金債で8～22bpとなっていた。

97年後半、大型破綻が相次ぎ神話が崩壊すると、市場はクレジットリスクに敏感になり、そのリスクをスプレッドに織り込む試みがなされた。そして、大型破綻から半年近くを過ぎた98年5月、とうとう、みずほ債は格付の高い商工中金債や農林中金債の利回りを上回ることになった。それまでの格付が低くても流動性が高い銘柄は、格付が高くても流動性が低い銘柄よりタイトであるという常識が覆り、ま

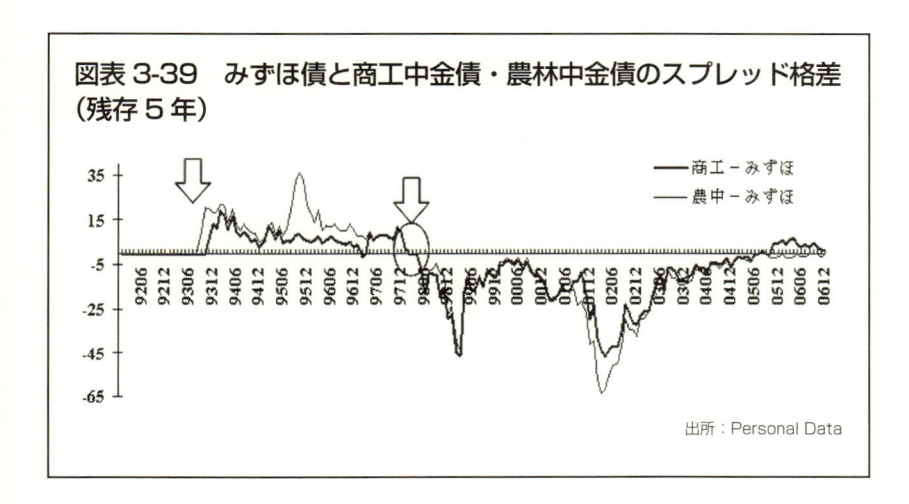

図表 3-39　みずほ債と商工中金債・農林中金債のスプレッド格差（残存５年）

凡例：商工－みずほ／農中－みずほ

出所：Personal Data

ずは格付、次に流動性という常識に変化した。翌年３月には商工中金+50bp近くまで下落した。

99年に入るとITバブルの影響でクレジットリスクが低下し、徐々に値を戻してきたが、ITバブルが崩壊し信用収縮が起こると再び下落。02年２月にはみずほ債は商工中金債+50bp、農林中金債+65bpまで下落した。

金融危機を乗り越え、政府のサポートが力強さを増してくるに従い、タイトニング。03年りそな銀行国有化時には10bp程度まで戻った。その後は景気回復、不良債権減少で信用が増し、格差はどんどん縮小し、ほとんどないところまで戻った。

7 銀行劣後債

7.1. リスクプロファイル

劣後債とは負債性資本調達手段によって債券にて調達されたもので資本に算入することができる。預金や普通社債などの一般債務（シニア）よりも元利金の返済順位が低い債券。会社が清算するなどの場合に、一般の債権者への返済が終了したあと、劣後して返済される。

優先劣後関係は優先度合いの高い順に
① 預金・普通社債・ローン（優先債務：シニア）
② 期限付劣後
③ 永久劣後
④ 優先株・優先出資証券
⑤ 普通株

1）劣後特約
一定の劣後事由が発生した場合に、その元利金の支払いを、劣後債務以外のシニア債務の履行よりも劣後する旨の特約のこと。

2）劣後事由
破産宣告、会社更生手続開始、民事再生手続開始等。

3）優先（シニア）債務との優先劣後関係と停止条件
劣後事由の発生時に優先債務がその債務額の全額の支払いを受けるまで劣後債務の支払いの効力発生が停止するという条件がついてい

る。このため、優先債務と劣後債務の間に優先劣後関係が成立することになる。

4）劣後債発行の歴史

バーゼル合意による自己資本比率規制は88年に承認され92年度から適用された。BIS自己資本比率を意識し、邦銀は90年ごろから劣後債務（劣後債・劣後ローン）による負債性資本の調達に乗り出した。

当初はドル建てによる劣後債発行であったが、93年に円建劣後債の発行が解禁され、それに伴い円建てによる発行が中心となった。発行形態はユーロMTNプログラムを利用した私募形式による少額の発行が圧倒的に多かった。

00年6月には、初めて国内発行登録枠制度を利用した公募形式による期限付劣後債が発行され、02年8月には、邦銀として初めて東京三菱銀行がTier 3債（短期劣後債）を発行した。

00年代半ばになると、地方銀行の公募期限付劣後が発行され、大手都市銀行によるTier 1債の発行も増加してきた。

7.2. 銀行の自己資本比率

劣後債を理解するには、BIS自己資本規制をまず理解しなくてはならない。どのような理由でこのような形態の債券が発行されているかを理解することで、債券自体の性質を理解できる。

7.2.1. BIS基準

銀行の自己資本比率に関して国際決済銀行（Bank of International Settlements＝BIS）では、国際的な銀行システムの安定性と銀行間の競争条件の平等化のために国際統一基準が定められている。一般的に

BIS規制と呼ばれている。

　国際業務を行う銀行の自己資本は8％以上、国内業務だけを行う銀行は4％以上を維持することが求められている。

　十分な自己の資金がないのに、過大な貸出しを実施するのを防止するためで、これらの数字を下回れば、金融庁が危険と判断し資本増強などを求めることになる。比率がマイナスとなれば、債務超過になったと認定されて経営破たんとなる。

　この比率がBIS基準以上だからといって安全であるという保証にはならない。あくまで目安である。

7.2.2. 自己資本比率の算出

　一般的な自己資本比率は、自己資本を総資産で除したもの。これによって、企業の健全性を計る指標としている。自己資本比率が高いほど、負債に頼らず安定した経営をしていくことができる。

　しかし、銀行の場合は世界統一基準で決められたルールがあり、以下のように計算される。

自己資本比率（国際統一基準、％）
＝（①基本的項目＋②補完的項目＋③準補完的項目－④控除項目）
／（⑤信用リスクアセット＋⑥マーケットリスク相当額／8％）
×100

　資本として、基本的項目以外に、補完的項目、準補完的項目を追加できる。

　資本性の高い順、言い換えれば清算時の返済順位が低い順に、基本的項目、補完的項目、準補完的項目となる。

① 基本的項目（Tier 1）
　　資本勘定より、その他有価証券評価差額金・配当等の社外流出予定額等を差し引いた額をいい、資本金・資本剰余金・利益剰余金・社外流出予定額控除後当期純利益などを指す。普通株・非累積配当型永久優先株・OPCO（Operating Company発行）を含む海外特別目的会社発行の優先出資証券などが含まれる。

② 補完的項目（Tier 2）
　　資本性の高さでUpper Tier 2とLower Tier 2に分けられる。
　　Upper Tier 2は資本性が高いほうで、有価証券含み益の45％相当額・土地の再評価差額の45％相当額・一般貸倒引当金および負債性資本調達手段が含まれる。負債性資本としては無担保永久劣後債務（債券・ローン）。
　　Lower Tier 2は期限付劣後債務および期限付優先株が含まれる。しかし、Lower Tier 2の場合、資本としての恒久性・継続性が低いため、契約期間が5年以上であることが条件としてつけられている。残存が5年を下回ると資本算入金額が毎年20％ずつ減価されていく。通常、発行日から5年後にコールオプションがついている。
　　また、補完的項目（Tier 2）は、基本的項目（Tier 1）の金額を越えていても算入できるのは基本的項目（Tier 1）の額までという上限が設けられている。

③ 準補完的項目（Tier 3）
　　短期劣後債務。期間2年以上の無担保劣後債務（満期一括限定）であり、当該債務の元利払後において自己資本比率が8％以上となる場合以外は、元利払を行うことができない条項（ロックイン条項）を付けることが条件となっている。さらに、算入額には以

下3つのうち最少額までという上限が規定されている。

　　a）マーケットリスク相当額の7分の5
　　b）基本的項目（Tier 1）
　　c）基本的項目（Tier 1）が信用リスクアセットの4％を超過した場合の超過分の250％

　ロックイン条項がついていることで、清算時の返済順位が同じであるはずのLower Tier 2より、元利払が劣後する可能性がある。

④　控除項目
　他の金融機関の資本調達（株式・劣後債・劣後ローンなど）の意図的に持ち合っている資本。

⑤　信用リスクアセット
　銀行の保有する資産の種類によって、リスクウエイト（資産毎の一定掛目）を掛けた額の合計。

⑥　マーケットリスク相当額
　市場価格変動に伴ってオンバランス・オフバランスポジションの損失が生じ得るリスク相当額

7.3. 発行体と債券種

都市銀行および地方銀行の発行。それぞれ、劣後特約・資本性に応じ、期限付劣後債と永久劣後債、優先出資証券に分かれている。

一般的に発行されている普通社債やシニア銀行債と比較して、劣後特約がついていることで、市場参加者が少なく、市場規模や流動性が劣る。結果的に発行は信用力の高い一部の銀行中心になっている。

7.3.1. 期限付劣後債（Lower Tier 2）

恒久性・継続性という観点から資本性が低いため、元の契約期間が5年以上であることが条件として定められている。また、残存が5年を下回ると資本算入金額が毎年20％ずつ減価されていく。

外貨建、ユーロMTNプログラムを利用して発行されるユーロ円債と、発行登録枠制度を利用した国内公募債がある。

1）ユーロ円建および外貨建、ユーロMTNプログラム

基本形は5年後コール条項付10年債。通称10年ノンコール5年（10NC5）と呼ばれる。10年債であるが、5年後に100円で償還させる権利を発行体が持っている債券（コールオプション）。コールオプションは5年後一回のみ（One Time Call）。

残存5年以下になると、資本算入額が減価してしまうので、そうならないようにコールしていく形になっている。そのため、クーポン設定は5年後に大幅に上がるステップアップ形式になっている（標準的にステップアップ幅は150bp）。

売買は、ほとんどの場合、このコール期限を償還日としてプライシングし、そのスプレッドで流通している。ただ、経営状態が著しく悪い発行体の発行する10NC5は5年後にコールされない可能性を否定で

きないため、コール期限でなく、しばしば最終償還でのプライシングとなる。

> 例1）XXX銀行海外子会社
> 発行日　　　　2006年5月12日
> 償還日　　　　2016年5月12日
> コール　　　　2011年5月12日
> クーポン　　5年間 6month Libor ＋40bp
> 　　　　　　その後 6 month Libor ＋190bp
> ※コール後のクーポンステップアップは150bpが一般的
> ※満期一括債や10年後コール条項付15年債（15NC10）がある。

2）国内公募債

もともと外貨建やユーロ円建での発行主流であったが、発行は増えてくるものの市場規模は以下の理由から大きくならなかった。

> ① 劣後特約付債券を投資対象としている投資家が少ない。
> ② 通貨が外貨建であったり、円であっても流通がユーロ円市場である。
> ③ 私募形式である。

参加者が限られることで価格の透明性や流動性が非常に低いものとなっていた。そのため投資家の立場からも発行体の立場からも、市場規模が格段に大きい国内市場で流通する公募債の発行が求められていた。

00年6月初めて国内発行登録枠制度を利用した公募形式による期限付劣後債が発行された。円債インデックスに組み入れ可能な形態をもっていることもあり参加者は格段に増え、価格透明性や流動性が上がっていった。

償還形態は参加者や流動性を上げるためインデックスに採用されるように考慮して10年満期一括債とされていた。

7.3.2. 短期劣後債（Tier 3）

期間２年以上の無担保劣後債（満期一括限定）であり、元利払後において自己資本比率が８％以上となる場合以外は、元利払を行うことができない条項（ロックイン条項）が付けられている。ロックイン条項がついていることで、清算時の返済順位が同じであるはずの期限付劣後債（Lower Tier 2）より、元利払が劣後する可能性がある。

そのため期限付劣後債（Lower Tier 2）より、さらに参加者が少なく、現在発行されているのは東京三菱UFJ銀行債１社１銘柄となっている。

発行体側からすれば、Tier 2が残存５年以下の発行は資本算入できないのに対しTier 3は２年債でも全額資本に算入することができる特徴がある。

7.3.3. 永久劣後債（Upper Tier 2）

負債性資本調達手段のうち、次の条件を満たすものを指す。

① 無担保、かつ、他の債務に劣後する性質の払込済のもの。
② 一定の場合を除き、償還されないもの。
③ 業務を継続しながら損失の補てんに充当し得るもの。
④ 債務超過に陥った場合や配当可能利益がないときなどに、利払いの義務の延期が認められるもの。

永久劣後債務は期限付劣後債務と比較した場合、以下の違いがある。

① 償還期限の定めがない。
② 債務超過に陥った場合、あるいは配当可能利益がない時などは、次回の利払い時まで延期が認められている。
③ 業務を継続しながら損失の補てんに充当し得るために、当局が要求する最低自己資本比率基準の2分の1に相当する水準を下回る場合にも利払いの延期が認められる。
④ 劣後事由発生時には、シニア債務および期限付劣後債務が全額返済された後でなければ元利金は返済されない。
⑤ 期限付劣後（Lower Tier 2）が残存5年を下回ると資本算入金額が毎年20％ずつ減価されていくのに対し、永久劣後は減額されない。

外貨建とユーロ円建の発行となっており、国内公募は発行されていない。基本形は5年後以降コール条項付永久債。期限付劣後の基本形が5年後1回コール（One Time Call）に対し、永久債は発行5年後以降毎利払日ごとにコールがついている。

7.3.4. 優先出資証券（Tier 1）

基本的項目（Tier 1）には、普通株・非累積配当型永久優先株・OPCOを含む海外特別目的会社発行の優先出資証券などが含まれる。非累積配当型とは、あらかじめ定められた優先的配当の額を下回ることとなった場合に、その未達額が翌事業年度の優先的配当に加算されないもの。累積配当型は加算される。

自己資本の基本的項目（Tier 1）への算入が可能で、Tier 1資本の15％までの発行が認められ、自己資本比率を押し上げる効果がある。株式に近い存在で、配当という形で利払を受ける。普通株式への転換権はなく、普通株式にあるような議決権もない。

発行形態は永久劣後債に近く、発行数年後から毎配当日にコール条

項が付いている。

優先出資証券は永久劣後債務と比較した場合、以下の違いがある。

> ① 永久劣後債が利息の利払いを次回利払い時まで延期が認められているのに対し、優先出資証券は株式同様、配当がない場合がある。
> ② 劣後事由発生時には、シニア債務・期限付劣後債務・永久劣後債務が全額返済された後でなければ元利金は返済されない。
> ③ 残余財産分配請求権において、優先債券・劣後債券に劣後し普通株式に優先する（優先株式と同順位）。

7.4. 過去の劣後債デフォルト危機

過去に劣後事由は現実化していない。過去に破綻したり国有化された銀行は多くあるものの、劣後債に関してデフォルトに陥ったものはひとつとしてない。いずれも劣後事由には該当しなかった。

> ① 97年11月、北海道拓殖銀行破綻し北洋銀行に営業譲渡された際に海外子会社が発行していた劣後債務
>   → 償還
> ② 98年9月、一時国有化された日本長期信用銀行（現新生銀行）
>   → 株式全損・劣後債務保護
> ③ 03年5月、「特別支援行」として実質国有化となったりそなグループ
>   → 株式・劣後債務保護
> ④ 03年11月、債務超過に陥った足利銀行に一時国有化
>   → 株式全損・劣後債務保護

金融機関は債権者・債務者が多岐にわたり、破綻した場合の経済や融資先企業などに与える影響が大き過ぎるため、一般企業のような会

社更生法・民事再生法などの処理はなじまない。金融再生法に基づいて処理されることのほうが、現実味がある。

現時点で、メガ銀行に関しては、りそな銀行国有化を最後に処理のシナリオが確立された。地域金融機関に関しては、総資産4.9兆円の足利銀行に対し劣後債務を保護するというメガ銀行シナリオをとった。また、金融機能強化法（時限措置）が設定され、金融機関全体のサポートが決められた。

今後も大きな政治的・経済的状況が変わらない限りにおいて、政府にサポートされ、処理されていくと思われる。

今のところは、このように劣後債務に関してすべて保護されているが、シナリオに政治色が強いため、大きな政治的・経済的状況変化によってあっさりシナリオが変化する可能性も否めない。

7.5. 格付

シニア債と劣後債は債務返済順位において差が生じるため、格付もそれ相応の差がついている。

R&Iは、かなり明確に格付方針を決めている。シニア債の格付を基準とし、シニア債の格付がAA台であれば、期限付・永久は1ノッチずつ格が下がり、A台であれば1～2ノッチずつ、BBB台であれば2～3ノッチずつ、BB台であれば3ノッチ以上ずつ下げるとしている。もちろん、政治的影響を大きく受けるセクターであるだけに方針修正は今後も行われていくと思われる。

その他の格付各社は、R&Iほど明確な方針が決められていなくケースバイケースとしているが、方向性は同じである。

7.6. スプレッドヒストリー

7.6.1. スプレッドの推移

図表3-40は公募劣後債の発行が国内で開始された00年6月以降のSwapスプレッド推移。メガバンク満期一括債と地方銀行10NC5。

98年後半から始まったITバブルによる株価上昇・信用リスク低下の中、ゼロ金利政策・社債投資拡大・共済連統合に伴うCash Creditへの入替等の好材料を受けスプレッドは急速にタイトニングし低位安定していた。そんな環境下、00年6月、公募劣後債の発行が開始された。シニア債に比べスプレッドが厚く、公募発行でインデックスに採用されるという利点から多方面から買いニーズが入り、売買レベルは海外で流通する同発行体のユーロ円債やドル債のそれを大きく下回ることとなった。

しかし、発行が開始される数カ月前、3月時点ですでにITバブルは崩壊し、株価は下落基調となっていた。信用収縮相場が始まり、じわじわとその影響が良好な相場となっていた公募劣後債に襲い掛かり、スプレッドはワイドニングを始めた。

信用収縮は01年のマイカル破綻やエンロン破綻で加速し、歯止めの掛からない銀行の不良債権増加に02年2月には金融危機観測まで台頭した。公募劣後債の発行が始まってから、政府の金融危機は起こさせないという発言を横目に02年2月までワイドニングが続いた。スプレッドは当初発行レベルの2.5～3倍である、東京三菱JGB+120、住友銀行JGB+160の安値をつけた。

02年2月以降は、2月危機を回避したこと、政府の金融危機を起こさせないという強い意思、そしてToo Big to Failを信じタイトニングを始めた。相変わらず株価は下落基調を変えなかったが、クレジット市場は①ペイオフ一部解禁からの資金流入、②MMFなどの投信から

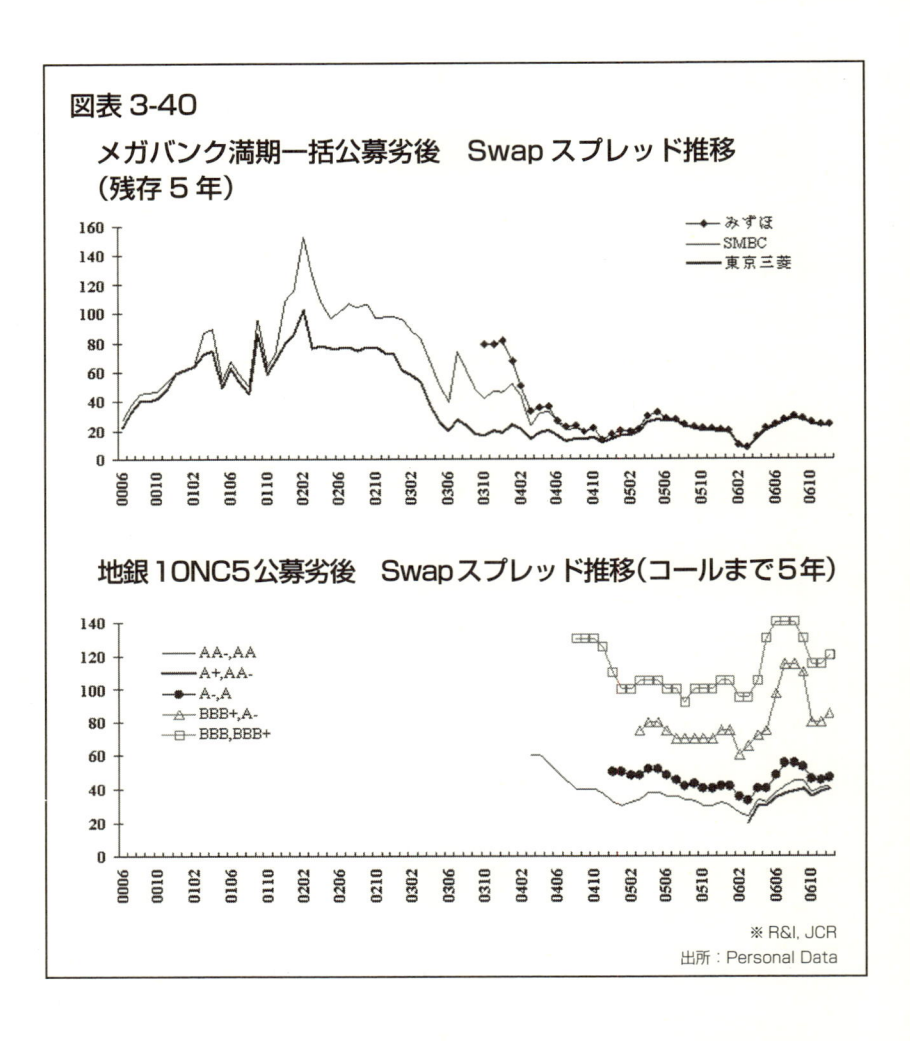

図表3-40

メガバンク満期一括公募劣後　Swapスプレッド推移（残存5年）

地銀10NC5公募劣後　Swapスプレッド推移（コールまで5年）

※ R&I, JCR
出所：Personal Data

の資金流入、③量的緩和による時間軸効果、④政府の金融機関サポートを理由にタイトニングした。株価が下落し、信用リスクが増大していくはずであるが、モラルハザードを起こしていた。

03年5月りそな銀行部分国有化が決まると、政府の金融機関へのサポート体制が確立され、劣後債のリスクが軽減され全面高となった。一方で株価が反転上昇となったことで、債券相場が大幅に下落、その動きにつられスプレッドは一時的にワイドニングする結果となるが、

図表 3-41

EMTN10NC5 劣後　Swap スプレッド推移（コールまで5年）

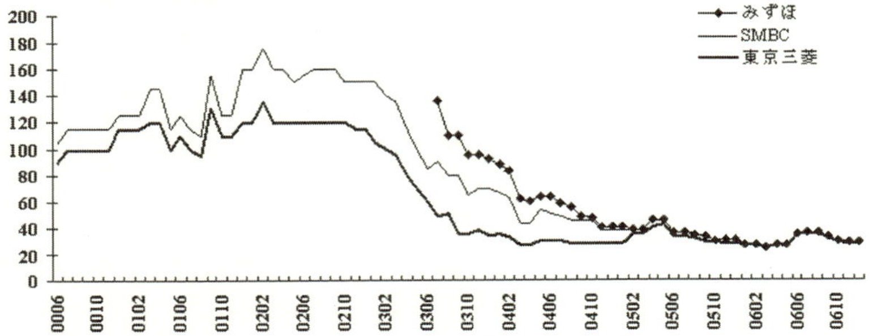
みずほ
SMBC
東京三菱
200
180
160
140
120
100
80
60
40
20
0
0006
0010
0102
0106
0110
0202
0206
0210
0302
0306
0310
0402
0406
0410
0502
0506
0510
0602
0606
0610

EMTN 永久劣後　Swap スプレッド推移（コールまで5年）

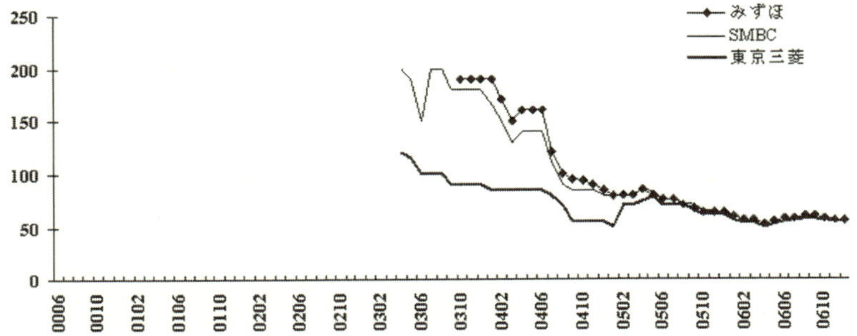
みずほ
SMBC
東京三菱
250
200
150
100
50
0
0006
0010
0102
0106
0110
0202
0206
0210
0302
0306
0310
0402
0406
0410
0502
0506
0510
0602
0606
0610

※ R&I, JCR

出所：Personal Data

落ち着くと再びタイトニングの流れになった。

同年末には足利銀行の国有化も決まり、メガバンクだけでなく地域金融機関にまで政府のサポート広まったことを好感しさらにタイトニングしていった。

04年に入るとさらに銀行の置かれている環境は改善していった。政府のゆるぎないサポートのもと、不良債権処理が進んでいった。金融機関への不安が安心へと変化していったことで、地銀劣後債の発行が

開始された。メガバンクは10年満期一括という形態を採用したが、地方銀行の劣後債の10年債に投資できる人が限られるため、10NC5（10年満期の5年後コール）の形態が用いられた。

翌年には、さまざまな発行体が参加し、06年にはしっかりした地銀劣後債市場が確立した。

図表3-41はユーロ円MTN（EMTN）劣後債。ユーロ円MTNは、売買市場がユーロ円市場であること、私募債であること、償還が満期一括ではなくコール付であるなどの特徴がある。ユーロ円市場は国内債券市場に比べると極端に参加者が少なく、流通量でも大きく見劣りをする。私募発行、償還が満期一括でないということからも流動性が国内債に見劣りする状態にある。そのため、国内公募劣後債と比較するとスプレッドはワイドなレベルで売買されている。

※国内公募とユーロ円私募の格差は後述

7.6.2. シニア・劣後スプレッド倍率

同じ発行体の公募シニア債と公募劣後債のスプレッドはどれほどの差が生じているか見ていく。劣後債は返済順位がシニア債に劣後するため、通常1ノッチ格付が低くされている。

図表3-42はJGBスプレッドを用いて、残存5年のシニア債と劣後債のスプレッド格差を、劣後債のスプレッドがシニア債の何倍であるかという視点で見たもの。

00年6月公募発行開始時は2倍程度で始まった。ITバブルとインデックス採用ということでタイトになっていた。しかし、その後01年から03年までの間、シニア債の3～5倍のスプレッドとなった。ITバブル崩壊、02年2月の金融危機に向けての金融不安や増大を続けていた不良債権を嫌って劣後債は避けられ大きくシニア債から乖離した

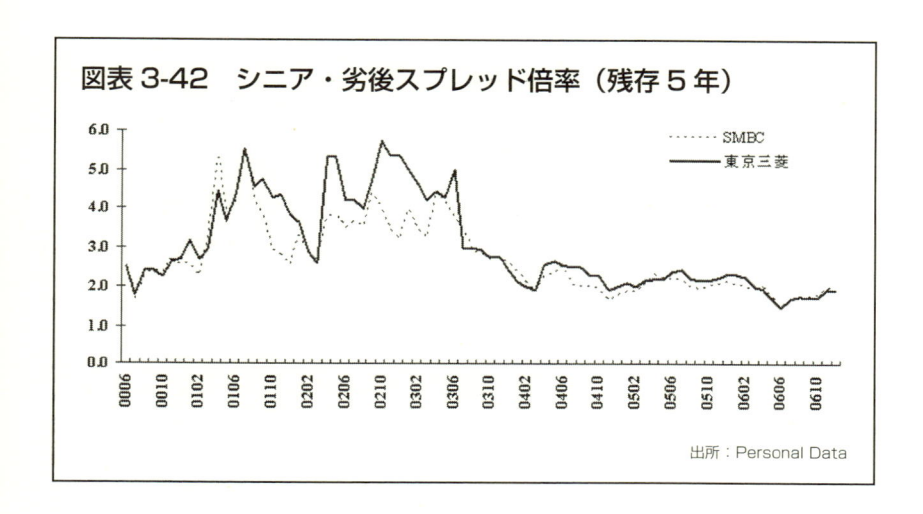

図表3-42 シニア・劣後スプレッド倍率（残存5年）

出所：Personal Data

状態にあった。

02年2月危機を受けて、政府は金融危機を起こさないという意思表示をした。過去に日本債券信用銀行や日本長期信用銀行などの長期信用銀行が政府によってサポートされていた実績があったものの、民間銀行をどれだけ政府がサポートできるか市場は決めかねていた。

03年にりそな銀行と足利銀行国有化が行われると、政府の意思が現実のものになり、一気に値を戻すことになった。メガバンクだけでなく、地域金融機関にもそのサポートの手を伸ばしたことに市場はおおいに好感した。それ以降長い間、スプレッド倍率は2倍を挟んで安定している。

7.6.3. 国内公募とユーロ円私募

図表3-43から発行体が同じであっても、発行形態によってスプレッドに差が生じていることが見て取れる。

国内公募劣後とユーロ円MTN10NC5劣後は返済順位が同順位であるため、本来同じスプレッドであっても不自然ではない。しかし、実

図表3-43　東京三菱UFJ　国内公募満期一括とEMTN10NC5 スワップスプレッド推移（残存5年、10NC5はコールまで5年）

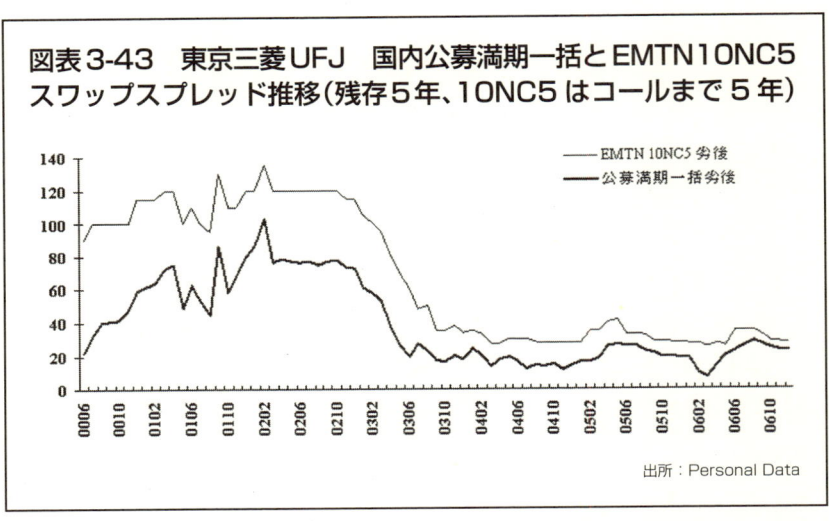

出所：Personal Data

図表3-44　スプレッド倍率（EMTN 10NC5／国内公募）

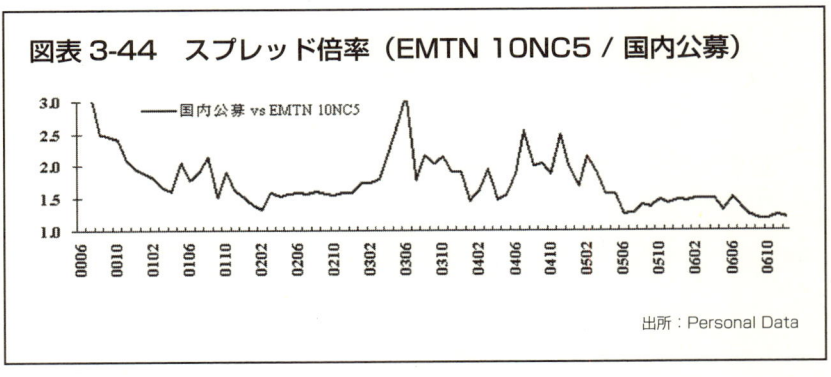

出所：Personal Data

際のスプレッドには差が生じている。一般的に国内公募のほうがユーロ円債よりタイトな状態となる。経験上逆転したことは過去に一度もない。これは銀行劣後債だけに限ったことではなく、同発行体の社債とユーロ円債の間にも成り立っている。

　このスプレッド差は、①市場の違い、②公募・私募の違い、②償還条項の違いによって生まれている。国内発行体の発行する債券の最大の投資家は国内の投資家である。その投資家のほとんどが、国内市場にて投資をする。そのため、必然的に国内市場のほうがユーロ円市場

より厚みがあり参加者が多い。また、5年後にコールがかかるとはいえ10年債になる可能性がゼロではない債券と、確実に償還期限が決まっている満期一括債と比較すれば、当然、満期一括債の投資家層が多い。そのため、国内債はユーロ円債よりタイトになる。

公募劣後債発行開始以降、ユーロ円MTN10NC5は公募劣後債のスプレッドの1.2〜3.0倍のスプレッドで推移している（**図表3-44**）。

相場の転換点などに現れる一時的なバグを取り除くと、1.2〜2.2倍程度となる。近年では、国内公募のみならずユーロ円市場の流動性が上がり、市場が成熟してきていることで倍率は低下傾向にあり、04年平均1.9倍、05年平均1.5倍、06年平均は1.3倍と低下している。同じ発行体で同じ返済順位であるこの2つは、今後、極端に流動性が落ちない限り大きく倍率が上昇することは考えにくいだろう。

7.6.4. ユーロ円MTN　期限付と永久

期限付と永久は返済順位が違う。永久は期限付に劣後する。R&Iで格付は通常1ノッチ差がつけられている。

10NC5と永久は共にユーロ円債であること、私募、コール付きであることなど条件は同じ、スプレッド差は主に返済順位と格付からきている。過去の倍率は1.5〜3.0倍を推移している。バグを取り除くと1.8〜2.5倍となっている。これは、前述の国内公募のシニアと劣後の倍率とほぼ同じで、格付格差1ノッチ分であると言える（**図表3-45**）。

7.6.5. 社債とのスプレッド格差

国内公募劣後債と同格の社債とのスプレッド格差（劣後プレミアム）を見てみる。公募劣後債のスプレッドから同格社債の平均的なスプレッドを引いた（**図表3-46**）。

図表 3-45
東京三菱UFJ銀行　EMT10NC5と永久劣後（コールまで5年）

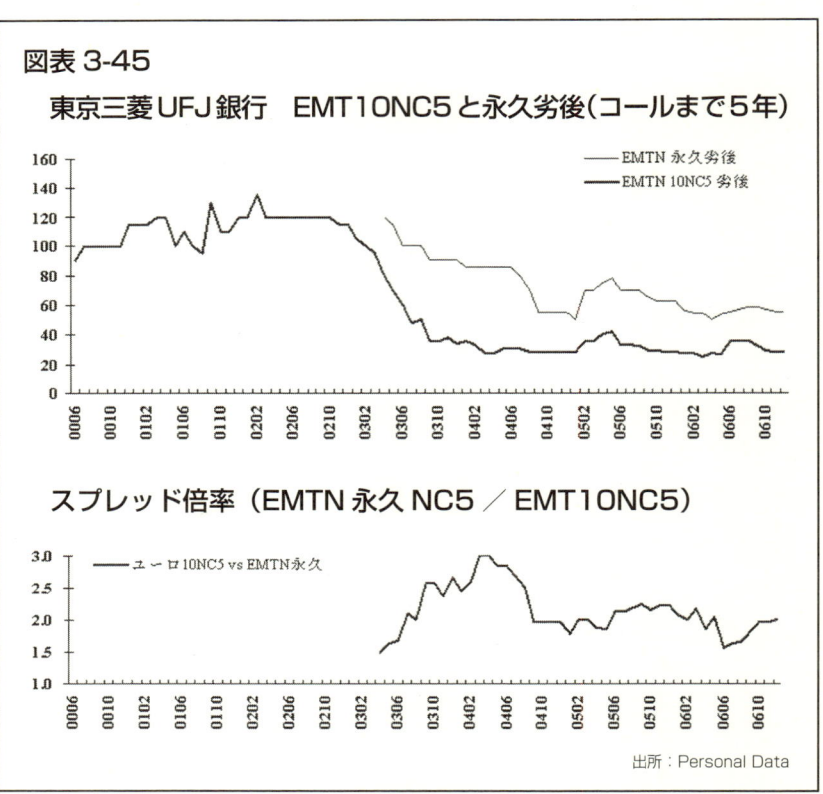

スプレッド倍率（EMTN永久NC5 ／ EMT10NC5）

出所：Personal Data

図表 3-46　A格社債平均スプレッドと劣後債のスプレッド格差（残存5年）

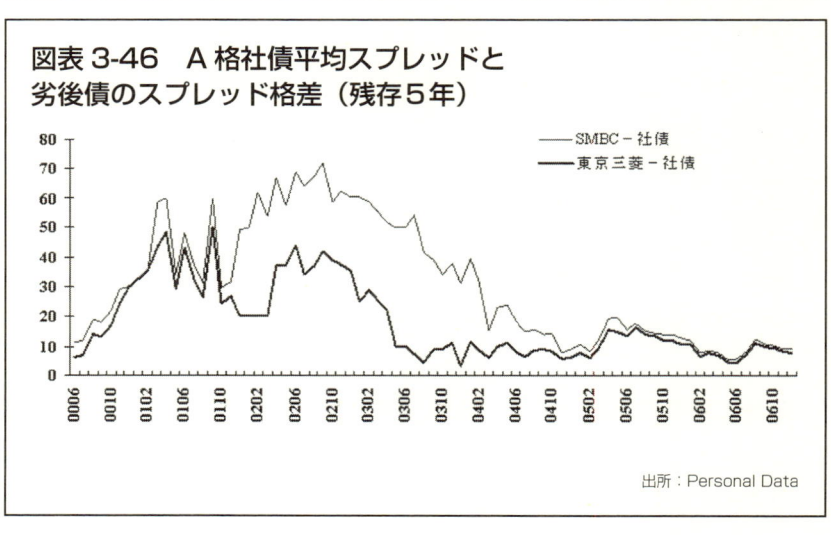

出所：Personal Data

劣後債はシニア債より１ノッチ低い劣後債としての格付を付与されており、格付会社の格付が正しいのであるなら、同格付社債とのクレジットリスクは同じはずである。しかし、実際のスプレッドは社債と乖離している。

　発行が開始された直後はインデックスに採用されるということで、人気化し社債とのスプレッド差がほとんどなかったが、劣後債市場が成熟していない中での金融不安や不良債権が大きな問題であった時期は大きく社債から乖離していた。

　02年の政府の金融機関へのサポート意思表示で徐々に差が縮小し、03年にりそな銀行と足利銀行が国有化され、さらに縮小し安定した状態になった。

　大きなスプレッド差の生じていた理由は、劣後債市場の発育不足や悪いイメージだったと考えられる。リスク量を計るために格付がつけられているわけであるが、同じ格付の社債は購入できても、劣後債は購入できない。こういった考え方があり参加者が限られることで市場は拡大できなかった。

　03年になって、金融機関の安定、劣後リスクの見方確立、流通市場の拡大が行われた結果、メガバンクのみならず地方銀行の発行する劣後債の流動性も上がった。これによってスプレッド差は縮小した。

8 生命保険会社の発行する債券

8.1. 発行体と債券種

　生命保険会社の発行する債券。02年より発行が開始され、基金債と劣後ローンリパック債が現存する。満期一括・固定クーポンが基本形で始められたが、市場や投資家のニーズに合わせて変形可能である。銀行劣後債同様のコール付のものや、償還延長条項の付いたものも存在する。また2社が共同でひとつの債券を発行した実績もある。

8.2. 基金債

　基金とは相互会社の生保にとって株式会社の資本金に相当するものである。保険業法第6条において、保険会社は資本の額または基金（同第56条の基金償却積立金を含む）の総額が政令で定める額（10億円）以上の株式会社または相互会社でなければならないと定められている。また、資本が目減りした生保について、剰余金流出を避けるため基金利息の支払いを制限している。

8.2.1. 基金の性質

　相互会社の基金は、創立費用や事業資金等としての性格を有し、貸借対照表上の資本に計上され、株式会社の資本金に相当するものである。
　一方、基金拠出者との間での消費貸借類似の契約に基づくもので、数年から10年程度で返済する契約となり、契約時に定められた期日に

利払いおよび元本の償還をする点において負債としての側面もある。また、破産などが生じた場合、債務返済が保険契約者への保険金支払いや他の一般債権者に対する債務返済等よりも劣後する。この点で銀行の劣後債と似た性質を持っている。

8.2.2. 基金の利払いと償却の財源

　基金の利払いおよび償却は、同第55条の規定によって、貸借対照表上の純資産額から、①基金の総額、②損失てん補準備金および次条の基金償却積立金の額（第57条第2項の規定によって取り崩した基金償却積立金の額があるときは、その合計額を含む）、③その他内閣府令で定める額等を控除した額を限度として行うことができるとされている。この限度額が利払額または償却額に満たない場合、不足額は基金拠出契約によって繰り延べられる。この場合、通常の債券でいう利払不履行の状態となる。
　基金を償却するときは、同第56条の規定によって、その償却する金額に相当する金額を、基金償却積立金として積み立てなければならない。社員総会（総代会を設けているときは総代会）の決議によって、基金償却積立金を取り崩すことができる。実際には、任意積立金として基金償却準備金の積み立てが行われ、一般的に基金償却準備金から基金償却積立金への振替で行われる。

8.2.3. 破綻時等の処理

　生命保険相互会社が破綻する場合、その処理方法には、保険業法に基づく行政手続、更生特例法に基づく会社更生手続きの2つが考えられる。その場合、保険契約の移転等を含む手続きが進められる。
　処理をする場合、保険業法第181条の規定によって基金の払い戻し

は、相互会社の債務の弁済をした後でなければしてはならないとされている。これによって、基金の返済は保険契約者への保険金支払いや他の一般債権者に対する債務返済等よりも劣後することとなる。

また、03年7月の保険業法改正で、保険会社の法的な破綻を避けるために、保険会社の負担を軽減する制度として、契約条件変更（予定利率引下げ等）制度が創設された。この制度を利用し、既契約の予定利率が引き下げられた場合、すでに積み立てられている責任準備金は全額維持されるものの、将来支払われるべき保険金額の削減等が行われ契約当初の保険金支払いが履行されないこととなる。さらに、契約条件変更に際しては、基金拠出者にも負担を求めることとされている。

したがって、この制度が適用された場合には、会社は破綻しないものの、保険契約者と基金拠出者はともに当初の債務履行が得られない状況になる。しかし、結果的に破綻しないとしても、この制度を利用したことが分かれば、その会社への不安が市場を襲い、投資家はすぐに手を引き大きな相場下落をもたらすものと思われる。

8.3. リスクプロファイル

生命保険会社が、「資産の流動化に関する法律（資産流動化法）」に基づき日本国内に設立される特定目的会社を用い、資産流動化計画に従って、基金を裏付けとして発行された特定社債。その性質は基金に準ずるものとなる。銀行の劣後債で言うならば、Tier 1とTier 2の中間的な存在。

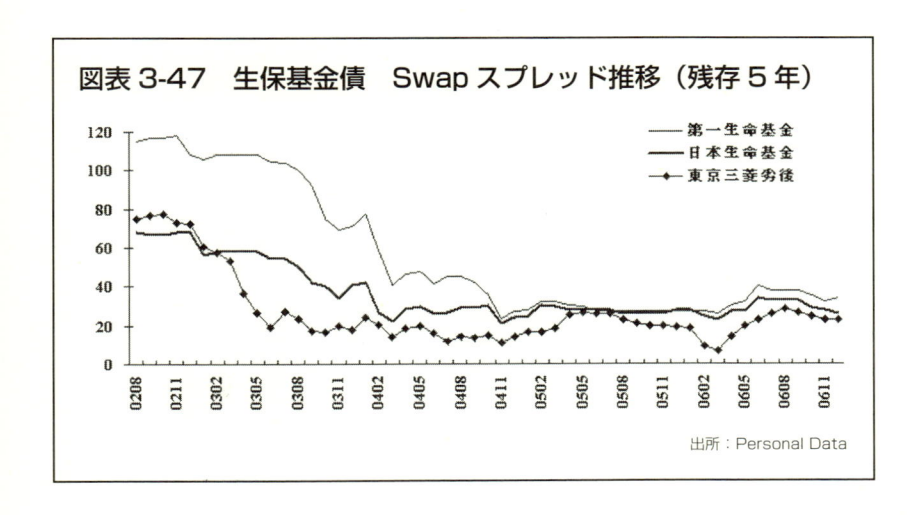

図表3-47　生保基金債　Swapスプレッド推移（残存5年）

出所：Personal Data

8.4. スプレッドヒストリー

8.4.1. スプレッドの推移

02年の金融不安後から発行が開始されたため、スプレッドは銀行劣後債のタイトニングにあわせるようにタイトニング方向となり、04年以降は低位安定した市場となっている。劣後債市場の流動性拡大・成長に伴い、基金債市場も成長してきた（**図表3-47**）。

8.4.2. 生保基金と銀行劣後

同格付で基金債と劣後債の売買スプレッド格差を見ていく。**図表3-48**は第一生命発行基金債と東京三菱銀行発行国内公募劣後のスワップスプレッドの格差である（残存5年）。計算期間の格付は同じ。
スプレッドは同格付銀行劣後債と比較するとワイドな状態が続いている。発行開始直後は40bp、その後85bpまで拡大した。当時は基金債の流通市場ができていなく、劣後債のタイトニングに基金債が反応

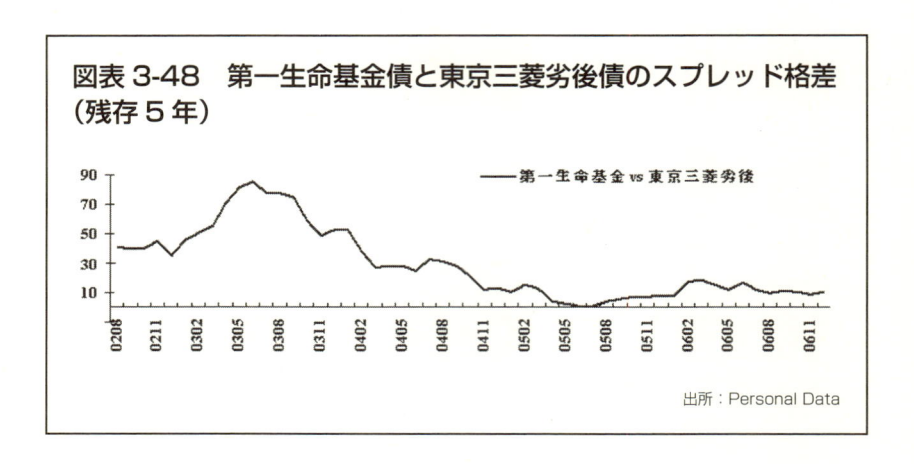

図表3-48 第一生命基金債と東京三菱劣後債のスプレッド格差（残存5年）

出所：Personal Data

できずにスプレッド格差が拡大した。04年に入ると発行が多くなり流動性が向上し、基金債市場が出来上がってきた。このころからプライスの動きも敏感になり始め、劣後債とのコリレーションが生まれてきた。劣後債＋5〜15程度で安定してきた。

　基金債が同格付の劣後債よりワイドに売買されるのにはいくつかの理由が挙げられる。第一に、公募基金債市場は公募劣後債市場より2年遅れて開始されたため市場の成熟度が低く、市場参加者数や市場規模が劣後債に劣るためと考えられる。第二に、銀行は日本経済にとって最も重要な位置づけになっており、生命保険とはおかれている環境が違う。

　日本経済にとっての重要性を考えた場合、生命保険は銀行に劣ると考えられる。02年金融不安時も銀行には政府の強力なサポートが入り、公的資金が注入され破綻は避けられた。また、発行されていた債券の利払い不履行など一切起こさせなかった経緯がある。

9 社債

9.1. 発行体と債券種

　350程度の発行体が3000銘柄程度債券を発行している。発行形態は固定クーポン・満期一括償還が基本形となり、全体の9割以上がこの形となっている。その他に、クーポンでは変動利付・ステップアップ・CMSなど、償還はコール付・プット付・延長条項付・定時償還などさまざま発行されている。発行年限は5年債・10年債が基本形ではあるが、50年債まで多様化されており、投資家のニーズ等に合わせた発行がされている。

9.2. スプレッドヒストリー

9.2.1. スプレッドの推移

　90年代前半までは、流動性も売買高もかなり低い状態で、ほとんど流通市場で売買されていなかった。市場参加者の投資スタイルが、Buy & Holdという投資行動であったためだ。売買の多くが、電力債とNTT債であり、その他社債は極端に少なかった（**図表3-49**）。
　日本の企業は破綻しないという神話や流通量の低さで、割高に売買されていてもワイドニングすることすらなかった。スプレッドは、一応格付ベースで決まっていたが、お粗末なもので、AAA、AA、A、BBBの4種類しかなく、その差もほとんどなかった。例えば、AAはAAA+10bp、AはAAA+20bp、BBBはAAA+30〜60bpという感じであった。この状態が長い間続いていた。

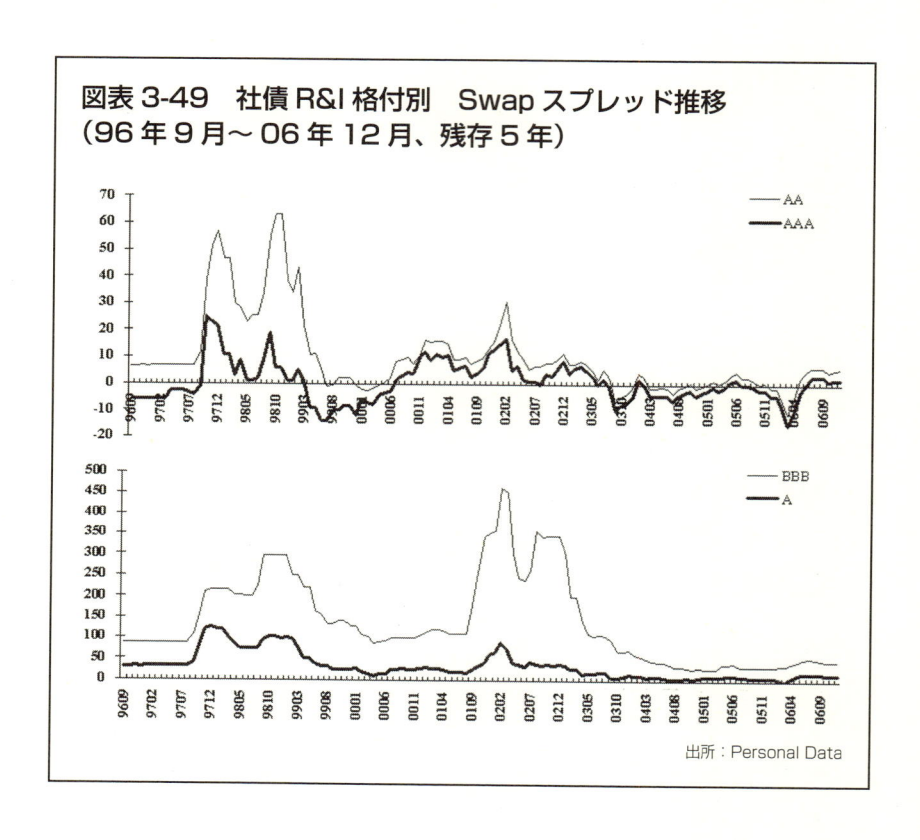

図表3-49 社債R&I格付別 Swapスプレッド推移（96年9月～06年12月、残存5年）

出所：Personal Data

　96年以降大きく状況を変えることとなった。96年の日債銀ショックに続き97年の相次ぐ大型破綻によって、市場はクレジットリスクに敏感になった。一方、98年より企業の資金調達が間接金融から直接金融に移行し社債の大量発行時代が始まった。当時ではかなり巨額な月間1兆円規模の発行が続いた。

　クレジットリスクに敏感になったことで、スプレッドが大幅にワイドニングし、フェアーレベルになっていたことや、発行額が大幅に増えたことで、流通市場の売買も次第に多くなっていった。社債の流通市場の始まりである。

　98年、それまでの相次ぐ破綻による信用収縮によってAAA格L+20、AA格L+65、A格L+105、BBB格L+300まで下落した。その後、

ITバブルによってBBB格でL+100割れまで一気にタイトニングした。このころ、クレジットアナリストが市場に登場しさまざまな分析を始めた。クレジットリスクに敏感になった市場は、クレジットリスクをスプレッドに織り込む試みをしたが、クレジットリスクとスプレッドの関係はかなり曖昧なものであった。

00年前半、ITバブルが崩壊し、02年2月の金融不安まで再び下落。AAA格L+17、AA格L+30、A格L+90、BBB格L+465までワイドニングした。BBB格を中心にした下落であった。A格とBBB格の間に大きな溝ができたことからみても、当時のクレジットリスクに関する市場の未成熟さが見て取れる。

02年2月の金融不安を乗り越えて再びタイトニング。景気回復の助けを借りて長い間タイトニングが続いた。ここまでのワイドニング・タイトニングの繰り返しで、市場は勉強し、クレジットリスク分析能力が向上していった。

9.3. 財務諸表分析

格付機関の格付だけで投資判断をするのではなく、ある程度それぞれの企業がどのような財務状態になっているか理解しておくことが需要である。そのためにいくつか代表的な財務指標を説明する。

1）インタレストカバレッジレシオ（EBIT to Interest Expence）
　支払い利息に対するEBIT（利払前・税引前利益）の比率

```
              EBIT / 支払利息
```

2）債務償還年限（Total Debt to EBITDA）
　EBITDA（利払前・税引前・減価償却前利益）に対する総債務の比率

$$\boxed{\text{総債務 / EBITDA}}$$

3）ギアリング比率（Total Debt to Total Equity）
　　自己資本に対する総債務の比率

$$\boxed{\text{総債務 / 自己資本}}$$

4）自己資本比率（Common Equity to Total Asset）
　　総資産に対する普通株式資本の比率

$$\boxed{\text{普通株資本 / 総資産}}$$

5）流動比率（Current Ratio）
　　流動負債に対する流動資産

$$\boxed{\text{流動資産 / 流動負債}}$$

6）利益率指標
① 普通株資本利益率（Return on Common Equiy）
　　普通株に対する利益率

$$\boxed{\{\text{純利益（損失）－ 優先株式現金配当}\} / \text{普通株式資本合計}}$$

② 総資産利益率（Return on Total Asset）
　　総資産に対する利益率

$$\boxed{\{\text{純利益（損失）－ 優先株式現金配当}\} / \text{総資産}}$$

③　総資本利益率（Return on Capital）
　　総資本に対する利益率

> {純利益（損失）− 優先株式現金配当} / 総資本

7）売上高税引前利益率（Pretax Inccome to Net Sales）

> 税引前利益 / 売上高

8）売上高（Sales Rev Turnover）

9）純債務

> （短期借入金 ＋ 長期借入金）
> − （現金および現金同等物 ＋ 市場性のある有価証券）

10　投資法人債（J-REIT）

10.1.　不動産投資信託

　不動産投資信託とは、投資家から集めた資金で不動産（オフィスビル・商業施設・住宅等）を保有し、そこから生じる賃料収入や売却益を投資家に分配する金融商品である。

　投資信託の投資対象は株式や債券などの有価証券に限られてきていたが、00年5月投信法改正、同年11月施行に伴い不動産を投資対象とすることができるようになった。投資信託の対象資産に不動産が加わり、小口資金で不動産投資ができるようになった。また、一定の上場基準を満たすことによってクローズドエンド型は取引所に上場することもできる。

　米国では1960年に登場し「Real Estate Investment Trust」（略称REIT：リート）と呼ばれている。日本の不動産投資信託は米国のそれと制度上異なる面があるが、日本版ということで「Japan Real Estate Investment Trust」（略称J-REIT：ジェーリート）と呼ばれている。

10.2.　不動産投資信託の種類

　不動産投資信託には会社型投信と契約型投信の2タイプがある。

10.2.1.　会社型投信

　会社型投信は、投資法人という法人を設立し、その投資法人が投資

家から集めた資金で投資する。投資法人とは、投資信託および投資法人法に基づき、不動産等に投資して運用することを目的として設立された法人。資産運用・保管・その他事務等は投資信託委託業者にすべて委託される。投資法人債はこの会社型投信を示す。

10.2.2. 契約型投信

契約型投信は、委託者指図型と委託者非指図型がある。

指図型は従来の形態で、通常の投信と同じ仕組み。投資信託委託業者が信託銀行と信託契約を結び、不動産等の運用指図まで行う。

非指図型は改正投信法で創設されたもので、投資信託委託業者はいなく、資産の運用・保有ともに、信託銀行が行う。信託銀行が投資家から直接資金を集め、自らの判断で不動産等の取得や運用をする仕組み。

10.3. 投資法人

10.3.1. 性質

1）分配可能利益の90％超を投資家に分配することによって、その支払分配金が損金として処理することができ、その分の法人税の負担を軽減できる税優遇処置が施されている。そのため、多くの場合100％近くが分配されている。結果、投資家に対する分配が多くなり、比較的高い利回りが享受できる。

2）投資法人はその運用方針や資金調達を行う母体であるが、その運営・管理は投資家保護の観点から、外部に委託することが義務づけられている。実際の投資判断はすべて専門知識を有する投資信託委託業者が行うことになる。

3）会計情報を広く開示する義務があり、投資信託法で貸借対照表、損益計算書、附属明細表、運用報告書等の開示が定められている。これらの開示によって、個々の物件の賃料収入や稼働率、時価情報として不動産鑑定士による鑑定評価額等も確認することができる。

4）単純な不動産投資と違って、賃料などの比較的安定した収益を基本とするため、不動産の市場価格変動に大きく影響を受けない。売買益を追及するというよりも、利回り重視の商品。

10.3.2. 法人の種類と投資方針

00年5月投信法改正、同年11月施行後急速に法人が設立された。多くが上場を果たし、格付を取得し債券発行を行っている。現在も設立は続いている（**図表3-50**）。

投資法人によって資産内容の多様化が進んだ。設立開始当初は不景気であったこともあり、東京都心のオフィスビルが中心で、全体の90％を占めていた。しかし、その後　商業施設・住宅・ホテルなどが加わり、オフィスの割合が徐々に低下。また、地域も全国各地の物件に分散投資された。一部の投資法人では、資産内容を地域や用途で固定するところも現れた。

10.3.3. 地域別・運用資産別分類

投資法人はその投資方針によって地域別・運用資産別に分類することができる。それぞれに特徴があるため投資するに当たって重要な要素となる。

地域別には以下のように分けることができ、地震リスク回避や地域別経済発展分散に重要となる。

図表 3-50　投資法人の種類

法人		投資方針	運用資産
8951	日本ビルディングファンド	オフィス特化	東京都心70%・首都圏15%・地方15%
8952	ジャパンリアルステート	オフィス特化	東京都心75%・首都圏5%・地方20%
8953	日本リテールファンド	商業施設特化	首都圏50%・政令指定都市50%
8954	オリックス不動産	総合型（オフィス・商業施設中心）	東京23区80%・首都圏15%
8955	日本プライムリアルティ	オフィス・商業施設	東京都心45%・首都圏20%・地方35%
8956	プレミア	オフィス・住宅	東京23区85%・首都圏15%
8957	東急リアルエステート	オフィス・商業施設	首都圏100%（東急沿線60%）
8958	グローバルワン	オフィス特化	東京23区70%・名古屋30%
8959	野村不動産オフィスファンド	オフィス特化	東京都心75%・23区15%
8960	ユナイテッド・アーバン	総合型（オフィス、商業、住宅、ホテル）	東京23区40%・地方40%・首都圏20%
8961	森トラスト綜合リート	総合型（オフィス・商業施設・住宅）	東京都心60%
8962	日本レジデンシャル	住宅特化	東京23区85%・首都圏5%
8963	東京グロースリート	オフィス・住宅	東京23区90%・首都圏10%
8964	フロンティア不動産	商業施設特化	首都圏50%・関西30%・中国20%
8965	ニューシティ・レジデンシャル	住宅特化	関東95%・地方5%
8966	クレシェンド	オフィス・住宅	東京都心65%・23区30%
8967	日本ロジスティックファンド	物流施設特化	関東55%・地方45%
8968	福岡リート	地域特化型（商業施設・オフィス）	福岡70%・その他九州30%
8969	プロスペクト・レジデンシャル	住宅特化	東京23区80%
8970	ジャパン・シングルレジデンシャル	住宅特化	東京23区65%・関西圏25%
8972	ケネディクス不動産	総合型（オフィス・住宅・商業施設）	首都圏95%
8973	ジョイントリート	商業施設・住宅	東京50%・地方50%
8974	イーアセット	総合型	東京75%
8975	FCレジデンシャル	住宅・ホテル	東京都心85%
8976	DAオフィス	オフィス特化	東京都心80%
8977	阪急リート	阪急系商業施設	関西圏100%
8978	アドバンスレジデンス	住宅特化	東京23区85%
8979	スターツプロシード	住宅特化	東京都、地方都市
8980	エルシービー	総合型	関東・東北・中部
8981	ジャパン・ホテル・アンド・リゾート	ホテル特化	沖縄・関西・関東

※　2006年12月時点

① 全国分散型
② 経済圏特化型
③ 単一自治体特化型
④ 首都圏中心・地方混合型
⑤ 政令指定都市特化型
⑥ 地方都市特化型
⑦ その他

運用資産別では以下のように分けることができる。それぞれ景気感応度に差がある。

① 総合型（オフィス・商業施設・住宅等総合的に分散）
② 複合型（いくつかの組み合わせ）
③ オフィス特化型
④ 商業施設特化型
⑤ 住宅特化型
⑥ 物流など施設用途特化型
⑦ ホテル特化型
⑧ その他

10.4. 米国のREIT市場

10.4.1. REIT

米国の不動産投資市場（REIT）は歴史が古く60年に始まった。REITは、不動産ポートフォリオを自ら管理・運用する専門会社であり、株式会社もしくは投資信託の形態をとっている。これをモデルにして日本版不動産投資信託（J-REIT）市場が01年に開設された。

REITは税法によって規定されているもので、一定要件を満たすことによって配当額に対する法人税が免除される。そのため、投資家は投資効率の高い不動産投資を実現することが可能となっている。REITは、この税法上の優遇措置を生かして投資家から資金を集め、複数の不動産へ分散投資して得られた利益を投資家に分配する仕組みである。

REITは投資対象によって、エクイティ型・モーゲージ型・ハイブリッド型の３つのタイプに分けられる。

エクイティタイプは、不動産に直接投資するタイプ。モーゲージタイプは、不動産には直接投資せず不動産担保ローン等に投資し、利子収入等によって収益をあげるタイプ。ハイブリッドタイプはエクイティ型とモーゲージタイプがミックスされたタイプである。

リスクはエクイティ、ハイブリッド、モーゲージの順に低くなる。一番の人気は、賃料などの収入以外に、不動産の値上がり益をも得るチャンスがあるエクイティ型となっている。

また、投資対象をさらに細分化した、オフィス専門、住宅専門、小売店舗専門や、投資対象地区を細かく限定したREITが中心となり、投資家の投資方針をより反映させやすくなっている。

10.4.2. 市場規模

現時点で、すべてのJ-REIT（日本）の合計総資産は7000億円程度であるが、米国REITは約35兆円という規模に膨らんでいる。日本の50倍ということになる。

10.4.3. REITとJ-REITの違い

1）会社形態

　J-REITは通常の会社ではなく、改正投信法による特別な会社。一方、REITは税制上の制度そのものを意味している。総資産の多くが不動産であり、利益の90％以上を株主配当にする等の条件を満たせば、その会社はREITになる。条件を満たさなくなればREITは普通の会社になる。

2）運用方法

　REITが運用を外部機関に委託せず、内部に自己運営・管理を行う機能を有しているのに対し、J-REITは、運営・管理機能を外部に委託することを義務づけられている。

　REITは自律的な不動産投資会社であり、自己の運用手腕に成果を依存しているのに対し、J-REITは、投資家保護の観点から業務範囲が限定されている。不動産投資信託の投資成果や成長は、運用機能を委託する投資信託委託業者（資産運用会社）の手腕に依存している。

3）投資対象

　REITはその投資先の違いによって種類が多い。より細分化されている。そのため、投資サイドの方針を反映しやすい一方、REITの値段が個別の状況に左右されやすい。

　J-REITは歴史が浅いこともあって、オフィスビルを中心に商業不動産や住宅などへ分散投資するタイプが多い。投資家の投資方針を反映できない反面、分散が利き、リスクが低く抑えられている。

10.5. 不動産鑑定評価

　不動産鑑定評価とは「土地若しくは建物またはこれらに関する所有権以外の権利の経済価値を判定し、その結果を価額に表示する行為」（不動産の鑑定評価に関する法律第２条第１項）。つまり、不動産の鑑定評価は不動産の価値を金銭に見積もる行為全般をいう。

　不動産の鑑定評価によって求められる価格は、改正新基準の価格概念では「正常価格」「限定価格」「特定価格」「特殊価格」の４種類に分けられる。**投資法人保有資産の鑑定評価には特定価格が用いられる。**

１）正常価格
「市場性を有する不動産について、現実の社会経済情勢の下で合理的と考えられる条件を満たす市場で形成されるであろう市場価値を表示する適正な価格」

　現実の社会経済情勢の下で合理的と考えられる条件を満たす市場の条件

① 　市場参加者が自由意思に基づいて市場に参加し、参入・退出が自由であること。なお、ここでいう市場参加者は、自己の利益を最大化するため次のような要件を満たすとともに、慎重かつ賢明に予測し、行動するものとする。

- 売り急ぎ、買い進み等をもたらす特別な動機のないこと
- 対象不動産および対象不動産が属する市場について取引を成立させるために必要となる通常の知識や情報を得ていること
- 取引を成立させるために通常必要と認められる労力・費用を費

やしていること
- 対象不動産の最有効使用を前提とした価値判断を行うこと
- 買主が通常の資金調達能力を有していること

② 取引形態が、市場参加者が制約されたり、売り急ぎ・買い進み等を誘引したりするような特別なものではないこと

③ 対象不動産が相当の期間市場に公開されていること。

2）限定価格

「市場性を有する不動産について、不動産と取得する他の不動産との併合または不動産の一部を取得するときの分割等に基づき正常価格と同一の市場概念の下において形成されるであろう市場価値と乖離することによって、市場が相対的に限定される場合における取得部分の当該市場限定に基づく市場価値を適正に表示する価格」

3）特定価格

「市場性を有する不動産について、法令等による社会的要請を背景とする評価目的の下で、正常価格の前提となる諸条件を満たさない場合における不動産の経済価値を適正に表示する価格」

① 資産の流動化に関する法律または投資信託および投資法人に関する法律に基づく評価目的の下で、投資家に示すための投資採算価値を表す価格を求める場合

② 民事再生法に基づく評価目的の下で、早期売却を前提とした価格を求める場合

③ 会社更生法または民事再生法に基づく評価目的の下で、事業の継続を前提とした価格を求める場合

4）特殊価格

「文化財等の一般的に市場性を有しない不動産について、その利用現況を前提とした不動産の経済価値を適正に表示する価格」

① 文化財の指定を受けた建物もしくは宗教建築物および現況による管理を継続する公共公益施設の用に供されている不動産の保存等に主眼を置いた評価を行う場合

10.5.1. 不動産鑑定評価方法

原価法・取引事例比較法・収益還元法がある。原価法は費用性に、取引事例比較法は市場性に、収益還元法は収益性にそれぞれ重きを置いた方法。

投資法人保有資産の鑑定評価方法は、投資家保護の観点から対象不動産の収益力を適切に反映するため、収益還元法による収益価格に基づくこととされている。

1）原価法

原価法は建築費用に着目した手法。通常の評価はこの方法で行うことが多い。鑑定評価額決定の基準日（価格時点）において、もう一度対象不動産を建築した場合の価格（再調達原価）を求め、この再調達原価を築後経過年数によって割り引いて（減価修正）、価格（積算価格）を求める手法である。対象不動産の再調達原価や減価修正が適正に行うことのできる場合有効とされる。

2）取引事例比較法

取引事例比較法は、不動産鑑定評価において、多数の不動産の取引事例をベースとして、対象不動産の価格を求める手法。

多数の取引事例を収集した後、適切な事例の選択を行い、事情補正・時点修正を行う。さらに、地域要因・個別要因の修正を行って求められた価格を比較考量し、これを用いて対象不動産の試算価格（比準価格）を求める手法である。近隣地域もしくは同じ需給圏内にて、対象不動産と類似する不動産の取引が行われている場合に有効である。

3）収益還元法

収益還元法は、対象不動産が将来生み出すであろうと期待される純収益の現価の総和を求め、その純収益を現在価値に割り引いて（還元して）対象不動産の価格（資産価格）を求める手法である。賃貸用不動産や一般企業用不動産の価格を求める場合に有効。

不動産価格は、本来その不動産の収益性を反映して成り立つものであり、その収益は不動産の経済価値の本質であるという概念。また、収益還元法を用いて算出した価格と、市場における土地の取引価格とは、その性質上乖離が生じる。市場取引価格は投機色が強く、価格変動が大きい。フェアーバリュー分析などにこの手法が活用されている。

① 直接還元法

　　一期間（通常は年間。以下、同じ）の純収益を還元利回りによって還元することによって、不動産の収益価格を求める方法

（基本式）

$$P = a/R$$

P	求める不動産の収益価格
a	一期間の純収益
R	還元利回り

② DCF法

連続する複数の期間に発生する純収益および復帰価格を、その発生時期に応じて割引き、それぞれを合計することによって、不動産の収益価格を求める方法

(基本式)

$$P = \sum_{k=1}^{n} \frac{a_k}{(1+r)^k} + \frac{P_R}{(1+r)^n}$$

$$P_R = \frac{a_{n+1}}{R_t}$$

P	求める不動産の収益価格
a_k	毎期の純収益
P_R	復帰価格
n	保有期間（分析期間）
r	割引率
R_t	最終還元利回り

10.6. 地震PML

不動産の適正評価手続きにおける評価方法のひとつである。可能最大損失（Probable Maximum Loss）の略。これは地震による被害リスクを表す指標として多く用いられている建物が被る損失の予想値。

※適正評価手続き
デューデリジェンスと言われる。不動産を取得するときに、適正な市場価値やリスクを明らかにするために行われる一連の調査。経済的価値、土地・建物の現況、地震リスク評価、権利関係調査などについての調査が一般的に含まれる。

10.6.1. 定義

地震によって被った建物の物的損失が建物価格の何％に当たるかで表示される。０％であれば損害を被らないということであり、100％であれば全損ということになる。計算の定義は**「50年10％の地震による予想損失の90％非超過値」**とされている。

50年10％の地震とは、建物が立地している場所で、今後50年間に起こる確率が10％を超えると予想される地震のうち、もっとも大きなものをしめす。１年間の地震の起こる確率に直すと1/475となる。つまり475年間に１度の地震ということになる。

予想損失の90％非超過値とは、地震による物的損失がその値を超えない確率が90％であることを示す。90％の確率信頼性ということになる。

地震の１年間で発生する確率を「X_1」とすると、
　１年間で発生しない確率 ＝ $(1-X_1)$
　50年間で発生しない確率 ＝ $(1-X_1)^{50}$

50年間で発生する確率 $X_{50} = 1 - (1-X_1)^{50}$

これを逆算すると、$X_1 = 1 - (1-X_{50})^{1/50}$

$X_{50}=0.1$ (50年10%) では $X_1 = 1/475$ となる。

つまり、地震PML（「50年10%の地震による予想損失の90%非超過値」）が20%であるということは、475年間に1度の地震が起こったとき、その物的損失は建物価格の20%を超えない確率が90%であるということを示す。

ここで言う物的損失には、建物そのものや建物価格に影響を与える各設備等が含まれているが、建物が被害を受けたことによる事業損失や家具・机などの備品、そして人的被害は含まれない。

10.6.2. 地震PML決定要因

1）建物耐震性

最も強く影響を与えるのは建物自体の耐震性。同じサイズの地震が発生したとしても、その損失を大きく左右する。また、物的損失に含まれる各設備等の耐震性や火災の可能性も決定要因となる。この点に関しては、補強・改修等でPMLを低下させることができる。

※建築基準法の改正による設計の違い

71年・81年の2時期に建築基準法施行令が改正されて設計基準が変わった。建物はこれらの基準を満たすかそれ以上の精度で建築される。基準が変わったことで、年代によって耐震性の違う可能性がでてくる。基本的に変更が行われるたびに過去の経験を生かして基準が厳しくなっているはずであるので、あとのものほど、耐震性が上がった設計となっていると考えられる。

古い建物ほど地震PMLが大きくなる傾向があるが、劣化というよりも設計方法の違いによるところが大きいと考えられる。一方で、古い建物であっても、その重要性のために非常に丈夫に設計された建物であれば小さい場合もある。

2）地震環境

地震の大きさや発生可能性の高いとされる地区による要因。建物の耐震性や建築時期等全く同じ条件であったとしても、立地条件によって地震PMLは変わってくる。例えば、地震の多い地区であるか否か、建物密集地であるか否か等。地震の多い地区の建物であれば、地震発生確率が上がるであろうし、建物密集地であれば他の建物の影響を受け易くなるため、当然そうでない建物に比べてPMLは高くなる。

3）地盤環境

同じ地域でも地盤の状況によっても変化が出てくる。

10.6.3. 保有資産全体の地震PML管理

個別のPMLを管理することも重要であるが、保有資産全体のPMLを管理し、そのリスクを軽減することが求められる。

個別のPMLが低くとも、保有資産がすべて同じ地区に集中していれば、1回の地震ですべての物件が被害を受けることになる。こういったリスクを慧眼するために、地域分散等の対策が必要とされる。

10.7. 発行体と債券種

　発行団体は続々と増加してきている。02年6月に私募で発行が開始され05年には公募での発行が始まった。近年では公募が主流となっている。

　発行形態は満期一括償還が基本形となり、残存は中短期が主流。投資法人債の発行が開始されて時間がたっておらず、そのリスクが読みきれていないことで市場参加者が限られているため、短中期債が中心になっている。

10.8. スプレッドヒストリー

10.8.1. スプレッドの推移

　02年から債券発行が開始された。当初は私募の発行のみとなっており、公募債の発行は05年からである。

　02年2月金融危機後、モラルハザードな政府サポートが入りクレジット市場が急速にタイトニングするという追い風に中での発行開始となったが、デフレが続き地価下落が止まらない状態であったため、不動産に投資している法人の債券にはなかなか買いが入らず、ワイドなスプレッドでのスタートとなった（**図表3-51**）。

　その後、さらなるクレジット市場のタイトニング、東証上場REITの急上昇、地価下落に歯止めがかかり始めたことなどで急速にタイトニングしていき、05年10月にはL+10bpをつけた。同格の一般社債とのスプレッド格差は発行開始当初80bp近くあったが、05年には10bp程度にまで縮小した。投資法人債が市場に認知された瞬間であった。

　しかし、同年翌月の耐震強度偽造事件が発端で再び格差が拡大することになった。これは、建物の耐震性を示す構造計算書が偽造されて

図表 3-51
日本ビルディングファンド（NBF）・ジャパンリアルエステート（J Re）・プレミア（PIC） Swap スプレッド推移（残存5年）

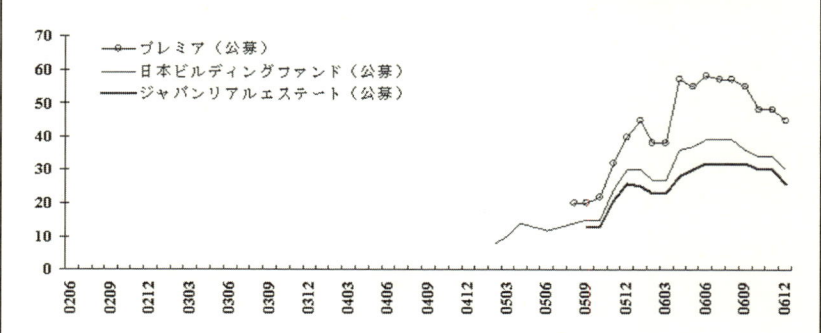

NBF（私募）・J Re（私募） Swap スプレッド推移（残存5年）

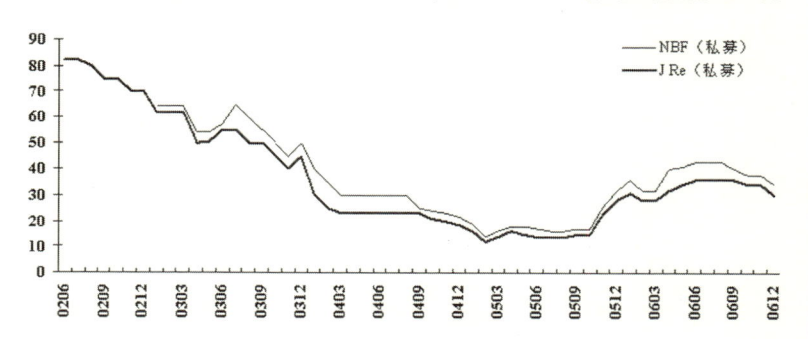

NBF（私募）・J Re（私募） 同格社債スプレッド格差

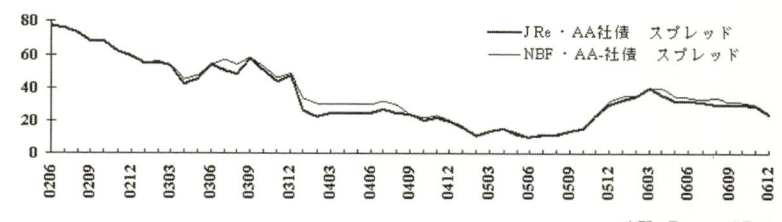

出所：Personal Data

いたというもの。偽造された建物は強度不足で震度5程度の地震でも倒壊する恐れがでた。偽造されていた建物が次々に発覚し、投資法人の投資物件に偽造されている建物が入っている可能性も否定できなくなった。関連性の高い、投資法人・不動産・建設・デベロッパー・地方公社の発行する債券を外す動きが市場に広がった。スプレッドは急速にワイドニングし、買い手不在の状態が続いた。

事件の全容が明らかになっていくに従い、ずさんな構造計算書耐震強度の計算や管理体制の甘さが、業界全体にあることが露呈された。投資法人債以外は事件後値を戻す展開になっても、投資法人債は投資の見送りが続き、一般社債との格差が縮小するのに時間を要した。

11 円建外債（サムライ債）、ユーロ円債

11.1. 発行体と債券種

11.1.1. 円建外債（サムライ債）

　非居住者が円貨建で発行する債券。流通市場は国内債と同じ国内市場とユーロ円債などが流通するユーロ市場。国内市場では社債等と同じ決済方法を用い、ユーロ市場はユーロクリアー決済となる。
　国内企業の発行する債券の市場に比べると参加者が限られているため、最もニーズが集まりやすい満期一括5年債を基本としている。クーポンは固定と変動が基本形。

発行体
① 国際機関
　世界銀行、アジア開発銀行、アフリカ開発銀行、米州開発銀行、欧州投資銀行……。
② 国債（日本国以外の国）
　アイルランド、アルゼンチン、ギリシャ……。
③ 政府系機関
　韓国電力公社、アンデス開発銀行、ギリシャ中央銀行
④ 地方債（国外の地方債）
　オンタリオ州、ケベック州……。
⑤ 社債（一般事業会社）
　ゼネラルエレクトリック、シティー、BMW、ダイムラークライスラー、P&G……。

11.1.2. ユーロ円債

国内外の発行体がユーロ市場にて発行する債券。流通市場は、国内市場とユーロ市場。決済はどちらもユーロクリアー決済となる。

満期一括償還が基本形であるが、邦銀はコール付の劣後債を多く発行している。コール付は最終年限10年・5年後コールと、永久債・5年後コールが基本形となっている。

11.2. 売買上の注意点

11.2.1. 利子税制

円貨建の債券であるため、対象債券が前利払日から次回利払日まで途切れることなく居住者保有となれば、国内債と同様のルールが適用される。しかし、1日でも非居住者が保有したことのある債券を居住者が保有すると課税対象となる。

一方、次回利払日に元利金支払指定金融機関の国外アカウントで保有すれば、通期非課税となる。

前保有者が非居住保有者であっても非課税対象投資家であれば、その期間の「保有期間証明書」を入手すれば、非課税にすることができる。しかし、前保有者は「保有期間証明書」を出すことで保有していたことが市場に知れ渡ってしまうので、これは一般的ではない。

違いは、保有者が居住者か非居住者（ユーロクリアーの名義が国内なのか国外なのか）である。例えば、A邦銀ロンドン支店名義のユーロクリアーは非居住者である。証券会社であれば、ロンドン名義と日本名義の2つ持っているところが多い。

1）次回利払日に通期非課税となる場合

① 前利払日から次回利払日まで居住者保有

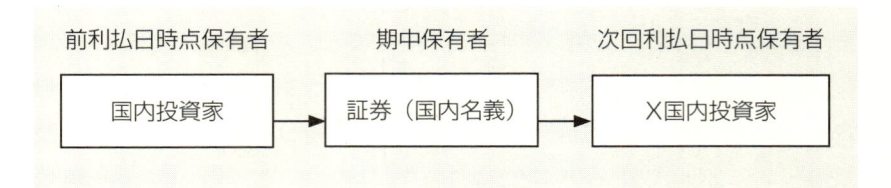

前利払日時点保有者	期中保有者	次回利払日時点保有者
国内投資家	→ 証券（国内名義） →	X国内投資家

② 次回利払日時点での保有者が非居住者

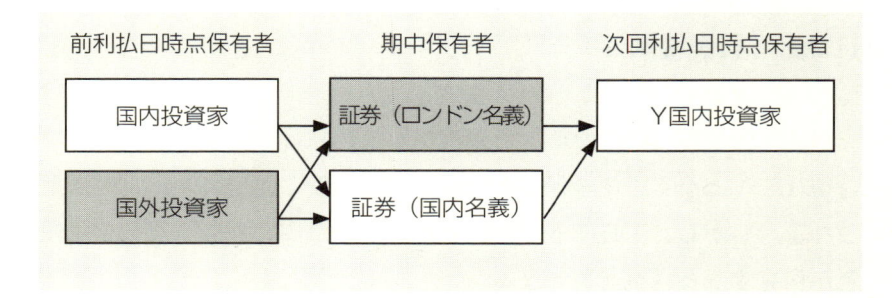

前利払日時点保有者：国内投資家、国外投資家
期中保有者：証券（ロンドン名義）、証券（国内名義）
次回利払日時点保有者：Y国内投資家

2）次回利払日に通期非課税にならない場合

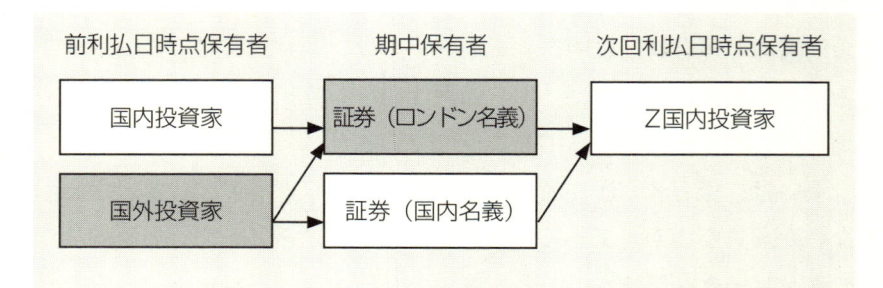

前利払日時点保有者：国内投資家、国外投資家
期中保有者：証券（ロンドン名義）、証券（国内名義）
次回利払日時点保有者：Z国内投資家

次回利払日の保有者Zの受ける利子は対象債券が国内にいた期間のみ非課税になる。

サムライ債やユーロ円債は、利息計算期間中、一度でも（日帰りでも）国外に出すと、課税期間が発生してしまう。日本の企業名であっても、どこの地域の名義で持っているか確認が必要となる。

国内債が、課税対象法人が1日でも保有すれば、その期間は課税対象となるのと同じで、サムライ債とユーロ円債は、課税対象法人と非居住者が保有すると、その期間が課税対象となる。

11.2.2. 決済方法

サムライ債においては国内債の決済方法とユーロクリアーでの決済が可能となっている。同日で国内債の決済方法とユーロクリアーでの決済が重なる場合、決済が間に合わない場合が存在するので注意が必要。

11.3. リスクプロファイル

基本的にクレジットリスクに関しては社債同様個々の発行団体のリスクによっている。サムライ債・ユーロ円債独特のリスクとしては、海外時間も流通していることと、情報の遅れである。

サムライ債・ユーロ円債は日本時間以外も売買され常時市場が動いている。国内事由・需給だけに左右されている社債と比べ、海外事由・需給によっても左右される。また、何か重要な事態が起こる場合の多くは、発行団体の時間帯である。つまりは、日本市場が寝ている間に動いてしまうということ。そのため、行動が遅れたり情報が遅れたりする。

こういった理由で、日本人の参加者が国内債券に比べて格段に少なく、流通量が乏しい状態になっている。

11.4. スプレッドヒストリー

11.4.1. スプレッドの推移

　国内社債のスプレッド推移とサムライ債・ユーロ円債のスプレッドの推移は概ね同じ方向ではあるものの、よく見ると動きが違っていることが見て取れる。特に02年2月から年末までは、国内社債がタイトニングしているにもかかわらず、サムライ債・ユーロ円債はワイドニングとなっている（**図表3-52**）。

　図表3-53はそれぞれの銘柄の同格国内社債スプレッド格差である。格差はゼロになることはなく推移している。この差は市場の違いから生まれる。サムライ債・ユーロ円債は、国内市場に比べて極端に市場が小さい。先に述べたように、情報の壁も多く参加者が少なく流動性があがらないのが現状である。そのため、スプレッドは同格付の国内社債よりワイドにおかれているのが普通である。

　国内投資家の多くのサムライ債・ユーロ円債投資は、消去法的なものである。国内債需給が逼迫した場合、消去法的にこの市場に資金が流れる。あくまで代替投資先という位置づけである。

　この流れがよく見えるのが02年2月以降の相場展開である。02年2月金融危機を乗り越え、政府サポートが多く入ったことで、国内クレジット市場は多方面から買いが入りタイトニング。AA格（R&I）社債はL+30から半年でL+10割れまで一気にタイトニングした。

　一方、サムライ債・ユーロ円債は見向きもされず、Aaa（MDY）、AAA（S&P）という超高格付のGECCですら、格下の国内電力債より30bp近くワイドな水準となった。電力債がL+5の時点でGECCがL+35。

　ここまで割安になって初めて資金が流れ込み、タイトニングしていった。この動きは02年だけのことではなく、タイトニングトレンド

図表3-52　GECC・IBM・MER・AA社債　Swapスプレッド推移（残存5年）

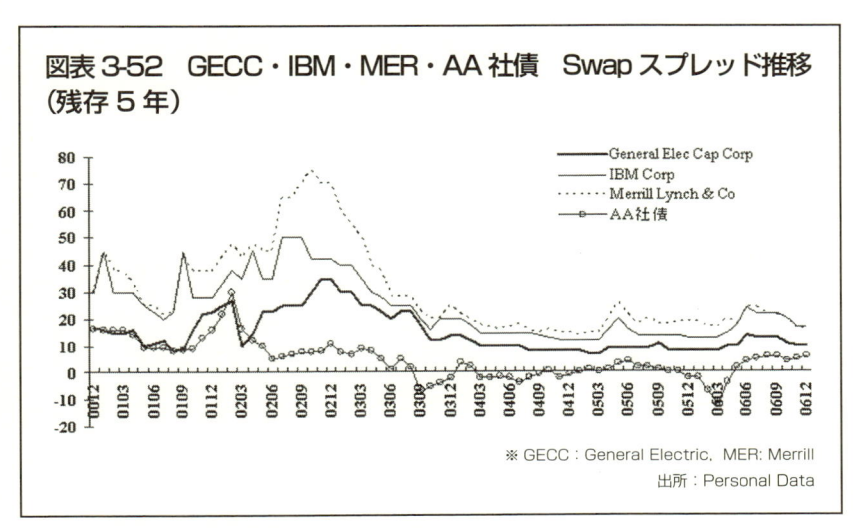

※ GECC：General Electric，MER: Merrill
出所：Personal Data

図表3-53　GECC・IBM・MER　同格社債とのスプレッド格差

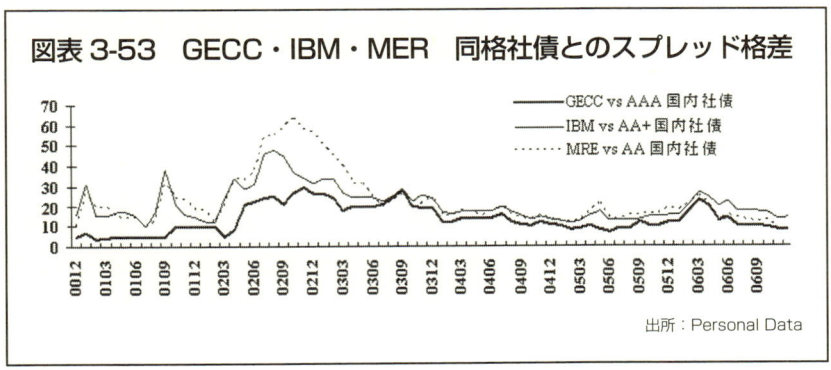

出所：Personal Data

が出る場合は必ず遅行し、ワイドニングトレンドが出る場合は、逆に先行してワイドニングする。

12 ハイイールドボンド

　企業の信用が極端に変動することによって、その企業のクレジットスプレッドがどのように変化していくかを検証していく。信用を左右する事象としては、業績動向、買収、増資・減資、犯罪・事件、破綻などさまざま。これらクレジットイベントが発生した場合、いったいどのような動きになるのだろうか（ここでいうクレジットイベントはCDSのそれではなく広義の意）。

12.1. ハイイールドボンド市場（投機的等級市場）

　格付にはAAAから破綻まで21のランクあり、最上級のAAAから10番目のBBB-が投資適格となる。ここがいわゆる投資適格級の流通市場である。11番目のBB+以下が投資的等級、一番下が破綻となる。ハイイールドボンド市場とは、その投機的等級の債券の流通市場を指す。また、ハイイールドボンド市場は2つに分けることができる。BB格を中心としたスプレッドで売買される市場と、さらに信用力が低く、破綻を意識しリカバリーバリューで売買される市場である。
　日本クレジット市場にはハイイールドボンド市場がいまだ確立していない。債券の供給サイド・需要サイドともに、市場整備が遅れた結果、近年やっとそれらしいものが形成され始めた段階である。つまり、日本のクレジット市場は格付で見て、おおよそ半分までしか流通市場が整備されていないことになる。このことが、スプレッドに多大な影響を与えることになる。
　投資適格市場ですら、本当の意味で始まったのは、97年の大型破綻以降。まだ日が浅い。それ以前は債券を発行する日本企業は破綻しな

いという神話が生きており、クレジットリスクという概念すらなかった。90年代後半まで社債は電力債や超優良企業の発行がほとんどであり、A格台の発行はまだ稀な状態であった。

97年大型破綻以降、資金調達の多様化の一環としてAAA・AA格台の発行が活発化するとともにA格台の発行も活発化した。BBB格台の発行増加はクレジットリスクの概念が市場に浸透し始めた00年以降となっている。現在、残存する投機的等級の債券は以前に投資適格であった債券が景気後退を背景に企業業績が悪化し格下げされたものである。

日本のほとんどの投資家はAAA～BBB-の投資適格級にしか投資できない。BB-以下の投機的等級に投資できるのは、ほんの一部の投資家に限られている。クレジットリスクを管理できる技術が未熟であることと、発行残高・流通量ともに少ないため自然な流れであった。

12.2. クレジットイベント後のスプレッドの動き

クレジットスプレッドは発行企業の信用を移す鏡。それぞれの企業の信用力に応じたスプレッドになる。企業の信用力を専門に見極める格付機関が債券発行企業の格付をし、通常その格付順にスプレッドが形成されている。

企業の信用を大きく左右するようなイベントが起きるとスプレッドに変化が生じ、格付も変更される。業績回復・好調や信用が増すようなイベントが起これば、スプレッドはタイトニングしていく。逆に、業績悪化や信用低下につながるイベントが起これば、スプレッドはワイドニングしていく。

クレジットスプレッドは理論的に０bpから単価の０円までを動く。スプレッド０bpは国債スプレッドが基準であれば、日本国債と同じ信用を持つということになり、単価０円は債券価値が０円となり

図表3-54　R&I　平均累積格付別デフォルト率（％）

	1年後	2年後	3年後	4年後	5年後	6年後	7年後	8年後	9年後	10年後
AAA	0.00	0.00	0.00	0.00	0.00	0.15	0.31	0.31	0.31	0.31
AA	0.00	0.00	0.00	0.00	0.06	0.12	0.18	0.39	0.61	0.85
A	0.06	0.16	0.29	0.47	0.64	0.81	1.12	1.47	1.80	2.09
BBB	0.06	0.27	0.48	0.74	1.10	1.45	1.79	2.02	2.33	2.65
BB	1.81	3.19	4.74	5.87	6.67	7.54	8.99	10.57	11.87	13.04
B以下	8.91	14.54	19.29	22.09	25.04	27.48	30.60	31.88	33.16	34.46
全体	0.26	0.53	0.82	1.09	1.39	1.69	2.07	2.41	2.76	3.11
BBB以上	0.05	0.18	0.32	0.50	0.73	0.97	1.25	1.50	1.79	2.06
BB以下	3.13	5.29	7.43	8.87	10.06	11.24	13.04	14.56	15.87	17.08

※2006年7月発表

リカバリーバリュー０％の破綻を意味する。

　投資適格の流通市場と投機的等級の流通市場では、厚みがまったく違う。信用力が破綻の可能性が極めて低い投資適格内に収まっている状態であれば、どの格付においても流通市場が存在するため、大きなスプレッドの変化は起こらない。

　問題なのは、投資適格と投機的等級の間を行き来するようなクレジットイベントが生じた時。投機的等級に下落した場合、前述のように現在の日本クレジット市場において、ハイイールドボンド市場が確立していないため、底知らずに下落する。多くの投資家は保有債券を売却せざるを得なくなるが、投資適格級の流通市場は参加者が少ないためその金額を吸収することができず、急速なワイドニングとなるのだ。どんなにワイドニングしても、投資できないから売却しなければならず、裁定が働かなくなる。

　スプレッドでの売買を飛ばして、一気にリカバリーバリューでの売

買になることも少なくない。乱暴な言い方をすれば、投資適格にしか投資できない投資家にとって、投資適格のひとつ下のBB+であろうが破綻だろうが同じことになる（**図表3-54**）。

12.3. 実例

過去に大きなクレジットイベントが発生した企業のクレジットスプレッドはどのように変化したのだろうか？　ここでは実例を挙げて検証していく。

12.3.1. ケース1：雪印乳業社債

> **クレジットイベント**
> ① 低脂肪乳による大規模な食中毒事件
> ② BSE（牛海綿状脳症・狂牛病）の感染拡大による消費低迷
> ③ 子会社雪印食品の国産牛BSE対策に絡む不正行為
> ④ BSE恐怖の下火・消費回復

00年6月末、大阪工場で製造した乳飲料や加工乳を原因食品として、患者数1万3000人を超す大規模なブドウ球菌食中毒が発生した。患者数では88年に北海道で発生した錦糸卵によるサルモネラ食中毒事件の患者数1万人を超え、国内では戦後最大の事件となった。厚生労働省による製品の自主回収の指示と工場の検査が行われた。小売各社は雪印製品の撤去を始め、消費者の雪印製品離れが加速した。

スプレッド
　2000年3月期で285億円の赤字となっていたが、食中毒事件発覚前まで、雪印乳業債は発行残高の少ない業種であり、

A+（R&I）という比較的優良な格付であったことで多方面からニーズが入りL+5以下で半年近く落ち着いていた。事件が発覚すると、スプレッドは4ノッチ下のBBB社債のレンジの上限近いL+75まで、その月のうちに急速にワイドニングした（**図表3-55**）。

同年12月、政府は、欧州におけるBSE感染急増によって、国民の食生活への不安が高まっているため、BSEの我が国への侵入防止策のため、EU諸国等からの牛肉等の輸入の停止措置を決定し、01年1月1日に実施した。家畜等に係る法的措置と並んで食品衛生法に基づく法的措置を行い、01年2月15日、牛肉・牛臓器およびこれらを原材料とする食肉製品について、EU諸国等からの輸入禁止措置をとった。この安全処置発動をきっかけに牛製品そのものの消費が急速に落ち込み始めた。

食中毒事件による、製品回収費、消費者離れによる売り上げ減少等が影響し、同年9月中間で306億円の赤字、01年3月の本決算は529億円の赤字となった。株・債券ともに下落。格付は投機的等級であるBB台に下落した。

スプレッド

　2001年2月の輸入禁止措置を受け牛関連の企業の債券が全体的に下落方向となった。じり安を続けていた雪印はワイドニングのスピードをあげ翌月にはL+140まで下落。その後、赤字決算、格付機関の投機的等級への格下げによってさらにワイドニングし年末にはL+220となった。

　食中毒事件のスプレッドに与えた影響は72bpのワイドニング。そして、BSEの影響はで145bpであった。

図表3-55 雪印乳業チャート

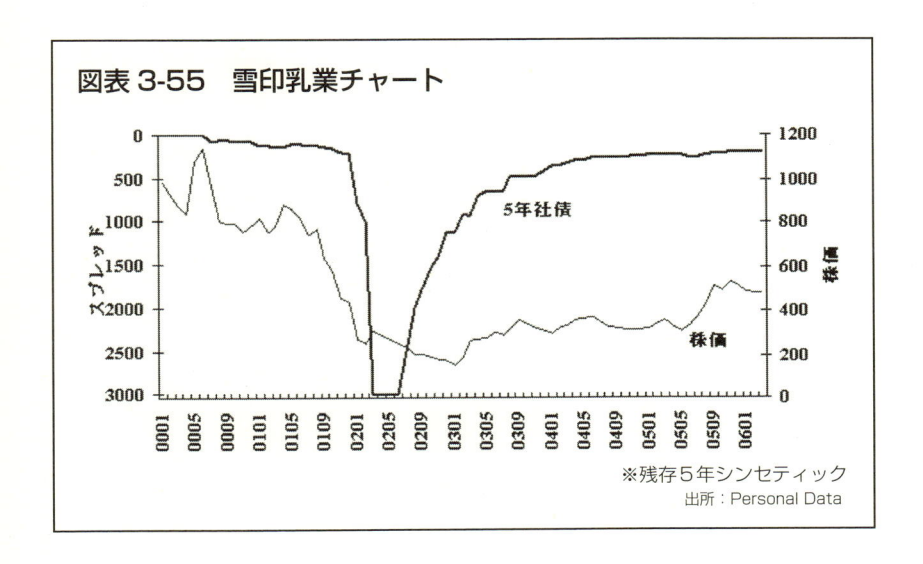

※残存5年シンセティック
出所：Personal Data

　再建を目指している中、02年１月子会社の雪印食品の国産牛肉買取偽装事件が発覚した。これは、国産牛BSE対策（後述）のうち、全頭検査前に処理された国産牛肉買取に関して、オーストラリア産輸入牛肉13.8トンを国産牛の箱に詰めなおし、国産牛と偽って買取申請をしたというもの。雪印乳業とその子会社の雪印食品ともに信用は地に落ち。格付機関は同社の格付をBB台からB台に下げた。業績悪化が止まらず、02年３月の決算では717億円の３期連続赤字となった。

スプレッド
　2002年１月偽装事件発覚によってL+800、２月の格下げによってL+1000、３月に３期連続赤字決算の見通しとなるとL+3000へ下落し安値をつけた（実際にはL+300を超えたころから単価での売買）。この時期は、ほとんど売買が成立することはなく、ポジションのアンワインドを急いでいる売り手が一方的に売り値を下げ続けて下落した。
　偽装事件のスプレッドに与えた影響は、食中毒とBSEを軽く

超え2800bp程度となった。

02年5月、再建計画発表。リストラ、第三者割り当てによる増資や、多方面への支援を要請するなどの対策がとられた。赤字は続いていたが、03年に入るころには売り上げが底を打ち回復基調となってきた。さらに、普通株式109億円と第三者割当増資200億円を行い、資本の増強を行った。同年9月には4億円の黒字に転換。04年3月決算では14億円の黒字となった。その後も業績は回復を続けた。

スプレッド
　2002年5月、再建計画を発表し、支援が受けられる方向性になるとタイトニングが始まった。信用回復開始である。さらに同年7月Moody'sが格付の見通しを安定的にすると、格下げの流れも終了したと見てさらにタイトニングしL＋2000を割り込んだ。
　2003年に入り売り上げが回復基調となるとL＋1500割れ、資本増強が行われてL＋1000割れ、中間決算黒字でL＋500割れ、2004年3月本決算黒字でL＋300割れと順調にタイトニングした。それ以降は格上げにあわせてタイトニングを続けた。

注）BSE
　BSEは、TSE（伝達性海綿状脳症：Transmissible Spongiform Encephalopathy）という、いまだ十分に解明されていない伝達因子と関係する病気のひとつで、牛の脳の組織にスポンジ状の変化を起こし、起立不能等の症状を示す遅発性かつ悪性の中枢神経系の疾病。
　BSEの原因は、他のTSEと同様、十分に解明されていないが、最も受け入れられつつあるのは、プリオンという通常の細胞タンパクが異常化したものを原因とする考え方。プリオンは、細菌やウイルスの感染に有効な薬剤であっても効果が

図表3-56　雪印乳業データ

決算期	連結営業損益	連結純損益
1997.03	127億円	52億円
1998.03	129億円	40億円
1999.03	180億円	30億円
2000.03	205億円	▲285億円
2001.03	▲561億円	▲529億円
2002.03	▲361億円	▲717億円
2003.03	▲215億円	▲270億円
2004.03	38億円	14億円
2005.03	65億円	69億円

クレジットイベント・格付アクションとスプレッド

日付	社債	株価	R&I	MDY	イベント・決算
2000.03	3	870	A+		●決算：連結純損益285億円の赤字
2000.06	4	1140			●低脂肪乳による食中毒事件
2000.07	75	968	A+wa		
2000.09	65	794			●中間決算：106億円の赤字に転落
2000.11	80	756		Baa3	
2000.12	85	786	BBB		
2001.01	120	820			●欧州からの牛肉輸入停止
2001.02	130	756			●欧州からの牛肉製品輸入停止
2001.03	140	782			●決算：連結純損益529億円の赤字
2001.11	200	454	BBBwa	Baa3ne	
2001.12	220	434	BB		
2002.01	800	268	BB wa	Ba3	●子会社雪印食品牛肉偽装事件
2002.02	1000	252	B wa	B3ne	
2002.03	3000	306		Caa1ne	●決算：連結純損益717億円の赤字 ●社債安値
2002.07	2500	232		Caa1	●決算赤字縮小の見通し
2003.02	930	191	B		
2003.03	945	262			●決算：連結純損益270億円の赤字
2003.09	485	360			●中間決算4億円の黒字に転換
2004.03	330	334			●決算：連結純損益14億円の黒字復帰

※社債スプレッドは残存5年Lスプレッド
※wa: watch list, ne: negative watch

ないとされ、異常化したプリオンは、通常の加熱調理等では不活化されない。

注）国産牛BSE対策

　01年9月、国内において初めてBSEの発生を千葉県内で確認。厚生労働省およ

び農林水産省は同年9月27日、生後12カ月以上の牛の頭蓋（舌、頬肉を除く）およびせき髄並びにすべての牛の回腸遠位部（盲腸の接続部分から2メートル以上）を除去、焼却するよう指導を開始し、同年10月18日には、と畜場における牛の特定部位の除去・焼却を法令上義務化した。また、牛肉在庫緊急保管対策事業として、全国のすべての食肉牛を対象にBSE感染の有無を調べる「全頭検査」を実施し、それに伴い、10月17日以前に処理された牛肉について「牛肉在庫緊急保管対策事業」の実施を決定した。

12.3.2. ケース2：日本ハム社債

クレジットイベント
① BSE（牛海綿状脳症・狂牛病）の感染拡大による消費低迷
② 子会社日本フーズの国産牛BSE対策に絡む不正行為
③ BSE恐怖の下火・消費回復

　02年8月、同年1月に発覚した雪印食品の国産牛肉買取偽装事件が問題になっている中、日本ハム子会社の日本フーズが同じ偽装をしていたことが発覚した。小売各社はBSE対策事業を悪用したものであり、社会的にも消費者の信頼を裏切ったものであることに滞りを覚え、日本ハム製品の撤去を行い、消費者離れを起こした。

　BSEで業界全体が不景気な中、この事件によって、より一層業績が悪化した。03年3月の決算はかろうじて黒字となったものの、前期比75％ダウンの44億円となった。

　しかし、その後は雪印乳業の業績が回復基調にあること、消費者のBSE不安が減少してきたことなどから、業績は回復していった。

　スプレッド
　　2001年後半以降、BSE感染牛拡大による消費者離れを受

図表 3-57　日本ハムチャート

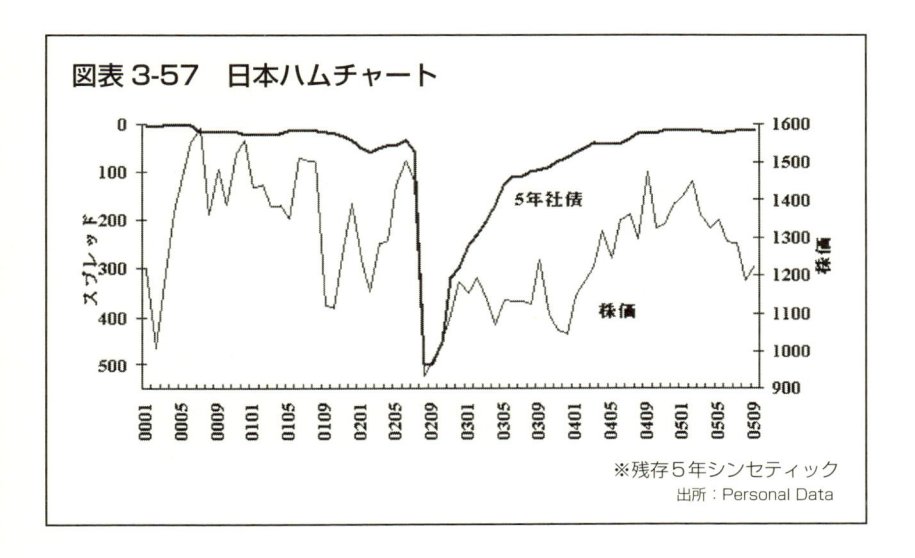

※残存5年シンセティック
出所：Personal Data

　け、業績がじりじり悪化し格付も低下していた。スプレッドはL＋40〜55の間を動いていた。

　2002年8月、偽装事件が発覚すると、数カ月前雪印乳業の債券がL＋5程度からL＋3000まで下落したのを目の前にしていただけに反応は大きく、一気にL＋500まで瞬間移動した。その後、雪印乳業は再建策を発表。リストラを行い、金融機関からの支援も受けられる方向となっていた。スプレッドはL＋3000からL＋1000へと急速にタイトニングしていった。そういった周りの環境に助けられたことや、2003年3月も結局赤字にならなかったことで、それ以上のワイドニングはなく、雪印のタイトニングに合わせる形でタイトニングし、年末にはL＋300、黒字決算後はL＋100とタイトニングしていった。

図表 3-58　日本ハムデータ

決算期	連結営業損益	連結純損益	決算期	連結営業損益	連結純損益
1999.03	404億円	100億円	2003.03	231億円	44億円
2000.03	425億円	151億円	2004.03	236億円	106億円
2001.03	426億円	256億円	2005.03	272億円	118億円
2002.03	383億円	177億円			

クレジットイベント・格付アクションとスプレッド

日付	社債	株価	R&I	MDY	イベント・決算
2001.03	23	1381	A+		●決算：連結純利益256億円
2001.12	35	1390	A+ne	A3	
2002.02	60	1160	A		
2002.03	50	1285			●決算：連結純利益177億円
2002.08	500	932	A-ne	Baa2ne	●子会社牛肉偽装事件 ●社債安値
2002.11	320	1097	BBB+		
2003.01	250	1155		Baa3	
2003.03	200	1136			●決算：連結純利益44億円、前期比75%減
2004.03	40	1223			●決算：連結純利益106億円
2004.09	21	1474		Baa3po	
2004.11	15	1333	A-		
2004.12	15	1389		Baa2	
2005.03	15	1359			●決算：連結純利益118億円

※社債スプレッドは残存5年Lスプレッド
※ ne: negative watch

12.3.3.　ケース3：武富士社債

クレジットイベント

① 電話盗聴事件による企業イメージ・信用・業績の悪化

② 消費者金融業界再編（銀行との融和）

③ 貸金業登録取り消し不安

④ 実刑判決

⑤ 創業者一族の保有株式比率低下

図表3-59　武富士チャート

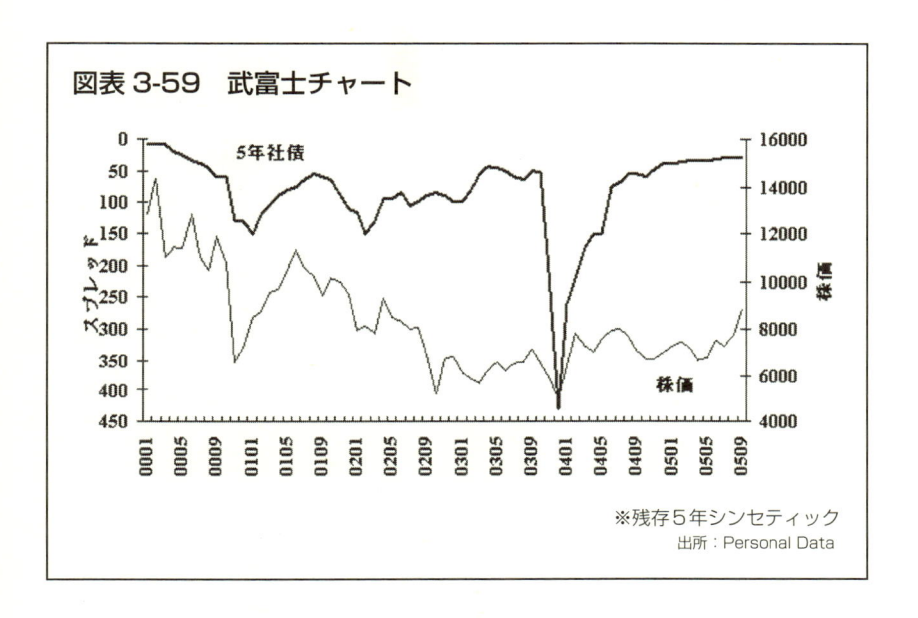

※残存5年シンセティック
出所：Personal Data

　90年代、銀行の貸し渋りを背景に急速に業績を伸ばしてきた消費者金融業界は、社債発行をスタートし、急速に発行残高を伸ばしてきた。ノンバンクと合わせると、残高は電力債などの公益事業債、銀行社債、電機に次ぐものへと成長した。債券投資家は、当初サラ金というイメージから投資を抑制していたが、好調な業績と発行残高の拡大によって無視できないものになり、ほとんどの投資家が参加する大きな市場へと成長した。

　00年代前半になると、貸付金利低下と長引く景気低迷による貸倒急増によって、業績は伸び悩み始め、企業の成長に陰りが見えてきていた。

　そんな中、03年11月、警視庁は電話盗聴容疑（電気通信事業法違反容疑）で武富士本社の家宅捜索を始めた。武富士に関して批判的な記事を書いたジャーナリストに対し、盗聴をしていたという容疑だった。すぐに社員5人が逮捕され、翌月には会長も関与していたとして逮捕された。また、武富士も法人として起訴された。格付各社は一斉

に格下げを行い、見通しも格下げ方向とした。

　CDまで発売された当時の有名CMも打ち切られた。CMは80年代の大流行ジャズダンス。私個人も慣れ親しんだダンスだけに、考え深いものがあったことを覚えている。

スプレッド
　2002年2月以降、政府の強固な金融機関へのサポートや株価上昇を支えに大幅にタイトニングし史上最低レベルに迫る状態にあったクレジット市場において、消費者金融は大変重宝されていた。急速な発行残高の上昇と貸倒増加に伴うクレジットコストの増加など悪い材料はあるものの、同格他業界社債とのスプレッド格差が付いていたためだ。スプレッドはL+100程度からタイトニングしL+40〜50の間で推移し、さらにタイトニング方向に向かっていた。

　そんな中、2003年11月スキャンダラスなニュースが飛び込んできた。市場は騒然となり売り物が並んだ。発行残高が高いためいったん売り物が出ると急速にワイドニング方向となった。その月のうちにL+200台まで下落。翌月会長が逮捕され、格下げが行われるとさらに下落し、L+430となった。

　しかし、一方で巨大な自己資本があること、当面の資金流動性に問題がないこと、業績悪化は避けられないが赤字転落はないという見通しなどから、事件がクレジットに与える影響は限定的であるという見方がでて、それ以上のワイドニングは避けられた。

　翌年04年3月の決算は、業界全体の置かれている逆風状態と顧客離れによって、業績が2割減少するものの赤字にまでは至らず連結純利益747億円で終了した。

第3章 各種債券のリスクプロファイル・特性・歴史

図表3-60 武富士データ

決算期	連結営業損益	連結純損益
2000.03	1961億円	1138億円
2001.03	2132億円	1272億円
2002.03	2254億円	644億円

決算期	連結営業損益	連結純損益
2003.03	1604億円	951億円
2004.03	1245億円	747億円
2005.03	1202億円	687億円

クレジットイベント・格付アクションとスプレッド

日付	社債	株価	MDY	S&P	イベント・決算
2001.03	105	9520			●決算：連結純利益1272億円
2001.04	90	9680	A3		
2001.11	90	9950			●不動産売却に伴い960億円の特別損失を計上
2002.03	130	7810			●決算：連結純利益644億円
2002.11	90	6720	A3ne		
2003.03	55	5650			●決算：連結純利益951億円
2003.10	53	6510		A-	●中間決算連結純利益33.5%減
2003.11	210	5910		A-ne	●武富士本社の家宅捜索。●盗聴疑惑で元専務ら5人逮捕
2003.12	430	5010	Baa2ne	BBB+ne	●武井会長逮捕・武井会長辞任 ●武井前会長電機通信法違反で起訴 ●武富士 法人として起訴
2004.02	220	7820		BBBne	
2004.03	170	7250			●決算：連結純利益747億円
2004.04	150	7010	Baa2		●創業者一族保有株70%の比率下げを発表
2004.06	75	7910			●創業者一族保有株の保有比率を59%に
2004.07	70	8000		BBBwa	
2004.11	48	6700		BBB	●創業者一族保有比率を25%未満に ●東京地裁 武井被告に対し有罪判決
2004.12	40	6930	Baa1		
2005.03	35	7220			●決算：連結純利益687億円
2005.05	35	6740			●600億円の実質的ディフィーザンズ実地
2005.09	30	8850		BBBpo	

※社債スプレッドは残存5年Lスプレッド

※ ne: negative watch

裁判が始まり創業者一族の自社株保有比率が問題となってきた。当時保有比率は70％近くあり、裁判で会長が実刑判決を受ければ、金融庁から貸金業登録を取り消され廃業に追い込まれる可能性がでてきたためだ。これを避けるため、創業者一族は判決が出る前に保有株を売却し25％以下に減少させる処置をとった。

　その後、04年11月、会長の懲役3年執行猶予4年の有罪判決が決まった。事件が決着し、創業者一族の株式保有比率が25％以下となり、企業への影響力が低下したことで一段落した。

スプレッド

　2004年に入り、通期決算が赤字に落ち込まないとの見方が優勢になると買戻しが始まりL＋200台にタイトニング。3月には、三菱ファイナンシャルグループによるアコム株取得の発表がされ、銀行との提携が業界全体にプラスとの判断から、L＋170にタイトニングした。

　その後、創業者一族の保有株減少するに従って、影響力低下を好感しタイトニングしL＋100を割り込んでいった。11月、会長に実刑判決が出るころには元の状態に戻っていた。

12.3.4.　ケース4：アイワ社債

クレジットイベント

① 景気後退・製品価格下落

② 為替対策失敗

③ ソニーによる完全子会社化

④ ソニーによる吸収合併

図表3-61　アイワチャート

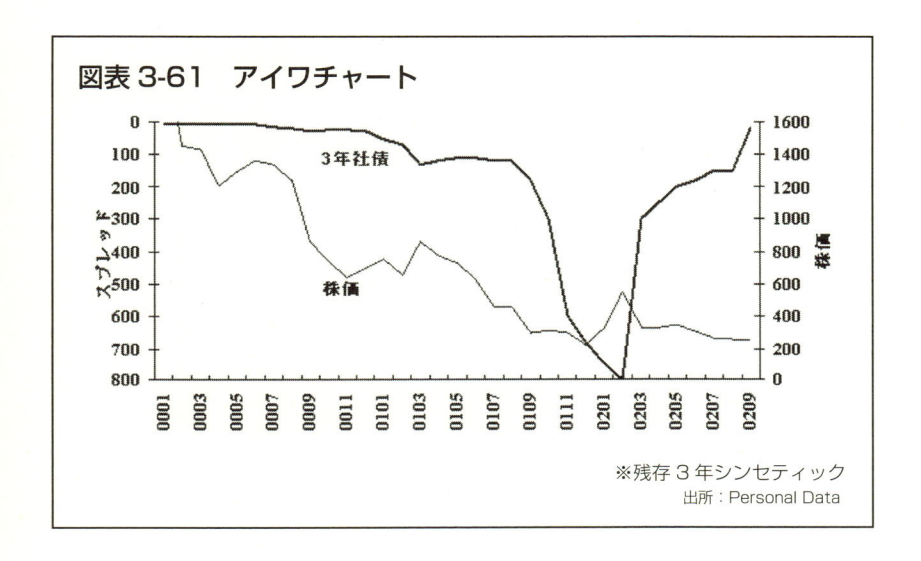

※残存3年シンセティック
出所：Personal Data

　98年、電気業界は急速な円高と、韓国・東南アジアメーカーの参入による製品価格下落が響き、業績悪化傾向にあった。親会社であるソニーの製品価格も下がってきていたことで、アイワ自体の存在価値が徐々に下がってきていた。しかし、着実に収益をあげていることや親会社がソニーであることでA格台の格付が付与されていた。
　そんな中、99年に部品不足、為替対策失敗で業績が悪化した。
　携帯電話など情報通信機器向けの需要が急拡大したことで、部品不足が深刻化。内外の部品メーカーからの納期遅延が発生した。アイワは戦略として在庫を圧縮する方向にあったため、この部品不足に対応できず生産に大きな支障をきたした。製品を完成することができず、仕掛品の在庫が急増した。
　また、為替対策では急速な円高によって対ドルで差損が発生。ユーロ安（対ドル）で東南アジア生産・欧州販売の製品でも収益の目減りが発生した。これらによって00年3月の決算は13年ぶりの赤字転落。連結純利益は114億円の赤字となった。

スプレッド

　親会社がソニーであるということで、アイワはR&IからA-の格付を付与されており、売買スプレッドも同じ格付の社債より多少タイトであった。

　決算で部品不足や為替対策失敗によって114億円の赤字に転落することになったが、ワイドニングせず、L+10程度推移していた。親会社がソニーであり安心感があることや、部品不足の影響はすぐに解消するであろうし、赤字になっているものの販売数では増加していたため、それほど市場は心配していなかった。

　その後も製品価格は下落し、売上不振、部品供給遅延、ユーロ安による欧州地域採算悪化など悪い状態に好転の兆しが見えなかった。
　01年1月、ソニーの全面支援のもと経営改善計画が発表された。その内容は私的整理に近い踏み込んだ内容になっており、コスト面での改善は期待できるが収益面での期待ができないようなものであった。大幅に事業を縮小し国内工場をすべて閉鎖、人員削減などリストラを加速させた。
　その後発表された01年3月決算は390億円の2期連続赤字、02年3月決算は465億円の3期連続赤字となった。

スプレッド

　2000年9月中間決算にて、状況が改善していないことが確認されるとゆっくりワイドニングを始めL+30に、経営改善計画への好意的な反応はほとんどなく、2001年3月の2期連続赤字を受けてL+100台までワイドニングした。
　同年9月中間決算にて本決算が3期連続赤字でしかも赤字幅が拡大するという会社見通し発表を受けると、多方面より売り

図表3-62　アイワデータ

決算期	連結営業損益	連結純損益
1998.03	195億円	88億円
1999.03	125億円	35億円
2000.03	▲36億円	▲114億円

決算期	連結営業損益	連結純損益
2001.03	▲202億円	▲390億円
2002.03	▲157億円	▲465億円

クレジットイベント・格付アクションとスプレッド

日付	3y	株価	R&I	JCR	イベント・決算
2000.03	10	1426	A-		●決算：連結純損益114億円赤字（13年ぶり）
2000.09	30	864			●中間決算：連結純損益106億円赤字
2001.01	55	757	A-ne		●経営改善策発表・ソニー全面的支援発表
2001.03	130	865	BBB-		●決算：連結純損益390億円赤字 ●経営改善計画発表
2001.04	120	773			●国内工場すべて閉鎖方針
2001.07	120	458			●ソニー引受先の第三者割当増資75億円
2001.09	180	296			●中間決算：連結純損益228億円赤字
2001.10	300	310		BBB-	
2002.02	800	550			●社債安値
2002.03	300	325			●決算：連結純損益465億円赤字（3期連続） ●ソニー、完全子会社化発表
2002.08	150	255			●ソニー引受先の第三者割当増資450億円
2002.09	20	258			●ソニー、12月1日付で吸収合併発表
2002.12	8		AA+		●ソニー、アイワを吸収合併

※社債スプレッドは残存3年Lスプレッド
※ ne: negative watch

物が殺到しL+300、L+400、L+500……と100bp単位で下落。翌年本決算前には当時台頭していた金融不安も手伝ってL+800の安値をつけた。

02年3月、ソニーはアイワを完全子会社化すると発表。第三者割当増資を450億円引き受けた。同年10月にはその完全子会社化したアイワを吸収合併すると発表した。

スプレッド
完全子会社化発表によって、破綻の懸念がなくなりL＋800から瞬間的にL＋300となり、その後もタイトニングを続けた。ソニーがアイワの第三者割り当て増資を引き受けるとL＋150に、吸収合併発表でソニーと同じL＋5にタイトニングした。

12.3.5. ケース5：マイカル社債

> クレジットイベント
> ① 景気後退による消費不況（平成不況）
> ② 間違ったストラテジー（出店を加速し拡大路線）
> ③ 有利子負債肥大化
> ④ 銀行支援打ち切り
> ⑤ 破綻

景気後退、消費税引き上げによる個人消費落ち込みによって、小売業界の売上げは97年度98年度とマイナスを続けていた。そんな中、マイカルは大規模小売店舗立地法移行による出店規制強化を避けるため、移行前での出店を増やしていた。

98年後半には、オーバーストアー状態に拍車がかかり売場効率が悪化。収益源である既存店売上高も前年割れが常態化し収益性改善は困難な状態となっていた。財務構成はキャッシュフローを上回る設備投資が続いたため多額の債務を抱え脆弱な状態となっていた。

99年2月決算には350億円の赤字に転落した。赤字は消費低迷によ

図表3-63　マイカルチャート

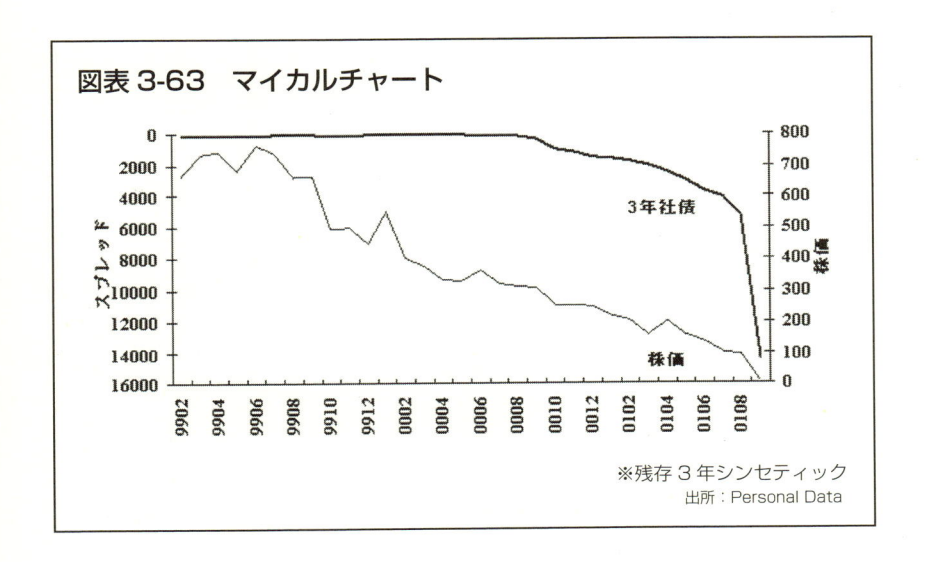

※残存3年シンセティック
出所：Personal Data

　る売上減少と、海外金融子会社保有の銀行株の強制評価減を実地したことによるものだった。この決算を期に、肥大化した有利子負債削減を目的とした中期5カ年経営計画を策定し実行に移した。計画は5年後の04年2月までに9700億円ある有利子負債を7000億円に削減するというものだった。

　格付機関は消費低迷による業績悪化と脆弱な財務構成をみて格付を下げ、R&IはA+からBBB+に、JCRはA+からA-に、Moody'sは投資適格等級のBa3に格下げした。

　00年2月決算は59億円の2期連続赤字となった。中期5カ年計画に沿って資産売却・証券化を続けていたが、1年目は失敗に終わった。有利子負債は削減が進まず赤字子会社を連結対象にした結果、10770億円に膨れ上がることとなった。

　格付機関は有利子負債削減が進まないことや収益力の改善が見込まれないことから格下げを行った。R&IはBBB-に、JCRはBBBに、S&PはBに格下げした。

スプレッド

　98年から始まった消費不況によって業界全体の格付が下げされ、それに伴ってワイドニング方向となっていた。しかし、特段マイカルだけが安いということなく同格他銘柄と同じスプレッドで売買されていた。

　99年2月決算が赤字転落となるも、その理由が金融子会社の株式含み損によるところが大きかったこと、銀行支援に変化がなかったこと、中期5カ年経営計画が策定されその状況を見たいことなどから、ワイドニングはしなかった。逆に、当時はITバブルの真っ只中でクレジット市場がタイトニングトレンドの中にあったため、マイカルもタイトニングしていた。そのまま、2000年2月の2期連続赤字も乗り越え、スプレッドは変わらずしっかりしていた。

　しかし、2000年8月、格付機関の格下げでL+300にワイドニング。中間決算で赤字が拡大していること、計画の進展が見えないことからL+1000にワイドニング。その後はビッドがまったく入らず年末にはL+1500となった。

　中期5カ年計画2年目が終わりに近づいた01年1月、宇都宮社長が辞任し、四方社長が誕生した。宇都宮社長は1年半前に策定した5カ年経営計画が不調な状態にあることなどで責任を取った。その後の決算は872億円の3期連続赤字、有利子負債総額は削減どころか拡大し11600億円となった。

　新社長は計画を見直し、新中期3カ年計画（チャレンジングマイカル改革プラン）を策定した。以前の計画より突っ込んだ内容となっていた。社員14500人中2700人削減、300店舗中50店舗閉鎖、子会社9社清算、子会社株式売却・固定資産売却・証券化などによって11600億円の有利子負債を8月中間までに9100億円に、2年後に7500億円に削

減することが盛り込まれた。

スプレッド
　2001年2月の3期連続赤字決算を受けてワイドニングが加速しL+2000を超えた。社長が交代しチャレンジングマイカル改革プランが策定されたが反応はなかった。

　01年1〜3月、計画に沿って、優良でありグループの中核である子会社のビープルやマイカルカードをも次々に売却していった。こういった優良資産を手放さなければ、中間決算時の目標を達成できないという状態は、非常に厳しい経営状況になっていることを物語っていた。
　同年6月、格付機関は計画が実施されているが有利子負債残高が高すぎることや、収益面での計画達成が難しく財務体質の改善は相当の時間がかかるとの観点から格下げを行った。R&IはBBB+から4ノッチ下のB+に、投資適格から投機的等級の上から4番目まで一気に格下げした。これを受け日本証券金融は貸借取引申込停止処置を実施。7月にはMoody'sがB2に、8月にはJCRがBBに格下げした。いずれの格付機関からも投機的等級の格付となった。

スプレッド
　チャレンジングマイカル改革プラン発表後、計画に従ってリストラが進むものの格付が投資適格ぎりぎりの水準にいることもあって、下落はとまらなかった。相変わらずビッドが入らずL+2200、2400、2600…とワイドニング。単価は80円を割り込んだ。
　R&IがBBB+からBB格台を飛ばし一気にB+に格下げすると、市場は騒然となった。売買はデフォルトを意識したものと

なり、投げ合戦が始まった。もはやスプレッドではなく、残存年限に関係なく10円単位で売値が甘くなり、60円、50円、40円と下落していった（スプレッドではL+3000、3500、4000）。海外投資家より買いが入るが見事に打ち崩された。7月のMoody's格下げのころには全年限25円オファー20円ビッドの市場になった。

　前述のようにハイイールドボンド市場はまだ日本になかったため、その下落は目に見えないほど急速なものになった。

8月中間決算。投機的等級への格下げによって不安な状態になっている中、チャレンジングマイカル改革プランの進捗状況が発表された。ポイントは有利子負債が計画通りに削減されているかであった。しかし、結果は計画通りに削減できていないというものだった。これを受け、メーン銀行の支援を打ち切られ債務不履行になる懸念が市場に一気に広がった。

　同年9月、主力銀行である第一勧銀が支援を打ち切った。マイカルは自主再建を断念し、民事再生法の適用を申請した。負債総額は13881億円で戦後4位の大型破綻。小売では00年7月のそごうを上回る過去最大級となった。

　スプレッド
　　8月の中間での計画が達成できないことが判明すると、単価はさらに下落20円を割り込んだ。市場はついにリカバリーバリューを意識したものへと完全に移行した。そして9月、民事再生法適用を申請したと伝わると10円をも割り込んだ。

　　破綻が決定的となり株式は紙切れになったわけであるが、社債はまだ売買されていた。リカバリーバリューが残っているためだ。5円程度で売買が始まり、その後2.5円をはさんでしば

図表3-64　マイカルデータ

決算期	連結営業損益	連結純損益
1997.02	251億円	151億円
1998.02	205億円	101億円
1999.02	291億円	▲355億円
2000.02	94億円	▲59億円
2001.02	190億円	▲872億円

クレジットイベント・格付アクションとスプレッド

日付	社債	株価	R&I	JCR	MDY	イベント・決算
1999.02	170	665	BBB+	A+		●決算：連結純損益350億円赤字
1999.04	140	740			Ba3	●中期5ヵ年経営計画発表
1999.09	100	665		A-		
2000.02	120	398				●決算：連結純損益59億円赤字
2000.08	170	310	BBB-			●中間決算、経常利益52%減
2000.09	300	305		BBB		
2000.12	1500	245				
2001.01	1650	217	BBB-ne			●社長交代 ●新中期3カ年経営計画 ●ピープル子会社売却
2001.02	1800	205				●決算：連結純損益872億円赤字
2001.03	2000	156				●マイカルカード売却
2001.06	3700	136	B+			
2001.07	4100	103			B2	●日本証券金融、貸借取引申込停止
2001.08	5300	94		BB		●マイカル北海道売却 ●中間期の計画未達成
2001.09	14400	5	CC	D	Caa1ne	●第一勧銀支援打切り ●民事再生法の適用申請
2001.11						●会社更生法へ切替 ●イオン支援
2003.05						●更正計画発表

※社債スプレッドは残存3年Lスプレッド
※ ne: negative watch

らく売買が続いた。
　その後、2003年5月に発表される更正計画案で示された弁済率にあう価格に収束していった。

注）更正計画
　03年5月発表。総額1兆9000億円の債務を96％カットする。

＝一般更正債権（社債に関する特則）＝

	総額	弁済（対社債額面）
個人向社債・無担保転換社債	953億円	30％
社債管理会社設置社債	1500億円	10％
マイカルファイナンス第2回債	30億円	4.67％
社債管理会社不設置社債（FA債）	1000億円	下記参照

＝FA債の権利変更（社債以外の一般更正債権と同じ）＝

債権規模	弁済
30万円以下	100％
30万円超～100万円以下	金30万円
100万円超～2000万円以下	30％
2000万円超～20億円以下	5％＋金500万円
20億円超～100億円以下	4％＋金2000万円
100億円超～1000億円以下	3％＋金1億円
1000億円超	1.5％＋金5億円

　FA債発行が始まって初めての破綻であり、その弁済率が注目されていたが、5％近く弁済率に差がでることとなった。

　ABS：オリジネーターであるマイカルのリスクを完全に隔離した形の隔離型ABSと、マイカルのリスクにリンクした形のリンク型ABSがある。リンク型は社債と同じ枠組みで整理され、隔離型は格付も下げられず、利払い等も継続して行われた。ともに裏付資産はあるものの大きな差が生じた。

CBO：マイカルの破綻で劣後やメザニン部分が毀損するものの、シニアにまでは影響を及ぼさなかった。当時発行されていたCBOは組入銘柄の数や幅が少なく、分散投資としての意味が薄い状態であったため、その影響は思っていたよりも大きなものとなった。

12.3.6. ケース6：いすゞ自動車社債

> **クレジットイベント**
> ① 消費税上げ・景気後退によるトラック販売減少
> ② 平成不況・消費不況
> ③ 米大手自動車メーカーゼネラルモーター（GM）による子会社化
> ④ 事業規模縮小

　97年の消費税上げ以降、自動車の販売台数は減少傾向にあった。追い討ちをかけるように景気後退・消費不況が襲い、自動車販売、特に商用車・トラックの販売が急速に冷え込んだ。96年度から減少傾向にあった普通トラック国内需要は、98年度には前年度比27％減の81.4万台と30年前の水準に落ち込んだ。

　いすゞはGMとの提携を進め、コスト削減に力を入れた。GMのいすゞ出資は49％に拡大された。しかし、99年3月決算にて、資産売却益で利益を捻出し何とか黒字を確保したものの、本業は45億円赤字に転落した。他の国内トラックメーカー3社も軒並み25％～30％売上げが減少し、自動車販売では全社赤字となった。

　翌年度も環境は変わらず、00年3月決算では、営業損益・経常損益・当期純損益とも赤字に転落。販売低迷と円高による収益目減、退職金・年金積み立て不足の一括償却で1041億円の大幅赤字となった。
赤字決算を受けて、今後も国内トラック市場の回復が期待できないという考えから販売店の大幅なリストラを行った。このリストラが01年

3月の決算の白黒を分けた。ITバブル等で一時的に回復した国内トラック販売に、他3社が黒字になる中、販売店をリストラしたことで販売台数を伸ばせなかったいすゞは2期連続赤字となった。

スプレッド

　97年消費税引き上げ以降、業績は悪化傾向。2000年3月決算には大幅な赤字転落となるが、時はITバブルということでワイドニングすることもなく、BBB格の平均的なスプレッドで売買されていた。
　2001年3月、2期連続の赤字となって初めて、同格の他の銘柄がL+100程度で落ち着いている中、L+200までワイドニングした。

　2期連続赤字となった決算を受け、01年5月にいすゞVプラン（中期経営計画）が発表された。3年後04年3月までに人員9700人削減、工場閉鎖、販売拠点・グループ関連企業の40％削減という内容。
　再建を始め、人員削減、資産売却などが行われていた同年、格付機関はいすゞの格付を投資適格から投機的等級に格下げした（R&I BB+、JCR BB）。改革に水を差すような格下げであった。理由は、景気後退でトラック需要が低迷し収益環境が悪化する中、工場閉鎖・人員削減などで追加的な損失が発生し、財務基盤の弱体化が予想されることと、コア事業である小型商用車での競争力低下が懸念されるというものだった。
　01年度のトラック生産は、統計を取り始めた66年以来の低い水準となり、ピークだった85年の3分の1に落ちこんだ。普通トラックは7年連続前年実績を下回り、過去最長記録を更新。02年3月決算では、エンジン・ボンネットなどの売り上げ増で増収となり、営業利益は何とか黒字化した。しかし、販売計画は未達に終わり、投資評価損・リ

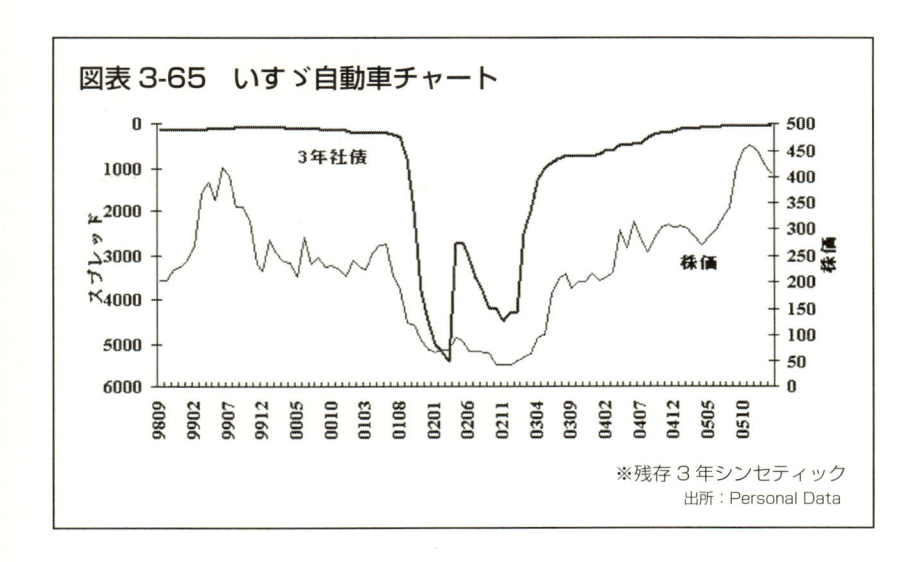

図表3-65 いすゞ自動車チャート

※残存3年シンセティック
出所：Personal Data

ストラ費用などで最終損益は3期連続の赤字となった。

スプレッド

　2001年5月、いすゞVプランが発表され、再建の方向性が示されるとワイドニングは一時的に止まることとなったが、格付機関の格下げが行われると再びワイドニングとなった。再建の行方を見守る姿勢を示していた投資家は投機的等級への格下げによってその余裕がなくなった。さらに、2002年3月3期連続赤字の見通しが出されるとスプレッドはL+5400まで一気にワイドニングした。

　いすゞVプランに従ってリストラを進めてきたが、米国事業の急激な落ち込みや国内販売の伸び悩みによって、02年8月に計画の一部を見直し05年3月までの新3カ年計画を策定した。内容は、GM保有全株式（全体の49％）をすべて減資し、GMを対象とした100億円の第三者割当増資をする。ディーゼルエンジン部門を分社化後GMが60％

出資する。銀行団は1000億円の債権を株式化し、リストラ費用1500億円も融資するというもの。以前の改革に比べるとさらに突っ込んだ内容になっていた。

　そんな計画が策定されたころ、格付機関の格下げが行われた。R&IがBに、JCRがB+に格下げした。これまた、すごいタイミングでの格下げであった。再建計画が１年先延ばしされたこと、GMの支援はGMにとって魅力のあるディーゼル事業への出資拡大というもので車両事業を含む全面支援という印象が薄いこと、いすゞは自ら自動車事業を立て直していく必要があるが北米SUV事業の不振や国内トラック市場の低迷などの不安材料を払拭する計画は示されていないことなどが理由として挙げられた。

　スプレッド

　　３期連続赤字決算後、リストラが進展していることや、さらなるリストラが追加され再建に拍車がかかるとの思惑から、買い戻され５月には一時L+2700までタイトニングした。
　　２００２年８月、新３カ年計画が発表されると値崩れを起こした。１年計画が先延ばしされていたことで不評を買ったためだ。その後の格付機関のＢ台への格下げると、株価は額面（50円）を割り込み、債券はL+4500まで下落した。

　同年11月、事業縮小。北米でのSUV生産の完全撤退を決め、富士重工との合弁も解消した。いすゞは創業時のトラックメーカーに戻ることとなった。
　また、12月には経済産業省から産業活力再生特別措置法の認定を受けた。新３カ年計画に基づいて、国内生産体制の再編と、新生産方式導入による生産効率化を図り、ゼネラルモーターズによる減増資、主要取引銀行による債務株式化などの支援を受けることになっており、

図表3-66 いすゞ自動車データ

決算期	連結営業損益	連結純損益
1998.03	117億円	60億円
1999.03	91億円	62億円
2000.03	▲507億円	▲1041億円
2001.03	▲273億円	▲667億円
2002.03	151億円	▲429億円
2003.03	154億円	▲1443億円
2004.03	844億円	547億円
2005.03	872億円	600億円

クレジットイベント・格付アクションとスプレッド

日付	社債	株価	R&I	JCR	イベント・決算
1999.03	160	366	BBB	BBB+	●GM資本49% ●決算：連結純利益62億円
1999.11	90	234		BBB	
2000.01	90	280	BBB-		
2000.03	105	238			●決算：連結純損益1041億円赤字
2000.09	150	228		BBB-	
2001.03	200	222			●決算：連結純損益667億円赤字
2001.05	200	269			●いすゞVプラン発表
2001.06	220	273	BB+		
2002.01	5000	67		BB	
2002.03	5400	72			●決算：連結純損益429億円赤字
2002.05	2700	88	BB-		
2002.08	3800	67	B	BB ne	●新3ヵ年計画発表
2002.11	4500	42		B+	●創業時のトラックメーカーに戻る
2002.12	4300	41			●産業再生法適用
2003.03	2000	65			●決算：連結純損益1443億円赤字
2004.03	600	217			●決算：連結純利益547億円
2004.04	500	297		BB	
2004.09	250	282	BB-		
2005.01	120	304		BBB-	
2005.03	120	284			●決算：連結純利益600億円
2005.07	60	320	BB		

※社債スプレッドは残存3年Lスプレッド
※ne: negative watch

　これらの施策について、経済産業省に同特別措置法の適用を申請していた。

　03年3月決算、過去最悪の1443億円の赤字となった。リストラ特損

1363億円計上による。売上高は48％減となったものの、新3カ年計画で盛り込まれた利益目標・有利子負債削減ともに計画を上回った。有利子負債は5179億円に減少した。

同年9月中間は10月から始まるディーゼル排ガス規制強化でトラック需要が回復し249億円の黒字に復帰。04年3月決算には、増収増益・黒字確保となった。新3カ年計画は1年前倒しで達成した。それ以降、業績を徐々に回復していき、05年には新発債を発行できるまでに回復した。

スプレッド

L+4500まで下落したが、事業規模縮小、産業再生法適用認定などで再建が進むと考えられ、スプレッドは徐々にタイトニング方向へと動いた。2003年3月は過去最悪の赤字となるもののスプレッドはL+2000まで縮小。その後もタイトニングを続けた。

9月中間に黒字に転換するとL+750に、2004年3月に通期黒字、新3カ年計画1年前倒し達成となるとL+500を割り込んだ。その後の格上げでさらにタイトニング。2005年に入るころにはすっかり同格他社債と同じスプレッドに戻り、新発債発行ができる市場に回復した。

注）再生特別措置法

同特別措置法は、事業基盤を再構築し競争力を高めようとする企業を支援するためのものである。認定を受けた企業は、設備廃棄による欠損金の繰越期間延長のほかにも、増資による登録免許税を軽減、日本政策投資銀行からの融資を受けることができる。

第4章

公社債計算マニュアル

1　公社債計算マニュアル

1.1.　公社債計算の前提

1.1.1.　期間の考え方

1）経過日数：片端落しが原則

① 7月15日から同年12月20日までの日数

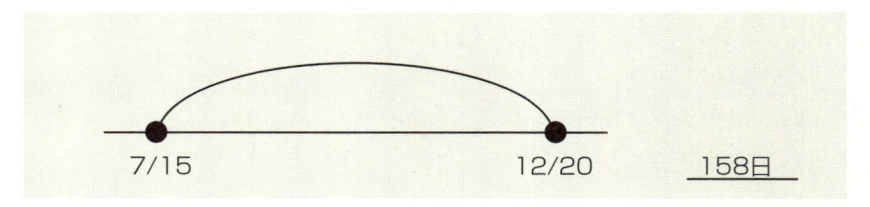

```
      7/15              12/20        158日
```

② 11月10日から翌年3月31日までの日数

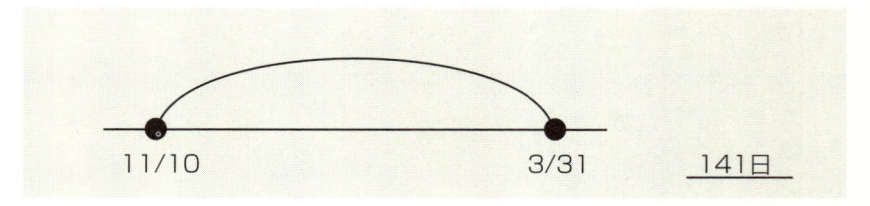

```
      11/10             3/31         141日
```

計算期間に閏年が含まれる場合（08年、12年など）は1日を加える。

```
      141 + 1 = 142日
```

2）残存期間：残存日数（未経過日数）・残存年数

① 償還日08年3月27日の07年12月10日における残存日数（未経過日数）
　残存日数（未経過日数）は107日。1年以内の期間を計算すると

きは、閏年を入れる（07年は閏年）ため、108日となる。

② 償還日08年6月27日の06年12月20日における残存年数

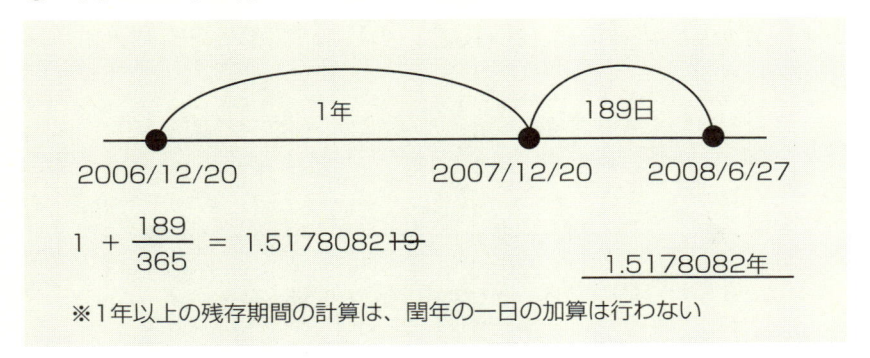

```
         1年              189日
●─────────────●──────────●
2006/12/20   2007/12/20  2008/6/27
```

$$1 + \frac{189}{365} = 1.5178082\cancel{19}$$

<u>1.5178082年</u>

※1年以上の残存期間の計算は、閏年の一日の加算は行わない

3）期間と利回りの対応

　利回りを日歩で求める場合、期間は日数建となり、年利で求める場合、期間は年数建となる。同様に計算式の中で日歩を用いる場合には、期間を日数建にし、年利を用いる場合には年数建にする。

4）日数計算を両端入れで算出する場合
① 割引金融債、政府短期証券の理論価格計算
② 長期国債、中期（入札）国債の初期利払日までの経過日数計算
③ その他、発行時に両端計算をすることを定められた債券

5）日数計算で閏年を考慮する場合
① 発行から償還までの期間一年以内の債券の未経過日数の算出
② 経過利息計算の経過日数の算出
③ 現先取引のスタートからエンドまでの期間の算出
④ 初期利金および終期利金の期間の算出
⑤ 残存期間一年未満の利付債券の未経過日数の算出

1.1.2. 経過利息の計算

利払日と利払日の間を受渡日として売買する場合、買方は前回利払日の翌日から受渡日まで（経過日数）の日割で計算された利子相当分を売方に支払う。

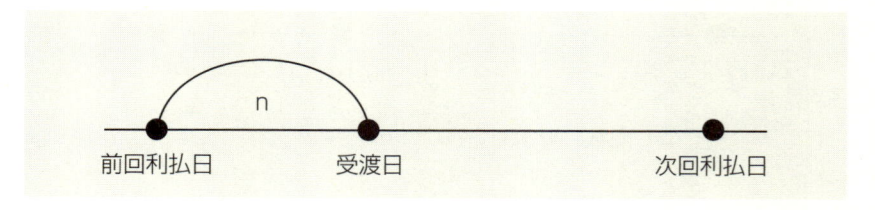

```
前回利払日    受渡日              次回利払日
     _____n_____/
```

$R \times \dfrac{n}{365}$ を100円あたりの経過利息指数という。

● 非課税対象

① 非課税法人
　　所得税法第11条に定める非課税法人の売買に関して、保有期間の経過利息計算は非課税計算。

② 指定金融機関
　　指定金融機関とは、租税特別措置法第八条第一項第二項および同法施行令第三条の四に規定する金融機関をいう。銀行、信託銀行、信用金庫、労働金庫、信用組合、農協、信連、共済連、漁協、生保、損保、証券会社、証券金融会社等である。

③ 公社債利子の源泉徴収不適用の適用を受けた事業法人

④ 簡易保険・郵便貯金・投資信託
特例的に前保有者が課税対象であっても通期（前回利払日から次回利払日まで）非課税計算。

⑤ 振替決済制度下での資本金１億円以上の指定内国法人（一般事業法人含む）
振替債について源泉徴収不適用の対象となる。社債登録制度下発行の既発債も07年末までに、振替債に移行することによって税制優遇措置を受けることができる。

● 課税対象

上記以外

※転換社債の取引所取引は非課税対象法人であっても経過利息は課税計算を行う

１）基本式

> 経過利息
> ＝Ｒ（クーポン）× $\dfrac{\text{前回利払日～受渡日の期間}}{365}$ × $\dfrac{\text{額面}}{100}$
>
> ※社債登録制度→小数点以下７桁まで算出（８桁目切り捨て）
> ※振替決済制度→小数点以下10桁まで算出（11桁目切り捨て）

２）課税計算式

> 経過利息
> ＝Ｒ（クーポン）× 0.8 × $\dfrac{\text{前回利払日～受渡日の期間}}{365}$ × $\dfrac{\text{額面}}{100}$

> ※小数点以下7桁まで算出（8桁目切り捨て）
> ※振替決済制度→小数点以下10桁まで算出（11桁目切り捨て）
> ※源泉税率 20%

＜例＞ 2.0%クーポン、利払日 5/11〜27の額面1億円を受渡日8月10日付で①非課税対象法人、②課税対象法人より証券会社が買い付けた。証券会社が支払う経過利息をそれぞれ求める。※社債登録制度下

① 非課税対象法人の場合

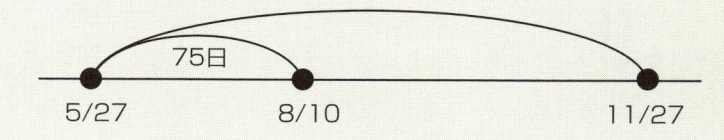

```
         75日
   ●──────────●────────────────●
  5/27       8/10             11/27
```

経過日数　　　　　5/27 〜 8/10　　→　　75日

100円当たりの経過利息　　$2.0 \times \dfrac{75}{365}$

$= 0.4109589\cancel{041}$　（8桁目以下切り捨て）

よって　　$\dfrac{(0.4109589 \times 100,000,000)}{100}$

$= 410,958.\cancel{9}$（切り捨て）　　　　　答 410,958円

② 課税対象法人の場合

100円当たりの経過利息　　$2.0 \times \dfrac{75}{365} \times 0.8$

$= 0.3287671\cancel{23}$

よって　　$\dfrac{(0.3287671 \times 100,000,000)}{100}$

$= 328767.\cancel{1}$（切り捨て）　　　　　答 328,767円

1.1.3. 初期、終期利金の求め方

債券の中には、発行日から最初の利払日までの期間が、ちょうど半年（年2回利払の場合）や1年（年1回利払の場合）にならずに、端数の期間が生じることがある。この場合の初期利金・終期利金は、2回目以降と異なる。

利息は発行日から最初の利払日までの日数の割合で支払われる。そのため、第1回目の利息および償還時の利息が途中の利息と異なる。

初期利金、終期利金の計算方法は債券によって異なる。国債の初期利金のみが「両端入れ」で他の債券は「片端入れ」の日数計算をする。また、国債の場合でも分母は必ず365日である。端数利息円未満の扱いは、銘柄・券種によって異なる（振替決済制度下では券種はない）。

1）国債の初期利金
① 発行日から初期利払日までが半年超のケース

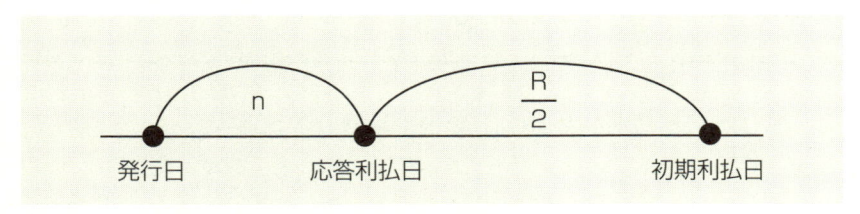

<図：発行日 — n — 応答利払日 — R/2 — 初期利払日>

$$\text{初期利金} = \frac{R}{2} + R \times \frac{n+1}{365}$$

R：クーポン
n：期間

＜例＞ 利率：3.5%　発行日：7月22日　利払日：3・9月20日　初期利払日：翌年3月20日の初期利金を求める（社債登録制度下）。

$$初期利金 = \frac{3.5}{2} + 3.5 \times \frac{60+1}{365}$$

$$= 2.3349315\cancel{07} \text{（利払指数）}$$

5万円券種	1,167円	← $\dfrac{(2.3349315 \times 50,000)}{100}$
10万円券種	2,334円	
100万円券種	23,349円	
1000万円券種	233,493円	
1億円券種	2,334,931円	
10億円券種	23,349,315円	

※初期利息は、券種ごとに円未満を切り捨て

② 発行日 ＝ 応答利払日のケース

$$初期利金 = \frac{R}{2} + R \times \frac{1}{365}$$

③ 発行日から初期利払日までが半年以内のケース

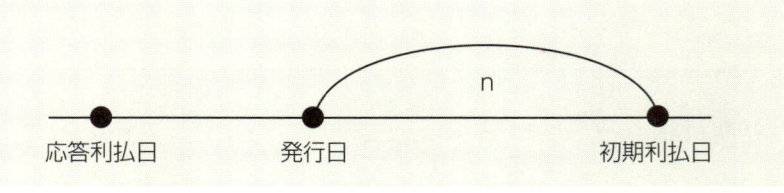

（応答利払日 — 発行日 — n — 初期利払日）

$$初期利金 = R \times \frac{n+1}{365}$$

2）国債以外の国内債（年2回利払）

① 発行日から初期利払日までが半年超のケース

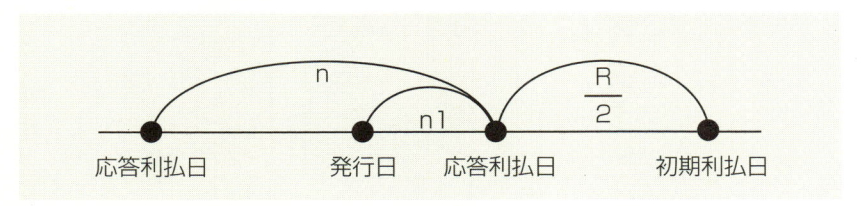

$$初期利金 = \frac{R}{2} + \frac{R}{2} \times \frac{n1}{n}$$

② 発行日から初期利払日までが半年以内のケース

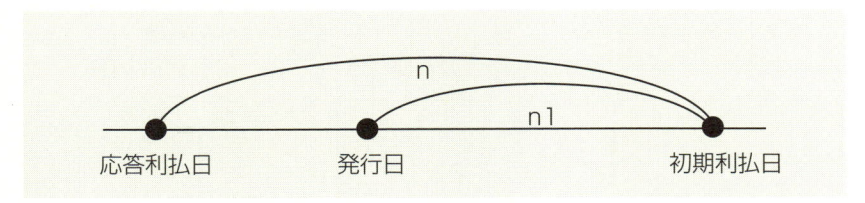

$$初期利金 = \frac{R}{2} \times \frac{n1}{n}$$

なお、年1回利払ものおよび円貨外債の一部の初期利金の計算は経過利息計算と同じである。

3）端数処理

● 円未満切り捨て銘柄
　　国債・地方債・政府保証債・特殊法人債
● 円未満四捨五入もしくは切り上げ銘柄
　　社債・転換社債・ワラント債・円建外債
　　（銘柄によって異なるので発行要項で確認）

＜例＞ A地方債（クーポン2.0％、発行日2006年5月20日、利払日2/8～20、初期利払日2006年9月20日、償還日2016年5月20日）の初期利金、終期利金を求める。※社債登録制度下

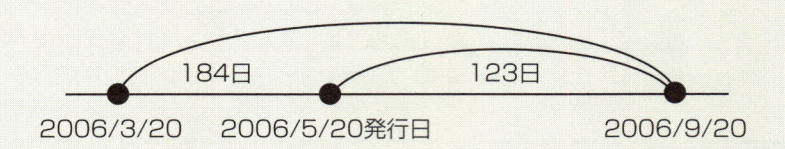

```
        184日            123日
  ●──────────────●──────────────●
2006/3/20    2006/5/20発行日    2006/9/20
```

初期支払指数 $= \dfrac{2.0}{2} \times \dfrac{123}{184} = \underline{0.6684782}$

```
         61日           184日
  ●──────────●──────────────────●
2016/3/20  2016/5/20 償還日    2016/9/20
```

終期利払指数 $= \dfrac{2.0}{2} \times \dfrac{61}{184} = \underline{0.3315217}$

※券種ごとに円未満を切り捨て、以下のように調整される。

	初期利払指数	終期利払指数
	0.6684782	0.3315217
	初期利息	終期利息
10万円券種	668円	331円
100万円券種	6,684円	3,315円
1000万円券種	66,847円	33,152円

1.1.4. 売買上の注意点

1）受渡代金

債券を売買した場合、その受渡代金は単価と経過利息が分かればよい。Cash Creditは、ほとんどすべてが店頭売買であり、株式のような委託手数料がない。そのため非常に簡単なものになっている。

受渡代金　＝　買付単価　＋　経過利息

2）利息

経過利息は、購入時に前利払日から購入日までの経過利息を払い、売却時に前利払日から売却日までの経過利息を受け取ると、保有している期間の利息が受け取れるという形になっている。

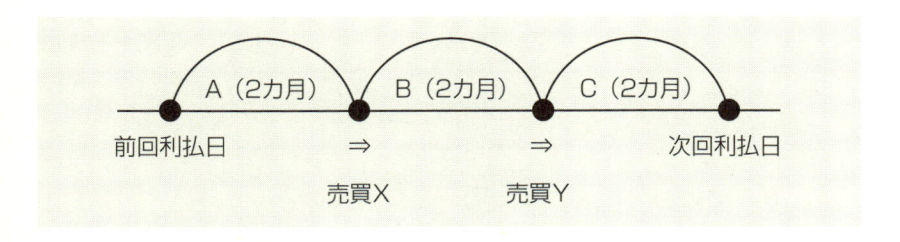

```
     A（2カ月）  B（2カ月）  C（2カ月）
   前回利払日    ⇒         ⇒      次回利払日
                売買X       売買Y
```

年2回利払い年利R％の債券の保有者がA⇒B⇒Cと2カ月おきに変わった場合。A・B・Cが皆非課税対象法人であれば、次回利払日の利息は$\frac{R}{2}$となる。

A・Cが非課税対象法人であり、Bが課税対象法人である場合、次回利払日の利息は

$$\left(\frac{R}{2} \times \frac{2}{6}\right) + \left(\frac{R}{2} \times \frac{2}{6} \times 0.8\right) + \left(\frac{R}{2} \times \frac{2}{6}\right)$$

Bが非課税対象法人でありAとCが課税対象法人である場合、次回

利払日の利息は、

$$\left(\frac{R}{2} \times \frac{2}{6} \times 0.8\right) + \left(\frac{R}{2} \times \frac{2}{6}\right) + \left(\frac{R}{2} \times \frac{2}{6} \times 0.8\right)$$

3）売買時の経過利息

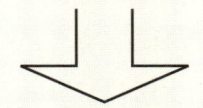

A・Cが非課税対象法人でありBが課税対象法人であれば、売買Xの受渡経過利息は、非課税となり（$\frac{R}{2} \times \frac{2}{6}$）、売買YではBの保有期間が課税となり（$\frac{R}{2} \times \frac{2}{6}$）＋（$\frac{R}{2} \times \frac{2}{6} \times 0.8$）となる。

それぞれの保有者の利息は以下となる。

	購入時 支払経過利息	売却時 受取経過利息
保有者A （非課税対象法人）	0	$(\frac{R}{2} \times \frac{2}{6})$
保有者B （課税対象法人）	$(\frac{R}{2} \times \frac{2}{6})$	$(\frac{R}{2} \times \frac{2}{6}) + (\frac{R}{2} \times \frac{2}{6} \times 0.8)$
保有者C （非課税対象法人）	$(\frac{R}{2} \times \frac{2}{6}) + (\frac{R}{2} \times \frac{2}{6} \times 0.8)$	$(\frac{R}{2} \times \frac{2}{6}) + (\frac{R}{2} \times \frac{2}{6} \times 0.8) + (\frac{R}{2} \times \frac{2}{6})$

⬇

		保有期間の利息
保有者A （非課税対象法人）	前利払日に購入しBに売却	$(\frac{R}{2} \times \frac{2}{6})$
保有者B （課税対象法人）	Aから購入しCに売却	$(\frac{R}{2} \times \frac{2}{6} \times 0.8)$
保有者C （非課税対象法人）	Bから購入し利払いを受ける	$(\frac{R}{2} \times \frac{2}{6})$

4）売買時の経過利息（実際の売買）

保有者A	売買時 経過利息	保有者B	売買時 経過利息	保有者C	ケース
非課税 対象法人	非課税→	非課税 対象法人	非課税→	非課税対象法人	①
				課税対象法人	②
	非課税→	課税 対象法人	B保有期間 課税→	非課税対象法人	③
				課税対象法人	④
課税 対象法人	課税→	非課税 対象法人	A保有期間 課税→	非課税対象法人	⑤
				課税対象法人	⑥
	課税→	課税 対象法人	課税→	非課税対象法人	⑦
				課税対象法人	⑧

　上記のように前回利払日から受渡日の間で、課税対象法人の保有期間を課税として経過利息を計算し受渡を行えば、それぞれの保有期間利息を非課税対象法人は非課税にて、課税対象法人は課税にて受け取ることができる。

　しかし、実際の売買では前回利払日から受渡日までの部分で、課税対象法人保有期間部分のみが課税として計算されることは極めて少なく、前利払日から受渡まですべてが一律で課税計算されることが多い。そのため、保有期間の経過利息が正しく受け取れず、売買に支障をきたすケースが発生する。

ケース		購入時 支払経過利息	売却時 受取経過利息
③・④	保有者B	$(\frac{R}{2} \times \frac{2}{6})$	$(\frac{R}{2} \times \frac{2}{6} \times 0.8) + (\frac{R}{2} \times \frac{2}{6} \times 0.8)$
③	保有者C	$(\frac{R}{2} \times \frac{2}{6} \times 0.8) + (\frac{R}{2} \times \frac{2}{6} \times 0.8)$	$(\frac{R}{2} \times \frac{2}{6}) + (\frac{R}{2} \times \frac{2}{6} \times 0.8) + (\frac{R}{2} \times \frac{2}{6})$

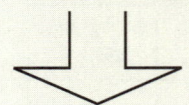

ケース			
④	保有者C	$(\frac{R}{2} \times \frac{2}{6} \times 0.8) + (\frac{R}{2} \times \frac{2}{6} \times 0.8)$	$(\frac{R}{2} \times \frac{2}{6}) + (\frac{R}{2} \times \frac{2}{6} \times 0.8) + (\frac{R}{2} \times \frac{2}{6} \times 0.8)$
⑤・⑥	保有者B	$\frac{R}{2} \times \frac{2}{6} \times 0.8$	$(\frac{R}{2} \times \frac{2}{6} \times 0.8) + (\frac{R}{2} \times \frac{2}{6} \times 0.8)$
⑤	保有者C	$(\frac{R}{2} \times \frac{2}{6} \times 0.8) + (\frac{R}{2} \times \frac{2}{6} \times 0.8)$	$(\frac{R}{2} \times \frac{2}{6} \times 0.8) + (\frac{R}{2} \times \frac{2}{6}) + (\frac{R}{2} \times \frac{2}{6})$
⑥	保有者C	$(\frac{R}{2} \times \frac{2}{6} \times 0.8) + (\frac{R}{2} \times \frac{2}{6} \times 0.8)$	$(\frac{R}{2} \times \frac{2}{6} \times 0.8) + (\frac{R}{2} \times \frac{2}{6}) + (\frac{R}{2} \times \frac{2}{6} \times 0.8)$

⬇

ケース		受取利息	受け取るべき利息
③・④	保有者B	$\frac{R}{2} \times \frac{2}{6} \times 0.6$	$\frac{R}{2} \times \frac{2}{6} \times 0.8$
③	保有者C	$\frac{R}{2} \times \frac{2}{6} \times 1.2$	$\frac{R}{2} \times \frac{2}{6}$
④	保有者C	$\frac{R}{2} \times \frac{2}{6}$	$\frac{R}{2} \times \frac{2}{6} \times 0.8$
⑤・⑥	保有者B	$\frac{R}{2} \times \frac{2}{6} \times 0.8$	$\frac{R}{2} \times \frac{2}{6}$
⑤	保有者C	$\frac{R}{2} \times \frac{2}{6} \times 1.2$	$\frac{R}{2} \times \frac{2}{6}$
⑥	保有者C	$\frac{R}{2} \times \frac{2}{6}$	$\frac{R}{2} \times \frac{2}{6} \times 0.6$

　この場合、保有者Bが課税法人であっても非課税法人であっても、正規受取利息より少なくなり、保有者Cは逆に多くなる。

1.1.5. 各計算における端数処理一覧

● 国債、地方債、政府保証債、特殊債
　単価（100円当たり）　　　　　　　小数点第4位切り捨て
　経過利息（金額ベース）　　　　　　小数点第1位切り捨て
　経過利息（100円当たり）　　　　　小数点第8位切り捨て
　初期利息（100円当たり）　　　　　小数点第8位切り捨て
　終期利息（100円当たり）　　　　　小数点第8位切り捨て
　有価証券取引税　　　　　　　　　　小数点第1位切り捨て

※経過・初期・終期利息は、振替決済制度下では小数点以下11位切り捨て

● 国債、地方債、政府保証債、特殊債
　初期および終期利息（券種ごと）　　小数点第1位切り捨て

● 割引金融債および割引国債
　割引料（10,000円当たり）　　　　　小数点第1位切り上げ
　源泉価額（10,000円当たり）　　　　小数点第2位切り捨て
　既発債単価（100円当たり）　　　　 小数点第4位切り捨て
　理論価格（100円当たり）　　　　　 小数点第3位切り捨て

● 割引金融債
　保有月数指数　　　　　　　　　　　小数点第4位切り上げ

● 社債、円建外債（銘柄によって異なるので発行要項にて確認）、ワラント
　初期および終期利息（券種ごと）　　小数点第1位四捨五入
　　　　　　　　　　　　　　　　　　もしくは切り上げ

● 現先
スタート単価（100円当たり）　　　　小数点第4位切り捨て
エンド単価（100円当たり）　　　　　小数点第4位切り捨て

1.2. 利付債券の計算

1.2.1. 直利（直接利回り）

単価に対する毎年の利息の割合を示す。単年度収益を重視する投資家によく使われる。

$$直利 = \frac{年利率（クーポン）}{単価} \times 100\ (\%)$$

1.2.2. 単利（最終利回り）

購入した債券を償還日まで保有した場合の収益を、年率に換算したもの。つまり、1年当たりの収益率である。

$$単利 = \frac{年利率 + \dfrac{償還単価（100円）- 買付単価}{残存年限（年）}}{買付単価} \times 100(\%)$$

国内の債券売買で、基準となる利回り。円債市場では、すべてこの単利で表示され、売買が行われている。また、債券が発行された時点での利回りを応募者利回りという。

1.2.3. 所有期間利回り

　債券は償還まで保有すれば、先ほどの最終利回りで表示される利回りが確定される。しかし、途中で何らかの理由で売却しなければならない場合、売却単価は100円とは限らず、売却単価の違いが利回りに大きな影響を及ぼすこととなる。
所有期間利回りとは、途中で売却した場合、実際にどれだけ利回りがあったかを計算するものである。

$$\text{所有期間利回り} = \frac{\text{年利率} + \dfrac{(\text{売却単価} - \text{買付単価})}{\text{所有期間（年）}}}{\text{買付単価}} \times 100(\%)$$

1.3. 割引債券の計算

1.3.1. 源泉税率

$$\text{源泉税額} = \text{割引料} \times \text{源泉税率（18\%）}$$

※東京湾横断道路建設事業者および民間都市開発推進機構が発行する債券については16％が適用される。

1.3.2. 割引金融債

１）割引金融債の理論価格計算

$$\text{払込価格} = \text{課税前価格} + \text{源泉税額}$$

$$課税前価格 = 10,000円 - \underbrace{\frac{(10,000 \times 割引歩合 \times 未経過日数)}{単価}}_{割引料}$$

＜例＞ 償還日2008年8月27日、割引歩合5.83％の割引金融債の2007年8月27日（売り出し最終日）の払込価格を求めよ。（2008年は閏年）

① 割引料を求める（10,000円当たり）

$$10,000 \times \frac{5.83}{100} \times \frac{367}{365} = 586.194 \text{（円未満切り上げ）}$$

答587円

課税前の理論価格は、

$10,000 - 587 = 9,413$

答9,413円

※割引歩合を用いて計算する場合（理論価格の計算をする場合）
　残存日数は両端入れ計算。
※割引料の円未満は切り上げである。

② 源泉税額を求める。

割引料に対して18％課税されるので、
$587 \times 0.18 = 105.66$ （円未満切り捨て）

答105円

③ 課税後の理論価格（払込価格）を求める。

10,000 − 587 + 105 = 9,518

従って額面100円当たり95.18円

答95.18円

2）割引金融債のネット計算（税引計算）

単利法の公式：$S = \dfrac{T}{1 + nr}$

割引金融債は、償還時100円となるので
T＝100 と置き換えることができる。

$S = \dfrac{100}{1 + nr}$

$r = \dfrac{100 - S}{S \times n} \times 100$

r：利回り　　S：単価　　n：残存期間

＜例＞ 償還日2008年3月27日の割引金融債を2007年5月10日の受け渡しで単価99円で買い付けた。利回りを求めよ。（※2008年は閏年）

残存日数　2007/5/10〜2008/3/27 … 322日

$r = \dfrac{100 - S}{S \times n} \times 100 = \dfrac{100 - 99}{99 \times \dfrac{322}{365}} \times 100 = 1.144990275$

答 1.114%

<例> 償還日2008年3月27日の割引金融債を2007年5月28日受け渡しでネット利回り年利0.8%で買い付けた。買付単価を求めよ。（※2000年は閏年）

未経過日数　2007/5/28～2008/3/27　…　304日

$$S = \frac{100}{1+nr} = \frac{100}{1+\frac{304}{365}\times\frac{0.8}{100}} = 99.338\cancel{1}\cdots$$
（切り捨て）

答 99.338円

※既発債の単価計算では理論価格（円未満2桁）を除き、円未満3桁が一般的。また、買方の利回りを確保するため円以下4桁以降を切り捨てる。

<検算>

$$\frac{100-99.338}{99.338\times\frac{304}{365}}\times 100 = 0.800\cancel{132}$$
（切り捨て）

答 0.800%

上記の例題で買付単価を99.33円とした場合

$$\frac{100-99.33}{99.33\times\frac{304}{365}}\times 100 = 0.809866$$

となり円未満3桁までの場合よりも高い利回りで回っている計算となる。

3）割引金融債の税込計算

$$S = \frac{100 + 100円当たりの還付税額（控除額）}{1+nr}$$

$$100\text{円当たりの還付税額} = \text{源泉税額} \times \frac{\text{保有月数}}{12}$$

① 割引債券には発行価格に所定の源泉税が含まれている

　この先取りされた源泉税は、非課税対象法人では、償還時に還付請求書と取得年月日を証明する書類を添付し発行者に提出することによって税額の還付を受けることができ、課税対象法人であれば法人税納付のときに税額控除を受けることができる。また法人が既発行の割引債を購入し、償還まで持った場合も保有期間に按分して税額の控除、または還付を受けることができる。なお、税額の控除、または還付を受けるには償還時まで保有することが条件である。この還付税額または控除額を含めた計算が税込計算である。

② 還付税額の求め方

　源泉税額の求め方は理論計算の項で例示したが、こうして求めた源泉税額を買付日から償還日までの保有月数で按分したものが還付（控除）できる額である。

※発行時期によって割引歩合、源泉税率が異なるケースや、閏年によって残存日数が変わり、源泉税額が異なるものがあるので注意を要する。

③ 保有月数の算出方法

　保有月数の算出では、1カ月に満たないものは切り上げて1カ月として数える（民法第5章（期間）第143条）。また、保有月数に応じた指数では、小数点以下4位を切り上げ、3桁までを使用する。

$$\text{保有月数指数} = \frac{\text{保有月数}}{12}$$

保有月数指数表

保有月数	指数	保有月数	指数	保有月数	指数
1カ月	0.084	5カ月	0.417	9カ月	0.750
2カ月	0.167	6カ月	0.500	10カ月	0.834
3カ月	0.250	7カ月	0.584	11カ月	0.917
4カ月	0.334	8カ月	0.667	12カ月	1.000

＜例＞ 以下の割引債を2007年7月30日受け渡しで、税込レート年利0.8％で買い付けた場合の買い付け単価を求めよ。（※2008年は閏年）

発行日　　　　2007年5月28日
償還日　　　　2008年5月28日
割引歩合　　　1.83％
源泉税率　　　18％

① 発行時の税額

$$10{,}000 \times 0.0183 \times \frac{367}{365} = 184.00273\cdots$$

→　184（切り上げ）
184 × 0.18 ＝ 33.~~12~~（切り捨て）

<u>　　　　　　　　　　　　　　　　　　100円当たり0.33円</u>

② 保有月数指数

7/30〜5/28 ＝ 10カ月　　　$\dfrac{10}{12} = 0.833\cancel{3}\cdots$

→　0.834（4桁目切り上げ）

③ 還付税額

0.33 × 0.834 = 0.27522

0.27522円

④ 残存日数

2007/7/30〜2008/5/28

303日

⑤ 買付単価

$$\frac{100 + 0.27522}{1 + \frac{0.8}{100} \times \frac{303}{365}} = 99.613\cancel{67601}$$

99.613円

1.4. 平均年限利回り

非公募地方債等には償還期日に発行額全額を一括償還するのではなく、減債制度によって満期償還日以前に償還していく債券が存在する。一定の据置期間経過後、定期的に一定額を買入消却あるいは抽選償還する償還方法を採用する場合がある。これらの債券の残存期間を将来の定時償還を考慮し計算したものが平均残存期間である。

1）年一回の定時償還の場合

```
平均残存年数
＝ 償還までの期間 －（ 1回当たりの償還率 ／ 現存率 × 2 ）
× （ 償還までの期間 － 次回定時償還までの期間 ）
× （ 償還までの期間 － 次回定時償還までの期間 ＋ 1 ）
```

2）年2回の定時償還の場合

```
平均残存年数
＝ 償還までの期間 －（ 1回当たりの償還率 / 現存率 ）
× ( 償還までの期間 － 次回定時償還までの期間 )
× ( 償還までの期間 － 次回定時償還までの期間 ＋ $\frac{1}{2}$ )
```

```
現存率 ＝ 現存額 / 発行総額 × 100（％）
```

＜例＞ B地方債を2010年7月23日に107.79円で買い付けた。平均残存利回りを求めよ。

クーポン	3.2%
償還日	2014/ 3/25
利払日	3/25、9/25
据置期間	2007/ 3/25
発行額	250億
定時償還率	3.0%

償還回数： 6回 ⇒ 残存率 ＝ 100％ － 3.0％ × 6 ＝ 82％
次回償還日： 2010年9月25日

平均残存年限

$= \frac{1340}{365} - \{ \frac{3}{82} \times (3.671232 - \frac{64}{365}) \times (3.671232 - \frac{64}{365} + \frac{1}{2}) \}$

$= \underline{3.160164}$ （年）

$$\text{平均残存単利利回り} = \frac{3.2 + \frac{100 - 107.79}{3.160164}}{107.79} \times 100$$
$$= \underline{0.681 \ (\%)}$$

1.5. 現先取引

1.5.1. 割債方式

E：エンド単価、S：スタート単価、n：運用日数、r：運用レート

$E = S \times (1 + nr)$

$S = \dfrac{E}{1 + nr}$

$r = \dfrac{E - S}{S \times n}$

1.5.2. 利付方式

　現先取引で利付方式を用いて計算する場合、現先運用期間中に利払日のないケースと、利払日のあるケースがある。計算の方法は両方とも同じであるが、取り扱いに若干注意を要する。

１）利付債方式（期中利払のなし）

E：エンド単価、S：スタート単価、n：運用日数、r：運用レート
Ps：スタート経過利息、Pe：エンド経過利息

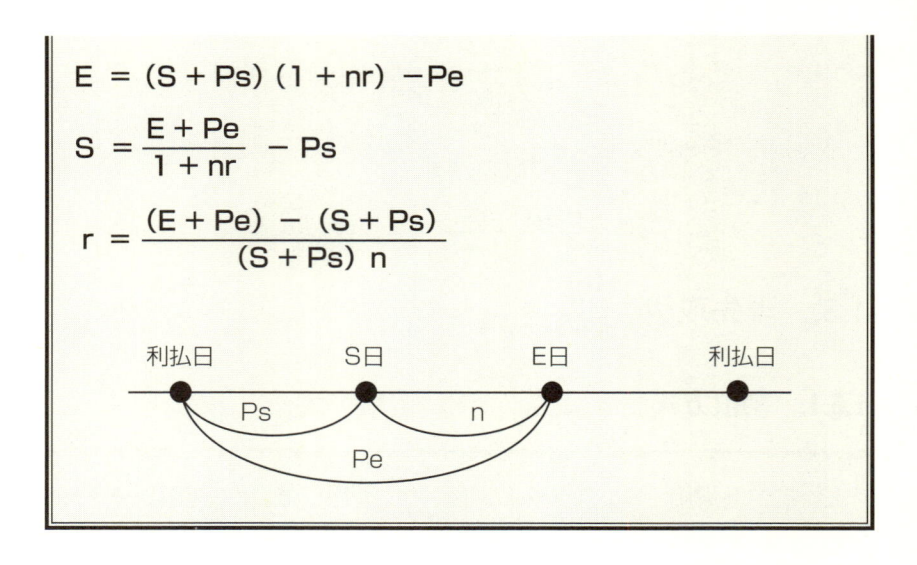

$$E = (S + Ps)(1 + nr) - Pe$$

$$S = \frac{E + Pe}{1 + nr} - Ps$$

$$r = \frac{(E + Pe) - (S + Ps)}{(S + Ps)\,n}$$

利払日　　　　S日　　　　　　E日　　　　利払日

Ps　　　n

Pe

　利払方式は経過利息を考慮した計算であるから、当初の投下資本はスタート単価にスタート時の経過利息を加えたもの、すなわち（S + Ps）であり、回収時の元利合計はエンド単価にエンド時の経過利息を加えたもの、すなわち（E + Pe）である。

　（S + Ps）を利回り r で n 期間運用した元利合計が（E + Pe）であるから（E + Pe）=（S + Ps）（1 + nr）と表すことができる。

　これを解いて E =（S + Ps）（1 + nr）− Pe となり、スタート単価よりエンド単価を計算する式を導くことができる。

<例> A事法に対し10億の自己現先を売買した場合
利付国債（クーポン2.0%、3/9〜20利払）、額面10億、スタート日 8/20、エンド日 8/30、運用レート 0.55%、スタート単価 99.90として、①スタート受渡代金、②エンド単価（経過利子は非課税）、③エンド受渡代金（保護預りで売却のため利息計算は非課税）を求める。

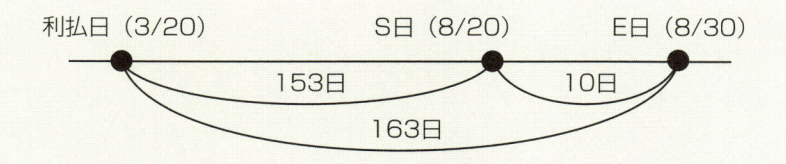

```
利払日 (3/20)         S日 (8/20)      E日 (8/30)
    ●─────────────────●───────────●
           153日          10日
                163日
```

スタート時の100円当たりの経過利息

$$Ps = 2.0 \times \frac{153}{365} = 0.8383561\cancel{6}\ (円以下8桁目切り捨て)$$

エンド時の100円当たりの経過利息

$$Pe = 2.0 \times \frac{163}{365} = 0.8931506\cancel{8}\ (円以下8桁目切り捨て)$$

① スタート受渡代金

$$スタート経過利息 = \frac{(1,000,000,000 \times 0.8383561)}{100}$$

$$= 8,383,561$$

$$約定代金 = 1,000,000,000 \times \frac{99.90}{100} = 999,000,000$$

$$受渡代金 = 999,000,000 + 8,383,561 = 1,007,383,561$$

<u>答1,007,383,561円</u>

② エンド単価

公式E = ((S + Ps)(1 + nr) - Pe) より

$$= (99.90+0.8383561)\left(1+\frac{10}{365}\times 0.0055\right) - 0.8931506$$

$$= 99.86038525\cdots\cdots\ 99.8604$$

<u>答99.8604円</u>

③ エンド受渡代金

エンド経過利息 = $\dfrac{(1,000,000,000 \times 0.8931506)}{100}$

= 8,931,506

約定代金 = $\dfrac{(1,000,000,000 \times 99.8604)}{100}$ = 998,604,000

受渡代金 = 998,604,000 + 8,931,506 = 1,007,535,506

答 1,007,535,506円

＜検算＞

$\dfrac{(1,007,535,506 - 1,007,383,561)}{(1,007,383,561 \times \frac{10}{365})} \times 100 = 0.5505343\cdots$

となり、年利 0.550% の利回りになっている。

2）利付方式（期中利払あり）

R：途中利金（年1回利払の場合R、年2回利払の場合 $\dfrac{R}{2}$）

E = S (1 + nr) + Ps (1 + n1r) - (R + Pe)

S = $\dfrac{E + (R + Pe) - Ps (1 + n1r)}{1 + nr}$

r = $\dfrac{E + (R + Pe) - (S + Ps)}{Sn + Psn1}$

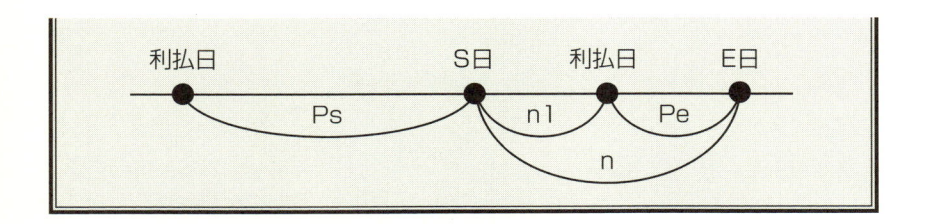

```
利払日            S日   利払日  E日
  ●───────────────●──────●─────●
         Ps          n1     Pe
                        n
```

利付方式（期中利払なしのケース）は $E=(S+Ps)(1+nr)-Pe$ の式であるが期中利金のある場合も当初の投下資本は $(S+Ps)$ で期中利金なしのケースと変わりはない。

しかし、期中利金ありの場合は、利金が落ちるので、スタート約定代金（S）はスタート時からエンド時まで（n 期間）運用されるが、スタート経過利息（Ps）はスタート時から利払日まで（n1期間）しか運用されない。しかし客の回収代金は $E+R+Pe$ であるから

$E+R+Pe = S(1+nr)+Ps(1+n1r)$
$E = S(1+nr)+Ps(1+n1r)-(R+Pe)$

という式が導き出せる。

＜例＞ 国債（2.0％ 利払日 3/9〜20）当社保護預り条件額面10億円を期間8/30〜9/30、運用レート0.55％、スタート単価100で金融法人と現先を行った。①エンド単価と②エンド受渡代金（経過利息は非課税）を求める。

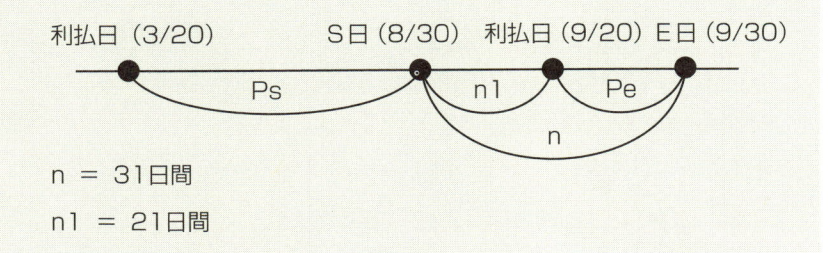

```
利払日(3/20)        S日(8/30)  利払日(9/20) E日(9/30)
  ●──────────────────●──────────●─────────●
           Ps               n1       Pe
                               n
```

n = 31日間
n1 = 21日間

$$Ps = 2.0 \times \frac{163}{365} \qquad (3/20\sim8/30\cdots163日)$$

$$= 0.8931506\cancel{849} \qquad (8桁目切り捨て)$$

$$Pe = 2.0 \times \frac{10}{365} \qquad (9/20\sim9/30\cdots10日)$$

$$= 0.0547945\cancel{205} \qquad (8桁目切り捨て)$$

$$1 + nr = 1 + \frac{31}{365} \times 0.0055 = 1.000467123$$

$$1 + n1r = 1 + \frac{21}{365} \times 0.0055 = 1.000287671$$

① エンド単価

公式 $E = S(1+nr) + Ps(1+n1r) - (R+Pe)$ より

ただしRは年2回払いなので $\frac{1}{2}$

この場合は $2.0 \times \frac{1}{2} = 1.0$

$$E = (100 \times 1.000467123) + (0.8931506 \times 1.000287671)$$
$$\quad - (1.0 + 0.0547945)$$
$$= 99.88532\cancel{533}$$

切り上げ99.8854円

＜検算＞

$$r = \frac{E + (R+Pe) - (S+Ps)}{Sn + Psn1}$$

$$= \frac{99.8854 + (1.0 + 0.0547945) - (100 + 0.8931506)}{(100 \times \frac{31}{365}) + (0.8931506 \times \frac{21}{365})} \times 100$$

$$= 0.55057$$

＞0.55％となり、利回りは確保されている。

② エンド受渡代金

エンド経過利息 $\dfrac{(1{,}000{,}000{,}000 \times 0.0547945)}{100} = 547{,}945$

約定代金 $1{,}000{,}000{,}000 \times \dfrac{99.8854}{100} = 998{,}854{,}000$

受渡代金 $998{,}854{,}000 + 547{,}945 = 999{,}401{,}945$

答 999,401,945円

この他9/20に利払金として $\dfrac{(2.0 \times 1{,}000{,}000{,}000)}{(2 \times 100)} = 10{,}000{,}000$

10,000,000円が買方の収入になる。ここでの注意点は、買方が支払った金額と受取った金額を所有期間利回り計算で検算した利回りとは違うということである。

買方の払込金額は

$\dfrac{(100\text{円} \times 1{,}000{,}000{,}000)}{100}$ の1,000,000,000円と

スタート経過利息 $\dfrac{(0.8931506 \times 1{,}000{,}000{,}000)}{100}$

$= 8{,}931{,}506\text{円で}$

受取金額は

999,401,945円 + 10,000,000円 で期間が31日とすると

$r = \dfrac{((999{,}401{,}945 + 10{,}000{,}000) - (1{,}000{,}000{,}000 + 8{,}931{,}506))}{(1{,}000{,}000{,}000 + 8{,}931{,}506) \times \dfrac{31}{365}} \times 100$

$= 0.549006$

<0.55%となり、期中利払計算 の0.55% にならない。これは期中利金に対して現先利回り 0.55% を加味していないために起こる。

1.5.3. 現先計算方式まとめ

1）割債方式

（E：エンド単価、S：スタート単価、n：日数、r：レート）

$$E = S \times (1 + nr)$$
$$S = \frac{E}{1 + nr}$$
$$r = \frac{E - S}{Sn}$$

2）利付方式（期中利払いなし）

（Ps: スタート経過利息、Pe: エンド経過利息）

$$E = (S + Ps)(1 + nr) - Pe$$
$$S = \frac{E + Pe}{1 + nr} - Ps$$
$$r = \frac{(E + Pe) - (S + Ps)}{(S + Ps)n}$$

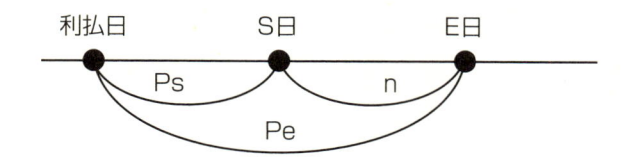

```
利払日        S日         E日
 ●─────────●──────────●
      Ps         n
 └────────────Pe────────┘
```

3）利付方式（期中利払いあり）

（R：途中利金、ただし年1回利払いの場合R

年2回利払いの場合 $\frac{R}{2}$ ）

$$E = S(1+nr) + Ps(1+n1r) - (R+Pe)$$

$$S = \frac{E + (R+Pe) - Ps(1+n1r)}{1+nr}$$

$$r = \frac{E + (R+Pe) - (S+Ps)}{Sn + Psn1}$$

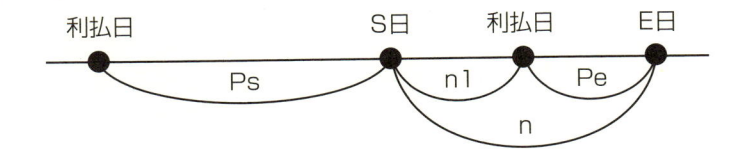

利払日　　　　　　S日　利払日　　　E日

Ps　　　n1　Pe

n

第5章
クレジット・デフォルト・スワップ

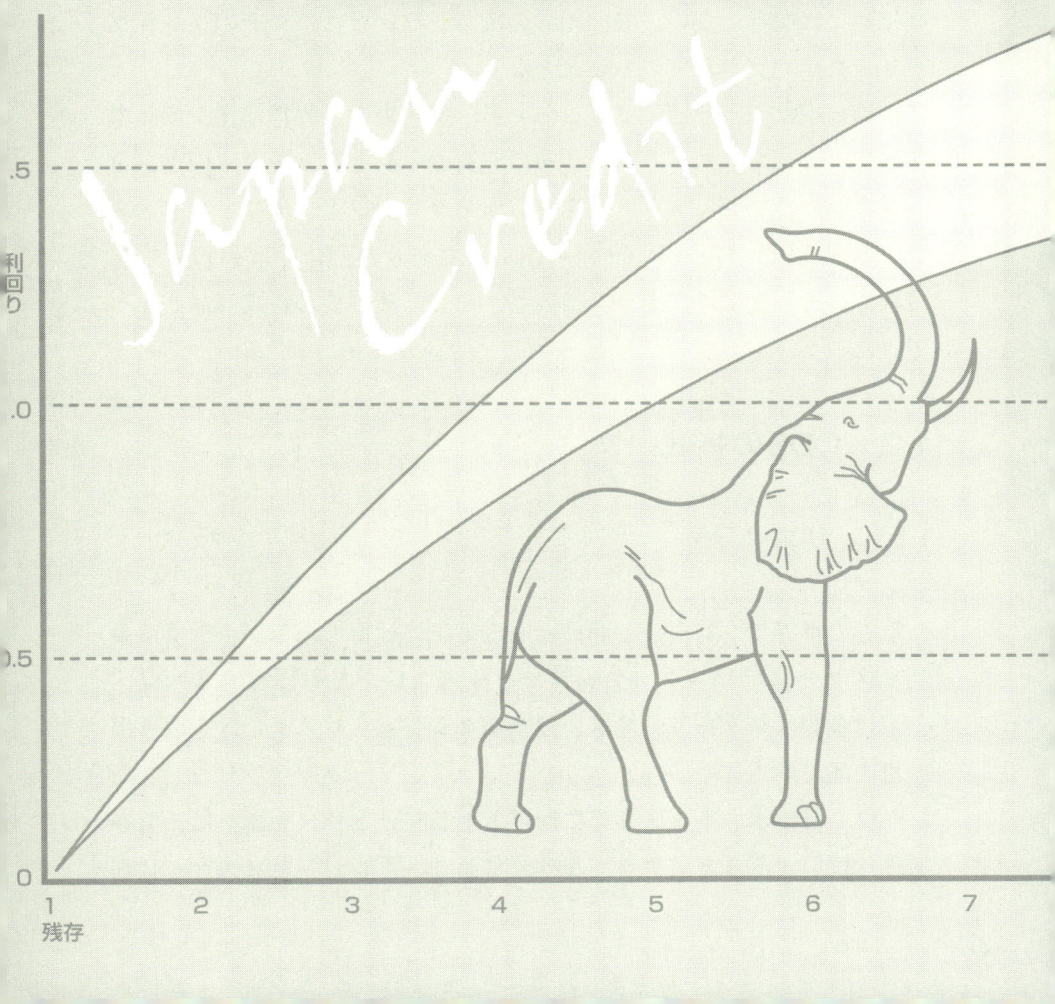

1　クレジット・デフォルト・スワップ（CDS）

1.1.　クレジットデリバティブ

　クレジットデリバティブとは、国・国際機関・一般企業等のクレジットリスクを売買する金融取引契約の総称である。取引契約は売り手と買い手の二者間で結ばれ、売買されるクレジットリスクの参照組織は直接的には関与しない。参照組織の関与しないところでそのクレジットリスクが売買されていることとなる。

　市場規模は近年急速に拡大している。契約書の世界標準化や商品の多様化によってもたらされた。その売買の中心となっているのが、単一企業等のクレジットリスクを売買するクレジット・デフォルト・スワップ（Credit Default Swap＝CDS）であり、全体の取引の大半を占めている。次にインデックス商品、そしてその他の組成商品となっている。

1.2.　CDSの特徴

1.2.1.　リスク分解

　債券の世界でクレジット商品といえば主に社債であるが、社債は金利リスクと信用リスク（クレジットリスク）をともに有する商品。CDSは金利リスクを取り除き、純粋なクレジットリスクだけを取り出した商品である。

　かつては、ポートフォリオにおけるクレジットリスク調整は、債券を売り買いすることによってなされており、クレジットリスクと金利

リスクを同時に調整しなければならなかった。また、ショートポジションは持つことができず、クレジットリスクを取るか（ロング）取らないか（フラット）の2つの選択筋しかなかったため、クレジットリスクのヘッジ機能は存在しなかった。

CDSが出現したことで、ポートフォリオを金利とクレジットで別々にリスク管理・調整することが可能になり、金利だけの特権であったショートポジションをクレジットでも持つことが可能となった。

1.2.2. 流動性・正当性

クレジットリスクをロング・フラット・ショートと自由にポジションを持つことのできるCDSは、債券よりも高い流動性と高いスプレッドの正当性を市場に供給する。債券発行残高のない組織の売買も可能である。また、特に信用状況の良好な時期や悪化した時期などの極端な状況下にその力をより発揮する。

債券市場では、クレジットリスクよりも需給が優先されてしまい、本来のクレジットリスクを値段に反映し切れていない。

信用状況良好時の債券市場は、金利上昇に伴い新規発行が抑えられ残高が減少していく一方、買い手は増えてくる。そのため、スプレッドは需給によって本来のクレジットリスクの水準以上にタイトニングすることがしばしば起こる。一方、CDSは、ある程度の参照組織の債券・ローン残高が必要とされるが、その残高を超えた額での売買が可能であるため、残高による縛りは少なく自由度が高い。したがって、クレジットリスクから導き出されるスプレッドを大幅に超える水準までタイトニングすることはめったに起こらない。

信用状況悪化時の債券市場は、参加者全員がロングポジションであるために、売り物が殺到しスプレッドは大幅なワイドニングを起こす。特に破綻の懸念が出てきているような債券は、ビッドが全くといっ

ていいほど入らず、クレジットリスクを外すことすらできない状態となる。この一方的な動きの根本的な理由は、ロングかフラットかの2選択しかないためである。

　CDSは発行残高に左右されず、ロングもショートも持つことのできる市場となっているため、ポジションの方向性の偏りが債券より少なく、そのスプレッドは実際のクレジットリスクを反映しやすい。

1.2.3. カスタマイズ機能

　CDSをはじめとするクレジットデリバティブは、さまざまなカスタマイズが可能である。既存の債券・ローン等の残高やその満期に縛られることなく、自己のポートフォリオにあわせた新商品をカスタマイズすることができ運用の幅やヘッジ手法の幅が広がる。

　債券・ローン等の有無に関わらず、必要なクレジットリスクを必要な期間分だけ売買することはもちろん、ショートポジションを作ったり、複数のクレジットリスクをバスケットにして売買したり、元本より大きな額のリスクを取引する（レバレッジをかける）ことも可能である。

1.2.4. 無記名・匿名

　持ち合い・会社同士の付き合いなど仕事関係（リレーションシップ・マネージメント）上、外したいと思っても外すことができなかったクレジットリスクを当人（債務者）に知られないまま外すことが可能。債券は登録機関に保有者の登録がされ、ローンは当人との相対契約であり売却によって債権者が変更となる場合は権利移転の報告義務がある。そのため、仕事上の関係を無視して自由にクレジットリスクを外すことはできなかった。

CDSは無記名・匿名。クレジットリスクの売買を、その対象となる企業等に報告する必要もなく、知られずにリスクを移転できる。

1.3. 定義

CDSはクレジット・デリバティブ市場の中心的なもので、参照組織（Reference Entity）のクレジットリスクを取引する契約である。

参照組織について契約期間内（満期日まで）に、当初設定したクレジットイベントが起きた場合に、プロテクションの売り手（リスクの買い手）からプロテクションの買い手（リスクの売り手）に対して、あらかじめ定められた支払いが発生する。この支払いは、クレジットイベントが発生した場合にリスクの保有者が蒙る損失を保証する支払いに極めて近いが、CDSでは、そもそもプロテクションの買い手はリスクの源泉となる債券やローンを保有している必要がないため、「損失額」という規定にはなっていない。標準的なCDSのクレジットイベントとしては、バンクラプシー・債務支払不履行・リストラクチャリングが適用される。

クレジットイベントが発生した場合、プロテクションの買い手はクレジットイベント発生時までのプレミアム（利息）を支払い、CDS元本に相当する元本額分の債務の引き渡しを行う。これに対して、プロテクションの売り手はCDS元本に相当する額の現金を支払うという形が、代表的な決済である。クレジットイベントが発生しない限り利息の受け払いのみとなる。

CDS の買いはプロテクションを買うことを意味する。つまりクレジットリスクに対する保険を買うということで、クレジットリスクのショートを意味する。買い手は保険を買うわけであるので、その保険料としてプレミアムを利払日に支払う。このプレミアムが売買するときに決められるスプレッドである。契約期間内に、参照組織のクレジッ

図表5-1　CDS

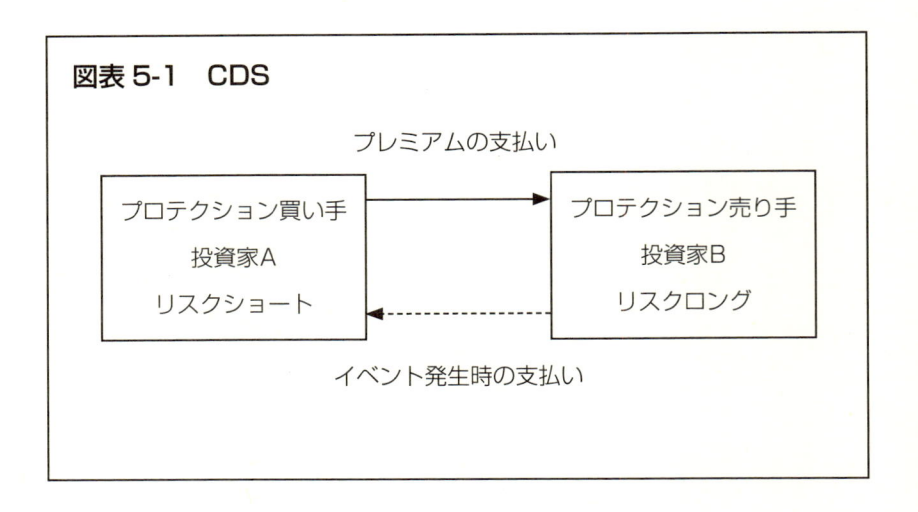

```
プロテクション買い手              プレミアムの支払い            プロテクション売り手
   投資家A          ─────────────────→           投資家B
  リスクショート       ←─────────────────        リスクロング
                            イベント発生時の支払い
```

トが悪化すれば、市場で取引されるCDSスプレッドはワイドニングするため、ここで反対売買を行えば利益が上がる。また、当初契約に設定されているクレジットイベントが起こった場合にはクレジットイベント決済によって、現物と引き換えに元本相当額を受け取ることができる。

　逆に、CDSの売りはプロテクションを売る、つまり保険を売るということで、クレジットリスクのロングを意味する。保険を売っているわけであるので、買い手から利払日にプレミアムを受け取ることとなる。契約期間内に、参照組織のクレジットが安定している場合や改善している場合に利益が上がる形となっている。

　図表5-1は、投資家A（プロテクションの買い手）は投資家B（プロテクションの売り手）に対してプレミアムを支払う取引を表している。標準的CDSでは年4回の利払いとなっている。市場価格はこのプレミアムで表示され売買される。

1.4. クレジットイベント

クレジットイベントとは参照組織の重要な信用事由の発生を示す。そのイベント発生を以てCDSの決済がなされる。クレジットイベントは国際スワップ・デリバティブ協会（ISDA）による契約の用語定義集に定義されている。

標準的CDSのクレジットイベントとしては、バンクラプシー（Bankruptcy）・支払不履行（Failure to Pay）・リストラクチャリング（Restructuring）の３つのクレジットイベントが設定される。これを３クレジットイベント（3CE）という。

リストラクチャリングを除いた２クレジットイベント（2CE）も取引されている。また、CDS参照組織がソブリン等の場合はバンクラプシーの変わりに履行拒否・支払猶予となるのが一般的である。

1.4.1. バンクラプシー（Bankruptcy）

下記に当てはまるような、破産・解散・債務超過・支払不能・民事再生手続き申し立て・会社更生手続き申し立て・差し押さえ等の事由が発生した場合クレジットイベントとなる。

① 合併などを除く解散・清算
② 債務超過・支払不能・または法的手続きなどの中で一般的な債務支払いができないことを書面で認めた場合
③ 債権者のために、包括譲渡・任意整理・債務免除を行った場合
④ 倒産法または債権者に影響を及ぼす法律によって申し立てをした場合
⑤ 解散や清算の申し立てを受けた場合で、裁判所などによる倒産などの命令があるか、または申し立てを受けてから30日以内に解消し、却下とならなかった場合

⑥ 合併を除く解散・公的管理・清算決議
⑦ 管理人・管財人・財産保全人などの選任を申し立てるか、選任が実際になされた場合
⑧ 担保権者が財産のほとんどを差し押さえて占有し、占有を継続した場合
⑨ 差し押さえなどの法的手続が行われ、この手続きが30日間却下・差止めなどの処分にあわない場合

1.4.2. 支払不履行（Failure to Pay）

適用される支払猶予期間の終了後に起こるひとつまたは複数の債務の支払不履行であり、その金額が最低支払不履行額を超える場合クレジットイベントとなる。

※最低支払不履行額：軽微な不払いがイベントに当たらないように設定するもので、市場慣行としては、欧米で百万米ドル、日本で1億円とされている。

1.4.3. リストラクチャリング（Restructuring）

以下のような事由が発生し、その金額が最低デフォルト額以上となった場合クレジットイベントとなる。

① 金利の減免
② 償還元本などの減額
③ 利息または元本返済の繰り延べ
④ 債務支払順位の劣後
⑤ 利息・元本または、債務を構成する通貨への変更

※G7通貨・OECD加盟国でAAA格の国の通貨・ユーロへの変更を除く。

※事務手続や税制上の理由による場合は該当しない。
※事由が参照組織の信用・財務状況の悪化に起因するものでない場合、該当しない。

※最低デフォルト額（Default Requirement）：軽微なリストラクチャリングでイベントとならないように設定されている。最低デフォルト額はイベントに該当する債務の合計額であり、市場慣行では欧州で千万米ドル、日本では10億円とされている。

1.4.4. 履行拒否・支払猶予（Repudiation / Moratorium）

ソブリンもしくはそれに準ずる組織が参照組織の場合に適用されるクレジットイベントのひとつである。最低デフォルト額以上の債務について、債務者が債務の全部もしくは一部を履行拒否、放棄、有効性に対して異議申し立てなどを行うことや、支払猶予などを宣言するとクレジットイベントとなる。実際には、まず潜在的履行拒否・支払猶予が宣言され、その後不払いもしくはリストラクチャリングが発生してイベントとなる。

1.4.5. オブリゲーション・デフォルト（Obligation Default）とオブリゲーション・アクセレレーション（Obligation Acceleration）

エマージング国の組織を参照組織とした場合、適用されるクレジットイベントのひとつである。支払不履行以外の事由で「期限の利益」喪失が発生した場合、クレジットイベントとなる。

この２つはクレジットイベント認定のタイミングの違いで分けられている。オブリゲーション・デフォルト（Obligation Default）は、期限の利益を喪失し債権者の債務者に対して支払い要求が可能になっ

た段階でクレジットイベントとなる。オブリゲーション・アクセレレーション（Obligation Acceleration）は、支払い要求が可能になった時点ではイベントに当たらす、実際に支払いが要求されて始めてクレジットイベントとなる。

1.5. 契約期間

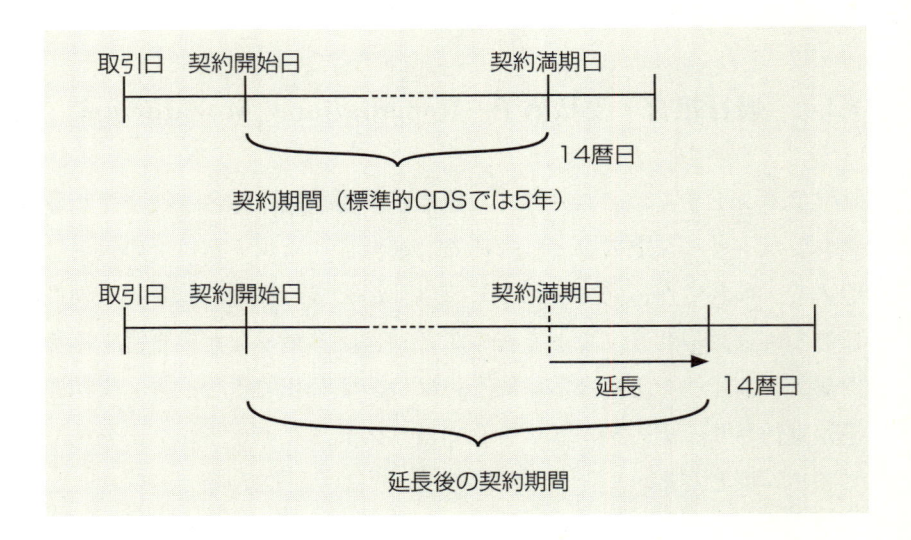

```
取引日  契約開始日              契約満期日
  |━━━━|━━━━━━━━━━━━━━━━━━|━━━━|
          ⎫                       14暦日
          ⎭
       契約期間（標準的CDSでは5年）

取引日  契約開始日         契約満期日
  |━━━━|━━━━━━━━━━━━━|┄┄┄→|━━━━|
                              延長   14暦日
          ⎫
          ⎭
       延長後の契約期間
```

　クレジットイベントの認定期間は契約開始日から満期までとなるが、クレジットイベントの通知は契約満期日の14暦日後まで有効である。

　支払不履行（Failure to Pay）に関しては支払猶予期間延長（Grace Period Extension）が適用された場合、一定期間延長される。また、参照組織がソブリンもしくはそれに準ずる組織の場合、潜在的履行拒否・支払猶予（Potential Repudiation / Moratorium）が満期前に発生し、履行拒否・支払猶予 延長通知（Repudiation / Moratorium Extension Condition）の交付がされた場合、一定期間延長される。

1.5.1. 猶予期間延長（Grace Period Extension）

不払いが契約満期日直前に発生した場合、支払猶予期間が経過した時点ですでに満期が終了しているという場合が起こりえる。これを避けるために、猶予期間延長というオプションが設けられている。

これを契約時に設定しておけば、満期を支払猶予期間の分だけ延長することができる（通常延長は30暦日）。また、イベントの通知は延長された期日から14暦日後までに行えばよい。

支払猶予期間より、猶予期間延長のほうが長く設定されているため、契約満期前に支払不履行が発生し、支払猶予期間が経過しても支払われなかった場合はクレジットイベントとして認定される。

1.5.2. 履行拒否・支払猶予延長　（Repudiation / Moratorium Extension）

支払不履行（Failure to Pay）と同様の理由で履行拒否・支払猶予（Repudiation / Moratorium）においても契約期間延長ができる。

満期日直前に潜在的履行拒否・支払猶予が発生した場合、その通知を公開情報と共に交付すれば満期日は延長される。潜在的履行拒否・支払猶予が発生してから60日後と、債券に関しては最初に訪れる利払日との遅いほうの日までに、実際に不払いやリストラクチャリングがあればクレジットイベントとして認定される。

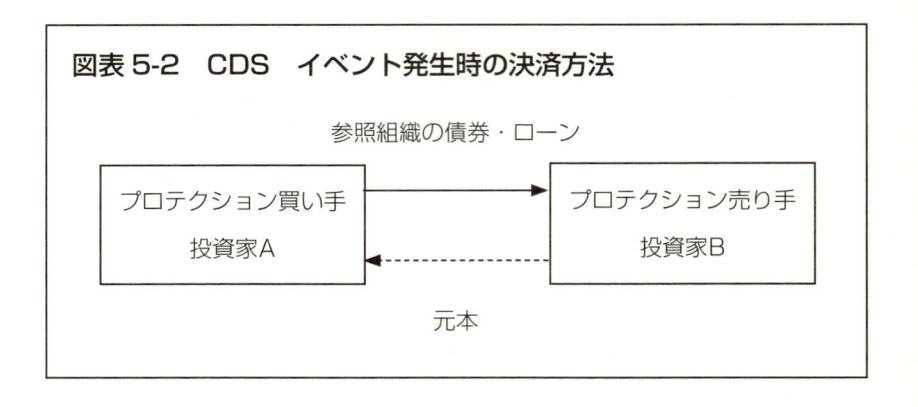

図表5-2　CDS　イベント発生時の決済方法

```
                参照組織の債券・ローン
     ┌──────────────┐ ──────→ ┌──────────────┐
     │ プロテクション買い手 │         │ プロテクション売り手 │
     │    投資家A       │ ←------ │    投資家B       │
     └──────────────┘          └──────────────┘
                      元本
```

1.6. イベント発生時の決済方法

1.6.1. 決済方法

　イベント発生時には、プロテクションの買い手である投資家Aは参照組織が債務者となっている債券やローン（デフォルトしている場合もある）を受け渡し、代わりに元本相当額の現金を受け取ることになる（**図表5-2**）。

　クレジットイベント発生後、プロテクションの買い手である投資家Aは契約元本と同額面の債券またはローンを売り手に引き渡す。売り手は契約元本と同額の現金を買い手に支払う。

　この受け渡しを「現物決済」と呼ぶ。受け渡すことのできる現物は、契約時に指定された参照銘柄と同じ支払順位（パリパス）のいかなるものでも可能となっている。

　また、プロテクションの売買は2者間の契約であるため、両者が合意すれば、現金で決済する「現金決済」も可能となっている。現金決済とは、その名のとおり現物での決済の代わりに参照銘柄の市場実勢による現金差額の決済である。例えば、参照銘柄の実勢が額面100円に対して35円となっていれば、100円との差額65円分を支払う。

1.6.2. クレジットイベント通知（Credit Event Notice）

　市場慣行では、契約書上、買い手と売り手双方が通知できるようにしている。通知交付期間（Notice Delivery Period）は契約満期日14暦日後まで有効であり、どのタイミングで通知してもよい。イベント発生直後でも、期間最終日でもよい。公開情報の通知が要求された場合、クレジットイベント通知と共に交付する。
　この交付された日がイベント発生決定日（Event Determination Date）となり、決済計算の基準日となる。

● 現物決済通知（Notice of Physical Settlement）
　現物決済のCDSの場合、イベント発生日後30暦日以内にプロテクションの買い手から売り手に、決済対象のCDS契約と受け渡し債務を特定して通知する。クレジットイベント通知を行っても、期日までに現物決済通知を行わないと受け渡しなしで決済は終了することになる。期日までであれば通知内容の変更は認められている。

● 公開情報通知（Notice of Public Available Information）
　公開情報とは、通常、以下のよう情報源を2つ以上要求するのが市場慣行となっている。

---

① 新聞などのメディア
② 国際的に認められた情報配信サービスによる情報
③ CDSの直接当事者でない参照組織やその事務代理人などの発する情報
④ 裁判所への申し立て、裁判所などからの命令など

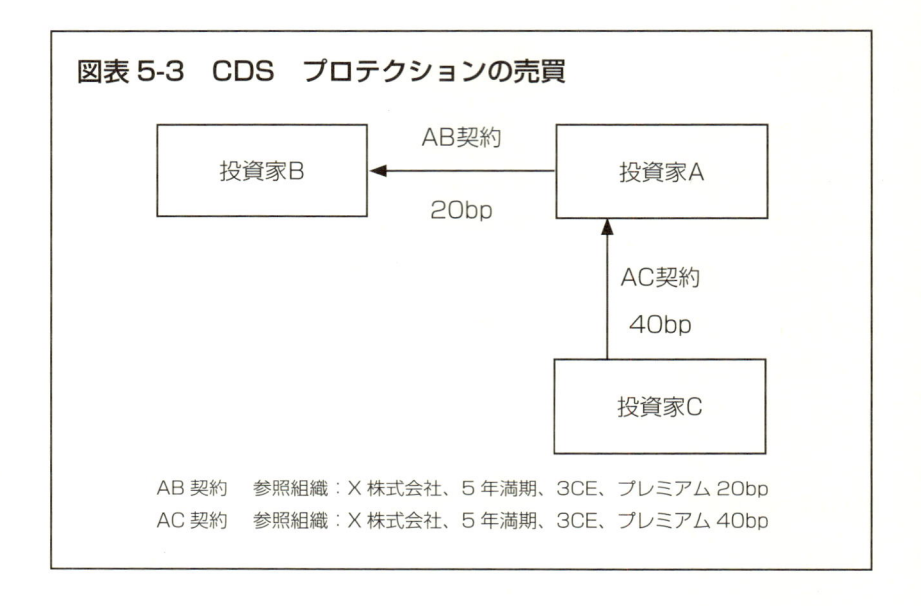

図表 5-3　CDS　プロテクションの売買

```
        AB契約
投資家B ←――――― 投資家A
        20bp         ↑
                     │ AC契約
                     │ 40bp
                     │
                  投資家C
```

AB 契約　　参照組織：X 株式会社、5 年満期、3CE、プレミアム 20bp
AC 契約　　参照組織：X 株式会社、5 年満期、3CE、プレミアム 40bp

1.7.　プロテクションの売買

　市場での取引は、相対取引であるため契約期間（残存期間）やクレジットイベント等を自由に決めることができる。しかし、市場での流動性を上げるため、期間5年・3CE（クレジットイベント）を基本形としている。

　5年といっても、契約スタート日から丸5年という形ではなく、国債等に習って四半期ごと3・6・9・12月を基準として期間を決めている。例えば、取引日が1～3月の間であれば、5年後の3月満期という形に統一されている。

　実際の売買では、スプレッドでプレミアムがクォートされ、クレジットイベントが発生するまでは、債券のように自由に売買できる（**図表5-3**）。

　投資家AはBから買ったプロテクションをBと直接解消することもできるし、別の投資家Cに転売することもできる。別の投資家Cに転

売する場合は、Bとの契約をそのままに新たにCと契約する方法やAがCにBとの契約を譲渡する形で行う方法がある。

後者の場合、AはBおよびCにAB契約を譲渡する旨を伝え、CがAの代わりに契約に入り、BC間で20bpsでプロテクションをCがBから買う契約関係ができる。このときにCはAに40bpsと20bpsの差額を残存期間分支払う。

投資家AがBから20bpでプロテクションを購入し、Cに40bpで売却すると20bp分利益が出ることになる。この場合の利益は（40bp − 20bp）×元本×1BPV（ベーシスポイントバリュー）となる。

1.8. 契約書

1.8.1. 世界標準化

国際スワップ・デリバティブ協会（ISDA）による契約書の世界標準化は、市場の拡大に大きく寄与した。ISDAは98年に世界標準を作成し、幾度もの改良のすえ現在に至る。

そのISDA世界標準では、クレジットイベントの規定・イベント発生時のCDSをトリガーする参照組織・事由・方法・決済手続・契約に含まれる債務の範囲・取引契約書書式等、細部にわたる取り決めが明文化されている。

CDSはこの標準化された契約のもとで取引されることによって、取引当事者間での契約書合意に必要な手間が大幅に省かれ、また、本来二者間の相対取引であるスワップ契約が、当初取引相手方以外にも簡単に転売買することができるようになった。これによって取引が簡素化し市場は飛躍的に拡大した。

CDS取引にはマスター契約（Master Agreement）、個別取引契約書（Confirmation）の2つの契約が必要となる。前者はクレジットデ

リバティブ全体に共通の契約であり、後者はCDS取引用の契約である。契約に際して、定義や用語の標準化もされ用語定義集（Definitions）が策定されている。

　近年では、個別取引契約書（Confirmation）の代わりに、あらかじめマスター取引契約書（Master Confirmation）を締結し、取引ごとにISDAによって公表されている雛形を用いた取引補填（Transaction Supplement）を確認する形が慣行になっている。これによって、契約事務をさらに簡素化している。

1.8.2. 契約書・雛形・定義集

1）マスター取引契約書（Master Confirmation）
● 2003 Master Credit Derivative Confirmation Agreement（Asia Pacific）
　（2003年版アジア・パシフィック用マスター取引契約書）
● 2003 Master Credit Derivative Confirmation Agreement（European-North American）
　（2003年版欧州・北米用マスター取引契約書）
● 2004 Sovereign Master Credit Derivative Confirmation Agreement
　（2004年版ソブリン参照用マスター取引契約書）

2）定義集および雛形
● 2003 ISDA Credit Derivative Definitions
　（2003年版ISDA クレジットデリバティブ用語定義集）
● EXHIBIT A to 2003 ISDA Credit Derivative Definitions
　（定義集付属コンファメーション雛形）
● Side Letter on 60 Business Day Cap on Settlement
　（2003年版定義集に基づく現物決済60日キャップ条項）

- May 2003 Supplement to the 2003 ISDA Credit Derivative Definitions
 （2003年版用語定義集に対する追加条項）
- 2005 Matrix Supplement and Confirmation
 （2005年版マトリックス追加条項）

3）特別な契約・参照組織の契約書
- First to Default Confirmation
 （FTD用取引契約書）
- Note of FTD Confirmation
 （FTD用取引契約書解説）
- Knock-Out Swaption Template
 （ノックアウトスワップション用取引契約書）
- Confirmation and Additional Provisions of use with US Municipal Reference Entities
 （米国地方政府参照用取引契約書と追加条項）
- Additional Provisions for the Russian Federation
 （ロシア連邦参照用追加条項）
- Additional Provisions for the Republic Hungary
 （ハンガリー共和国参照用追加条項）
- 2005 Monocline Supplement
 （2005年版モノライン保険会社追加条項）

※FTDについては後述

1.9. 債券との違い

1.9.1. 内在するリスク

　債券のリスクを分解するなら、発行組織の信用力に基づくクレジットリスクと金利変動に伴う金利リスクである。売買を行う場合には元本も決済することになる。
　一方、CDSは金利リスクがなく、純粋なクレジットリスクとカウンターパーティーリスク（スワップ契約を結ぶ相手に対してのリスク）となる。取引を行う場合には、計算上の元本（想定元本）は存在するが実際に受け渡しはしない。プレミアムのみの決済となる。

	債券	CDS
クレジットリスク	○	○
金利リスク	○	×
カウンターパーティーリスク	×	○

　カウンターパーティーリスクは、クレジットイベント発生時の決済に関わるリスクである。決済はプロテクションの買い手が参照組織の債券・ローンを売り手に引き渡し、売り手から想定元本を受け取る形で行われる。ここで、プロテクションの売り手が買い手に対して想定元本を支払えないリスクのことを指す。
　このリスクの発生確率はわずかかもしれないが、最大想定元本分の損失が出る可能性を秘めている。通常はISDAルールに則り、担保差し入れによって軽減されている。CDSの参照組織と契約相手（プロテクションの売り手）との相互関係（コリレーション）が高い場合、カウンターパーティーリスクは高くなる。参照組織にクレジットイベントが発生した場合、その影響を受ける可能性が増すためである。

クレジットリスクの高い相手と契約する場合も、このリスクは高くなる。通常、CDS参照組織よりクレジットリスクの高い相手とは無担保で契約はしないし、契約の意味がない。

1.9.2. 損益

オンバランス＆オフバランスの違いはあるが、クレジットイベントが発生しない場合、同じスプレッドであれば、CDSでのプロテクションの売りと、債券の保有では損益は同じになる。しかし、一度クレジットイベントが発生すると最終損益には差がつく場合がでてくる。CDSは想定元本が市場の変動によって変化しないのに対し、債券元本は単価が100円から乖離することによって変化するためだ。

例えば、1億円で時価120円の債券購入し、その債券と同じ残存のCDSを同じスプレッドで1億円売却した場合の最終損益を比較してみる。債券は額面8333万円（100円÷120円×1億円）購入、CDSは想定元本1億円のプロテクションを売ることになる。

クレジットイベントが発生した場合、債券の損失は、債券価格が額面100円に対し30円となったとすれば、（120−30）÷100×8333万円＝7500万円となる。一方、CDSの損失は（100−30）×1億円＝7000万円となり、債券に投資したほうの損失が大きくなる。債券購入価格がアンダーパーの場合は逆に、CDSの損失が大きくなる。

購入時債券価格	購入額面	クレジットイベント後の債券価値（債券価格30円）	債券損失額投資元本1億円	CDS損失
120円	8333	2500	-7500	-7000
110円	9091	2727	-7273	-7000
100円	10000	3000	-7000	-7000
95円	10526	3158	-6842	-7000
90円	11111	3333	-6667	-7000
85円	11765	3529	-6471	-7000

※単位：万円

また、CDSがクレジットイベントで契約が終了したとしても、債券は償還されずに存続する場合も考えられる。その場合は、その後の相場によるところが多分にあり損得は一概に言えない。

1.9.3. 利払い

債券のクーポン支払いは年2回、(実日数／半期日数)×(クーポン／2)が基本形であるが、CDSは年4回、(実日数／360)×クーポンが基本形。

また、クレジットイベント発生時の慣習にも差がある。債券がデフォルトした場合の受け渡しは、額面×回収率となり、デフォルトまでの利息を受け取れない。不払経過利息は企業の資産に対する請求権となる。CDSはデフォルトまでに発生している利息（プレミアム）を受け取ることができる。

1.9.4. スプレッド格差決定要因

前述のように債券とCDSは根本的に内包されているリスクが違う。以下にあげるような違いによってスプレッド格差が生じる。

	債券	CDS
①対象範囲	債券	同順位の債務全体（債券より広い）
②元本毀損	法的整理・倒産	バンクラプシー・支払不履行・リストラクチャリング
③金利リスク	あり	なし

1）元本毀損リスクによる要因

乱暴な見方ではあるが、元本が毀損してしまうリスクを考えると、

債券は発行体が倒産しない限り投資家に損失は発生しない（元本は返ってくる）が、CDSは参照組織が倒産まで至らなくともクレジットイベントとして認定され、プロテクションの売り手が決済する可能性がある。

　金利変動がなければ、CDSは債券よりリスクの取り手が損失を蒙る事象が多いため、保有リスクが大きくなり、その分のリスクプレミアムが付いていくらかワイドであってしかるべきである。景気低迷時にはリスクが増加するため格差は拡大方向となり、景気好調時にはリスクが減少し縮小方向となる。

2）金利変動リスクによる要因

　債券は金利の方向性によってリスクが変化する。債券は金利動向によって損益が変化するがCDSは変化しない。

　金融緩和局面では、金利が低下傾向にあるため債券は買われやすくアウトパフォームする。結果、CDSプレミアムから債券スプレッドを差し引いた「スプレッド格差」にはワイドニング圧力がかかる。金融引き締め局面では、金利が上昇方向にあるため債券は敬遠され債券はアンダーパフォームする。結果、スプレッド格差は縮小傾向となる。

	景気好調	景気低迷
元本毀損リスク	減少	増加
金利	上昇方向	低下方向
	↓	↓
債券CDS格差	縮小方向	拡大方向

　金利上昇局面では、景気が良くクレジットリスクが低下している局面でもあるため、クレジットリスクのみのCDSは債券よりタイトになってもおかしくない。

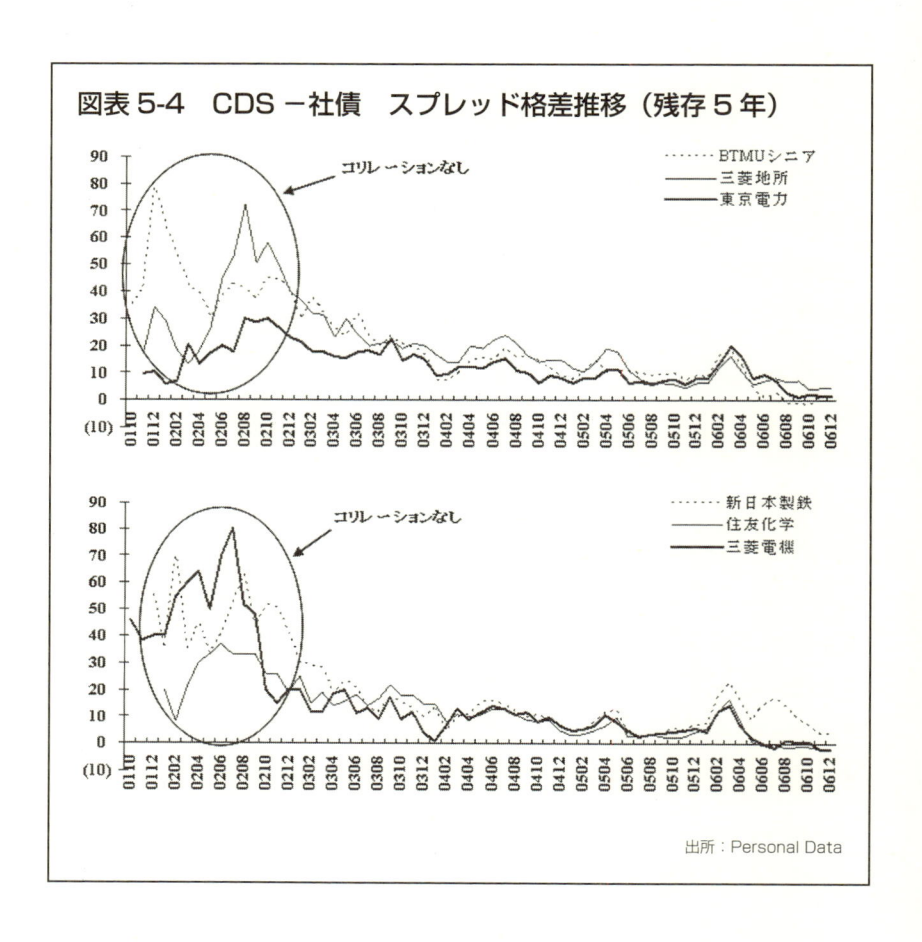

図表5-4　CDS－社債　スプレッド格差推移（残存5年）

出所：Personal Data

1.10. スプレッドヒストリー

図表5-4はそれぞれの銘柄のCDSスプレッドから社債スプレッドを引いたものである。ともに残存5年物。

02年ごろまでは社債とCDSのコリレーションは極めて低く、ほとんど皆無の状態であった。社債とCDSを同時に売買している人が存在しなかったことや、参加者がそれぞれの市場で別々であったため、それぞれの理論で動いていた。

当時、社債市場はクレジットリスクという言葉が生まれ5年目。そろそろクレジットリスクの分析にコンセンサスが生まれ始めた時期。CDSは日本ネームの売買が始まったばかりで、外人が海外格付会社の格付を基準に売買していた。

02年2月、金融不安が払拭されて以降、コリレーションが出始めた。社債市場参加者がCDSを見るようになり、日本人がCDSを扱うようになったためである。その後、クレジットリスクが低下傾向にあることで、社債・CDSともスプレッドを縮小し、スプレッド格差も縮小していった。

06年に金融緩和が終わり金融の引き締めが始めると、スプレッド格差はネガティブになっていった。景気回復・金利上昇ということで、クレジットリスクは低下していったため、クレジットリスクのみのCDSはタイトニング圧力がかかる一方、債券は金利上昇によってワイドニング圧力がかかったためだ。

1.11. さまざまなCDS商品

1.11.1. クレジットリンク債（Credit Link Note）

クレジットリンク債は、SPC（特別目的会社）を使ったり、銀行等が発行する債券にCDSを組み合わせたりして、CDSのリスク・リターンを債券の形にしたものである（SPCが発行する場合にはシンセティック証券）。固定利付の債券に仕組む場合には、クレジットリスク以外に金利リスクも存在することになる。

参照組織はひとつの組織のものから、2つ以上の組織を組み込んだバスケット型のものまでさまざま組成することができる

この債券を購入すると、クレジットリスクロング（プロテクションショート）というポジションとなる。通常の債券を購入したのと同じ

形。債券の形態であるため、購入時に元本部分の現金を支払う必要がある。その後、利払日に利息を受け取り、クレジットイベントが起こらなかった場合、満期日に元本部分の現金を回収する。

　クレジットイベントが発生した場合は、その時点で債券は償還されることなる。債券の買い手は、償還元本として参照組織の債券またはローンを売り手から受け取る（あるいは、それらの現物債務を市場で売却した代金を受け取る）ことになる。

　一方の債券の売り手は、クレジットリスクショート（プロテクションロング）というポジションとなる。売却時、元本部分の現金を受け取り、利払日には利息を支払う。クレジットイベントが起こらなかった場合、満期日に元本部分の現金を払う。

　クレジットイベントが起こった場合は、参照組織の債券またはローンを引き渡し、額面金額を受け取る。

1.11.2. デジタル・デフォルト・スワップ（Digital Default Swap = DDS）

　DDSはクレジットイベントが発生した場合、決済する金額があらかじめ固定されているものを指す。通常のCDSを現金で決済する場合には「（100円－参照組織債務の市場価格）×想定元本」が受け渡される。その市場価格は参照組織債務が、クレジットイベント発生時に市場において、いくらで取引されるかによって決まり、プロテクションの売り手にとってはあらかじめ損失が確定できない。

　DDSはあらかじめ決済額を決めておくスワップ契約であり、プロテクション売り手にとって契約当初から最大損失が確定しているスワップである。

1.11.3. リカバリースワップ

リカバリースワップはDDSとCDSを組み合わせた取引である。これは、クレジットイベント発生時の参照組織債務の市場価格を「「回収率」（リカバリーレシオ）と規定し、その予想にリスクを取ることを可能にしたスワップ契約である。

DDSとCDSでそれぞれ売り買い逆のポジションを取ることによって、クレジットイベント発生時に回収率と固定回収率の差をとる。通常、この２つのポジションは同じ満期。同じプレミアムで組成される。そのため、クレジットイベントが発生しない限り、取引後現金の移動は起こらない。

リカバリースワップの買い手は、DDSを買ってCDSを売るポジションになる。クレジットイベント発生時、「100％－固定回収率」を受け取り「100％－回収率」を引き渡す。買い手の経済効果は「回収率－固定回収率」となる。つまり、実際の回収率が固定回収率より高ければ、プラスとなり、逆ならばマイナスとなる。

買い手 B	売り手 A
DDS プロテクション買 （100％ - 固定回収率）	DDS プロテクション売 ▲（100％ - 固定回収率）
CDS プロテクション売 ▲（100％ - 回収率）	CDS プロテクション買 （100％ - 回収率）
イベント発生後の決済	
（100％ - 固定回収率） ▲（100％ - 回収率） ＝回収率 - 固定回収率	▲（100％ - 固定回収率） ＋（100％ - 回収率） ＝固定回収率 - 回収率

1.11.4. コンスタント・マチュリティCDS
(Constant Maturity CDS = CMCDS)

CMCDSはあらかじめ決められた参照銘柄にリンクして定期的にプレミアムが変動していくスワップ契約である。参照銘柄は個別組織でも、インデックスでもあらかじめ決めてあればよい。通常はCMCDSの参照組織と同じ組織のCDSのプレミアムにリンクさせる。3カ月ごと、もしくは6カ月ごとにプレミアムが見直される。

クレジットイベントが発生した場合の決済方法はCDSと同じ。CMCDSを親しみにある言葉に直せば、プレミアムを相場連動に変えたフローターCDS。

契約期間中のCMCDSのプレミアム変動リスクが回避されるため、これに対してプレミアムが付いており、「参照CDSのプレミアム×掛け目（通常は70～80％程度）」という形になっている。基本的にはクレジットスプレッドカーブが立っている場合、掛け目は小さくなり、寝ている場合は大きくなる。

債券のアセットスワップと基本は同じ。債券のアセットスワップは金利変動をヘッジする目的でよく使われる。CMCDSはクレジットスプレッド変動をヘッジする。

1.11.5. クレジット・スプレッド・スワップ
(Credit Spread Swap = CSS)

CSSはCMCDSとCDSを組み合せた取引である。CMCDSとCDSでそれぞれ売り買い逆のポジションを取ることによって、クレジットイベントリスクを相殺し、クレジットスプレッドの方向性にエクスポージャーをとることを可能にしたスワップ契約。

同じ参照組織のCMCDSプロテクションを買い、CDSプロテク

ションを売ると、クレジットイベントは相殺される。経済効果は、CMCDSの変動プレミアムの払いとCDSの固定プレミアムの受けとなる。今後スプレッド相場がタイトニング方向に動くかもしくはスプレッドカーブが寝れば、払うプレミアムが減ることとなる。

1.11.6. CDSオプション

　CDSオプションは参照組織のクレジットリスクを将来のある時点で売買する権利の取引であり、CDS取引同様、プレミアムの売買となる。銘柄は、個別組織やインデックス商品対応のものが存在する。
　コールオプションは、プロテクションを売る（クレジットリスクを買う）権利であり、プットオプションはプロテクションを買う（クレジットリスクを売る）権利。ターゲット・バイインク（sell Put）、カバード・コール（sell Call）、ストラドル等、債券オプションと同じなので分かりやすい。

1.11.7. インデックス

1）仕組み
　特定のクレジット市場のクレジット動向を反映するように銘柄を選別しインデックス化した商品。構成銘柄は、設定されたルールに基づき選ばれる。例えば、日本市場のインデックス（iTraxx Japan）であれば、流動性が高い銘柄から日経の広義な業種区分（6業種）ごとに銘柄が選別される。また、業種分散もなされている。これによって、インデックスの動きは流動性が高く、構成されるCDSの動きに連動するものとなる。
　通常、半期ごとに構成銘柄を見直し、新しいインデックスが組成されていく。既存のインデックスは新しいインデックスが組成されて

も、それぞれの満期まで取引される。

満期は、日経225等の株価インデックスのように半永久的はものとは違い、固定されており、5年・10年となっている。また、クーポンが決められている。

米国、ヨーロッパをはじめ世界各国でインデックスが組成されていることで、グローバルなインデックス運用が可能となっている。また、格付や業種で細分化したサブ・インデックスも取引されている。

2) クーポン

インデックスCDSでは、債券のように固定クーポンが設定されている。組成時に実勢スプレッドに近い水準で決められる。組成後クーポンと実際に売買されるスプレッドに差が出ることとなるが、その場合は売買成立時にその差額の現金受け払いで調整する。

例えば、クーポンが20bpのインデックスをスプレッド30bpで売買すると「スプレッド差10bp×デュレーション×想定元本」の現在価値分を売買成立時にプロテクションの買い手が売り手に支払う。

3) クレジットイベント発生時の処理

構成する各銘柄のインデックスに占めるウェートは均等となっている。構成銘柄が100銘柄あり、その中の1銘柄にクレジットイベントが発生した場合、1銘柄分(100分の1)のクレジットイベントということになる。

想定元本を100億円とすれば、その銘柄1億円分のクレジットイベント発生ということになり、イベント発生後1億円分の決済が行われる。プロテクションの買い手は元本1億円分の債券やローンを調達し売り手に受け渡し、現金1億円を受け取る。インデックスはイベントの発生した銘柄を除き、想定元本を99億円として満期まで存続する。

構成銘柄にクレジットイベントが発生すると、想定元本の変化以外

にスプレッドも影響を与える。クレジットイベントが発生した銘柄がインデックスから排除されるためで、その銘柄の売買スプレッドがワイドであればあるほど、全体に与える影響は大きくなる。

4）理論価格

個別銘柄の集合体であるインデックスは、構成されている個別銘柄のプレミアムからスプレッド（理論値）を計算することができる。

構成銘柄のインデックスと同じ満期のCDSのプレミアムを調べ、インデックスのクーポンを基に価格をはじき出す。構成銘柄すべての単価を算出し、その平均をとる。これが単価ベースの理論値となる。この単価を基に、インデックスのスプレッドを算出したものが理論スプレッドとなる。

価格
= 100 －（個別CDSプレミアム － クーポン）× デュレーション

クーポン50bp、CDSプレミアム30bp、デュレーション4.5であるならば「100 －（0.30－0.5）×4.5＝100.9」。

本来であれば、個別CDSのプレミアムから算出した理論値は、インデックスのスプレッドと一致するべきであるが、その流動性や市場規模によって差が生じている。基本的にスプレッドの動きに対しては流動性の高いインデックスが先行する傾向にある。

1.11.8. ファースト・トゥ・デフォルト（FTD）

FTDはいくつかの組織のCDSをバスケットにして、レバレッジをかけたスワップ契約。単なるバスケットではなく、構成されている組織のひとつでもクレジットイベントが発生した場合、契約が終了し決

済される。プロテクションの買い手は、FTDの想定元本分をイベントの発生した組織の債券やローンで売り手に引き渡し、想定元本分の現金を受け取る。つまり、イベントが発生すると、FTDバスケットはイベントの発生した組織の単体CDSに変わる。

レバレッジのかかった商品。プロテクションの買い手にとっては、バスケットに組み込まれた組織のリスクを一度にヘッジすることができる。一方、売り手にとっては、個別のCDSよりリスクが高くなることで、高いプレミアムを享受できる。組み込まれている組織の中で、最もクレジットリスクの高い組織の単体CDSよりワイドなプレミアムとなる。平均的には、プレミアムは構成されている組織のプレミアムの総和の60〜80％となっている。

プレミアムの傾向としては、構成されている銘柄の数が多くなればなるほど、また、個々の構成組織の相関関係が低いほど、リスクが高まるためプレミアムは高くなる。

1.11.9. シンセティックCDO （Collateralized Swap Obligation = CSO）

CSOは、CDSのバスケットを組成し、その後いくつかのトランチに分けた商品。トランチごとにクーポンが決定され、トランチごとに売買される。最下位のトランチはエクイティーといわれ、組成されたバスケットの損失を最初に吸収し、その損失がエクイティーの想定元本を超過したら、次のトランチに損失が及ぶ仕組み。

1.11.10. トランチド・インデックス

トランチド・インデックスとは、CSOのインデックス版。CSOはそのほとんどが個別に組成される。そのため流動性や透明性にかける

部分が多々あった。ポジションのアンワインドにも時間がかかり、セカンダリーでは流動性が極端に落ちるものであった。

　構成組織等を標準化し、流動性や価格透明性を上げるために開発されたのが、トランチド・インデックス。この商品によって個別CSOのヘッジ等も簡単にできるようになった。

第6章

情報プロバイダー

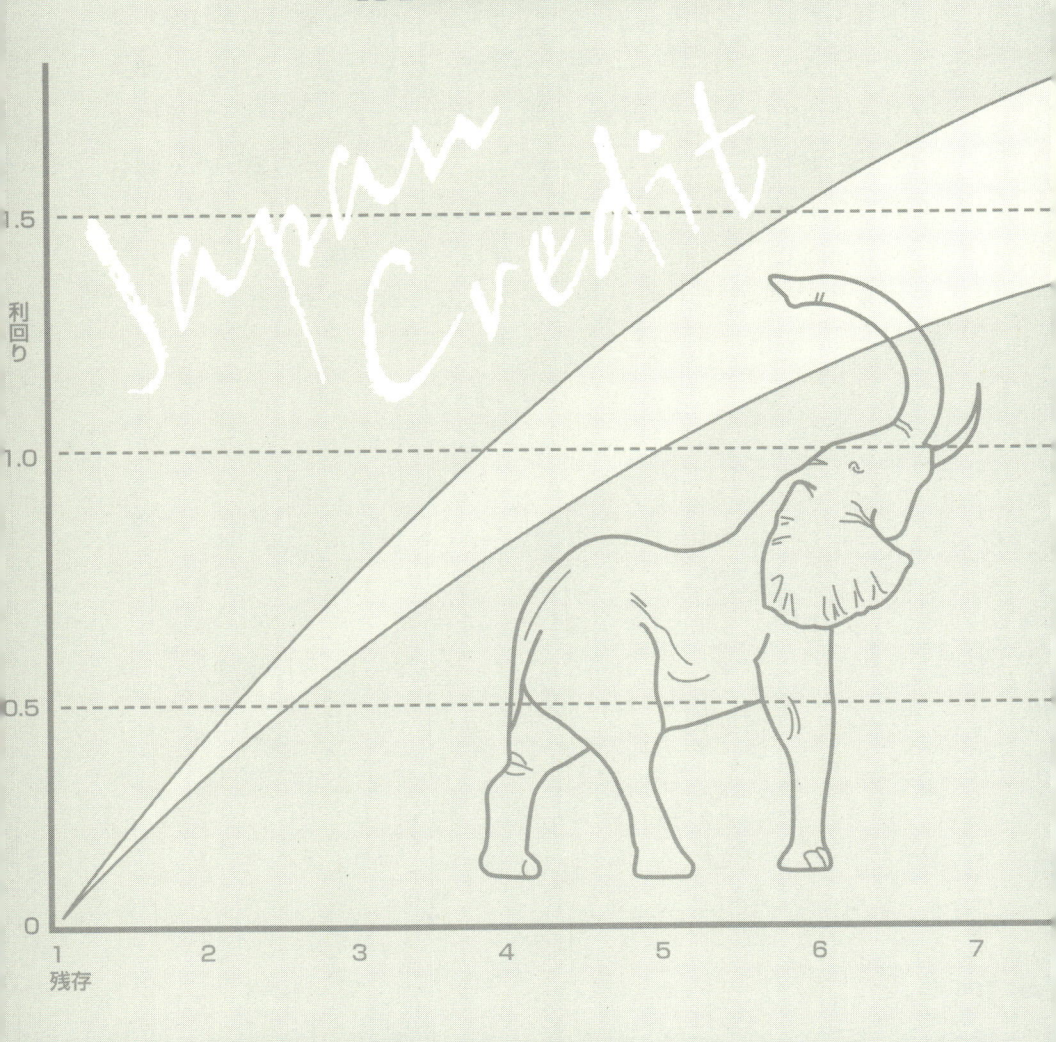

クレジットのみならず金利においても相場は情報が命である。情報ソースとしては、新聞・雑誌・TV・ラジオ・インターネット等さまざまであるが、動きの速い相場を相手にするのであれば、それに見合った速さで情報を得る必要がある。

　ここでは、筆者が20年近く相場と向き合ってきた中で、情報の正確性とスピードが群を抜き、必要不可欠と考えている大手情報プロバイダー2社を紹介する。この2社を押さえておけば、ほとんどの情報を速やかに得ることが可能となる。

　金利・クレジット市場といえば、プライマリー市場とセカンダリー市場である。プライマリー市場では起債・資金調達が行われ、セカンダリー市場ではその流通が行われる。そこで、プライマリー市場に強みを持つトムソンコーポレーション社、セカンダリー市場関係で強みを持つブルームバーグ社に代表して御協力を頂いた。

　紹介に当たっては正確性を保つため、各社に提供していただいた原稿を基にした。協力をしていただいた両社ならびに関係各所の皆様には厚く御礼申し上げる。

1　ブルームバーグ

1.1.　初の金融情報マルチメディアとして
――ブルームバーグとは

　ブルームバーグは1981年の設立以来、世界中の金融プロフェッショナルに向けた情報、サービスを独自のメディアを通して発信し続けてきた金融情報マルチメディア企業です。

　24時間ノンストップで常に最新の市場動向を伝えるブルームバーグテレビジョンをはじめ、ニュース、ラジオ、ウェブサイト、書籍、その他出版物など事業は多岐にわたり、金融・経済情報プロバイダーとしても常に業界のトップをゆく情報網を擁しています。

1.2.　世界をリードし、金融情報産業を変える
　　　ブルームバーグ プロフェッショナル® サービス

　ブルームバーグの中心事業として特に注目すべきは、リアルタイムデータ、ニュース、分析機能、マルチメディアリポート、メール機能および電子取引機能などが1台のプラットフォームに統合された、金融プロフェッショナルたちに必要不可欠な情報ネットワーク「ブルームバーグ プロフェッショナル® サービス」です。

　シームレスに統合されたプラットフォームが、的確な投資判断を下すためのツールとして、また最良なタイミングで迅速な取引執行を実現するツールとして、世界中の企業、報道機関および金融プロフェッショナルたちが24時間頼ることのできる、革新的なサービスを提供し続けています。まさにブルームバーグ プロフェッショナル® サービ

スは、何百万もの人々の投資判断に影響を与え、何十億ドルもの資金を動かすプラットフォームであると言っても過言ではありません。

　ブルームバーグが提供する金融情報は360万を超え、その膨大さと質は他社を圧倒しています。

　また、特筆すべきはブルームバーグのカスタマーサポートです。ブルームバーグ プロフェッショナル® サービスを利用するクライアントに対し24時間いつでもサポートが受けられる体制を整えることで、ノンストップで動き続ける金融市場に携わるプロフェッショナルたちが、必要とする情報をすぐに引き出せるよう、きめ細かなサービスも提供しています。ブルームバーグ プロフェッショナル® サービスは、金融プロフェッショナルの目標達成に不可欠なツールとして日々揺ぎない地位を確立し続けているのです。

　ブルームバーグの基幹ビジネスであるブルームバーグ テレビジョンもやはり、ブルームバーグ プロフェッショナル® サービスの情報資源をふんだんに生かしています。24時間ノンストップの金融・経済情報チャンネルとして、投資家にとって欠かせないニュースや情報を、世界各地10局のネットワークを通じ、2億世帯以上に向けて発信されており、刻々と変化する金融市場のニュースやデータを、すばやく、正確に、ひと目で把握できるように独自のマルチスクリーンで表示しながらベテラン・アンカーがニュースを伝え、記者たちが見通しや解説を加えます。

　シームレスなプラットフォームによる、シームレスなビジネスのありかたを、ブルームバーグはまさに実現しているといえるでしょう。

1.3. Bloomberg.co.jp

　Bloomberg.co.jp（日本語サイト）およびBloomberg.com（英語サイト）は、最新金融ニュース、市場分析機能、さまざまな金融データを掲載するサイトとして、金融情報サイトのグローバルスタンダードとなっています。ブルームバーグ プロフェッショナル® サービスの豊富なデータと分析ツールの一部を簡単に利用できます。ブルームバーグ・メディア・プロダクトの強みと多様性を活用し、Bloomberg.co.jp / Bloomberg.comは24時間のライブ放送、ビデオ放送や録画音声などあらゆるニーズを満たすコンテンツを提供しています。

　次の頁から、ブルームバーグ プロフェッショナル® サービスを利用した様々な分析方法をご紹介いたします。

ファンダメンタル分析

発行体情報

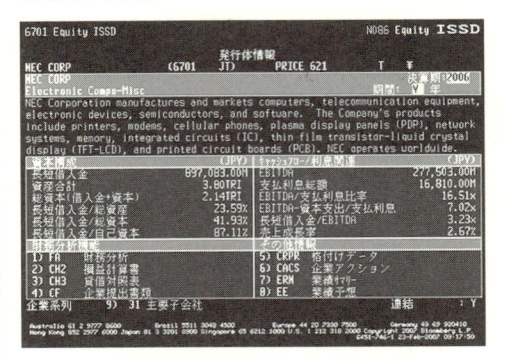

インタレストカバレッジレシオや負債総資産比率など、クレジット分析に必要な財務内容をまとめて表示します。

損益計算書や貸借対照表などの詳細な財務分析機能に簡単にアクセスできます。

債券の償還年別残高

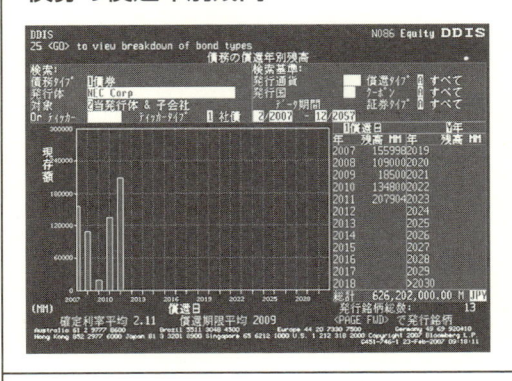

発行体の債務の償還年別発行残高をグラフで表示します。

債券・ローンの表示、当発行体のみか子会社を含むかどうか、発行通貨等で表示債務を絞り込めます。

実際の各債券銘柄を確認できます。

アルトマンＺスコアモデル

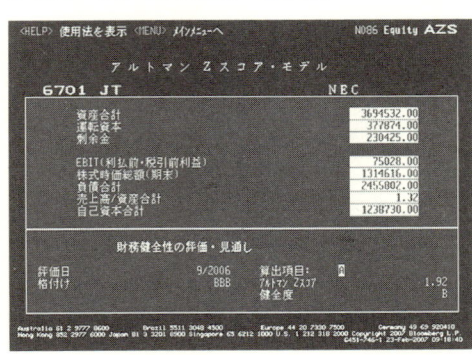

アルトマンＺスコアは向こう２年間の発行体の倒産可能性を予測する指数です。

債券あるいは株式を選択後、AZS<GO> でアクセスできます。

第6章 情報プロバイダー

企業財務分析

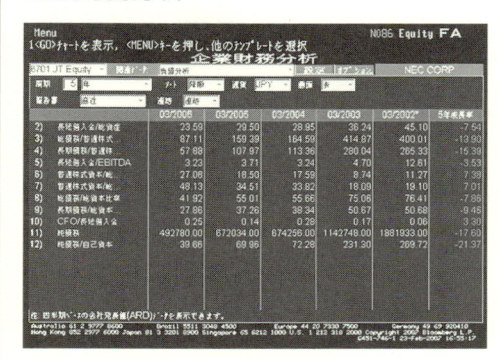

負債分析、レバレッジ分析等、各種の分析が可能です。

負債分析では、長短借入金／総資産、長短借入金/EBITDAなどの重要比率について、過去の推移を表示します。

企業財務分析（グラフ）

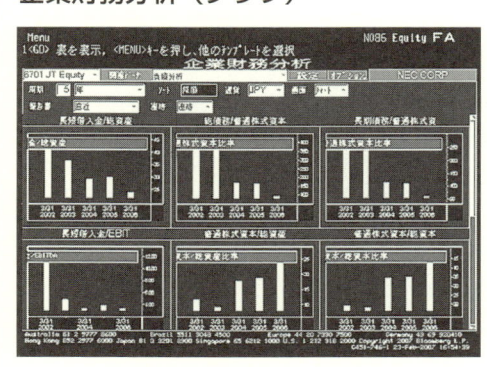

企業財務分析の各項目について、時系列グラフを表示します。

株式保有者・機関検索

有価証券報告書や大量保有報告書、投資信託の運用報告書等を元に、選択銘柄の保有会社・機関、保有株数、前回比などを表示します。

409

利回り価格分析

銘柄概要

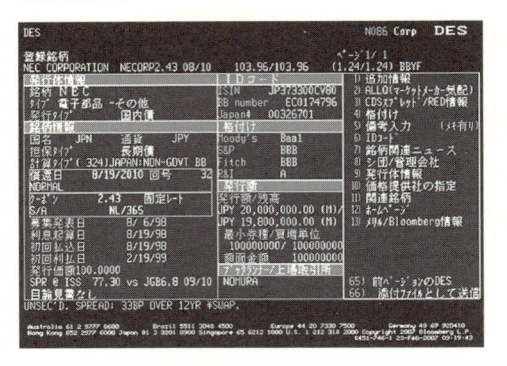

債券のクーポン、償還日、IDコード、発行額など債券情報を表示します。

脚注欄には発行時のスプレッド、担保の有無、ショートファーストクーポンなど、各種の情報が掲載されます。

利回り価格分析

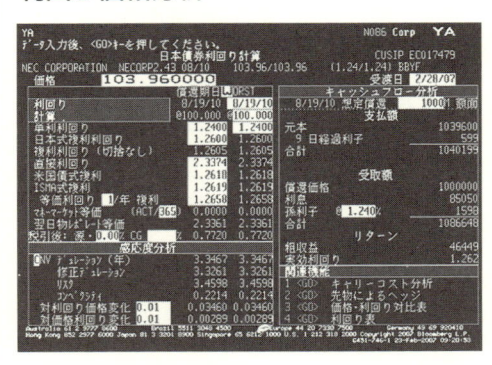

価格、利回り、受渡日等を入力して利回り・価格計算が可能です。

感応度分析欄では、修正デュレーションやリスク、コンベクシティが計算できます。

スプレッド分析

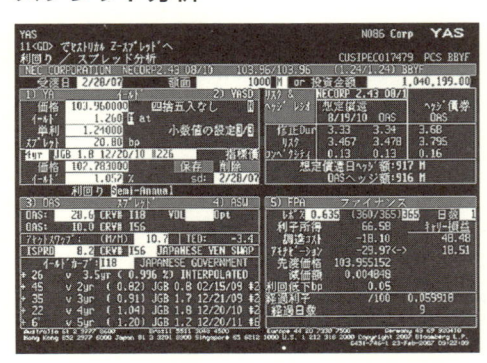

選択銘柄の各種スプレッド分析が表示されます。

対指標国債、オプション調整済みスプレッド（OAS）、アセットスワップ、対スワップなど、各種のスプレッドを表示します。

スプレッドを入力しての単価・利回り計算も可能です。

アセットスワップの過去データをグラフ化することもできます。

スプレッド分析

イールドカーブ分析

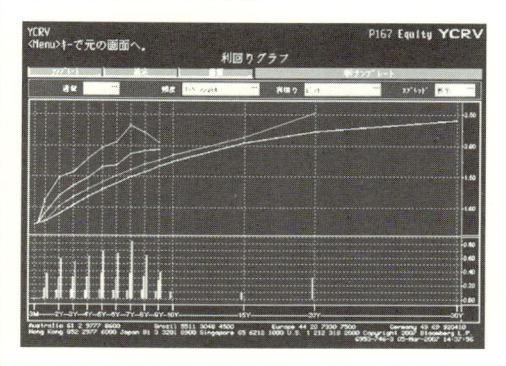

最高4つまでのイールドカーブを表示します。

最高100までのカーブの組み合わせを保存できます。

スプレッドの表示や数値での表示も可能です。

過去日付のイールドカーブも表示可能です。

アセットスワップ分析

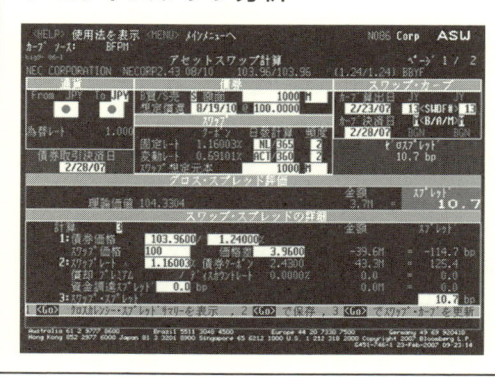

債券のキャッシュフローをスワップした場合のスプレッドを計算します。

日本円債を米ドルベースで評価するなどのクロスカレンシーでの評価も可能です。

スプレッドから債券単価を逆算することもできます。

対スワップスプレッド

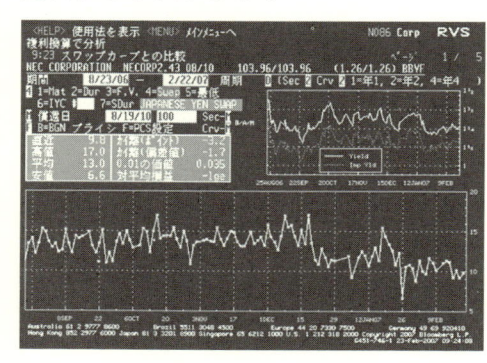

選択した債券の利回りと、債券の残存年数に合わせて補間されたスワップカーブとのスプレッドの過去グラフを表示します。

クレジットスプレッドの推移を見るのに便利です。

※図は「NEC32回債対スワップレートスプレッド（2006年8月－2007年2月）」

ボンドクオート

最大4つまでのグラフを同画面上に表示できます。

アセットスワップスプレッド、株価、クレジット・デフォルト・スワップ（CDS）等との比較が可能です。

債券市場とクレジット・デフォル・トスワップ市場との動きの違いを見るのに便利です。

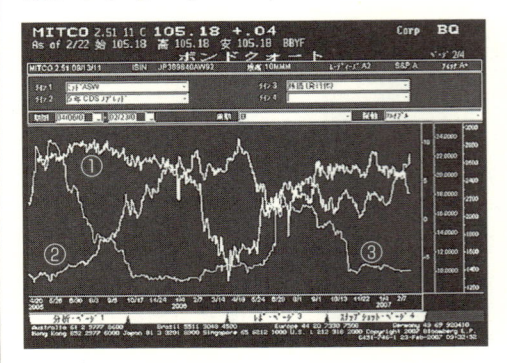

図は三菱商事29回債　比較チャート
① 　アセット・スワップ・スプレッド（ミッド）
② 　株価
③ 　クレジット・デフォルト・スワップ（5年）

CDSと債券との比較

該当参照組織のCDSレートを各年限ごとに表示します。

CDSカーブと現物債のゼロスプレッドをプロットしたグラフを表示します。

CDS市場と現物債券市場とのスプレッド（ベーシス）を確認できます。

発行体の株式の市況を表示。直近価格、ヒストリカル・ボラティリティ、ベータ等を表示します。

現物債の価格、対国債スプレッド、対スワップのZスプレッド等を表示、計算できます。

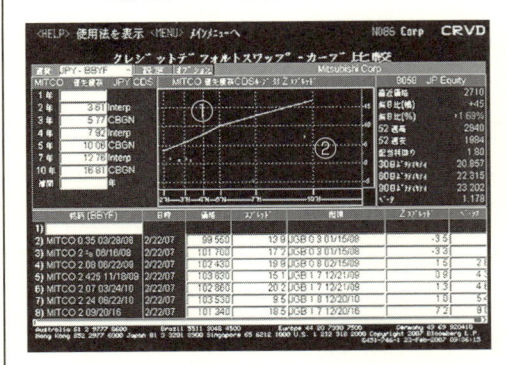

図は三菱商事　CDSと債券の比較
① 　クレジット・デフォルト・スワップ（CDS）カーブ
② 　現物債利回り

格付けデータ

各国債務信用格付け

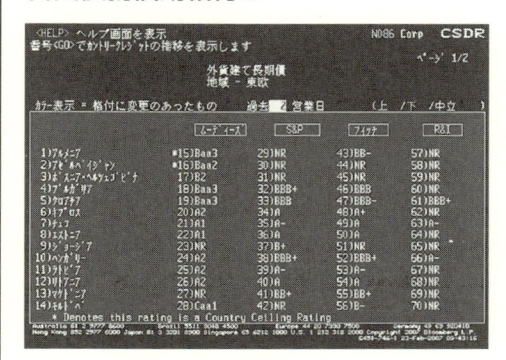

ソブリン格付けの一覧、変更を表示します。

外貨・自貨、長期・短期のそれぞれのソブリン格付けを地域ごとに表示します。

過去の格付け変更を見ることもできます。

ソブリン格付け関連ニュース一覧の表示も可能です。

格付けデータ

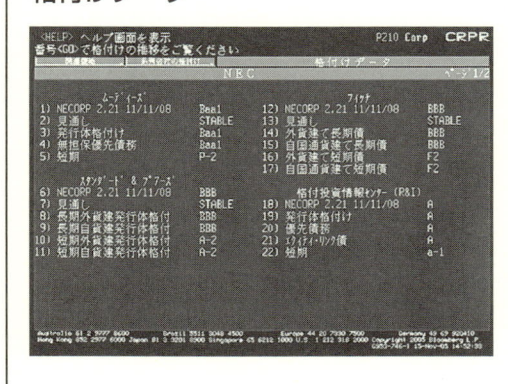

選択した銘柄の格付け一覧を表示します。

債券コードとともに表示されている格付けは、当該債券の債券格付けを意味します。

株式コードからは発行体格付けや長期無担保優先債務格付け等が表示されます。

過去の格付け変更、見通し変更の確認が可能です。

格付けデータ

信用格付け変更一覧

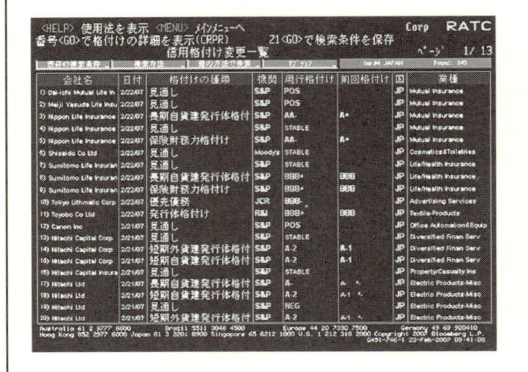

過去の一定期間（初期設定では1カ月間）の格付け変更を表示します。

長期、短期、格付け機関、通貨、業種、などの条件で絞り込んで検索できます。

検索条件を最高20個まで保存できます。

新発債ニュース

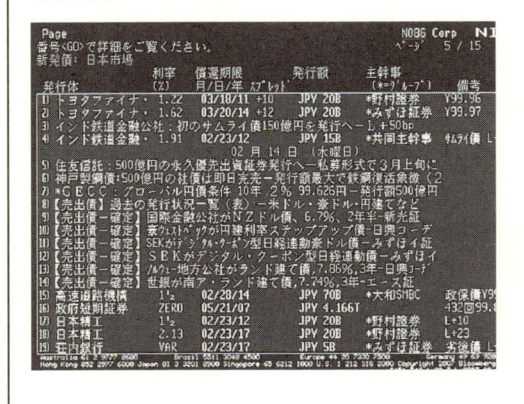

世界の新発債をモニターします。

発行された銘柄、関連のニュースが表示されます。

住宅金融公庫（現:住宅金融支援機構）RMBS

銘柄概要

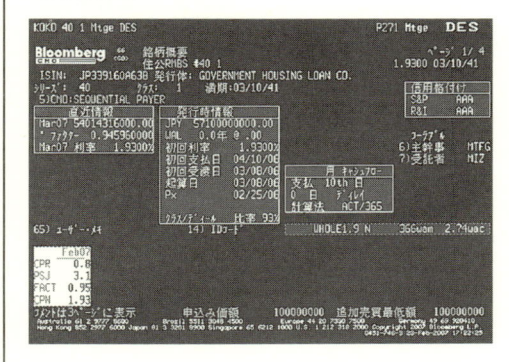

選択銘柄の詳細を表示します。

発行額、ファクターや期限前償還率の推移、主幹事等を表示します

利回り分析

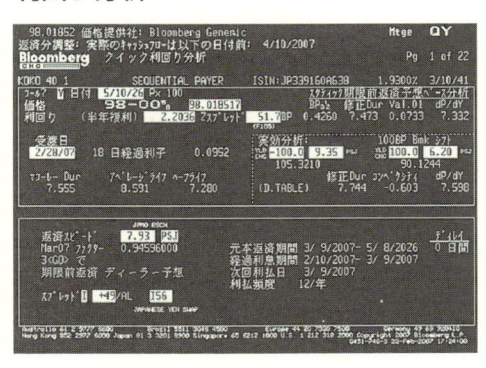

選択銘柄の利回り分析画面です。

利回り・価格計算に加え、期限前償還率（PSJ・CPR）や対ベンチマークスプレッドを入力しての計算も可能です。

実効デュレーションや実効コンベクシティほか各種リスク指標を表示します。

予測キャッシュフロー

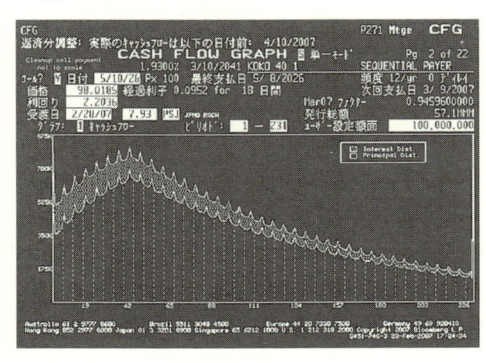

選択銘柄の予測キャッシュフローを表示します。

期限前返済率を変更しての計算や、複数の期限前償還率の比較が可能です。

J-REIT

銘柄概要

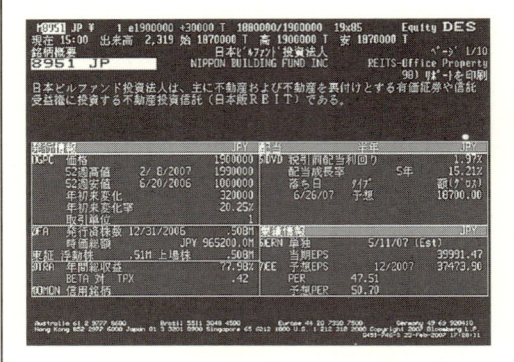

選択 REIT の詳細を表示します。

発行株式数、PER、配当利回り、ベータ値など必要な情報を網羅しています。

トータルリターン比較グラフ

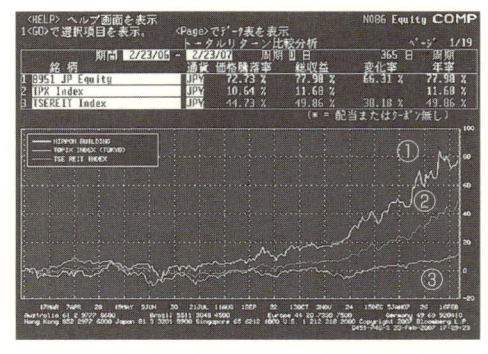

3 銘柄までのリターンを比較できます。

期間を任意に変更できます。

株式や上場 REIT では配当込みのリターンをグラフ表示します。

図は 2006 年 2 月 − 2007 年 2 月
① 日本ビルファンド投資法人
② 東証 REIT 指数
③ TOPIX

CDS評価

クレジット・デフォルト・スワップ分析

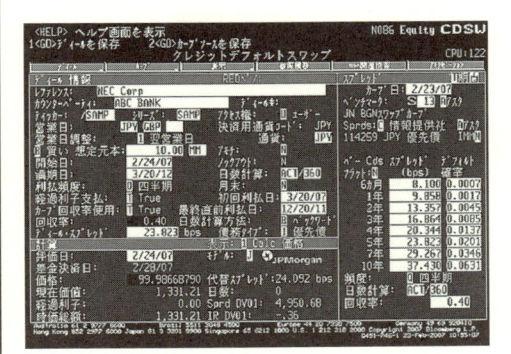

シングルネームのクレジット・デフォルト・スワップ（CDS）の時価評価やリスク計測が可能です。

該当取引を保存したり、時価の再評価をしたりすることができます。

リスク計測ではクレジットリスク、金利リスクを計算します。

バスケット・デフォルト・スワップ分析

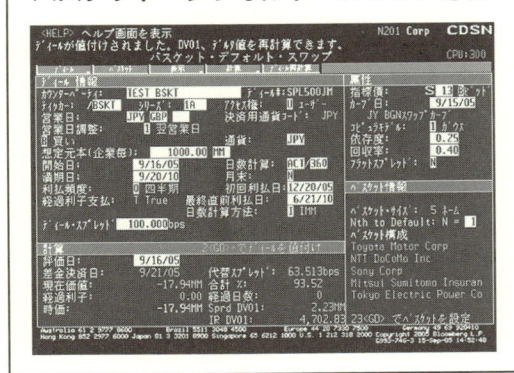

最高20銘柄のバスケットの時価評価やリスク計測が可能です。

ファースト・トゥ・デフォルト（FTD）、セカンド・トゥ・デフォルトなどが選択できます。

任意の相関を入力しての評価が可能です。

該当取引の保存と再評価が可能です。

CDSオプション分析

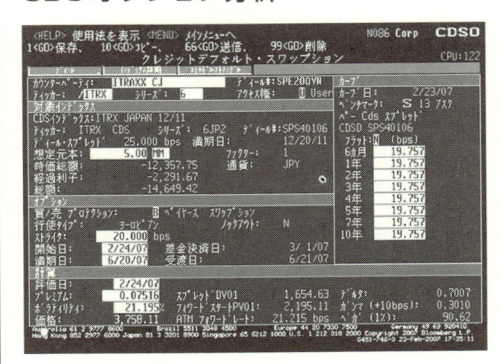

シングルネーム、CDSインデックスのオプション評価ができます。

時価評価、デルタやガンマなどのリスク評価が可能です。

該当取引の保存と再評価が可能です。

CDS インデックス関連ページ

iTRAXX インデックス

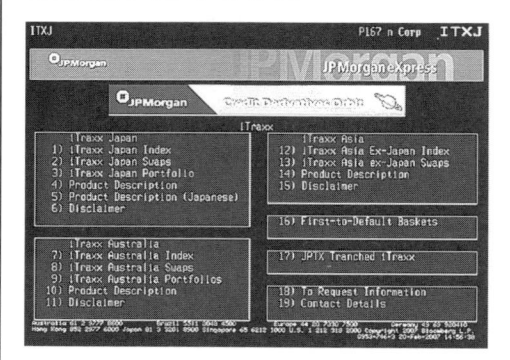

J.P. モルガン証券株式会社提供の iTRAXX 関連画面です。

iTRAXX CJ インデックス (2005 年 2 月 -2007 年 2 月)

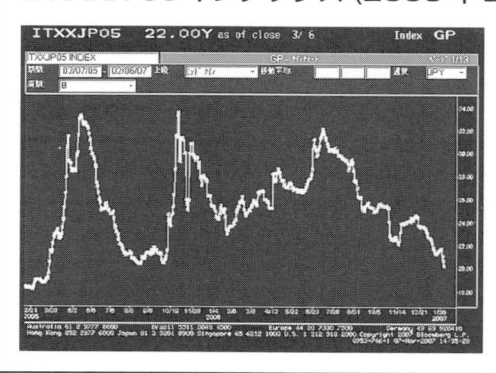

シンセティック CDO 評価

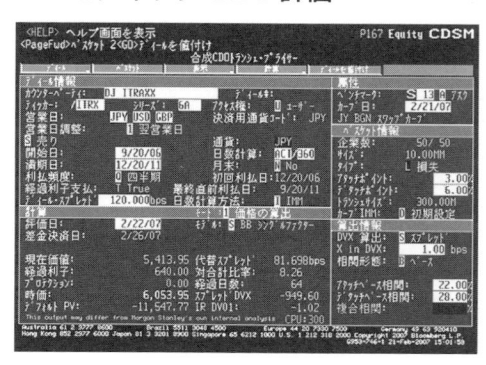

iTRAXX シリーズや CDX シリーズなどの CDS インデックスや、最高 250 銘柄の任意の参照組織に対してシンセティック CDO 評価ができます。

トランシェ幅の指定、任意の相関入力が可能です。

構成銘柄ごとの必要ヘッジ金額やリスク値の計算ができます。

ブルームバーグについてのお問合せ先：
０３-３２０１-８９００（代表）

＜免責事項＞
ブルームバーグは、本稿の過誤、不正確性、不完全性またはその他の瑕疵について何らの責任または義務を負うものではありません。また、本書に記載されている本稿以外の記事および広告は、ブルームバーグにより管理され執筆されるものではありません。従って、ブルームバーグは、本書に記載される可能性のある本稿以外の記事または広告の内容または正確性について一切責任または義務を負いません。ブルームバーグは、(a) 本稿の使用に関しても、何らの明示または黙示の保証を行わず、(b) 本書に記載されうるその他の記事または広告の正確性、完全性、利便性または適切性について保証せず、また (c) 本書に関連するその他の記事、サービス、商品または広告についての何らの明示または黙示の承認・保証も行いません。

2　トムソンファイナンシャル　Thomson DealWatch

2.1.　国内資本市場ニュースのパイオニア　——Thomson DealWatchとは

　Thomson DealWatchは、日系企業および非日系発行体の日本国内外での資金調達活動を日本で初めて専門的にカバーしたスクリーンニュースサービスです。日本の資本市場で起債案件の詳細が積極的には公開されていなかった90年代に、マーケットの透明性が必要であることをいち早く提唱し、トムソンファイナンシャルが日本で初めて提供を始めました。

　94年にデット・ファイナンスに関する情報に特化したDealWatch Debtの配信を開始、さらに01年からエクイティ・ファイナンス情報DealWatch Equityを提供しています。開始以来、現在に至るまで、Web、Thomson ONE*や金融情報ベンダー端末を通して、DealWatchは国内資本市場における共通の情報ツールとして、数多くのマーケット関係者に幅広く利用されています。

　過去10年あまりを経て、発行体の資金調達活動のプロセスであるプライシングなど、債券市場での情報開示が進んだ結果、日本国内ではキャピタルマーケットの透明性が高まりました。独自の情報配信を通じてDealWatchは、現在もなお健全なキャピタルマーケットの育成・発展に貢献し続けています。

*Thomson ONEは、トムソンファイナンシャルが提供する総合金融情報サービスプラットフォームです。

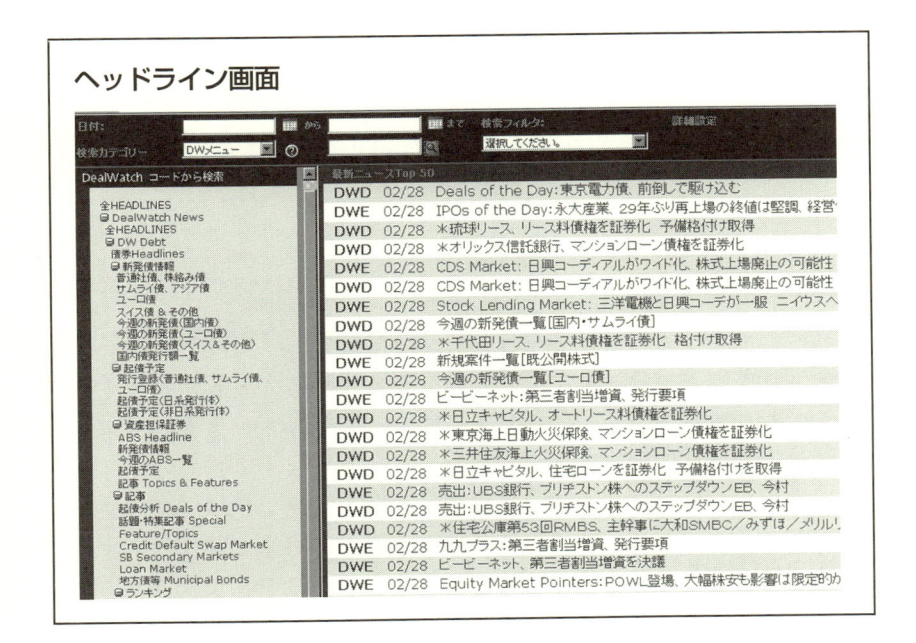

2.2. 特色——読者がDealWatchを支持する理由

速報性

　他のメディアはもとより案件に参加した証券会社よりも早く、起債予定、新発債ニュース（発行条件、シ団メンバー）を発信し、さらにマーケットの声を取材し、迅速かつ正確な情報を配信しています。この為、金融機関の関係者はいち早く情報をキャッチして、引受活動へ参加することが可能となっています。

中立性

　第三者の立場から各案件の内容をマーケットの関係者に取材、分析し、起債評価記事やマーケットのトレンドについての特別レポートとして配信しています。またDealWatchが定期的に公表するキャピタルマーケットについての各種ランキングは、リーグテーブルと呼ばれ、

金融機関の実績を中立かつ公正に評価する指標としてプロフェッショナルの指針となり、また金融に関する新聞記事等に頻繁に引用されています。

透明性

　発行体や金融機関の資金調達活動に関する推測情報を確認次第、スクリーンで一斉に情報を配信しているため、多くの市場関係者が同業他社の動向をフォローできます。なお各案件情報にプライシングや発行条件等の詳細が含まれ、その透明性の高さからマーケットのプロは資金調達コストの適正レベルを知ることができます。

カバー率の高さ

　国内普通社債・転換社債はもとより、サムライ債、アジア債、ユーロ債、スイスフラン債、資産担保証券、仕組み債等、日本企業および日系金融機関による国内外のマーケットでの資金調達活動、社債引受活動をもれなくレポートしています。またDealWatch Equityでは新規公開を含む株式の公募増資、売出を始め、株絡み債の情報等を配信しています。

信頼性

　上記の特色に加え、幅広いユーザー層がDealWatchの高い信頼性を証明しています。金融市場の核である東京を中心に、証券会社はもちろん、銀行、機関投資家、事業法人、政府系金融機関、地方自治体もユーザーに名を連ねています。証券会社では、引受関連部署から、債券営業、クレジットトレーディング、商品開発部、デリバティブセールス、コーポレートファイナンス部などさまざまな部署の業務に活用されています。また東京以外の大都市圏や地方の発行体、日本の金融市場に関する案件に携わっている海外の金融機関の間にも浸透しています。

2.3. 情報内容
——マーケットのプロが手離せない情報ツール

　発行体の資金調達活動に関する噂を伝える「Pipeline」や「Rumours」、また発行額や条件を一覧できる「One-up」で各案件を分かりやすく迅速に報道しているため、DealWatchはマーケット関係者にとって手放すことのできない情報ツールとなっています。

　ユーザーは、転職や異動があっても行く先で「DealWatchも一緒に持って行って仕事を続けたい」と切望することが多く、金融ビジネスの必須アイテムであることが裏付けられています。

　以下に、マーケットのプロフェッショナルが手離せないDealWatchの情報内容を、スクリーンイメージとともにご紹介致します。

１）起債観測

　発行登録情報や、日系、非日系発行体が起債を準備している噂の段階の情報をいち早く報道しています。

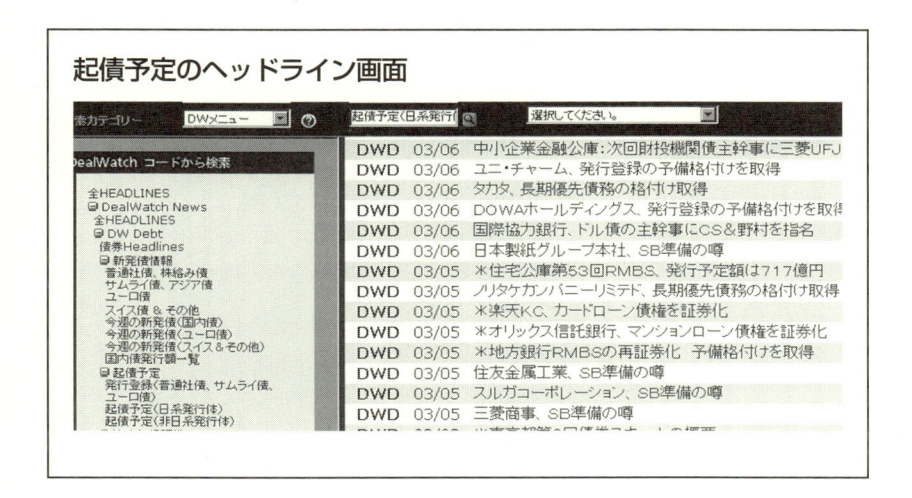

2）プライシング

　「One-up」と呼ばれる新発債（ローンチ時）情報画面では発行要項からシ団引受シェア、ローンチ・スプレッド、オールイン・コスト、管理手数料までを情報が分かり次第、随時ヘッドラインをアップデートして配信しています。

普通社債、株絡み債のヘッドライン画面

検索カテゴリー	DWメニュー		普通社債、株絡み債		選択してください。	
			検索条件：普通社債、株絡み債			
DealWatch コードから検索				18,545 件の検索結果		
全HEADLINES		DWD	03/06	高速道路機構政府保証債、ローンチ・スプレッド		
DealWatch News		DWD	03/06	高速道路機構政府保証債、シ団引受シェア		
全HEADLINES		DWD	03/06	高速道路機構政府保証債、発行要項		
DW Debt		DWD	03/06	高速道路機構、政府保証債をローンチ		
債券Headlines		DWD	03/06	パシフィックマネジメント債、ローンチ・スプレッド		
新発債情報		DWD	03/06	ケネディクス不動産投資法人5年債、ローンチ・スプレッド		
普通社債、株絡み債		DWD	03/06	ケネディクス不動産投資法人10年債、ローンチ・スプレッド		
サムライ債、アジア債		DWD	03/06	西日本シティ銀行10年ブレット劣後債、ローンチ・スプレッド		
ユーロ債		DWD	03/06	北國銀行シニア債、ローンチ・スプレッド		
今週の新発債（国内債）						
今週の新発債（ユーロ債）						
今週の新発債（スイス＆その他）						

　DealWatch Debtでは個々の債券のローンチ水準を、国債とスワップベースの両建てで表示するという初の試みを導入しました。引受ハウスは勿論、投資家の資産運用データにも使われており、発行コストをスワップベースで算出したオールイン・コストと共に発行市場に広く浸透しています。

新発債情報── One-up 画面

2006/07/24 14:50:57

ＮＴＴ債：オールイン、管理手数料など

ＮＴＴ債：オールイン、管理手数料など

２０日、日本電信電話がＳＢをローンチした。
午前９時５９分に募集を開始し、１０時３分に均一価格販売をリリースした。

回／年限	第５１回／１０年	表面利率	２．０６％
償還日	２０１６年６月２０日	発行価格	９９．９９
払込日	２００６年７月３１日	発行額	７００億円
募集期間	２００６年７月２０日	格付け	Ａａ２（ムーディーズ）、
利払日	６、１２月の各２０日		ＡＡ－（Ｓ＆Ｐ）
		単位	１億円
手数料	幹事：＊０．０１４	社債管理者	みずほコーポレート銀行（代表）、
	引受：０．０５０		三井住友、三菱東京ＵＦＪ
	販売：０．２００	利回り	2.061％（単利／※複利）
	合計：＊０．２６４	ローンチ・	JGB(#281)+22bp、
	管理：０．００１５（年間）	スプレッド	※L-1.1bp程度

● シ団引受シェア（％）
  ブック：野村証券、三菱ＵＦＪ証券、モルガン・スタンレー証券（各３０．８６）
  シ団：Ｇサックス、大和ＳＭＢＣ、日興シティ、みずほ、
    メリルリンチ日本（各１．１４）／
    新光、ＢＮＰパリバ、ＵＢＳ（各０．５７）

● オールイン：Ｌ＋６．４ｂｐ程度

● 発行／支払代理人：みずほコーポレート銀行

● 手数料総額は１億８５００万円（うち幹事：１０００万円）。
  ＊上記幹事手数料率と合計手数料率はＤｅａｌＷａｔｃｈによる算出。

● 代り金使途：ＮＴＴ本体の設備投資等と、子会社（ＮＴＴ東日本、ＮＴＴ西日本、
  ＮＴＴコミュニケーションズ等）に対する貸付資金（子会社は
  設備投資等に充当）に充当される。

● 需要予測
  午前９時３０分締めで実施。レンジは第２８１回国債＋２２ｂｐ。
  ※複利利回りとＬスプレッドはＤｅａｌＷａｔｃｈによる算出。

(THOMSON DealWatch)

3）起債分析・評価記事

　メディアの特性を生かした公正で中立な第三者の立場から、起債条件の是非を分析しています。それは個々の資金調達活動に関する評価記事として、発行体、引受業者、投資家等、市場関係者からの取材をもとに配信しています。DealWatchの記者のもつ独自のネットワークの広さに基づく評価記事は、発行体と投資家の双方によって「最も信頼できる情報源のひとつ」と評価されています。

```
起債分析──Deals of the Day 画面
2007/03/05 18:29:10

Deals of the Day：オリックス債、年金筋が火付け役
Deals of the Day：オリックス債、年金筋が火付け役

1日の国内SB市場では、オリックスの第111回債（A+:R&I/AA-:JCR、600億
MBCと三菱UFJ証券を主幹事にローンチされた。表面利率1．65％、発
シングされている。ローンチ・スプレッドはL+27bp、第238回国債+

今回のオリックス債は、「年金筋の動きが活発だった」（大和SMBC）ことが特
託、投信・投資顧問、地銀、信金、信組、諸法人など」（三菱UFJ）に順調に消
近に控え、「格付け対比で相応のスプレッドが取れる案件を年金筋が物色して
とが人気化の背景にある。過去の起債例が豊富な発行体だが、1回の起債で6
過去最大だった。当初は400～500億円を想定していたが、「投資家と目
た」（大和SMBC）という。
```

4）国内市場の指標となるリーグテーブル

　各引受証券会社の実績ランキングであるリーグテーブルでは、週ベースあるいは四半期ベースで、主幹事、ブックランナー、引受額等、さまざまなランキングを発表しています。事業債や政府保証債の他、財投機関債、サムライ債などについて、客観的かつ公平な指標として主幹事を決定するときに利用されています。

普通社債:ブックランナー リーグテーブル画面

2007/02/23 17:03:24

League Table [普通社債:ブックランナー17位]
League Table [普通社債:ブックランナー17位]
2006年04月01日～2007年02月22日

順位	証券会社	発行数	額(百万円)	シェア(%)
1	みずほ証券	87	1,778,776.5	29.0
2	大和証券エスエムビーシー	84	1,458,157.7	23.8
3	野村証券	63	977,706.3	16.0
4	三菱UFJ証券	57	972,021.5	15.9
5	日興シティグループ証券	31	484,433.0	7.9
6	ゴールドマン・サックス証券	4	169,957.5	2.8
7	メリルリンチ日本証券	6	48,488.7	0.8
8	新光証券	4	42,000.0	0.7
9	UBS証券	3	40,000.0	0.7
10	クレディ・スイス証券	3	37,000.0	0.6

(注) 10位以下略

IPO:公募・売出ブックランナー リーグテーブル画面

2007/02/26 11:44:22

League Table [IPO:公募・売出ブックランナー20位]
League Table [新規公開株式:公募・売出ブックランナー20位]
2006年04月01日～2007年02月22日

順位	証券会社	発行数	額(百万円)	シェア(%)
1	大和証券エスエムビーシー	31	340,218	34.35
2	野村証券	28	239,275	24.16
3	日興シティグループ証券	20	194,475	19.64
4	ゴールドマン・サックス証券	2	84,287	8.51
5	三菱UFJ証券	14	31,360	3.17
6	新光証券	20	30,737	3.10
7	モルガン・スタンレー証券	1	28,565	2.88
8	みずほインベスターズ証券	20	19,455	1.96
9	SBIイー・トレード証券	2	3,500	0.35
10	エイチ・エス証券	5	3,455	0.35

(注) 10位以下略

5) マーケットの変化に対応し、多様化する情報内容

刻々と変化する金融市場の動きに合わせ、DealWatchは新たに生まれてくる金融市場での動きにも迅速に対応します。金融取引や商品ス

キームをはじめ、法改正によるマーケットへのインパクト、発行市場の動きに連動するクレジット市場等、関連マーケットの情報も、積極的に取り入れ進化し続けています。

その一例として以下に一部を紹介しているクレジットデリバティブマーケットの動向記事があります。この他、貸株市場、地方債、リパッケージ債に関する分析記事、POWL、J-REIT、シンジケート・ローン等の情報は提供開始以来、マーケットのニーズに合わせて加えられてきた内容です。

```
CDS レポート画面
2007/02/26 18:44:57

CDS Market：JALが縮小、CB期限前償還請求の資金繰りにめど
CDS Market：JALが縮小、CB期限前償還請求の資金繰りにめど

26日のクレジット・デフォルト・スワップ市場では、日本航空（JAL）がタイトニングした。2○
2011年3月償還）の期限前償還請求の資金繰りにめどが立ったことがプレミアム縮小につながった。
JALは205bp、200bpでの出合い。前週末の215bp（仲値）からタイト化した。J
797億7100万円だったと発表した。JALは同CBの繰上償還に備え、日本政策投資銀行（
差額分には手持ち資産を用いる方針が伝えられている。
米国系証券のアナリストは、JALは07年3月期決算において「純利益ベースで何としてでも黒
ターがなければ、決算発表の5月頃にかけて、今の水準から20bp程度の縮小もあり得る」との
ション買いの機会になるという公算もあるようだ。
三洋電機は140bpで商いが成立した。前週末の出合い、250bpから100bp超のタイ
り、現在の状況に問題があるわけではない」（欧州系ハウス）との見方が多い。前週末の大幅なワイ
産業なら、これほどの拡大はなかったはず」（米国系ハウス）との指摘がある。三洋電機は3年にも
JALや三洋電機とともにハイ・イールド銘柄の代表であるソフトバンクは、210～240b
日興コーディアル証券は、夕方の時点で20～80bpで気配が出ている。仲値は前週末から約4
がタイトニングの背景」（複数の市場関係者）。シティグループによる出資比率の引き上げが決定
能性がある」（邦銀）。
```

● **投資法人債**

04年12月の改正証券取引法の施行によって、不動産投資法人（J-REIT）が公募債を発行できるようになって以来、DealWatchでは投資法人セクターの動きを注意深く見守っています。市場で注目されている案件については、個別にも分析記事を書いてカバーしています。

● 地方債

　自由化へ動き出した地方債マーケットでも、条件決定方式の多様化、各地方自治体の発行予定等、その一部始終を詳細にカバーしています。個別条件決定方式で発行条件が決まる地方債については「条件決定時スプレッド」という形でDealWatch独自のローンチ・スプレッドを掲載しています。主幹事方式で決まる地方債については、リーグテーブルの作成も開始しています。

```
地方債画面
2007/01/30 13:09:42

川崎市１５年債、条件決定時のスプレッド
川崎市１５年債、条件決定時のスプレッド
・・・・・・・・・・・・・・・・・・・・・・
２００７／０１／３０
●３０日、川崎市の１５年公募公債の発行条件が決まった。

銘柄：第４回／１５年
発行額：１００億円
償還日：２０２１年１２月２０日
発行日：２００７年２月８日
利払日：６、１２月の各２０日
表面利率：２．１１％
発行価格：１００
手数料：３０銭
条件決定時のスプレッド：※JGB(#53)+11.3bp程度
　　　　　　　　　　　　※L-6.5bp程度
```

2.4. DealWatch Awardsについて

　定期的に発表されるリーグテーブルに加え、１年間を通じての資本市場における活動の成果を伝えるべく、DealWatchでは発行体と引受業者をさまざまな分野で表彰しています。投資家をはじめ、他の発行体や引受業者等の市場関係者から歓迎される創意工夫がなされ、市場

の活性化に貢献したと認められる優れた案件について、その案件に関わった発行体、引受業者を表彰します。このDealWatch Awardsは日本に関わる資本市場の育成、拡大に資するとともに、日本市場を世界の主要市場に伍するものに発展させることを目的として95年度に創設しました。

2.5. トムソンファイナンシャルとは

トムソンファイナンシャルは、米国ニューヨークに本部をおき、全世界の投資銀行、機関投資家、事業法人等のプロフェッショナルを対象に、金融・経済ニュース、データベース、資産運用業務向けシステム、株式・債券のトレーディング用ネットワーク、IR支援サービス等の幅広いデータとソリューションを提供しております。

日本においても、85年のサービス開始以来、質の高い情報と分析、システムソリューション、コンサルティングサービスを提供し、着実に信頼と実績を積み重ねております。

トムソンコーポレーション株式会社
[設立] 1997年12月1日
トムソンファイナンシャルの日本市場におけるサービスは1985年に開始され、1999年1月1日より「トムソンコーポレーション株式会社」がその業務を引き継ぎました。
＊トムソンファイナンシャル（日本支部）は、トムソンコーポレーション
　株式会社の一事業部です。
[所在地] 東京都千代田区一ツ橋1-1-1パレスサイドビル5F
[資本金] 455百万円
[従業員] 約260人（2007年4月現在）
[URL] www.thomsonfinancial.jp

Thomson Financial（本部）

[所在地] 195 Broadway New York, NY 10007, USA

[売上高] 20億米ドル（2006年12月現在）

[従業員] 約9,300人

[URL] www.thomson.com/financial

The Thomson Corporation（本部）

[設立] 1977年12月28日

[所在地] Metro Center, One Station Place, Stamford, Connecticut 06902, USA

[資本金] 28億米ドル（2006年12月現在）

[売上高] 66億米ドル（2006年12月現在）

[従業員] 約32,000人

[事業内容] 金融、法律、健康管理、科学等の幅広い分野の産業を対象に専門情報を提供しています。

[URL] www.thomson.com

＊トムソンコーポレーション株式会社はThe Thomson Corporationを本社とするトムソン・グループの日本法人です。

DealWatchに関しての問い合わせ先：
tfmarketing.jp@thomson.com

＜免責事項＞
トムソンコーポレーション株式会社（以下、「トムソン」）は、本稿の作成にあたり、信頼性の高い包括的な情報を提供するように努めていますが、その正確性もしくは完全性については何ら保証するものではありません。本稿に掲載されているDealWatchの記事に関しては、著作権法で保護されており、トムソンの許諾なしにその一部を複製、転載、再配布することはできません。なお、本書に記載されている本稿以外の記事等は、トムソンの見解を示すものではありません。よってその内容または正確性については、トムソンは何ら責任を負いません。

<索引>

2テーブル制 …… 116, 117
BSE …… 309, 310, 311, 312, 313, 314
Buy & Hold …… 32, 44, 46, 101, 159, 277
DCF法 …… 293
DTI …… 178, 181
DVP …… 124, 128
ISDA …… 377, 385, 386, 387, 388
ITバブル …… 55, 66, 67, 68, 73, 247, 251, 263, 266, 278, 279, 326, 332
JSDA …… 60
LTV …… 178, 181
MMF …… 56, 263
NCBショック …… 3, 49
OECD …… 378
PML …… 11, 12, 294, 295, 296
PSA …… 192
PSJ …… 8, 177, 191, 192, 193, 194, 195, 201, 415
SMM …… 7, 177, 195, 196, 197, 198
STP …… 124, 128
Too Big to Fail …… 56, 60, 263

あ

足利銀行 …… 57, 60, 261, 262, 265, 267, 271
アルゼンチン …… 56, 60, 300

い

一般財源 …… 225, 227, 228, 230, 231
移転登録 …… 133
インタレストカバレッジ …… 229, 279, 408

う

裏保証 …… 241, 245, 248
売上高税引前利益率 …… 281

え

エンロン …… 56, 60, 263

お

大型破綻 …… 29, 38, 54, 55, 57, 58, 64, 67, 73, 96, 208, 232, 234, 237, 247, 248, 250, 278, 306, 307, 328

か

外国税額控除 …… 136
階層構造 …… 6, 126, 128, 130
価格入札 …… 105, 106
カレントプレミアム …… 3, 21, 32, 34, 202
管財人 …… 149, 151, 152, 153, 154, 378
間接金融 …… 99, 101, 278
間接口座 …… 127, 128, 130, 131
還付請求 …… 134, 142, 143, 357
元本毀損 …… 390, 391

き

ギアリング比率 …… 280
期限の利益 …… 175, 176, 379
起債制限比率 …… 211, 212, 226, 227, 228
基準財政収入額 …… 225, 228, 231
基準財政需要額 …… 225, 226, 228, 231
偽装事件 …… 311, 313, 314, 315, 316
記番号 …… 6, 9, 112, 126, 129, 130, 133, 220, 223
協議制 …… 115, 117
共済連 …… 55, 59, 66, 68, 263, 340

索引

許可制 ‥‥‥ 115, 116, 117
居住者 ‥‥‥ 4, 6, 79, 95, 123, 135, 136, 137, 138, 139, 140, 141, 143, 300, 301, 302, 303
均一価格販売方式 ‥‥‥ 120
金銭債権 ‥‥‥ 154, 182
金融機関保有株式 ‥‥‥ 56
金融機能強化法 ‥‥‥ 262
金融システム ‥‥‥ 38, 56, 57, 68
金融取引契約 ‥‥‥ 372
金融不安 ‥‥‥ 48, 54, 55, 57, 58, 60, 67, 208, 210, 247, 266, 271, 275, 276, 279, 323, 393
金利リスク ‥‥‥ 18, 19, 52, 53, 71, 72, 180, 372, 388, 390, 393, 417

く

クレジットアナリスト ‥‥‥ 38, 49, 279
クレジットイベント ‥‥‥ 4, 12, 14, 58, 215, 306, 307, 308, 309, 313, 314, 316, 319, 320, 323, 324, 329, 331, 335, 375, 376, 377, 378, 379, 380, 381, 382, 383, 384, 385, 388, 389, 390, 391, 394, 395, 396, 397, 398, 399
クレジットトライアングル ‥‥‥ 61
クレジットリスクプレミアム ‥‥‥ 19, 71, 72, 75

け

経常一般財源 ‥‥‥ 228, 231
経常経費充当一般財源 ‥‥‥ 228, 231
経常収支比率 ‥‥‥ 211, 228
原価法 ‥‥‥ 291
現金決済 ‥‥‥ 382
減債制度 ‥‥‥ 359
源泉徴収 ‥‥‥ 6, 133, 134, 136, 137, 138, 139, 140, 141, 142, 143, 144, 145, 340, 341
現物決済 ‥‥‥ 382, 383, 386
権利行使 ‥‥‥ 150, 171, 172

こ

公債費比率 ‥‥‥ 115, 227
公債費負担適正化計画 ‥‥‥ 226, 227
公債費負担比率 ‥‥‥ 213, 227, 228
公社債店頭売買参考統計値 ‥‥‥ 26
更生計画 ‥‥‥ 151, 152
更生手続 ‥‥‥ 150, 151, 252, 273, 377
公定歩合 ‥‥‥ 52, 53, 60
公的資金 ‥‥‥ 49, 55, 57, 58, 59, 60, 248, 276
コール条件 ‥‥‥ 35
国債整理基金 ‥‥‥ 113
国内円債市場 ‥‥‥ 22, 23
国有化 ‥‥‥ 50, 54, 55, 57, 59, 60, 90, 100, 210, 242, 248, 251, 261, 262, 264, 265, 267, 271
護送船団方式 ‥‥‥ 118
国庫支出金 ‥‥‥ 225, 230
個別取引契約 ‥‥‥ 385, 386
コンベンショナル方式 ‥‥‥ 105, 106, 107

さ

財産評定 ‥‥‥ 150, 153
再生機構 ‥‥‥ 56, 60, 81, 83, 84, 85
財政再建制度 ‥‥‥ 212
財政投融資 ‥‥‥ 78, 80, 82
財政力指数 ‥‥‥ 211, 212, 213, 228
最低支払不履行額 ‥‥‥ 378
最低デフォルト額 ‥‥‥ 378, 379
債務償還年限 ‥‥‥ 229, 279
財務ランク ‥‥‥ 216
サムライ ‥‥‥ 1, 4, 12, 22, 23, 37, 95, 120, 123, 125, 300, 303, 304, 422, 426
残額引受 ‥‥‥ 103, 108, 109
産業活力再生特別措置法 ‥‥‥ 334

433

産業再生法 …… 335, 336
三洋証券 …… 48, 54, 59

し

自己資本比率 …… 10, 253, 254, 255, 259, 260, 280
自主財源比率 …… 212, 229
市場性 …… 38, 281, 289, 290, 291
シ団 …… 108, 109, 114, 116, 117, 122, 421, 424
実質収支比率 …… 212, 229
質への逃避 …… 41, 43
指定金融機関 …… 116, 301, 340
支払猶予 …… 14, 377, 378, 379, 380, 381
指標銘柄 …… 45, 46, 53, 96, 100, 206, 243
社債管理会社 …… 108, 110, 330
社債権者集会 …… 110
社債登録制度 …… 6, 124, 126, 128, 130, 132, 133, 341, 342, 343, 346
収益還元法 …… 291, 292
需要予測 …… 34, 114, 122, 123
純債務 …… 281
証券保管振替 …… 124, 126, 127
証書 …… 86, 87, 88, 89, 125, 182, 215, 232, 234, 237, 238
少人数私募 …… 104
昭和バブル …… 38, 53, 54, 65, 73, 96, 100, 247
信託受益権 …… 171, 172, 173, 174, 180, 182
信用収縮 …… 38, 42, 43, 54, 57, 64, 69, 73, 101, 203, 208, 210, 232, 233, 250, 251, 263, 278
神話 …… 3, 37, 38, 39, 47, 48, 49, 53, 54, 64, 65, 67, 245, 247, 248, 250, 277, 307

す

スープラ …… 95
スプレッドサイクル …… 3, 40, 42, 43
スプレッド比率 …… 4, 52, 53, 71, 72, 73, 74, 75
スプレッドプライシング …… 122, 123

せ

税制優遇 …… 133, 341
セーフティーネット …… 38, 56, 57
世界標準 …… 14, 372, 385
セカンダリー …… 103, 114, 116, 118, 119, 200, 401, 404
ゼロ金利 …… 55, 58, 59, 60, 263
潜在的履行拒否 …… 379, 380, 381

そ

総額引受 …… 103, 107, 108
相関関係 …… 4, 53, 54, 400
総資産利益率 …… 280
総資本利益率 …… 281
ソブリン …… 95, 377, 379, 380, 386, 413

た

ターゲットディール …… 119
第三セクター …… 213
他益信託 …… 171, 180
ダッチ …… 105, 106
単価調整 …… 59, 66, 159, 160

ち

地方交付税 …… 225, 230, 231
地方財政再建促進特別措置法 …… 212, 226, 227, 229
地方譲与税 …… 225, 230

地方税 ‥‥‥ 134, 225, 230, 231
抽選償還 ‥‥‥ 5, 6, 9, 35, 111, 112, 129, 156, 203, 217, 223, 224, 359
直接金融 ‥‥‥ 99, 101, 119, 278
直接口座 ‥‥‥ 126, 127, 128, 130, 131
直接引受 ‥‥‥ 78, 82, 116

て

定時・均等償還 ‥‥‥ 9, 35, 129, 219, 220, 224
デフレ ‥‥‥ 32, 297
転貸債 ‥‥‥ 226, 231

と

統一条件決定方式 ‥‥‥ 116, 117, 118, 236
投機的等級 ‥‥‥ 12, 24, 51, 306, 307, 308, 310, 327, 328, 332, 333
投資適格 ‥‥‥ 24, 306, 307, 308, 309, 325, 327, 332
特殊法人改革 ‥‥‥ 80, 81, 82, 158, 162, 165, 203, 205, 208, 236
特定財源 ‥‥‥ 225, 230
特別交付税 ‥‥‥ 225, 226, 230, 231
取引事例比較法 ‥‥‥ 291, 292

な

内国法人 ‥‥‥ 133, 135, 136, 137, 139, 144, 341

に

二重課税 ‥‥‥ 135, 136
日本証券業協会 ‥‥‥ 25, 26, 27, 28, 66, 97, 98, 102, 160, 223

の

納税義務者 ‥‥‥ 136, 137

は

バーゼル合意 ‥‥‥ 253
パス・スルー ‥‥‥ 170, 179
破綻危機 ‥‥‥ 48, 54, 55, 59, 96
発行登録制度 ‥‥‥ 120, 121, 163
発行登録追補書類 ‥‥‥ 121, 122

ひ

非課税法人 ‥‥‥ 6, 133, 134, 340, 350
引受競争 ‥‥‥ 117
引受団 ‥‥‥ 116
非居住者 ‥‥‥ 4, 6, 79, 95, 123, 135, 136, 137, 138, 139, 140, 141, 143, 300, 301, 302, 303
非上場 ‥‥‥ 59, 65, 159, 161, 245, 247
標準財政規模 ‥‥‥ 225, 226, 229, 231
標準税収入額 ‥‥‥ 225, 230, 231
標準モデル ‥‥‥ 192, 193

ふ

普通株資本利益率 ‥‥‥ 280
普通交付税 ‥‥‥ 225, 228, 230, 231
物上担保 ‥‥‥ 110, 111
プライマリー ‥‥‥ 103, 404
不良債権 ‥‥‥ 57, 247, 251, 263, 265, 266, 271
プレマーケティング ‥‥‥ 122
プロ私募 ‥‥‥ 104
プロポーザル方式 ‥‥‥ 120
分散投資 ‥‥‥ 31, 284, 287, 288, 331

へ

ペイオフ ‥‥‥ 30, 34, 60, 263
平成不況 ‥‥‥ 37, 38, 39, 324, 331
ペーパーレス ‥‥‥ 124, 133

ほ

北海道拓殖銀行 ‥‥‥ 118, 215, 234, 261

ま

マーケットメーク ‥‥‥ 46, 120, 243
マスター契約 ‥‥‥ 385

も

モラルハザード ‥‥‥ 56, 57, 67, 264, 297

や

山一證券 ‥‥‥ 48, 54

ゆ

有価証券届出書 ‥‥‥ 120, 121
優先受益権 ‥‥‥ 170, 171, 180
ユーロクリアー ‥‥‥ 300, 301, 303
ユーロ市場 ‥‥‥ 22, 23, 123, 300, 301

り

リスク管理 ‥‥‥ 34, 36, 200, 201, 373
りそな銀行 ‥‥‥ 57, 60, 210, 248, 251, 262, 264, 267, 271
流動比率 ‥‥‥ 280
量的緩和 ‥‥‥ 55, 56, 58, 60, 66, 67, 68, 74, 264

れ

劣後事由 ‥‥‥ 252, 260, 261
劣後特約 ‥‥‥ 252, 257
連帯債務 ‥‥‥ 117

ろ

ロシア危機 ‥‥‥ 48, 58, 59, 232, 242

わ

ワールドコム ‥‥‥ 60

＜図表索引＞

第1章

図表 1-1　イールドカーブ　……　20
図表 1-2　スプレッドカーブ　……　20
図表 1-3　R&I の格付定義　……　25
図表 1-4　各格付会社の格付数　……　25
図表 1-5　R&I － JCR 格付マトリックス　……　27
図表 1-6　R&I － Moody's 格付マトリックス　……　27
図表 1-7　R&I － S&P 格付マトリックス　……　28
図表 1-8　業種別・格付別　発行残高状況　……　33
図表 1-9　構成要因の影響度の変化　……　39
図表 1-10　ワイドニングする場合の順番　……　41

図表 1-11　あおぞら銀行とみずほコーポレート銀行　JGB スプレッド推移　……　50
図表 1-12　あおぞら・みずほ　スプレッド格差　……　50
図表 1-13　株価とクレジットスプレッドの相関関係図　……　54
図表 1-14　R&I 格付別　A 格社債 Swap スプレッド推移　……　59
図表 1-15　実際にスプレッドに影響を及ぼした出来事　……　59
図表 1-16　クレジット・トライアングル　イメージ図 1　……　62
図表 1-17　クレジット・トライアングル　イメージ図 2　……　63
図表 1-18　クレジット・トライアングル 1　……　65
図表 1-19　クレジット・トライアングル 2　……　67
図表 1-20　修正　クレジット・トライアングル　……　69

図表 1-21　スプレッド比率の推移　……　73
図表 1-22　景況感・金利変動によるスプレッド比率の変化　……　74
図表 1-23　銘柄・格付ごとの比率の推移　……　75

第2章

図表 2-1　債券の発行残高　……　79
図表 2-2　政府系機関の発行する債券　……　80
図表 2-3　特殊法人改革による再編　……　81
図表 2-4　政府保証債発行残高　……　83

図表 2-5　財投機関債発行残高　‥‥‥　84
図表 2-6　特殊法人債発行残高　‥‥‥　85
図表 2-7　地方債発行残高　‥‥‥　87
図表 2-8　都道府県と政令都市の発行残高　‥‥‥　88
図表 2-9　金融債発行残高　‥‥‥　91
図表 2-10　社債発行残高　‥‥‥　92

図表 2-11　社債　業種別発行残高　‥‥‥　93
図表 2-12　社債　発行残高トップ 50　‥‥‥　94
図表 2-13　サムライ債発行残高　‥‥‥　95
図表 2-14　国債売買高　‥‥‥　97
図表 2-15　Cash Credit 売買高　‥‥‥　98
図表 2-16　Cash Credit 全体に対する各銘柄の売買シェア　‥‥‥　99
図表 2-17　全体売買高に占める Cash Credit シェア　‥‥‥　102
図表 2-18　有価証券届出方式と発行登録制度の違い　‥‥‥　121
図表 2-19　振替制度　‥‥‥　127
図表 2-20　振替制度・元利金の支払い　‥‥‥　131

第3章

図表 3-1　政府保証債　銘柄間格差　‥‥‥　157
図表 3-2　決算対策による動き　公営債 JGB スプレッド推移　‥‥‥　160
図表 3-3　政保公営企業債　JGB スプレッド推移　‥‥‥　161
図表 3-4　財投機関債　スプレッドのイメージ　‥‥‥　164
図表 3-5　財投機関債　格付別 JGB スプレッド推移　‥‥‥　166
図表 3-6　財投機関債　政治リスクプレミアム　‥‥‥　168
図表 3-7　財投機関債　特殊債とのスプレッド格差　‥‥‥　169
図表 3-8　一般的な民間金融機関の RMBS の仕組み　‥‥‥　171
図表 3-9　住宅金融支援機構の RMBS の仕組み　‥‥‥　172
図表 3-10　RMBS　受益権行使事由発生　‥‥‥　173

図表 3-11　RMBS　超過担保設定の流れ例　‥‥‥　175
図表 3-12　住宅金融支援機構発行概要　‥‥‥　178
図表 3-13　RMBS　CPR の期間構造例　‥‥‥　183
図表 3-14　RMBS　CPR が 5％で不変の場合の金利感応度　‥‥‥　186
図表 3-15　RMBS　CPR の変動による影響　‥‥‥　187
図表 3-16　RMBS　金利感応度　‥‥‥　187
図表 3-17　RMBS　経過日数と期限前償還率の関係　‥‥‥　189
図表 3-18　RMBS　市場金利と期限前償還率　‥‥‥　190

| 図表 3-19 | RMBS　金利差と期限前償還率 …… 190 |
| 図表 3-20 | RMBS　全銘柄平均償還率 …… 191 |

図表 3-21	RMBS　標準モデル …… 193
図表 3-22	RMBS　カスタマイズ・モデル …… 194
図表 3-23	RMBSと満期一括 AAA 格の JGB スプレッド推移 …… 201
図表 3-24	RMBS　各年度末の残存年限別 Swap スプレッドカーブ …… 202
図表 3-25	特殊法人債　銘柄間格差（80 年代後半から 97 年）…… 204
図表 3-26	特殊法人債　銘柄間格差（97 年から 01 年）…… 205
図表 3-27	特殊法人債　JGB スプレッド推移 …… 207
図表 3-28	石油公団・本州四国連絡橋・関西空港公団　JGB スプレッド推移 …… 209
図表 3-29	地方財政　財政力指数 …… 212
図表 3-30	地方財政　各種比率推移 …… 213

図表 3-31	東京都債とローカル債　JGB スプレッド推移（残存 10 年）…… 233
図表 3-32	東京都・AA ローカル格差 …… 234
図表 3-33	北海道債・大阪府債　JGB スプレッド推移 …… 235
図表 3-34	地方債　公募債と非公募債のスプレッド格差 …… 237
図表 3-35	みずほ債　JGB スプレッド推移 …… 243
図表 3-36	みずほ・商中　JGB スプレッド推移 …… 247
図表 3-37	新生・あおぞら　JGB スプレッド推移 …… 248
図表 3-38	銀行社債　JGB スプレッド …… 249
図表 3-39	みずほ債と商工中金債・農林中金債のスプレッド格差 …… 251
図表 3-40	劣後債　Swap スプレッド推移 …… 264

図表 3-41	EMTN 劣後　Swap スプレッド推移 …… 265
図表 3-42	シニア・劣後スプレッド倍率 …… 267
図表 3-43	東京三菱 UFJ　国内公募満期一括とユーロ円 MTN10NC5 スワップスプレッド推移 …… 268
図表 3-44	スプレッド倍率 …… 268
図表 3-45	東京三菱 UFJ 銀行　永久劣後 …… 270
図表 3-46	A 格社債平均スプレッドと劣後債のスプレッド格差 …… 270
図表 3-47	生保基金債　Swap スプレッド推移 …… 275
図表 3-48	第一生命基金債と東京三菱劣後債のスプレッド格差 …… 276
図表 3-49	社債 R&I 格付別 Swap スプレッド推移 …… 278
図表 3-50	投資法人の種類 …… 285

| 図表 3-51 | 投資法人債　Swap スプレッド推移 …… 298 |
| 図表 3-52 | GECC・IBM・MER・AA 社債　Swap スプレッド推移 …… 305 |

図表 3-53　GECC・IBM・MER の同格社債とのスプレッド格差　……　305
図表 3-54　R&I　平均累積格付別デフォルト率（％）　……　308
図表 3-55　雪印乳業　チャート　……　311
図表 3-56　雪印乳業　データ　……　313
図表 3-57　日本ハム　チャート　……　315
図表 3-58　日本ハム　データ　……　316
図表 3-59　武富士　チャート　……　317
図表 3-60　武富士　データ　……　319

図表 3-61　アイワ　チャート　……　321
図表 3-62　アイワ　データ　……　323
図表 3-63　マイカル　チャート　……　325
図表 3-64　マイカル　データ　……　329
図表 3-65　いすゞ自動車　チャート　……　333
図表 3-66　いすゞ自動車　データ　……　335

第5章

図表 5-1　CDS　……　376
図表 5-2　CDS　イベント発生時の決済方法　……　382
図表 5-3　CDS　プロテクションの売買　……　384
図表 5-4　CDS －社債　スプレッド格差推移　……　392

【著者紹介】
安田秩敏（やすだ・きよとし）

1988年青山学院大学理工学部物理学科を卒業後、日系証券会社に入社。債券売買トレーダーとして国債をはじめとする円債全体の売買を担当。92年に米モルガンスタンレーに移籍。投資家動向を理解しクレジットビジネスを極めるため、債券営業として大手中央機関投資家を担当。スタッフと共に同社のクレジットビジネスの基礎を作り拡大させる。自身はトップセールスとなる。
95年、メリルリンチ証券に移籍。トレーダーに戻り、同社スタッフと金利およびキャッシュクレジットビジネスを引受部門・売買部門・営業部門・受渡部門・管理部門の5つを総合的に見ながら立ち上げる。98年、スワップビジネスの大手であるJPモルガンに移籍。新手法CDSと出会い、キャッシュクレジットビジネスを立ち上げた。
一貫して金利・クレジット部門に従事しており、円と名のつくすべての債券・デリバティブの売買を経験してきた。現在、戦略投資室を立ち上げ、室長として、金利・CashCredit・CDS・株式・CB・ローン等を総合的に見て投資を行っている。

2007年7月3日 初版第1刷発行

現代の錬金術師シリーズ㊻

日本クレジット総論
――知られざる巨大市場のすべて

著　者	安田秩敏
発行者	後藤康徳
発行所	パンローリング株式会社

　　　　〒160-0023　東京都新宿区西新宿 7-9-18-6F
　　　　TEL 03-5386-7391　FAX 03-5386-7393
　　　　http://www.panrolling.com/
　　　　E-mail　info@panrolling.com

装　丁	竹内吾郎
印刷・製本	株式会社シナノ

ISBN4-7759-9052-0

落丁・乱丁本はお取り替えします。
また、本書の全部、または一部を複写・複製・転訳載、および磁気・光記録媒体に
入力することなどは、著作権法上の例外を除き禁じられています。

©Kiyotoshi Yasuda 2007　Printed in Japan

【免責事項】
本書で紹介している方法や技術、指標が利益を生む、あるいは損失につながること
はないと仮定してはなりません。過去の結果は必ずしも将来の結果を示すものでは
なく、本書の実例は教育的な目的のみで用いられるものです。

マーケットの魔術師シリーズ

マーケットの魔術師
ウィザードブックシリーズ 19
著者：ジャック・D・シュワッガー

定価 本体 2,800 円＋税　ISBN:9784939103407

【いつ読んでも発見がある】
トレーダー・投資家は、そのとき、その成長過程で、さまざまな悩みや問題意識を抱えているもの。本書はその答えの糸口を「常に」提示してくれる「トレーダーのバイブル」だ。「本書を読まずして、投資をすることなかれ」とは世界的トレーダーたちが口をそろえて言う「投資業界の常識」だ！

新マーケットの魔術師
ウィザードブックシリーズ 13
著者：ジャック・D・シュワッガー

定価 本体 2,800 円＋税　ISBN:9784939103346

【世にこれほどすごいヤツらがいるのか!!】
株式、先物、為替、オプション、それぞれの市場で勝ち続けている魔術師たちが、成功の秘訣を語る。またトレード・投資の本質である「心理」をはじめ、勝者の条件について鋭い分析がなされている。関心のあるトレーダー・投資家から読み始めてかまわない。自分のスタイルづくりに役立ててほしい。

マーケットの魔術師 株式編《増補版》
ウィザードブックシリーズ 14
著者：ジャック・D・シュワッガー
定価 本体 2,800 円＋税　ISBN:9784939103353

投資家待望のシリーズ第三弾、フォローアップインタビューを加えて新登場!!　90年代の米株の上げ相場でとてつもないリターンをたたき出した新世代の「魔術師＝ウィザード」たち。彼らは、その後の下落局面でも、その称号にふさわしい成果を残しているのだろうか？

◎アート・コリンズ著 マーケットの魔術師シリーズ

マーケットの魔術師 システムトレーダー編
著者：アート・コリンズ
定価 本体 2,800 円＋税　ISBN:9784939103353

システムトレードで市場に勝っている職人たちが明かす機械的売買のすべて。相場分析から発見した優位性を最大限に発揮するため、どのようなシステムを構築しているのだろうか？ 14人の傑出したトレーダーたちから、システムトレードに対する正しい姿勢を学ぼう！

マーケットの魔術師 大損失編
ウィザードブックシリーズ 111
著者：アート・コリンズ
定価 本体 2,800 円＋税　ISBN:9784775970775

スーパートレーダーたちはいかにして危機を脱したか？　局地的な損失はトレーダーならだれでも経験する不可避なもの。また人間のすることである以上、ミスはつきものだ。35人のスーパートレーダーたちは、窮地に立ったときどのように取り組み、対処したのだろうか？

Audio Book 満員電車でも聞ける！オーディオブックシリーズ

本を読みたいけど時間がない。
効率的かつ気軽に勉強をしたい。
そんなあなたのための耳で聞く本。
それがオーディオブック!!

パソコンをお持ちの方はWindows Media Player、iTunes、Realplayerで簡単に聴取できます。また、iPodなどのMP3プレーヤーでも聴取可能です。

オーディオブックシリーズ12 規律とトレーダー 相場心理分析入門
著者：マーク・ダグラス

定価 本体 3,800円＋税（ダウンロード価格）
MP3 約440分 16ファイル 倍速版付き

ある程度の知識と技量を身に着けたトレーダーにとって、能力を最大限に発揮するため重要なもの。それが「精神力」だ。相場心理学の名著を「瞑想」しながら熟読してほしい。

オーディオブックシリーズ11 バフェットからの手紙
著者：L・A・カニンガム
バフェット本の決定版

定価 本体 4,800円＋税（ダウンロード価格）
MP3 約707分 26ファイル 倍速版付き

バフェット「直筆」の株主向け年次報告書を分析。世界的大投資家の哲学を知る。オーディオブックだから通勤・通学中でもジムで運動していても「読む」ことが可能だ!!

オーディオブックシリーズ1
先物の世界 相場の張り方
相場は徹底的な自己管理の世界。自ら「過酷な体験」をした著者の言葉は身に染みることだろう。

オーディオブックシリーズ2
格言で学ぶ相場の哲学
先人の残した格言は、これからを生きる投資家たちに常に発見と反省と成長をもたらすはずだ。

オーディオブックシリーズ5
生き残りのディーリング決定版
相場で生き残るための100の知恵。通勤電車が日々の投資活動を振り返る絶好の空間となる。

オーディオブックシリーズ8
相場で負けたときに読む本 ～真理編～
敗者が「敗者」になり、勝者が「勝者」になるのは必然的な理由がある。相場の"真理"を詩的に紹介。

ダウンロードで手軽に購入できます!!

パンローリングHP http://www.panrolling.com/
（「パン発行書籍・DVD」のページをご覧ください）

電子書籍サイト「でじじ」 http://www.digigi.jp/

■CDでも販売しております。詳しくは上記HPで——

道具にこだわりを。

よいレシピとよい材料だけでよい料理は生まれません。
一流の料理人は、一流の技術と、それを助ける一流の道具を持っているものです。
成功しているトレーダーに選ばれ、鍛えられたチャートギャラリーだからこそ、
あなたの売買技術がさらに引き立ちます。

Chart Gallery 3.1 for Windows
Established Methods for Every Speculation

パンローリング相場アプリケーション

チャートギャラリープロ 3.1　定価**84,000円**（本体80,000円＋税5％）
チャートギャラリー 3.1　　　定価**29,400円**（本体28,000円＋税5％）

[商品紹介ページ] http://www.panrolling.com/pansoft/chtgal/

RSIなど、指標をいくつでも、何段でも重ね書きできます。移動平均の日数などパラメタも自由に変更できます。一度作ったチャートはファイルにいくつでも保存できますので、毎日すばやくチャートを表示できます。
日々のデータは無料配信しています。ボタンを2、3押すだけの簡単操作で、わずか3分以内でデータを更新。過去データも豊富に収録。
プロ版では、柔軟な銘柄検索などさらに強力な機能を搭載。ほかの投資家の一歩先を行く売買環境を実現できます。

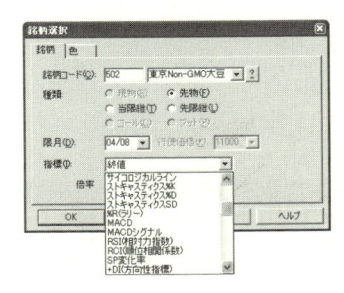

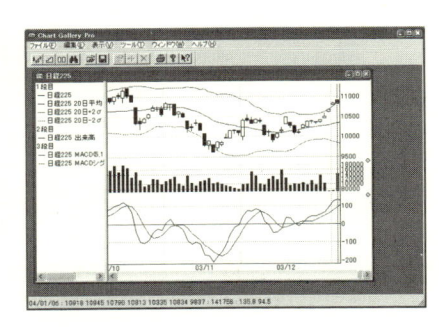

お問合わせ・お申し込みは

Pan Rolling　パンローリング株式会社

〒160-0023　東京都新宿区西新宿7-9-18-6F　　TEL.03-5386-7391　FAX.03-5386-7392
E-Mail info@panrolling.com　ホームページ http://www.panrolling.com/

ここでしか入手できないモノがある

相場データ・投資ノウハウ 実践資料…etc

PanRolling

今すぐトレーダーズショップにアクセスしてみよう！

1 インターネットに接続してhttp://www.tradersshop.com/ にアクセスします。インターネットだから、24時間どこからでもOKです。

2 トップページが表示されます。画面の左側に便利な検索機能があります。タイトルはもちろん、キーワードや商品番号など、探している商品の手がかりがあれば、簡単に見つけることができます。

3 ほしい商品が見つかったら、お買い物かごに入れます。お買い物かごにほしい品物をすべて入れ終わったら、一覧表の下にあるお会計を押します。

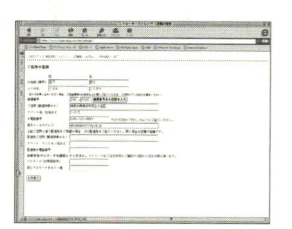

4 はじめてのお客さまは、配達先等を入力します。お支払い方法を入力して内容を確認後、ご注文を送信を押して完了（次回以降の注文はもっとカンタン。最短2クリックで注文が完了します）。送料はご注文1回につき、何点でも全国一律250円です（1回の注文が2800円以上なら無料！）。また、代引手数料も無料となっています。

5 あとは宅配便にて、あなたのお手元に商品が届きます。
そのほかにもトレーダーズショップには、投資業界の有名人による「私のオススメの一冊」コーナーや読者による書評など、投資に役立つ情報が満載です。さらに、投資に役立つ楽しいメールマガジンも無料で登録できます。ごゆっくりお楽しみください。

Traders Shop

http://www.tradersshop.com/

投資に役立つメールマガジンも無料で登録できます。 http://www.tradersshop.com/back/mailmag/

パンローリング株式会社
〒160-0023 東京都新宿区西新宿7-9-18-6F
Tel：03-5386-7391　Fax：03-5386-7393
http://www.panrolling.com/
E-Mail　info@panrolling.com

お問い合わせは

携帯版